教育部人文社科研究项目
"从郭沫若的德语文学翻译和德语世界的郭沫若
看巴蜀学人与德国文化场域的双向关系"
(编号:15YJC740024)结题成果

谨以本书献给天堂里的父亲，
以及同在天堂里的博导 Ulrich Ammon 教授

郭沫若的德语著作翻译
与德语世界的郭沫若

何俊 著

上海社会科学院出版社

编委会

丛书主编： 叶 隽

学术委员会委员：
（按姓氏拼音顺序排列）

曹卫东　北京体育大学

陈洪捷　北京大学

范捷平　浙江大学

李明辉　台湾"中央研究院"

麦劲生　中国香港浸会大学

孙立新　山东大学

孙周兴　同济大学

谭　渊　华中科技大学

卫茂平　上海外国语大学

杨武能　四川大学

叶　隽　同济大学

叶廷芳　中国社会科学院

张国刚　清华大学

张西平　北京外国语大学

| Adrian Hsia | 夏瑞春　加拿大麦吉尔大学
Françoise Kreissler　何弗兹　法国东方语言学院
Iwo Amelung　阿梅龙　德国法兰克福大学
Joël Thoraval　杜瑞乐　法国高等社会科学研究院
Klaus Mühlhahn　余凯思　美国印第安纳大学
Michael Lackner　郎密榭　德国埃尔郎根大学

总　序

一、中、德在东、西方（亚欧）文化格局里的地位

华夏传统，源远流长，浩荡奔涌于历史海洋；德国文化，异军突起，慨然跃升于思想殿堂。作为西方文化，亦是欧陆文化南北对峙格局之重要代表的德国，其日耳曼统绪，与中国文化恰成一种"异体"态势，而更多地与在亚洲南部的印度文化颇多血脉关联。此乃一种"相反相成"之趣味。

而作为欧陆南方拉丁文化代表之法国，则恰与中国同类，故陈寅恪先生谓："以法人与吾国人习性为最相近。其政治风俗之陈迹，亦多与我同者。"诚哉是言。在西方各民族文化中，法国人的传统、风俗与习惯确实与中国人诸多不谋而合之处，当然也不排除文化间交流的相互契合：诸如科举制的吸纳、启蒙时代的诸子思想里的中国文化资源等皆是。如此立论，并非敢淡漠东西文化的基本差别，这毕竟仍是人类文明的基本分野；可"异中趋同"，亦可见钱锺书先生所谓"东海西海，心理攸同；南学北学，道术未裂"之言不虚。

在亚洲文化（东方文化）的整体格局中，中国文化属于北方文化，印度文化才是南方文化。中印文化的交流史，实际上有些类似于德法之间的文化交流史，属于地缘关系的亚洲陆地上的密切交

流，并由此构成了东方文化的核心内容；遗憾的是，由于地域太过辽阔，亚洲意义上的南北文化交流有时并不能相对频繁地形成两种文化之间的积极互动态势。两种具有互补性的文化，能够推动人类文明的较快推进，这可能是一个基本定律。

西方文化发展到现代，欧洲三强英、法、德各有所长，可若论地缘意义上对异文化的汲取，德国可拔得头筹。有统计资料表明，在将外语文献译成本民族语言方面，德国居首。而对法国文化的吸收更成为思想史上一大公案，乃至歌德那一代人因"过犹不及"而不得不激烈反抗法国文化的统治地位。虽然他们都说得一口流利的法文，但无论正反事例，都足证德意志民族"海纳百川"的学习情怀。就东方文化而言，中国文化因其所处地理中心位置，故能得地利之便，尤其是对印度佛教文化的汲取，不仅是一种开阔大度的放眼拿来，更兼备一种善择化用的创造气魄，一方面是佛教在印度终告没落，另一方面却是禅宗文化在中国勃然而起。就东方文化之代表而言，或许没有比中国更加合适的。

中德文化关系史的意义，正是在这样一种全局眼光中才能凸显出来，即这是一种具有两种基点文明代表性意义的文化交流，而非仅一般意义上的"双边文化关系"。何谓？此乃东西文化的两种核心文化的交流，即作为欧洲北方文化的条顿文明与亚洲北方文化的华夏文明之间的交流。这样一种质性文化的交流，具有重要的范式意义。

二、作为文明进程推动器的文化交流与中国文化的"超人三变"

不同文明之间的文化交流，始终是文明进程的推动器。诚如季羡林先生所言:"从古代到现在,在世界上还找不出一种文化是不受外来影响的。"①其实,这一论断,也早已为第一流的知识精英所认知,譬如歌德、席勒那代人,非常深刻地意识到走向世界、汲取不同文化资源的重要性,而中国文化正是在那种背景下进入了他们的宏阔视域。当然,我们要意识到的是,对作为现代世界文明史巅峰的德国古典时代而言,文化交流的意义极为重要,但作为主流的外来资源汲取,是应在一种宏阔的侨易学视域中去考察的。这一点歌德总结得很清楚:"我们不应该认为中国人或塞尔维亚人、卡尔德隆或尼伯龙根就可以作为模范。如果需要模范,我们就要经常回到古希腊人那里去找,他们的作品所描绘的总是美好的人。对其他一切文学我们都应只用历史眼光去看。碰到好的作品,只要它还有可取之处,就把它吸收过来。"②此处涉及文化交流的规律性问题,即如何突出作为接受主体的主动选择性,若按陈寅恪所言:"其真能于思想上自成系统,有所创获者,必须一方面吸收输入外来之学说,一方面不忘本来民族之地位。此二种相反而适相成之态度,乃道教之真精神,新儒家之旧途径,而二千年吾民族与他

---

① 季羡林:《文化交流的必然性和复杂性》,载季羡林、张光璘编:《东西文化议论集》(上册),经济日报出版社1997年版,第8页。
② 德文原文为:"Wir müssen nicht denken, das Chinesische wäre es oder das Serbische oder Calderon oder die Nibelungen, sondern im Bedürfnis von etwas Musterhaftem müssen wir immer zu den alten Griechen zurückgehen, in deren Werken stets der schöne Mensch dargestellt ist. Alles übrige müssen wir nur historisch betrachten und das Gute, so weit es gehen will, uns daraus aneignen." Mittwoch, den 31. Januar 1827. in Johann Peter Eckermann: *Gespräche mit Goethe-in den letzten Jahren seines Lebens*(《歌德谈话录——他生命中的最后几个年头》). Berlin und Weimar: Aufbau-Verlag, 1982. S.198.中译文见[德]爱克曼辑录:《歌德谈话录》,朱光潜译,人民文学出版社1978年版,第113—114页。

民族思想接触史之所昭示者也。"①这不仅是中国精英对待外来文化与传统资源的态度，推而广之，对各国择取与创造本民族之精神文化，皆有普遍参照意义。总体而言，德国古典时代对外来文化（包括中国文化）的汲取与转化创造，是一次文化交流的质的提升。文化交流史的研究，其意义在此。

至于其他方面的双边交流史，也同样重要。德印文化交流史的内容，德国学者涉猎较多且深，尤其是其梵学研究，独步学林，赫然成为世界显学；正与其世界学术中心的地位相吻合，而中国现代学术建立期的第一流学者，如陈寅恪、季羡林等就先后负笈留德，所治正是梵学，亦可略相印证。中法文化交流史内容同样极为精彩，由启蒙时代法国知识精英对中国文化资源的汲取与借鉴到现代中国发起浩浩荡荡的留法勤工俭学运动，其转易为师的过程同样值得深入探究。总之，德、法、中、印这四个国家彼此之间的文化交流史，应当归入"文化史研究"的中心问题之列。

当然，不可否认的是，作为中国学者，我们或多或少会将关注的目光投入中国问题本身。必须强调加以区分的是所谓"古代中国""中世中国"与"现代中国"之间的概念分野。其中，"古代中国"相当于传统中国的概念，即文化交流与渗透尚未到极端的地步，尤以"先秦诸子"思想为核心；"中世中国"则因与印度佛教文化接触，而使传统文化受到一种大刺激而有"易"，禅宗文化与宋儒理学值得特别关注；"现代中国"则以基督教之涌入为代表，西

---

① 《冯友兰〈中国哲学史〉下册审查报告》，载刘桂生、张步洲编：《陈寅恪学术文化随笔》，中国青年出版社1996年版，第17页。

学东渐为标志,仍在进程之中,则是以汲取西学为主的广求知识于世界,可以"新儒家"之生成为关注点。经历"三变"的中国,"内在于中国"为第一变,"内在于东方"为第二变,"内在于世界"为第三变,"三变"后的中国才是具有悠久传统而兼容世界文化之长的代表性文化体系。

先秦儒家、宋儒理学、新儒家思想(广义概念)的三段式过渡,乃是中国思想渐成系统与创新的标志,虽然后者尚未定论,但应是相当长时期内中国思想的努力方向。而正是这样一种具有代表性且兼具异质性的交流,在数量众多的双边文化交流中,具有极为不俗的意义。张君劢在谈到现代中国的那代知识精英面对西方学说的盲目时有这样的描述:"好像站在大海中,没有法子看看这个海的四周……同时,哲学与科学有它们的历史,其中分若干种派别,在我们当时加紧读人家教科书如不暇及,又何敢站在这门学问以内来判断甲派长短得失,乙派长短得失如何呢?"[1]其中固然有个体面对知识海洋的困惑,同时也意味着现代中国输入与择取外来思想的困境与机遇。王韬曾感慨地说:"天之聚数十西国于一中国,非欲弱中国,正欲强中国,非欲祸中国,正欲福中国。"[2]不仅表现在政治军事领域如此,在文化思想方面亦然。而当西方各强国

---

[1] 张君劢:《西方学术思想在吾国之演变及其出路》,《新中华》第 5 卷第 10 期,1937 年 5 月。
[2] 《答强弱论》,载王韬:《弢园文录外编》,中州古籍出版社 1998 年版,第 304 页。另可参见钟叔河:《王韬的海外漫游》,载王韬等:《漫游随录·环游地球新录·西洋杂志·欧游杂录》,岳麓书社 1985 年版,第 12 页。同样类型的话,王韬还说过:"合地球东西南朔九万里之遥,胥聚之于一中国之中,此古今之创事,天地之变局,此岂出于人意计所及料哉? 天心为之也。盖善变者天心也。"《答强弱论》,载王韬:《弢园文录外编》,中州古籍出版社 1998 年版,第 304 页。

纷纷涌入中国，使得"西学东渐"与"西力东渐"合并东向之际，作为自19世纪以来世界教育与学术中心场域的德国学术，则自有其非同一般的思想史意义。实际上，这从国际范围的文化交流史历程也可看出，19世纪后期逐渐兴起的三大国——俄、日、美，都是以德为师的。

故此，第一流的中国精英多半都已意识到学习德国的重要性。无论是蔡元培强调"救中国必以学。世界学术德最尊。吾将求学于德，而先赴青岛习德文"[①]，还是马君武认为"德国文化为世界冠"[②]，都直接表明了此点。至于鲁迅、郭沫若等都有未曾实现的"留德梦"，也均可为证。中德文化研究的意义，端在于此，而并非仅仅是众多"中外文化交流史"里的一个而已。如果再考虑到这两种文化是具有代表性的东西方文化之个体（民族—国家文化），那么其意义就更显突出了。

三、在"东学西渐"与"西学东渐"的关联背景下理解中德文化关系的意义

即便如此，我们也不能"画地为牢"，因为只有将视域拓展到全球化的整体联动视域中，才能真正揭示规律性的所在。所以，我们不仅要谈中国文化的西传，更要考察波斯—阿拉伯、印度、日本文化如何进入欧洲。这样的东学，才是一个完整意义上的东学。当东学西渐的轨迹，经由这样的文化交流史梳理而逐渐显出清晰

[①] 黄炎培：《吾师蔡子民先生哀悼辞》，载梁柱：《蔡元培与北京大学》，北京大学出版社1996年版，第12页。
[②] 《〈德华字典〉序》，选自《马君武集》，华中师范大学出版社2011年版，第273页。

的脉络时,中国文化也正是在这样一种比较格局中,才会更清晰地彰显其思想史意义。这样的工作,需要学界各领域研究者的通力合作。

而当西学东渐在中国语境里具体落实到20世纪前期这辈人时,他们的学术意识和文化敏感让人感动。其中尤其可圈可点的,则为20世纪30年代中德学会的沉潜工作,其标志则为"中德文化丛书"的推出,至今检点前贤的来时路,翻阅他们留下的薄薄册页,似乎就能感受到他们逝去而永不寂寞的心灵。

昔贤筚路蓝缕之努力,必将为后人开启接续盛业的来路。光阴荏苒,竟然轮到了我们这代人。虽然学养有限,但对前贤的效慕景仰之心,却丝毫未减。如何以一种更加平稳踏实的心态,继承前人未竟之业,开辟后世纯正学统,或许就是历史交给我们这代人的使命。

不过我仍要说我们很幸运:当年冯至、陈铨那代人不得不因民族战争的背景而颠沛流离于战火中,一代人的事业不得不无可奈何地"宣告中断",今天,我们这代人却还有可能静坐于书斋之中。虽然市场经济的大潮喧嚣似也要推倒校园里"平静的书桌",但毕竟书生还有可以选择的权利。在清苦中快乐、在寂寞中读书、在孤独中思考,这或许,已是时代赠与我们的最大财富。

所幸,在这样的市场大潮下,能有出版人的鼎力支持,使这套"中德文化丛书"得以推出。我们不追求一时轰轰烈烈吸引眼球的效应,而希望能持之以恒、默默行路,对中国学术与文化的长期积淀略有贡献。在体例上,丛书将不拘一格,既要推出中国学者自己的研究著述,也要译介国外优秀的学术著作;就范围而言,文学、历史、哲学固是题中应有之义,学术、教育、思想也是重要背景因素,至于社会学、政治学、经济学等鲜活的社会科学内容,也都在"兼容并包"之列;就文体而言,论著固所必备,随笔亦受欢迎;至于编撰旧文献、译介外文书、搜集新资料,更是我们当今学习德国学者,努力推进的方向。总之,希望能"水滴石穿""积跬步以至千里",经由长期不懈的努力,将此丛书建成一个略具规模、裨益各界的双边文化之库藏。

叶 隽
陆续作于巴黎—布达佩斯—北京

作为国际学域的"中德文学关系研究"
——"中德文化丛书"之"中德文学关系系列"小引

"中德文化丛书"的理念是既承继民国时代中德学会学人出版"中德文化丛书"的思路,也希望能有所拓展,在一个更为开阔的范围内来思考作为一个学术命题的"中德文化",所以提出作为东西方文明核心子文明的中德文化的理念,强调"中德文化关系史的意义,是具有两种基点文明代表性意义的文化交流与互动。中德文化交流是东西方文化内部的两种核心子文化的互动,即作为欧洲北方文化的条顿文明与亚洲北方的华夏文明之间的交流。中德文化互动是主导性文化间的双向交流,具有重要的范式意义"[1]。应该说,这个思路提出后还颇受学界关注,尤其是"中德二元"的观念可能确实还是能提供一些不同于以往的观察中德关系史的角度,推出的丛书各辑也还受到欢迎,有的还获了奖项(这当然也不足以说明什么,最后还是要看其是否能立定于学术史上)。当然,也要感谢出版界朋友的支持,在如今以资本和权力合力驱动的时代里,在没有任何官方资助的情况下,靠着出版社的接力,陆续走到了今天,也算是不易。到了这个"中德文学关系系列",觉得有必要略做说明。

---

[1] 叶隽:《中德文化关系评论集》,上海外语教育出版社2008年版,封底。

郭沫若的德语著作翻译与德语世界的郭沫若

中德文学关系这个学术领域是20世纪前期被开辟出来的,虽然更早可以追溯到彼得曼(Biedermann, Woldemar Freiherr von, 1817—1903)的工作,作为首创歌德与中国文化关系研究的学者,其学术史意义值得关注①;但一般而言,我们还是会将利奇温(Reichwein, Adolf)的《中国与欧洲——18世纪的精神和艺术关系》视为此领域的开山之作,因其首先清理了18世纪欧洲对中国文化的接受史,其中相当部分涉及德国精英对中国的接受。② 陈铨1930—1933年留学德国基尔大学,完成了博士论文《德国文学中的中国纯文学》,这是中国学者开辟性的著作,其德文本绪论中的第一句话是中文本里所没有的:"中国拥有一种极为壮观、博大的文学,其涉猎范围涵盖了所有重大的知识领域及人生问题。"(China besitzt eine außerordentlich umfangreiche Literatur über alle großen Wissensgebiete und Lebensprobleme.)③作者对自己研究的目的性有很明确的设定:"说明中国纯文学对德国文学影响的程序""就中国文学史的立场来判断德国翻译和仿效作品的价值。"④其中展现的中国态度、品位和立场,都是独立的,所以我们可以说,在"中德文化关系"这一学域,从最初的发端时代开始,

---

① 他曾详细列出《赵氏孤儿》与《埃尔佩诺》相同的13个母题,参见 Biedermann, Woldemar Freiherr von: *Goethe Forschung*(歌德研究). Frankfurt am Main, 1879. S.110-111。

② Reichwein, Adolf: *China und Europa — Geistige und künstlerische Beziehungen im 18 Jahrhundert*. Berlin: Österheld, 1923. [德]利奇温:《十八世纪中国与欧洲文化的接触》,朱杰勤译,商务印书馆1991年版。

③ Chen Chuan: *Die chinesische schöne Literatur im deutschen Schrifttum*(德国文学中的中国纯文学). Inaugural-Dissertation zur Erlangung der Doktorwürde der Hohen Philosophischen Fakultät der Christian-Albrecht-Universität zu Kiel. vorgelegt von Chuan Chen aus Fu Schün in China. 1933. S.1. 基尔大学哲学系博士论文。

④ 陈铨:《中德文学研究》,辽宁教育出版社1997年版,第4页。

就是在中、德两个方向上同时并行的。当然,我们要承认陈铨是留学德国,在基尔大学接受了严格的学术训练并完成的博士论文,这个德国学术传统是我们要梳理清楚的。也就是说,就学域的开辟而言是德国人拔得头筹。这也是我们应当具备的世界学术的气象,陈寅恪当年出国留学,他所从事的梵学,那也首先是德国的学问。世界现代学术的基本源头,是德国学术。这也同样表现在德语文学研究(Germanistik,也被译为"日耳曼学")这个学科。但这并不影响我们独立风骨,甚至是后来居上,所谓"弟子不必不如师,师不必贤于弟子,闻道有先后,术业有专攻"(唐韩愈《师说》),这才是求知问学的本意。

当然,这只是从普遍的求知原理上而言之。中国现代学术是在世界学术的整体框架中形成的,既要有这个宏大的谱系意识,同时其系统建构也需要有自身的特色。从这个意义上来说,当陈铨归国以后,用中文出版《中德文学研究》,这就不但意味着中国日耳曼学有了足够分量的学术专著的出现,更标志着在本领域之内的发凡起例,是一个新学统的萌生。它具有多重意义,一方面它属于德文学科的成绩,另一方面它也归于比较文学(虽然在当时还没有比较文学的学科建制),当然更属于中国现代学术之实绩。遗憾的是,虽然在20世纪30年代前期即已有很高的起点,但出于种种原因,这一学域的发展长期中断,直到改革开放之后才出现薪火相传的迹象。冯至撰《歌德与杜甫》,大概只能说是友情出演;但他和德国汉学家德博(Debon, Günther, 1921—2005)、加拿大华裔德籍学者夏瑞春(Hsia, Adrian, 1940—2010)一起推动了中德文学关系领域国际合作的展开,倒是事实。1982年在海德堡大学召开了

"歌德与中国"国际学术研讨会,以冯至为代表的6名中国学者出席并提交了7篇论文。① 90年代以后,杨武能、卫茂平、方维规教授等皆有相关专著问世,有所贡献。②

进入21世纪,随着中国学术的发展,中德文学关系领域也受到更多关注,参与者甚多,且有不乏精彩之作。具有代表性的是谭渊的《德国文学中的中国女性形象》③,此书发掘第一手材料,且具有良好的学术史意识,在前人基础上将这一论题有所推进,是值得充分肯定的一部著作。反向的研究,即德语文学在中国语境里的翻译、传播、接受问题,则相对被忽视。范劲提出了德语文学符码与现代中国作家的自我问题,并且将研究范围延伸到当代文学。④笔者的《德国精神的向度变型》则选择尼采、歌德、席勒这三位德国文学大师及其代表作在中国的接受史进行深入分析,以影响研究为基础,既展现冲突、对抗的一面,也注意呈现其融合、化生的成分。⑤卢文婷讨论了中国现代文学中所接受的德国浪漫主义影响。⑥ 此

---

① 论文集 Debon, Günther & Hsia, Adrian（Hg.）: *Goethe und China – China und Goethe*(歌德与中国—中国与歌德). Bern: Peter Lang Verlag, 1985.关于此会的概述,参见杨武能:《"歌德与中国"国际学术讨论会》,载杨周翰、乐黛云主编:《中国比较文学年鉴1986》,北京大学出版社1987年版,第351—352页。亦可参见《一见倾心海德堡》,载杨武能:《感受德意志》,四川人民出版社2001年版,第7—28页。
② 此处只是略为列举若干我认为在各方面有代表意义的著作,关于中德文学关系的学术史梳理,参见谭渊:《德国文学中的中国女性形象》,武汉大学出版社2017年版,第7—15页;叶隽:《六十年来中国的德语文学研究》,重庆出版社2016年版,第211—219页。
③ 谭渊:《德国文学中的中国女性形象》,武汉大学出版社2017年版。
④ 范劲:《德语文学符码与现代中国作家的自我问题》,华东师范大学出版社2008年版。
⑤ 叶隽:《德国精神的向度变型——以尼采、歌德、席勒的现代中国接受为中心》,中央编译出版社2015年版。
⑥ 卢文婷:《反抗与追忆:中国文学中的德国浪漫主义影响(1898—1927)》,中国社会科学出版社2014年版。

外,中国文学的德译史研究也已经展开,如宋健飞的《德译中国文学名著研究》探讨中国文学名著在德语世界的状况①,谢淼的《德国汉学视野下中国当代文学的译介与研究》考察中国当代文学在德国的译介和研究情况②,这就给我们展示了一个德语世界里的中国文学分布图。当然,这种研究尚处于初步阶段,现在做的还主要是初步材料梳理的工作,但毕竟是开辟了新的领域。具体到中国现代文学的文本层面,探讨诸如中国文学里的德国形象之类的著作则尚未见,这是需要改变的情况。至于将之融会贯通,在一个更高层次上来通论中德文学关系者,甚至纳入世界文学的融通视域下来整合这种"中德二元"与"文学空间"的关系,则更是具有挑战性的难题。

值得提及的还有基础文献编目的工作。这方面旅德学者顾正祥颇有贡献,他先编有《中国诗德语翻译总目》③,后又编纂了《歌德汉译与研究总目(1878—2008)》《歌德汉译与研究总目(续编)》④,但此书也有些问题,诚如有批评者指出的,认为其认定我国台湾地区在 1967 年之前有《少年维特之烦恼》10 种译本是未加考订

---

① 宋健飞:《德译中国文学名著研究》,外语教学与研究出版社 2016 年版。
② 谢淼:《德国汉学视野下中国当代文学的译介与研究》,南京大学出版社 2017 年版。
③ *Übersetzte Literatur in deutschsprachigen Anthologien*:eine Bibliographie;[diese Arbeit ist im Sonderforschungsbereich 309 "Die literarische Übersetzung" der Universität Göttingen entstanden]/hrsg. von Helga Eßmann und Fritz Paul. - Stuttgart:Hiersemann. - 28 cm. - (Hiersemanns bibliographische Handbücher;13). - ISBN 3 - 7772 - 9719 - 4 [4391] Teilbd. 6. Anthologien mit chinesischen Dichtungen/wissenschaftlich ermittelt und herausgegeben von Gu Zhengxiang hrsg. von Helga Eßmann. Stuttgart:Anton Hiersemann Verlag,2002.
④ 顾正祥编:《歌德汉译与研究总目(1878—2008)》,中央编译出版社 2009 年版。顾正祥编:《歌德汉译与研究总目(续编)》,中央编译出版社 2016 年版。

的,事实上均为改换译者或经过编辑的大陆重印本。① 这种只编书目而不进行辨析的编纂方法确实是有问题的。他还编纂有荷尔德林编目《百年来荷尔德林的汉语翻译与研究：分析与书目》②。

当然,也出现了一些让人觉得并不符合学术规律的现象,比如此前已发表论文的汇集,其中也有拼凑之作、不相关之作,从实质而言并无什么学术推进意义,不能视为严格意义上的学术专著。更为严重的是,这样的现象现在似乎并非鲜见。我以为这一方面反映了这个时代学术的可悲和背后权力与资本的恶性驱动力,另一方面研究者自身的急功近利与学界共同体的自律消逝也是须引起重视的。至少,在中德文学关系这一学域,我们应努力维护自己作为学者的底线和基本尊严。

但如何才能在前人基础上"百尺竿头,更进一步",创造出真正属于这个时代的"光荣学术",却并非一件易与之事。所以,我们希望在不同方向上能有所推动、循序渐进。

首先,丛书主要译介西方学界的中德文学关系研究成果,其中不仅包括学科史上公认的一些作品,譬如常安尔（Tscharner, Eduard Horst von，1901—1962）的《至古典主义德国文学中的中国》③。常安尔是钱锺书的老师,在此领域颇有贡献,杨武能回忆

---

① 主要依据赖慈芸:《台湾文学翻译作品中的伪译本问题初探》,《图书馆学与信息科学》2012年第38卷第2期,第4—23页;邹振环:《20世纪中国翻译史学史》,中西书局2017年版,第92—93页。
② Gu, Zhengxiang: *Hölderlin in chinesischer Übersetzung und Forschung seit hundert Jahren: Analysen und Bibliographien*. Berlin & Heidelberg: Metzler-Verlag & Springer Verlag, 2020.
③ Tscharner, Eduard Horst von: *China in der deutschen Dichtung bis zur Klassik*. München: Reinhardt, 1939.

说他去拜访钱锺书时,钱先生对他谆谆叮嘱不可遗忘了他老师的这部大作,可见其是有学术史意义的,① 以及舒斯特(Schuster, Ingrid)先后完成的《德国文学中的中国和日本(1890—1925)》《德国文学中的中国与日本(1773—1890)》;② 还涵盖德国汉学家的成果,譬如德博的《魏玛的中国客人》③。在当代,我们也挑选了一部,即戴特宁的《布莱希特与老子》。戴特宁是德国日耳曼学研究者,但他对这一个案的处理却十分精彩,值得细加品味。④ 其实还应当提及的是斯洛伐克汉学家高利克的《从歌德、尼采到里尔克——中德跨文化交流研究》。⑤ 高利克是东欧国家较早关涉中德文学关系研究的学者,一些专题论文颇见功力。

比较遗憾的是,还有一些遗漏,譬如奥里希(Aurich, Ursula)的《中国在18世纪德国文学中的反映》⑥,还有如夏瑞春教授的著作也暂未能列入。夏氏是国际学界很有代表性的中德文学关系研究的开拓性人物,他早年在德国,后到加拿大麦吉尔大学任教,可谓毕生从事此一领域的学术工作,其编辑的《德国思想家论中国》《黑塞与中国》《卡夫卡与中国》在国际学界深有影响。我自己和他交往虽然不算太多,但也颇受其惠,可惜他得寿不遐,竟然在古

---

① 《师恩难忘——缅怀钱锺书先生》,载杨武能:《译海逐梦录》,四川文艺出版社2018年版,第95页。
② Schuster, Ingrid: *China und Japan in der deutschen Literatur: 1890 - 1925*, Bern & München: Francke, 1977. Schuster, Ingrid: *Vorbilder und Zerrbilder: China und Japan im Spiegel der deutschen Literatur 1773 - 1890.* Bern & Frankfurt a.M.: Peter Lang, 1988.
③ Debon, Günther: *China zu Gast in Weimar.* Heidelberg: Guderjahn, 1994.
④ Detering, Heinrich: *Bertolt Brecht und Laotse.* Göttingen: Wallstein, 2008.
⑤ [斯洛伐克]马立安·高利克:《从歌德、尼采到里尔克——中德跨文化交流研究》,刘燕等译,福建教育出版社2017年版。
⑥ Aurich, Ursula: *China im Spiegel der deutschen Literatur des 18. Jahrhunderts.* Berlin: Ebering, 1935.

稀之年即驾鹤西去。希望以后也能将他的一些著作引进，譬如《中国化：17、18世纪欧洲在文学中对中国的建构》等。①

其次，有些国人用德语撰写的著作也值得翻译，譬如方维规教授的《德国文学中的中国形象（1871—1933）》。② 这些我们都列入了计划，希望在日后的进程中能逐步推出，形成汉语学界较为完备的"中德文学关系研究"的经典著作库。另外则是在更为多元的比较文学维度里展示德语文学的丰富向度，如德国学者宫多尔夫的《莎士比亚与德国精神》(*Shakespeare und der deutsche Geist*，1911)、俄国学者日尔蒙斯基的《俄国文学中的歌德》(*Гёте в русской литературе*，1937)、法国学者卡雷的《法国作家与德国幻象（1800—1940）》(*Les écrivains français et le mirage allemande 1800—1940*，1947)等都是经典名著，也提示我们理解"德国精神"的多重"二元向度"，即不仅有中德，还有英德、法德、俄德等关系。而新近有了汉译本的巴特勒的《希腊对德意志的暴政——论希腊艺术与诗歌对德意志伟大作家的影响》则提示我们更为开阔的此类二元关系的可能性，譬如希德文学。③ 总体而言，史腊斐的判断是有道理的："德意志文学的本质不是由'德意志本质'决定的，不同民族文化的交错融合对它的形成产生了

---

① Hsia, Adrian: *Chinesia: The European Construction of China in the Literature of the 17th and 18th Centuries*. Tübingen, Niemeyer Verlag, 1998.
② Fang, Weigui: *Das Chinabild in der deutschen Literatur 1871–1933: ein Beitrag zur komparatistischen Imagologie*. Frankfurt a.M.: Suhrkamp, 1992.
③ ［英］伊莉莎·玛丽安·巴特勒(Eliza Marian Butler)：《希腊对德意志的暴政——论希腊艺术与诗歌对德意志伟大作家的影响》(*The Tyranny of Greece over Germany: A Study of the Influence Exercised by Greek Art and Poetry over the Great German Writers of the Eighteenth, Nineteenth and Twentieth Centuries*)，林国荣译，社会科学文献出版社2017年版。

深远的影响……"①而要深刻理解这种多元关系与交错性质,则必须对具体的双边关系进行细致清理,同时不忘其共享的大背景。

最后,对中国学界来说,更为重要的是如何推出我们自己的具有突破性的中德文学关系研究的代表性著作。时至今日,这一学域已经走过了近百年的历程,几乎可以说是与中国现代学术的诞生、中国日耳曼学与比较文学的萌生是同步的,只要看看留德博士们留下的学术踪迹就可知道,尤其是那些用德语撰写的博士论文。② 当然在有贡献的同时,也难免产生问题。夏瑞春教授曾毫不留情地批评道:"在过去的25年间,虽然有很多中国的日耳曼学者在德国学习和获得博士学位,但遗憾的是,他们中的绝大部分人或多或少都研究了类似的题目,诸如布莱希特、德布林、歌德、克拉邦德、黑塞(或许是最引人注目的)及其与中国的关系,尤其是像席勒、海涅和茨威格,总是不断地被重复研究。其结果就是,封面各自不同,但其知识水平却始终如一。"③夏氏为国际著名学者,因其出入中、德、英等多语种学术世界,娴熟多门语言,所以其学术视域通达,能言人之所未能言,亦敢言人之所未敢言,这种提醒或批评是非常发人深省的。他批评针对的是德语世界里的中国学人著述,那么,我以为在汉语学界里也同样适用,相较于德国学界的相

---

① [德]海因茨·史腊斐(Schlaffer, Heinz):《德意志文学简史》(*Die kurze Geschichte der deutschen Literatur*),胡蔚译,北京大学出版社2013年版,第103页。
② 参见《近百年来中国德语语言文学学者海外博士论文知见录》,载吴晓樵:《中德文学因缘》,上海外语教育出版社2008年版,第178—198页。
③ [加]夏瑞春:《双重转型视域里的"德国精神在中国"》,《文汇读书周报》2016年4月25日。

对有规矩可循,我们的情况似更不容乐观。所以,这样一个系列的推出,一方面是彰显目标,另一方面则是体现实绩,希望我们能在一个更为开阔与严肃的学术平台上,与外人同台较技,积跬步以至千里,构建起中国学术走向世界的桥梁。

叶 隽

2020年8月29日沪上同济

目录

- 001 **绪论**
- 002 一、与翻译研究相关的两对主要"转向"
- 005 （一）翻译研究中的"文化转向"和文化研究中的"翻译（学）转向"
- 010 （二）翻译研究中的"社会转向"和社会学研究中的"翻译转向"
- 014 二、翻译研究中的两对"转向"与本研究之间的关联
- 026 三、郭沫若翻译研究现状与态势
- 032 四、郭沫若的德语学习与德国精神给养

- 042 **第一章 郭沫若与歌德**
- 043 一、郭沫若翻译《浮士德》
- 045 （一）郭沫若翻译中的移情与共感
- 058 （二）《浮士德》郭译本的译文语言特色
- 067 （三）《浮士德》翻译与郭沫若创作和研究之间的互文性关联
- 081 （四）对张荫麟有关郭沫若译本的评论之研究
- 090 二、郭沫若的《少年维特之烦恼》译本

095　（一）"纯粹语言"：《少年维特之烦恼》译本的语言之维

099　（二）"西为中用"的体裁：散文诗情调充盈的书信体小说

104　（三）郭译《少年维特之烦恼》的巨大阅读效应

112　（四）郭译《少年维特之烦恼》的形变：《少年维特之烦恼剧本》

119　（五）郭译《少年维特之烦恼》的出版谱系——兼及叶灵凤

124　三、叙事长诗、国防文学和"土纸本"：郭译《赫曼与窦绿苔》

125　（一）翻译大背景：作为"国防文学"的现代叙事长诗

132　（二）译本的出版发行及"副文本"考量

137　（三）郭沫若的翻译贡献和意义

140　**第二章　郭沫若与席勒**

141　一、郭沫若的《华伦斯坦》翻译

141　（一）翻译动机

148　（二）郭沫若对译本的修改

155　（三）郭沫若对席勒悲剧和史剧的接受

158　二、郭沫若所译席勒诗歌中的戏剧关联

164　**第三章　郭沫若与尼采**

165　一、中日两国竞相翻译尼采的文化大背景

169　二、"创造社"之命名与尼采精神的关系

173　三、郭译《查拉图司屈拉钞》：从狂热到淡化的接受历程

179　四、从翻译尼采作品到阐释尼采精神

180　（一）"毁灭—创造"二元论

184　（二）酒神精神、强力意志与尚力美学

第四章　郭沫若与德语诗歌翻译

- 189　第四章　郭沫若与德语诗歌翻译
- 190　一、作为译诗选集的《德国诗选》和《沫若译诗集》
- 192　（一）《德国诗选》和《沫若译诗集》的版本
- 199　（二）进入《分类白话诗选》的郭沫若译诗
- 205　二、郭沫若德语译诗补遗研究
- 206　（一）《迷娘》中的德语译诗
- 211　（二）《弹琴者之歌》
- 217　（三）《女神之再生》中的德语译诗
- 220　（四）《歌德诗中所表现的思想》和《三叶集》中的德语译诗
- 223　三、郭沫若的海涅译诗
- 224　（一）郭沫若与海涅之间的文学因缘：从翻译到模仿
- 226　（二）郭沫若和海涅诗歌的类比
- 244　（三）创造社同人的海涅应和
- 246　（四）不完整的海涅接受
- 248　四、郭沫若《茵梦湖》中的译诗
- 249　（一）郭沫若的翻译美学贡献——"风韵译"
- 253　（二）《茵梦湖》译本中的3首译诗

第五章　郭沫若与自然主义文学

- 263　第五章　郭沫若与自然主义文学
- 265　一、郭沫若的《异端》翻译：与东瀛之关系考辨
- 269　二、自然主义与精神分析的影响
- 271　（一）自然的描写
- 273　（二）心理的解剖
- 274　（三）情欲的暗示

277　三、郭译《异端》与王实味译本的比较

283　**第六章　郭沫若的马克思主义和美术考古著作翻译**
284　一、郭沫若译《德意志意识形态》
285　（一）郭沫若译本考释及翻译范式
292　（二）郭沫若的翻译与其唯物史观的紧密关联
300　二、郭沫若译《美术考古一世纪》
301　（一）"美术考古学"的术语翻译
304　（二）著作翻译与历史考古研究之间的紧密关联

311　**第七章　德语世界的郭沫若**
313　一、郭沫若作品的德译
313　（一）郭沫若诗歌的德译
315　（二）郭沫若其他体裁作品的德译
318　二、德语世界对郭沫若其人其作的评介和研究
319　（一）德语区文学史书系中的郭沫若
322　（二）德语区对翻译家郭沫若的关注
326　（三）德语学界对郭沫若的其他研究
328　三、国际"郭沫若学"的构建——以德语世界为例

333　**余论**

343　**参考文献**
369　**后记**

绪　论

自产生伊始,一直以来,作为"跨语际实践"的翻译就惯常地被视为人类交流的"媒介""手段"和"工具"。翻译这一具有悠久历史传统的活动,以及与之密切相关的生产者(译者)和产品(译作),尽管对人类社会发展发挥着不可或缺的作用,但也长期被打上"边缘"的印记;究其原因,恐怕上述认识难辞其咎。就文化界和学术界而言,不论是译者还是译作本身,抑或以包括译者译作在内的翻译实践为研究对象的翻译学科,也长期居于被边缘化的尴尬地位。这具体表现在译者和译作难以企及作者和著述拥有的独立主体地位,其不论是物质还是非物质意义上的社会认同都相对较低[1],而翻译学或曰翻译研究也长期蜷缩于学术研究领域的一隅,寄生式地挂靠在其他相关学科(比如文学研究或语言学研究)门下。值得欣慰的是,时至今日,尽管还存在这样或那样的有待进一步完善之处,翻译学科应该说已然成为一门独立学科,这从以下现象可略见一斑:国内外学界都已经正式确立"翻译学"

---

[1] 比之原作,翻译的社会认同程度相对较低,这在国内外都是一个较为普遍的现象。比如就德国图书市场而论,在书籍制作成本差不多的情况下,翻译作品售价要远远低于原创作品的价格。另外一个表现是奖项设立:德国有不少以重要文化名人的名义设立的文学奖,比如格林兄弟奖、毕希纳奖、沙米索奖等,但迄今还没有专门的翻译文学奖。

(Translation Studies,或 Translatology)这一学科名称,并发行门户期刊和编撰相关书系,而国内则设置了专门的"翻译硕士"(Master of Translation and Interpreting, MTI)这一专业型硕士,"翻译博士"(Master of Translation and Interpreting, DTI)的建设也已被一些国内高校提上议事日程。

在翻译研究之独立性已被正名的宏观背景下,国外的翻译理论和新型范式被大量引入国门,各种类型的翻译研究开展得如火如荼,其研究成果也层出不穷,重写翻译史乃至文学史的呼声也越来越高。其实,早在 1929 年,陈子展在《中国近代文学之变迁》(上海中华书局 1929 年版)中就率先采取史论结合的方法,专列翻译文学的章节,给予翻译史一定程度的关注,并引出了王哲甫的《中国新文学运动史》、郭箴一的《中国小说史》等同类后续之作。时至今日,学界已普遍意识到翻译在中国近现代文学演进和发展中的重要意义和作用,在把翻译文学史纳入 20 世纪中国文学史写作之中这一点上,已经达成了较大程度上的共识。本书正是从这一视角出发,着重关注郭沫若的德语著作翻译对其创作和学术研究的影响,乃至更大范围内对中国现代文学的影响。就研究理念、范式和方法而言,则着眼于翻译研究中的"文化转向"和"社会转向"。

一、与翻译研究相关的两对主要"转向"

纵观当代翻译理论的发展史,不难发现"转向"一词绝非陌生。可以毫不夸张地说,在国内外翻译研究的领域内,近年来各种名目的"转向"走马灯似的登场。在翻译学成为独立学科的呼声日益高涨的今天,这类"转向"更是呈现百花齐放的态势。"转向"

意味着迈入新的发展方向、走上新的发展路径,是该学科向其他学科"求助"的一种方法,因此具有天然的跨学科属性,其目的是解决本学科中原有的研究视角和方法所不能解决的问题①,所谓"它山之石,可以攻玉"。一方面,这扩大和拓宽了翻译研究的外围空间,给传统译学研究注入了新鲜血液和活力,带来了令人耳目一新的视角、思路和方法,也有助于推进翻译研究向纵深方向发展;但另一方面,过多庞杂的"转向"也难免给人一种"你方唱罢我登场""乱花渐欲迷人眼"的泛化感觉,会给研究者带来种种困惑。另外值得注意的是,虽然种种"转向"的出现体现了译学的巨大进步,但正如2006年霍恩比《翻译研究的转向——新范式还是新视角?》一书所质疑的那样,它们恐怕无法真正带来"范式"理论的首创者库恩(Thomas Kuhn)所言的、引发学界革命的"新范式",而只能提供不同的"新视角"。②

在"前语言学时期"的漫长阶段,2 000余年的中西翻译理论界在理论建构和创新方面乏善可陈,大多被打上"经验式""随感式""印象式""评点式""赏析式"的烙印。③ 到了20世纪四五十年代,现代语言学理论引入翻译领域,"语言学转向"应运而生。随着西方20世纪六七十年代跨学科文化研究思潮势头的兴盛,众多学科领域都开始转向文化领域,纷纷发生"文化转向"(cultural

---

① 吴术驰、李超:《文化转向后翻译概念的嬗变研究》,四川大学出版社2018年版,第17页。
② Mary Snell-Hornby, *The Turns of Translation Studies: New Paradigms or Shifting Viewpoints*, Amsterdam/Philadelphia: John Benjamins Publishing Company, 2006, p.v.
③ 喻锋平:《国内外翻译研究转向及范式转换综述》,《外语与外语教学》2012年第2期,第78页。

turn），此后翻译研究也加入这一"文化转向"的大军。随着西方社会学日新月异的发展，翻译研究在21世纪初也发生了"社会转向"，从文化走向了更宽泛的社会层面。此外，从20世纪90年代开始，国内外译界至少还出现过以下直接使用"转向"来定义和描述翻译研究方向转变的关键词，比如："译者转向""创造性转向""现实转向""实践转向""显性转向和隐形转向""认知转向""权力转向""语用学转向""实证转向""意识形态转向"①，甚至还有"全球化转向""伦理转向"和"生态转向"等。以上"转向"，一般涉及切入点或研究侧面、视野、方法、跨学科融合思路上的变化，其中也不乏部分交叠重合的情况发生。此外，有学者注意到，目前的翻译学研究在历经"多重转向"之后又部分进入了回归语言学的"U字形转向"②，相关研究已经摆脱传统语言"等值"的束缚，依托包括批评语言学、语料库语言学、认知语言学、计量语言学等在内的当代语言学途径。不过，针对这一兜兜转转又重返语言学原点的回转型转向，又有学者质疑并提出批评意见。③

需要指出的是，翻译学研究途径虽然一路多变，但探索语际转化和符码对等的语言学途径伴随始终；而各种"转向"的出现，意味着扩大翻译研究的其他属性和层面，并不代表要抹杀翻译的语言层面。但与此同时，翻译研究又不能只停留在语言转换层面的研究，毕竟语言是文化和社会的载体，因此，翻译研究跨越了语言

---

① 喻锋平：《国内外翻译研究转向及范式转换综述》，《外语与外语教学》2012年第2期，第79页。
② Mary Snell-Hornby, *The Turns of Translation Studies: New Paradigms or Shifting Viewpoints*, p.150.
③ Ibid, p.152.

层面的藩篱,走到文化与社会的层面,这既是翻译现象和活动本身属性决定的题中应有之义,也是翻译学科发展的大势所趋。有鉴于此,在翻译研究迄今发生的各种"转向"中,最引人瞩目的正是"文化转向"和"社会转向",也就不足为怪了。从"语言转向"经由"文化转向"再到"社会转向",翻译研究一路走来的历程表明,审视翻译的视角从微观(语言学视角)经过准宏观(文化视角)走向了宏观(社会视角)。[①]

(一)翻译研究中的"文化转向"和文化研究中的"翻译(学)转向"[②]

时下,从多元文化和跨文化研究的视角来研究翻译问题已经屡见不鲜,国内外学界已经公认,两种语言之间的翻译不再仅仅是语言层面上的简单转换,而是包含了文化维度的复杂跨语际实践。但是,真正将翻译问题和现象纳入比较文化领域来考察,离不开20世纪80年代巴斯奈特(Susan Bassnett)和勒菲弗尔(André Lefevere)两位学者的开拓之功。以他们为首的一批学者在文化研究兴起的背景下,倡导和推进了当代翻译研究的"文化转向"。当然,有关"文化转向"一说,国内外学界也有批评之声,认为既然"文化从来就是翻译的组成部分",那么就不存在什么"转向",至

[①] 彭萍、卢青亮:《当代西方翻译研究的"文化转向"和"社会转向"综述》,《江西师范大学学报(哲学社会科学版)》2016年第3期,第144页。
[②] 考虑到文化研究日益增强的学科化趋向,翻译的学科意识的强化也该是题中应有之义,于是有学者建议把"翻译转向"改为"翻译学转向",意在从学理上来讨论这个问题,参见王宁:《翻译的文化建构和文化研究的翻译学转向》,《中国翻译》2005年第6期,第8页。

少这一表述并不准确,①因为很早就有学者明确指出翻译与文化之间存在不可割裂的紧密联系,比如"翻译不是翻译语言,而是翻译文化"②,甚至还有学者将文化翻译追溯至久远以前的德国浪漫主义时期,认为在洪堡眼中"翻译就已经一直是文化翻译"。③ 从这个意义上说,国内也有学者认为文化"转向"毋宁说是一种文化"回归","不仅代表工具理性的选择,更是出于价值理性的需要",因为跟文化及其历史、形态和价值等的讨论一直是文艺复兴以来知识界关注的对象。④ 但是,"文化转向"这一概念的批评者承认,所谓的"文化转向"也是对早期翻译研究中文化关注的延续与发展,或者说是更旗帜鲜明地把研究焦点或重点从语言层面转移到了文化层面。⑤ 可见,尽管离开文化这一维度来谈翻译自然是不可能的,但在翻译研究当中,聚焦于"语言层面"的"语言学派"研究范式和以"文化层面"为中心的"文化学派"研究模式仍可窥见。

传统的翻译研究多半采取"语言学派"的研究范式,关注的是以语言转换为核心的翻译过程(translating),主要从事的是翻译的内部研究和微观研究。⑥ 典型的"语言学派"翻译研究从一门语言到另一门语言的符号转换着手,着重探讨相关字词或句式的翻译方法和策略,比如直译或意译、异化或归化等翻译类型;抑或从"等

---

① 孙艺风:《文化翻译》,北京大学出版社 2016 年版,第 3 页。
② Joseph B. Casagrande, "The Ends of Translation", *International Journal of American Linguistics*, vol.20, no.4 (1954), p.338.
③ Boris Buden et al., "Cultural Translation: An Introduction to the Problem, and Responses", *Translation Studies*, vol.2, no.2 (2009), p.199.
④ 孙艺风:《文化翻译》,北京大学出版社 2016 年版,第 41 页。
⑤ 同上书,第 3 页。
⑥ 杨蔚君:《翻译的文化回归》,中国书籍出版社 2012 年版,第 30 页。

值"的角度出发进行原文和译文比对,稽考译文在何等程度上符合或偏离了原文的意思,是否存在类似于晚清时期以林纾为代表的大幅度删译、添译或者改译等形式的粗暴"豪杰译";由此对译文或译者进行臧否和评骘,比如译文本身"信达雅"的质量水准,或者译者的外文功底、母语水平、知识结构乃至包括翻译态度、风范、精神等在内的翻译伦理。如果这种"语言学派"翻译研究范式过分聚焦和密集的话,甚至会演化成翻译评论,比如通篇都在置评字句的翻译得失和瑕瑜,而且极易走向放大译者本来就不可绝对规避的疏漏谬误的极端。应该承认的是,很长一段时间,我国的翻译研究大多集中在"语言学派"研究这一层面。[1]

而自从翻译研究出现"文化转向"以来,"文化学派"翻译研究注重的是"译作"(translation),主要从事的是翻译的外部研究和宏观研究。[2] 这一派别并不完全否认"语言学派"翻译研究范式的功劳和优势,因为完全背离目的语语言规则和目的语读者期待视野的翻译只会不忍卒读,遑论进行翻译研究;但"文化学派"更多地关注翻译的宏观背景和外部因素,比如政治经济、时代社会、意识形态、教育文化、传媒出版等。勒菲弗尔总结出翻译的七大维度,分别为思想意识、赞助人、诗学、语域、语言发展和教育、翻译技巧、中心文本和中心文化。[3] 根据翻译研究"文化学派"的观点,翻译研究更宜置于双边或多边文学和文化关系的宏大视域下进行:着

---

[1] 杨蔚君:《翻译的文化回归》,中国书籍出版社2012年版,第30页。
[2] 同上。
[3] André Lefevere, *Translation/History/Culture: A Sourcebook*, London: Routledge, 2003, pp.vii-x.

重考察翻译作品产生的外部环境和条件,比如政治风向、经济景气、文化症候对翻译取舍的决定或指引性作用;探析译者翻译原作的接受动机、审美旨趣、移译技巧、目的意图,追问隐藏在删译增译、误释误读等非正常翻译现象之后的深层次根源;追溯译作对当时社会产生的直接和间接影响及功效——比如对大众产生了振聋发聩或是反响平平的影响,是引发了一股持续较长时间的读书热潮还是昙花一现转瞬即逝。再比如目的语文学创作对翻译作品的生搬硬套的模仿借鉴,"如盐溶水,不着痕迹"般地化用,乃至改头换面、充满变异、"创造性叛逆"式的改创;考察翻译作品的出版媒介谱系,诸如单篇译文的刊行及其所属期刊的发展态势,抑或是译著自初版以来在多家出版社发行及其市场销售情况,并关注期刊或出版社背后的赞助人或群体;当然,属于"文化学派"研究任务的还有翻译与语言或文学教育的关系问题,诸如译作对当时目的国的语言建设、改革或规划是否能起到一定程度的引导作用,是否能作为一种语言资源登堂入室地进入文学教科书或者(翻译)文学史书系等。

  与翻译研究中的"文化转向"相对应的是,文化研究中也发生了"翻译转向"。[1] 这一转向的发生有其水到渠成的历史必然性,"因为任何跨越两种或两种以上的文化研究都离不开翻译的中介,或者说它本身就是一种超越了语言和字面之局限的文化的翻译"。[2] 长期以来,翻译研究和文化研究这两个有着多维度性和跨

---

[1] Susan Bassnett, "The translation turn in cultural studies", Susan Bassnett & André Lefevere (eds.) *Constructing cutures. Essays on literary translation*, Clevedon: Multilingual Matters, 1998, p.134.
[2] 王宁:《翻译的文化建构和文化研究的翻译学转向》,《中国翻译》2005 年第 6 期,第 8 页。

学科性等共性特征的领域存在隔膜,这种类似我们所言的"两张皮"现象在很大程度上阻碍了不同文化之间的碰撞和对话,跟时下方兴未艾的学术多元化和多方面发声两相抵牾。

随着各种文化的激烈碰撞、交互对话和相关文化理论的层出不穷,尤其是多元文化主义、第三世界理论和全球化理论等的抬头,文化研究也开始从翻译视角出发来研究文化问题,其结果是对文化概念的理解也发生了变化。德国学者巴赫曼—麦迪克(Doris Bachmann-Medick)颇有见地地指出:"这一[文化研究的]翻译新导向可能在文化概念的翻译构想中体现得最为清晰:文化本身就被视为翻译过程,同时这也从'翻译'[1]一词的空间范式意义上可以窥见。"[2]而翻译的空间意义在其他学者对文化的构想中也可找到对应:克利福德(James Clifford)曾指出移民本身是一种"旅行的文化"(culture as travel),是对政治、历史和文化版图重新进行测绘和描制的"文化绘图"(cultural mapping);霍米·巴巴(Homi Bhabha)和巴赫曼-麦迪克都曾倡导过"第三空间"(third space)、"边界空间"(bordering space)或"间性空间"(in-between space)等。作为一种文化异质性的生产,翻译是一种具备"文化间性"特点的行为,是两种文化在"第三空间"里进行文化"边界协商"(bordering negotiation)的话语实践。回应文化研究的"翻译转向"

---

[1] 德语里的"翻译"(übersetzen)一词较为特殊,同样的德文拼写形式却有两个重音不同、意义也不尽相同的变体:如果重音在第二个音节上,该词意为"翻译、移译";但如果重音落在第一个音节上,该词就变成了可分动词 über/setzen,其意思是"摆渡、把某人或某物渡到对岸",可见这时候该词就附带一种空间意义。也正是因为德语语言里独有的机缘巧合,该学者刻意凸显了"翻译"一词的变体字面上的空间含义。
[2] Doris Bachmann-Medick, *Cultural Turns. Neuorientierungen in den Kulturwissenschaften*, 5. Aufl, Reinbek: Rowohlt, 2014, S. 248.

这一趋势，文化学学者霍尔（Stuart Hall）在一场访谈中表达了翻译应该脱离欧洲"原初"的观点："翻译是一个再表达和再语境化的连续过程，其中并不存在主要策源地的概念。"①由此，欧洲中心主义理论模式下生成的所谓普世观念是否确实具有普遍性，就被打上了一个问号。②

长期以来，欧洲以外的语言文化在欧洲中心论的模式下被置于欧洲语境之中讨论，但随着翻译属性重新得到定义和认识，这一基本趋势将发生变化。这就意味着，欧洲语言和文化也应该脱离欧洲历史文化语境，被"翻译"到欧洲以外的语境，进而构建真正意义上的全球文化交流。针对这一现象，中国学者已经开始奋力突破在国际人文科学领域"失语"的困境，通过为中国学术和文化代言的方式发出自己的声音，协力推进文化研究在中文语境范围内的"翻译转向"。颇具代表性的学者诸如王宁就提出了"中文语境化下的翻译学转向"，把"文化的翻译转向"拓展为"跨东西方文化的翻译学转向"，主张关注非精英文化的文化研究，通过阐释性的文化翻译来增强非欧洲中心的、多元化文化的发展势头。

（二）翻译研究中的"社会转向"和社会学研究中的"翻译转向"

在翻译学发生"文化转向"的进程中，"社会学转向"（sociological

---

① 原文如下：... translation as a continuous process of re-articulation and re-contextualization, without any notion of a primary origin. 参见 Kuan-Hsing Chen, "Cultural studies and the politics of internationalization: an interview with Stuart Hall", David Morley & Kuan-Hsing Chen (eds.) *Stuart Hall: Critical dialogues in cultural studies*, London: Routledge, 1996, p.394.
② 吕世生：《社会学的"翻译转向"及其对人文社会科学的意义》，《国外社会科学》2013年第5期，第111页。

turn)也呼之欲出。正如奥地利学者沃夫(Michaela Wolf)所指出的:"迄今学界在反思翻译的文化因素的同时,却普遍忽视了社会语境对翻译产品生产与接收的制约作用。"①因此,可以说"文化转向"促成了"社会转向",没有"文化转向"也就不可能出现"社会转向"。② 同时也应该看到,这两个转向之间本身也存在诸多交叠,有时候两者的区别并不十分明显。③

"社会翻译学"发端于霍姆斯(James S. Holmes)的论文《翻译学的名与实》(*The Name and Nature of Translation Studies*, 1972),文中最早提出了"社会翻译学(socio-translation studies)"与"翻译社会学(translation sociology)"两种说法。此处不难窥见,这两个描述交叉学科的名称从一开始就没有划清界限,这就为后来国内外学界的交替使用埋下了某种程度上的隐患。根据国内学者的考辨,围绕这一方向展开的研究,其研究对象都是翻译现象或翻译活动,而不包括社会关系和社会结构等在内的整体的社会运行与发展;这类研究只是采用了社会学的视角、方法或路径,其目的主要也是更好地认识翻译这一社会现象、揭示翻译活动的社会属性,就学科归属和定位来说基本上属于翻译学性质的研究,因此应称为"社会翻译学"才名副其实。④

自20世纪90年代末以来,西方各国的翻译研究学者纷纷吸

---

① [奥]迈考拉·沃夫:《翻译的社会维度》,李瑞林、江莉译,载周发祥等编:《国际翻译学新探》,百花文艺出版社2006年版,第128页。
② 张汨、[奥]米凯拉·沃尔夫:《翻译研究中的"社会学转向"——米凯拉·沃尔夫教授访谈及启示》,《东方翻译》2017年第6期,第47页。
③ 同上。
④ 王洪涛:《"社会翻译学"研究:考辨与反思》,《中国翻译》2016年第4期,第8页。

收和借鉴布尔迪厄(Pierre Bourdieu)的文化社会学理论、卢曼(Niklas Luhmann)的社会系统理论,以及拉图尔(Bruno Latour)和卡农(Michel Callon)共创的行为者网络理论等社会学理论,以此来考察翻译现象和活动,促使翻译研究走向"社会学转向"。[①] 这方面特别值得一提的是布尔迪厄,他提出的"场域"(field)、"惯习"或曰"习性"(habitus)、"文化资本"(cultural capital)、"文化再生产"(cultural reproduction)、"文化制约性条件"(social conditioning)、"权力争斗"(power struggle)、"生产关系网络"(productive network)等概念对翻译研究产生了重要影响,在国内外翻译学界引发了广泛讨论。从布尔迪厄文化社会学角度及其所属关键词切入的翻译研究,也数不胜数。

无论选用哪一种社会学视角和路径,"社会翻译学"研究均有相通之处,即研究翻译行为与社会的互动与相互影响:一方面,翻译与译入语社会的政治、经济、文化、语言等各个层面都会生发较为紧密的联系,甚至对它们发挥重要影响和作用;另一方面,译入语的社会语境又对翻译功能、翻译策略以及翻译产品的生产、接受与传播起着影响和制约作用。在这一相互影响的过程中,由译者、赞助人、委托人、发起人等行动主体及其角色定位构成的社会网络体系都发挥着各自的作用,反过来这种作用又促进了社会互动。另外,翻译背后的行动者之间的权力关系和争斗,以及译者翻译策略的选择都受制于社会意识形态及自身惯习,同时受到译者和翻

[①] Denise Merkle, "Translation constraints and the 'sociological turn' in literary translation studies", Anthony Pym, Miriam Shlesinger & Daniel Simeoni (eds.), *Beyond Descriptive Translation Studies*, Amsterdam/Philadelphia: John Benjamins, 2008, p.175.

译机构获得经济和文化资本这一愿望的影响,这些都是值得"社会翻译学"探究的重要话题。就文本来说,社会翻译学学者并不拘泥于源语文本和译语文本等狭义上的翻译文本,还考虑一种特定的文本——包括封面封底、序跋、纸张印刷、装帧设计、插图美工等在内的副文本(paratext)。[①] 这时候文本就被视为流通、传播、接受和影响的产品,而且关涉由译者、出版商、赞助人、封面设计者等行为主体构成的社会关系网络,及其之间为了追求文化和经济资本而形成的争斗关系。

翻译转向虽然在人文社会科学多个领域都有发生,但在文化研究和社会学领域的表现最为显著。[②] 如果说文化研究中的"翻译转向"是从去中心化和全球化的视角出发,探究文化对话、交流、接受和传播中翻译的重要作用,进一步推进文化朝向多元化的方向发展;那么社会学中的"翻译转向"则强调翻译是人类社会生活的一个重要维度,凸显翻译行为及其产品与社会语境的紧密关联,着重探讨翻译固有的社会属性。另外,社会学翻译转向还扩展了翻译研究的基本理念,并让这一理念成为社会学翻译属性命题的重要支撑。[③] 先前的学科转向仅仅具有学科方法论和视角扩大的价值,其影响皆限于各自的学科领域;相比之下,社会学的"翻译转

[①] 有关热奈特的"副文本"理论,参见 Genette Gérard, *Paratexts! Thresholds of Interpretation*, Cambridge: Cambridge University Press, 1997, p.5. "副文本"理论本属文学理论,与诗学联系紧密,这一概念自提出后也主要用以研究文学文本,但近年来可以窥见逐渐扩展到翻译研究领域的趋势。
[②] 吕世生:《人文社会学科研究的"翻译转向"》,《中国社会科学院研究生院学报》2013年第5期,第100页。
[③] 吕世生:《社会学的"翻译转向"及其对人文社会科学的意义》,《国外社会科学》2013年第5期,第108页。

向"不仅影响了社会学自身,也影响了翻译学科以及文化研究等多个人文社会科学门类,而且其影响还在不断扩展。[①]

二、翻译研究中的两对"转向"与本研究之间的关联

无论是翻译研究中的"文化转向"或者文化学中的"翻译转向",还是翻译研究中的"社会转向"或者社会学中的"翻译转向",可以说都跟本课题研究存在较为密切的关联。有关现今郭沫若翻译研究的态势,有学者用"三多三少"来评价,"多翻译作品本体的研究,少翻译活动的关注;多五四新文学运动时期翻译的研究,少流亡日本十年翻译的论述;多文学翻译手法的研究,少翻译与其他方面关联的阐释"[②],可谓恰如其分。这一评价透露了迄今郭沫若翻译研究中出现的一个问题,即现有研究大多关注翻译的内部和本体研究,对外部研究没有引起足够的重视,尤其是对翻译背后文化因素和社会关联的揭示还有待进一步加强。

如前所述,郭沫若的另一个重要身份——翻译家正越来越引起学界的关注,一个典型的表现就是中国社会科学院郭沫若纪念馆正在进行郭沫若翻译作品语料库建设,同时紧锣密鼓地组织编选出版作为《郭沫若全集·补编》的翻译卷。作为一个著述等身而又与政治结下不解之缘的文化学人和社会活动家,郭沫若的一生横跨晚清王朝、中华民国和新中国时期,可谓不同时代风云的历

[①] 吕世生:《社会学的"翻译转向"及其对人文社会科学的意义》,《国外社会科学》2013年第5期,第108页。
[②] 张勇:《20世纪30年代郭沫若的另一解读——以郭沫若流亡日本十年翻译活动为例》,《郭沫若研究》2017年第1辑,第135页。

史见证者。他目睹了中国社会大变革时代的历史遭遇,尤其是亲历了中外文化碰撞和交流时产生的社会裂变和演进,即便是在10年留日期间,这一体验也依然在场,甚至可以说更加鲜活深刻。纵观郭沫若一生所处的三个大时代,可以发现翻译都在当时的社会和文化中产生了巨大作用和不可磨灭的影响力。从译者个人经历来说,郭沫若人生的各个时期和阶段也都与翻译之间存在较为密切的关联。他在家乡乐山(嘉州)上旧式学堂时就已经读了一些"洋书",从《启蒙画报》《经国美谈》《新小说》《浙江潮》《清议报》等书刊里了解到一些译介过来的外国名人,比如拿破仑和俾斯麦的逸事等,尤其耽读林纾译述的外国文学作品,比如哈葛特的《迦茵小传》、司各特的《艾凡赫》和兰姆的《英国诗人吟边燕语》等。[①] 1913年就读成都高等学堂一年级的时候,他在当时使用的英语教科书多卷本《二十世纪读本》中读到美国诗人朗费罗(Henry W. Longfellow, 1807—1882)的诗作《箭与歌》(*The Arrow and the Song*),觉得仿佛是第一次真正接触"诗歌",并声称从中领会到"诗歌的真实精神"。[②] 因为当时"实业救国"和"科学救国"已经从有志之士的呼声转变为普通民众的共识,像郭沫若那样原本倾向于文学的人对文学也持轻视态度[③],结果其文学观因为朗费罗的《箭与歌》开始发生大幅度转变,在此文学的社会教化功能对郭沫若的影响略见一斑。他的主要翻译活动发生在民国时期,其译

---

① 郭沫若:《郭沫若全集·文学编·第十一卷》,人民文学出版社1992年版,第121—124页。
② 郭沫若:《郭沫若全集·文学编·第十六卷》,人民文学出版社1989年版,第211页。
③ 同上。

作涉及的国别之多、主题之广、内容之杂,用令人叹为观止来形容也毫不为过;及至新中国成立后,他仍然翻译了生平最后一部译作——《英诗译稿》,另外他的大量译作在新中国成立后还不断再版,有些译作的重版甚至一直持续至今。

从宏观社会背景来说,以上三个时期都离不开作为大规模群体活动的翻译的介入,而翻译又反作用于当时的社会:晚清时期,随着"西学东渐"的不断渗入和深化,作为早期启蒙知识分子的近代翻译家群体随之登上历史舞台,尽管他们对外语知识的掌握程度不一,但大都著译并举,加快了当时中国社会走向现代化的进程;民国时期,随着国内外语学习的规模扩大以及负笈国外留学热潮的掀起,包括郭沫若在内的作家兼译者群体如饥似渴地阅读和翻译国外文学作品,并以此推动了白话文对文言文的取代,而且参与构建了中国现代文学的巍峨大厦;至于新中国的成立,也离不开马列主义经典文献的翻译引发的思想革命,而新中国之初中国积极与外国建立交往联系、主动参与国际社会事务,同样离不开翻译的莫大作用。郭沫若研究离不开所处的时代、社会和文化背景的关联,而在这一关联之中,翻译可以说无时、无处不在。

在郭沫若逝世多年后的今天,中国迎来了走向繁荣昌盛的美好新时代,同时承担起让中国文学走出国门的历史使命,翻译在其中的功用更是不言而喻。在此不仅要进一步进行"输入型翻译",而且要推广"输出型翻译",而就后者而论,不得不面临的一个问题就是传播障碍及清障机制。根据世界文学场域等级结构分析模式,翻译是占主导地位的文学场域与被主导文学场域之间的"不平等交流"。① 五四时期,中国国内基本上都是从主导语言(比如英语、日语、德语等)译入被主导语言(比如汉语),这时候翻译是后者积累文学资本、进行自身文学文化创构和社会变革的路径。而时下中国也积极倡导从被主导语言译入主导语言,此时翻译则是被主导语言的文学获得世界文学场域"认可"、入驻世界文学之林的手段。但不得不承认的现实困境是,中国文学作品在西方国家文化场域中是"有限制的文化生产"。② 正如本书最后一章要讨论的郭沫若作品在相对小众的德语世界的译介和研究,不论是从深广度还是影响力度来说,都可谓非常有限。既然"名家、名作、名译和大出版社无疑是中国文学作品在西方顺利出版和有效传播的保障"③,如何尽可能地推进郭沫若其人其作在作为翻译大国的德国或者更广意义上的德语世界的接受和传播,就是一个颇具现实意义的话题。

就翻译研究中的"文化转向"和"社会转向"而论,可以说郭沫若其人其译提供了一个再典型不过的代表案例。具体到文化层面,郭沫若的翻译行为和活动适合置于中外文化交流和跨语际实践的视域下进行,其译作也宜视为具有符号意义和价值的文化产品。郭沫若翻译的赞助人既有约稿的同人文友,也有出版商及相关机构;就翻译及其出版和销售而言,既涉及商业利益,也关联符号资本,比如文学名声的积累。郭沫若的翻译活动当然首先瞄准

---

① 汪宝荣:《西方社会翻译学核心研究领域:述评及启示》,《解放军外国语学院学报》2018年第6期,第83页。
② 同上书,第85页。
③ 汪宝荣:《资本与行动者网路的运作:〈红高粱〉英译本生产及传播之社会学探析》,《编译论丛》2014年第2期。

的是经济收益,当时的他虽然不是职业翻译家,但因为经济窘困经常沦落到煮字鬻文的狼狈境地,甚至一度将好不容易筹钱在日本旧书店购得的《浮士德》德文原本变卖,甚至还曾典当《歌德全集》的原文版,以及刚译完的《社会组织与社会革命》的日文原本,以解断炊燃眉之急。特别是在二度流亡日本的10年间,更是经常通过翻译来维持生计,支撑一家人的开支用度,甚至连自己不熟悉的语种的文学作品,比如托尔斯泰的《战争与和平》,也不得不假借德译本来翻译。而他对文化资本的追逐,则在他积极参与的民国时期三场翻译论争中体现得淋漓尽致。郭沫若在其中表现得锋芒毕露,恐怕争夺的主要不是经济资本,而是为自己以及所在的创造社积极发声,在当时正在形成的中国现代文学场域中争夺无形的文化资本和文学话语制胜权。至于郭沫若的翻译选材,一方面固然跟其个人审美情趣,尤其是德语课上接受的文学教育不无关系;另一方面也受到当时国内文化界意识形态的影响,比如他对《少年维特之烦恼》(简称《维特》)的翻译,一方面是因为从德国狂飙突进运动时代感受到了类似五四时期的共鸣,另一方面则是因为该书信体小说暗合了当时中国现代文学中盛行的"革命(或抗争)加恋爱"的主题模式。郭沫若的翻译技巧和策略一方面受制于他的惯习和译者主体性,比如文白夹杂、诗意充盈,甚至偶尔夹杂家乡方言的风范;另一方面也受到当时蓬勃高涨、致力于推进汉语语言现代化的白话文运动的影响。尤其是在诗歌翻译方面,他倾向于高频度地使用带有感叹词和感叹号的呼语法修辞,这也极大地影响了他自身的诗歌创作。另一个值得探究的问题是跟郭沫若译作的再版紧密关联的经典化,而这方面也存在相当大的内部差距:

有些译作甫一付梓就洛阳纸贵,其再版一直持续到今天,其巨大影响力催生了当时的阅读和接受热潮,甚至引发了同类主题或体裁作品的改编或创作;有些译作则相对来说默默无名,新中国成立后几无再版,今天提起来甚至令人顿感陌生。

在翻译研究越来越从内部研究向外部研究扩展的当下,文化翻译视角下的郭沫若翻译研究还略嫌不够开阔和深入。已经有学者提出,郭沫若翻译作品与现代出版业之间的关系是亟须进一步研究的课题[1],这里涉及多个复杂问题和层面,比如:翻译版本版次的更迭乃至盗版,与出版社和发行者的利益纠葛,包括纸张版型、封面插图、译者序跋等在内的翻译"副文本",译本的受众影响及其市场化措施。它们背后暗藏着政治经济、时代社会、媒介出版乃至法律制度等值得深入探究的因素,在很大程度上也彰显了郭沫若人格的复杂性。[2] 郭沫若的著译作品一向以版本多样化和复杂著称,诸如《郭沫若著译及研究资料(第一、二册)》《郭沫若著译书目》《郭沫若著译作品版本研究》等已经做了大量细致的梳考和辑录工作,但其中也偶有疏漏之处[3],而且缺乏专门的郭沫若翻译作品版本研究。迄今,包括译者序跋和注释等译文内部的"副文本"已经引起了学界的注意,但纸张版型、封面设计、文内插图等所谓外部"副文本"还有待进一步发掘考察。就郭沫若翻译作品的

---

[1] 张勇:《〈郭沫若全集〉补编·翻译编辑札记——以译文版本为中心》,《山东师范大学学报(人文社会科学版)》2015年第3期,第80—81页。
[2] 同上书,第83页。
[3] 比如《分类白话诗选》实则收录郭沫若作译的诗歌八首,而不仅仅是自己创作的六首诗歌(参见萧斌如、邵华编:《郭沫若著译书目(增订本)》,上海文艺出版社1989年版,第439页),因为另有两首译诗。

装帧版型而论，有创造社出版部推出的48开小本（袖珍本，比如《德国诗选》等），也有风靡20世纪二三十年代国内出版界的"毛边本"（比如《德国诗选》等）；就所用纸型来说，既有印刷精良的木造纸版和重磅道林纸版，又有质量略逊的次道林纸版以及质量更差的白报纸版，还有打上抗日战争文化印记的土纸版（比如《维特》《浮士德》《赫曼与窦绿苔》等）；就出版渠道而言，既有购得版权的正规出版物，也不乏改头换面、欺世盗名的"盗印本"（复兴书局1936年《维特》，1936年中亚书店、1939年正午书店《浮士德》）。[①] 另外，作为封面和插画的"副文本"也是郭沫若译著的一个重要组成部分，《维特》《茵梦湖》分别由叶灵凤和倪贻德两位插画家设计，别具匠心、各有特点。

当然，民国时期的出版市场也存在杂乱无序甚至乌烟瘴气的一面。在《维特》的译者后记里，郭沫若曾直接而猛烈地抨击过某些不良出版商糟蹋译作的斑斑劣迹，谴责他们对译者每一版反复修改订正的劳动成果极不尊重，导致成品印刷谬误百出、不忍卒读，甚至两度遗失他校订后的译稿，引发创造社同人决定收回书稿改排，而这就是创造社出版部成立的直接动机。[②] 所谓"尽信书不如无书"，即便是创造社亲力亲为印行的郭沫若译作，错漏之处也在所难免。《德国诗选》再版本目录就存在译诗数量的说明与实际收录诗歌总数不一致的情况，其初版则张冠李戴地把本来选自

---

① 参见萧斌如、邵华编：《郭沫若著译书目（增订本）》，上海文艺出版社1989年版，第476页。
② 郭沫若、周全平：《〈少年维特之烦恼〉增订本后序》，《洪水》1926年第20期，第367页。

歌德《中德四季晨昏杂咏》组诗里面的《暮色》划归到《浮士德》之下。又如温婉凄美、清丽出尘的爱情小说《茵梦湖》,虽然无法企及《维特》的洛阳纸贵,却也同样热销;但有些版本的目录甚至跟正文内容都无法一一对应,比如:泰东书局1929年版的编排就缺少目录上所列的"原著者像"一页,1931年版目次上缺少正文里含有的、由郁达夫所作的《茵梦湖的序引》。究其原因,是各个版本的内容排列或有微小区别,但印刷过程中却被生生忽略。民国时期也发行过郭沫若的伪作,即将不太知名的译者翻译的作品假托郭沫若之名出版,以达到增加销量的目的。[①] 美丽书店1930年版《草枕》、1932年版《黄金似的童年》都属于此类情况。[②] 民国出版市场之无序乱象,可见一斑。郭沫若创作和翻译的一个显著特点是"因时而变",他顺应社会形势和时代思潮的变迁,不断修正自己的思想和观点,并删改自己的作品。这一点不单体现在翻译作品的内容上面,在作为译者序跋的"副文本"中也可窥见,这在郭沫若翻译的《赫曼与窦绿苔》和《华伦斯太》的译者序跋中都有折射。

另一个有待深入探索的维度,则是郭沫若译作在文化教育领域里的价值及其形成过程。已有中外学者注意到,作为一部译诗集,郭沫若及创造社同人成仿吾所译《德国诗选》并未完成译者和发行者期待的经典化历程[③],但其中收录的一首歌德译诗则登堂

---

① 张勇:《〈郭沫若全集补编·翻译编〉编辑札记——以译文版本为中心》,《山东师范大学学报(人文社会科学版)》2015年第3期,第79页。
② 同上书,第80页。
③ 彭建华:《经典化视野下郭译〈德国诗选〉分析》,《长沙理工大学学报(社会科学版)》2017年第4期,第101页。

入室地进入早期中国白话诗集。① 推广开去,同样值得进一步探究的还有郭沫若翻译的名作名篇入选民国时期经典文集、编目乃至教科书的情形,这些都是郭沫若的翻译作品发生可能性的经典化的例证。由此,郭沫若译作俨然成为当时中国翻译文学的重要组成部分,并与其他经典化的翻译文学一起,共同参与构建了中国现代文学的演进发展史,颇具文献学、目录学和版本学的价值。至于以《维特》为代表的郭沫若译作对当时其他作家创作母题或体裁上的影响,国内外学界的探究不可谓不充分,但有关文本间性和互文性的接受和影响研究仍可进一步深入和扩展。此外,郭沫若及同时代人的翻译发生在早期中国启蒙和现代化这一特殊背景之下,彼时中国的语言和文学正经历着一场风云突变、"山雨欲来风满楼"的改创和革新,郭沫若的翻译在何种程度上顺应或助推了这场包括标点符号、表达习惯和方式、文体观念等在内的变革,也是文化翻译视角下值得观照的层面。

  从社会翻译学的视角出发,郭沫若翻译研究中可以探讨的另一个颇为有趣的维度是社会关系网络。而这一网络的构成群体呈现出多元化的丰富镜像,既有同为作家和译者的创造社同好,也有属于其他文学社群的翻译批评者,还有上文提过的书商或出版部工作人员(包括校对、美编、插图设计者等),以及其他跟翻译行为相关的个人和群体。以上人群以直接或间接的方式参与到郭沫若的翻译活动中来,对其译作的接受和流通起到了不同程度的作用。

---

① ［法-瑞士］宇乐文:《郭沫若20年代〈分类白话诗选〉里的歌德译诗》,《郭沫若研究》2017年第1辑。

迄今为止的郭沫若翻译研究多是把他视为个体翻译家,考察其个人的翻译成就和贡献,然而按照文学社会学和社会翻译学的观点,个人的文学经历和翻译生涯也是发生在丰富复杂的社会关系网络之中。郭沫若的翻译工作都由自己独立完成,但他也曾为别人的译作审阅校稿,甚至大幅度改译,余炳文的《迷娘》和钱潮的《茵梦湖》分别属于以上两种情况。即便是郭沫若独自捉刀的翻译,也绝非发生在"真空"之中,而是不可避免地卷入一个社会关系网络:郭沫若翻译《浮士德》时曾受惠于郑振铎所节译的西方神话书籍;所译《赫曼与窦绿苔》仰仗其高足金祖同代为交稿;在修订依靠日文转译本译出的《美术考古发现史》时,曾委托成仿吾带回原文德语本,尽管后来事实上因为时间关系并未按照德语本校订;10年流亡日本期间,他翻译的大量译作都靠朋友李一氓在国内奔走引荐,使之销售一空,这才为郭沫若一家提供了可观的收入。另外,郭沫若的文学和翻译实践跟周遭的同乡同学和社群同人息息相关,颇具血亲地缘和文化学缘意义上的研究价值。对此,倡导文学社会学研究的荷兰汉学家贺麦晓(Michel Hockx)从上文提及的布尔迪厄"场域"视角出发,指出中国传统的师生和同乡关系是构建中国"文学场"的特殊方式。[①]

回溯郭沫若的德语文学翻译历程,可以发现一个有趣的现象:他倾心译介的几位德国作家的作品,在其创造社同好中间总能找到至少一位情深意笃的知音,比如:歌德之于成仿吾、郁达夫、田汉等(他们都对歌德著作和思想有过不同程度的涉猎);席勒之于

---

① [荷]贺麦晓:《二十年代中国"文学场"》,《学人》1998年第13辑,第304、307页。

田汉和成仿吾(田汉与席勒同为戏剧大家,而且还曾自比席勒;成仿吾曾与郭沫若一起登高临水吟咏席勒诗作,也曾有意翻译席勒的《华伦斯太之死》);海涅之于邓均吾和田汉(邓译有多首海涅诗,并在自己的诗歌创作中化用海涅诗句,《三叶集》中多次提及田汉对海涅诗的喜爱);尼采之于郁达夫、成仿吾、田汉、白采(原名童汉章)等(均撰文提及尼采及其思想和著作,而且在创作中借用尼采的独有概念);施托姆之于周全平(周仿照《茵梦湖》创作小说《林中》);霍普特曼之于田汉(田汉曾在日本观看霍普特曼的戏剧《沉钟》并多次评论该剧);此外还有段可情、叶灵凤、倪贻德等创造社同人和赵伯颜等创造社"外围同人"[1]等,他们都与郭沫若的德语文学翻译实践之间存在一定联系。有鉴于此,宜把郭沫若个体的翻译实践纳入创造社作家群落的整体翻译活动考察,进而挖掘个人与群体之间在翻译方面存在的双向互动关系。

此外,这一社会网络关系不仅体现在单个群体内部,在各个不同群体之间的人事纠葛中也有呈现,其典型表现就是民国时期著名的三次翻译论战,[2]每次都有以郭沫若为领头人的创造社参加,并牵涉文学研究会、新月派等文学群落。郭沫若除了对当时学人的翻译批评做出回应,也会以批评者的身份对他人的翻译提出批评,此处也可以窥见翻译批评这条路径的"双向"而非"单轨"的特征。就德语文学翻译批评而言,郭沫若就批评过文学研究会成员、北大德文系毕业生唐性天的翻译:早在1922年3月《创造季刊》

---

[1] 咸立强:《寻找流浪的归宿者创造社研究》,东方出版中心2006年版,第11页。
[2] 参见丁新华:《郭沫若与翻译论战》,《中南大学学报(社会科学版)》2012年第4期。

创刊号上,郭沫若就撰文《海外归鸿(二)》,对唐性天翻译的两首歌德诗《对月》和《游客夜歌》提出了批评;郭沫若的《批判意门湖译本及其他》发表在《创造季刊》同年第2号上,正是这篇文章成为"风韵译"翻译观的嚆矢,并引发了创造社与文学研究会之间长达3年的翻译论战。这些由不同成员组成、教育文化背景各异的作家社群,因为有着不同的文学主张和理念,其翻译主张和态度,比如直译或意译、从原文翻译或假借中介语转译、是否优先翻译经典之作、要不要复译等自然不尽相同,其翻译"惯习"也各有不同。为了获取稿酬润笔、社会声誉、文学地位等"社会资本",各大文学社群及其成员展开追求翻译文学话语的"权力争斗"。当然,这一权力争斗也表现为同时代人或后学对郭沫若翻译的臧否,其中甚至不乏充满火药味的否定性评价。

以往的研究多半专注于探究郭沫若翻译的成功,没有注意到对其疏漏和谬误的批评,比如张荫麟对《浮士德》译本、梁俊青与何其芳对《维特》译本、王实味对《异端》译本的批评等,都值得稽考和细究。就批评的言辞来说,有些直接来势汹汹、毫不客气甚至激越辛辣,有些则相对委婉抑或欲抑先扬,但其背后无疑隐藏着更为复杂丰富的内容,其中暗含对当时郭沫若作为译界和学界权威的怀疑甚至挑战,可以窥见那个时代整个文艺界的发展态势和风向。比如何其芳对当时好评如潮的郭沫若《维特》和《浮士德》译本不置可否,甚至认为郭沫若的译笔对原文的文体损伤过大,无法让自己心悦诚服,[①]但包含这些批评性文字的那篇文章后来在收

---

① 何其芳:《怎样研究文学》,载欧阳山等:《文艺阅读与写作》,学习生活社1943年版,第19页。

录时被径直删去,因为这些"抑郭"的文字跟鲁迅过世后郭沫若被定为一面文艺旗帜的"扬郭"政策和风向背道而驰。

"自治"和"规范"也是郭沫若翻译研究中值得探讨的两个关键词:不难看出,郭沫若虽然从未做过专职译者,但他的翻译自治程度、翻译自主和能动性都相当高,他对译作的反复修订,固然主要受制于当时的社会意识形态,但跟其较高的自治程度也不无关系。正因如此,跟其创作一样,研究郭沫若的译作也需要特别注意其不同时期的版本。鉴于当时尚未确立较为科学和严格的翻译标准和规范,以翻译批评、竞赛和论战等形式出现的准规范探讨,就显得尤为重要。与翻译"规范"密切相关的还有官方的出版审查,但这一审查针对的并非翻译本身的问题,而在于翻译选题和内容的意识形态层面。官方审查既有来自日本当局的,也有来自国民党方面的。1936年,郭沫若翻译的《神圣家族》的节译本《艺术作品之真实性》(《艺术的真实》)由东京质文出版社正式出版,随后该社在不到一年的时间里就推出了名为"文艺理论丛书"的马克思主义理论译著系列,但不久就被日本警方强行关闭。《社会组织与革命》最早由泰东图书局1924年出版,因为国民党当局的审查,出版不久便停止发行,因此该版本流传在世间的数量稀少。在该书嘉陵书店1932年版的封面上,盖有"新民会禁书"的封印。[①]

三、郭沫若翻译研究现状与态势

时至今日,随着翻译作为一门学科在国际上得到正式认可,国

[①] 孔令翠:《郭沫若的翻译与日本之关系》,《郭沫若学刊》2010年第1期,第36页。

内的翻译研究态势可谓渐趋兴盛,"翻译家"这样的称号也不再像过去那样时常陷入"也必正名乎"的尴尬境地。作为一名球形发展的文化巨擘,郭沫若头顶上的桂冠不可谓不多,而"翻译家"这一身份已经得到公认,有关郭沫若翻译研究的成果已是汗牛充栋。就单篇论文来说,除了那些冠以"郭沫若与翻译"之名的文章,还有那些构建郭沫若与外国文学或者某位外国作家之间关联的篇目,可谓洋洋洒洒,蔚为大观。《掠影·聚焦·回眸——郭沫若与外国文学》即是这方面的代表性论著,它分门别类地探究了郭沫若与印度文学、德国文学、英国文学、美国文学、法国文学、俄苏文学、日本文学、挪威文学等国别文学之间的关系,并列举郭沫若同与之产生过强烈"共鸣"的各国作家(泰戈尔、海涅、歌德、惠特曼和雪莱等),展开个案研究。还有一些专著或文集虽然不以郭沫若翻译为直接探究对象,而是着眼于更宏大的中外文化交流互鉴,旨在构建郭沫若与外国文化之间复杂而丰富的关系,但也会旁涉他的翻译历程、贡献和影响,《郭沫若与东西方文化》和《郭沫若与中西文化撞击》即是这方面的代表性力作。《郭沫若著译书目》(增订本)辑录了郭沫若所有的翻译作品版本发行情况,但该编著成书于20世纪80年代末,考虑到当时现代化文献检索技术尚不成熟完善,有些较为珍稀少见的版本未能纳入。时隔近三十载方才出现的《郭沫若翻译研究》[1]则可谓郭沫若翻译历程的"全景呈现",著作分为上、下两编:上编从宏观角度探究了郭沫若的翻译素养、翻译历程、翻译理念、译作影响等多个维度;下编则按郭沫若所译国别

---

[1] 傅勇林等编:《郭沫若翻译研究》,四川文艺出版社2009年版。

文学分门别类,对其英语文学、德语文学、日语文学和俄语文学翻译的具体情况进行了稽考和评骘。

2014年,两部专著在同一家出版社几乎同时横空出世,《郭沫若翻译研究》[①]和《郭沫若与翻译研究》[②]都集中笔墨探究了郭沫若的翻译素养、翻译思想、翻译实践以及翻译对创作的重要影响,突出了郭沫若知行合一、理论指导实践的翻译观。相较之下,这两本著作也各有其独特亮点。《郭沫若翻译研究》不仅把郭沫若作为个体的译者来研究,还将其置于创造社作家群落这一社会关系网络中进行探讨,述及创造社文学社群的翻译观念(包括翻译选材、翻译动机、翻译旨趣、翻译品位、翻译论争等)对郭沫若翻译的重要影响。《郭沫若与翻译研究》则进一步彰显了郭沫若作为学者型译者译研合一,即翻译与研究相结合的学术型翻译实践,以及翻译与创作之间积极互动、相得益彰的交互关系,这种关系是双向的、而非单轨的。另外,该书还述及郭沫若翻译作品和理论的重大社会价值,即将翻译研究纳入社会学视域下考察,探究翻译作品和思想作为"社会资本"在中外文化碰撞、社会革命和政治斗争以及翻译理论的传承代谢这些"权力争斗"中生发的社会影响和价值;至于探究郭沫若的翻译是否受到"意识形态"和"赞助人"的影响,显然也是文化翻译学视域下翻译作为跨语际"改写"(rewriting)实践关注的内容。此外,该著作不仅探究了狭义上的"语际"(interlingual)翻译,还旁涉广义上的"语内"(intralingual)翻译,即郭沫若的古书今译。

[①] 谭福民:《郭沫若翻译研究》,上海交通大学出版社2014年版。
[②] 丁新华:《郭沫若与翻译研究》,上海交通大学出版社2014年版。

绪　论

　　郭沫若步入现代文学之林凭借的是他笔下荡气回肠、辽阔壮美的诗篇,但标志着他的创作走向成熟、臻于完善的却是借古喻今、抗战救国的历史剧,而郭沫若历史剧的创作跟他的西洋名剧翻译以及化用不无关系。由此观之,《郭沫若西方戏剧文学译介研究》这部专门研究郭沫若戏剧体裁翻译的著作自有其独到意义和价值。专著分国别探究了郭沫若对德国、英国和爱尔兰戏剧的翻译以及对其本人戏剧创作的影响,同时着重剖析了郭沫若的"创作论"翻译思想,亦即"好的翻译就是创作"这一翻译观。时至今日,这一有着巨大生命力的翻译观还在生发影响,比如"书销中外百余本,诗译英法唯一人"的大翻译家许渊冲就非常推崇"创作论"的翻译观,而这一观念跟1994—1995年《书城杂志》上围绕翻译文学的归属和性质进行的讨论[1]也有着千丝万缕的联系,具体来说就是翻译文学从属于外国文学抑或本国文学的学科定位问题。

　　在包括郭沫若翻译研究在内的"郭沫若学"走向国际的今日,域外学人用外语撰写的相关成果也理应成为国际郭沫若研究的重要参考资料。如果把视线扩大到域外的郭沫若研究,也可发现一些以郭沫若翻译为直接或间接研究对象的成果,它们绝大多数用英语或德语写成,这也符合郭沫若翻译成就主要体现为英语和德语文学翻译的源语分布特征。在这方面,专攻中国现代文学研究的斯洛伐克汉学家高利克(Marian Gálik)功不可没。他的多篇用

---

[1] 参见贾植芳:《〈中国现代文学总书目〉序》,《书城杂志》1994年第1期;王树荣:《汉译外国作品是"中国文学"吗？——试与贾植芳、施蛰存先生商榷》,《书城杂志》1995年第2期;谢天振:《翻译文学当然是中国文学的组成部分——与王树荣先生商榷》,施志元:《汉译外国作品与中国文学——不敢苟同谢天振先生高见》,施蛰存:《我来"商榷"》,均载《书城杂志》1995年第4期。

郭沫若的德语著作翻译与德语世界的郭沫若

英语或德语写就、探究郭沫若《浮士德》翻译研究的成果已经引起了国内学界的注意,大多数已被译成中文。这方面的代表作有收入《中西文学关系里的里程碑》中的《郭沫若的〈女神〉:与泰戈尔、惠特曼、歌德的创造性对抗》,以及有关郭沫若《浮士德》翻译研究的系列论文(具体参见第一章相关论述)。值得一提的还有澳大利亚汉学家杜博妮(Bonnie S. McDougall)的英文专著《1919—1925年中国对西方批评理论的引入》(*The Introduction of Western Critical Theories into China 1919—1925*),其中有关郭沫若与西方文学理论的部分已被译成中文①。

另一崭露头角的海外学者是华裔美籍学者王璞,其依托博士论文《时代精神的现象学》(*Phenomenology of Zeitgeist*)扩充改写而成的英文专著《革命的可翻译性:郭沫若与世纪中国文化》②尤其值得学界关注。继美国汉学家芮效卫(David Tod Roy)的《郭沫若:早年岁月》③和华裔学者陈晓明所著《从五四运动到共产革命:郭沫若与中国的共产主义之路》④之后,王璞的这部专著可算是英语世界第三部极有分量的郭沫若研究专论。尤其值得一提的是,就全书的题眼"翻译"来说,作者给出了一个非常宽泛的定义,它不仅包括语际翻译和语内翻译,各种形式的文学性改写

---

① 参见[澳]波妮·麦杜戈尔、晨雨:《郭沫若与西方文学理论》,《郭沫若研究》1988年第5辑。
② Pu Wang, *The Translatability of Revolution: Guo Moruo and Twentieth-Century Chinese Culture*, Cambridge et al.: Harvard University Press, 2018.
③ David Tod Roy, *Kuo Mo-jo: The Early Years*, Cambridge et al.: Harvard University Press, 1974.
④ Xiaoming Chen, *From the May Fourth Movement to Communist Revolution: Guo Moruo and the Chinese Path to Communism*, New York: State University of New York Press, 2008.

（rewriting）、不同文类之间的智识"转码"（transcoding）、对历史时间的"重演""重构"（reversal），乃至意识形态上对历史人物的"翻案"或"再阐释"（re-interpretation），也都被作者囊括进来，熔"翻译"一炉而炼之。就著作标题中的关键词之一"可翻译性"而言，它无疑是动词"翻译"转类为形容词之后再又转化而成的名词形式，在著作中也经常相应地与其他带有"翻转""转换"意义的名词并置讨论：比如谈论历史时的"可逆性"（translatability/reversability），探讨象形文字与宏观历史之间的"等价"（equivalence/translatability）；其形容词形式"可翻译的"（translatable）情况也是如此，会与述及古诗今译这一"语内翻译"现象时提到的"可现代化的"（modernizable）交替使用。① 这样一种宽泛意义上的"翻译"，暗合郭沫若从五四运动到"文化大革命"时期这将近60年的"革命年代"里始终如一的变化。如果换一个郭沫若笔下常用的词，可以叫作"转徙"。② 无独有偶的是，该词不仅出现在他自己创作的诗歌里面，比如组诗《瓶》第21首③和《我们在赤光之中相见》④，在他的雪莱译诗的标题中也有提及⑤。

采用这样一个在极大程度上扩大了外延的、广义上的"翻译"

---

① 陈柏旭：《马克思出文庙：郭沫若研究与日本资本主义论争》，《现代中文学刊》2019年第1期，第94页。
② 王璞：《一本书的"自叙传"与问题延伸：回应两份评论》，《现代中文学刊》2019年第1期，第97页。
③ "我看她的来信呀，有一个天大的转徙：前回是声声'先生'，这回是声声'你'"，参见郭沫若：《郭沫若全集·文学编·第一卷》，人民文学出版社1982年版，第281页。
④ "在这黑暗如漆之中／太阳依旧在转徙，／他在砥砺他犀利的金箭／要把天魔射死"，参见郭沫若：《郭沫若全集·文学编·第一卷》，人民文学出版社1982年版，第329页。
⑤ "转徙"是对雪莱诗歌之名mutability一词的翻译，参见歌德等：《沫若译诗集》，郭沫若译，新文艺出版社1953年版，第158—161页。

定义,可以自出机杼地勾勒翻译、革命和历史想象之间的关联,发掘郭沫若的翻译与整个创作、学术乃至政治生涯之间的密切关系;但所谓"成也萧何失也萧何",如此宽泛而且带有一丝文字游戏之味("翻身""翻转""翻案"等)地定义"翻译",恐怕也难逃"一切皆翻译""翻译泛化"的口实。① 这样的疑虑也不无道理,因为郭沫若终其一生、特别是在属于"革命年代"的大半生中,其文学、思想和政治历程确实始终处于不断的变化之中,或者套用上文提过的、他本人经常使用的词汇,一直都在不停"转徙"。就狭义上的翻译而论,本书第一部分又分为三章,专注于讨论郭沫若的外文著作翻译:第一章探讨《女神》受到所译诗人泰戈尔、海涅、惠特曼、雪莱和歌德等的影响,第二章聚焦郭沫若领头的创作社由浪漫主义文艺主张向马克思主义阶级理论的转型,第三章则着墨于历时30年之久的《浮士德》(上、下部)的翻译和研究。该部分把郭沫若的翻译置于当时革命、社会和文化谱系中考量,尤其是在翻译和同时期的思想意识和创作经历中寻找互文性和印证,而这些联系又是对当时革命形势、社会发展和文化症候的投射。因此,尽管该著作并未提及翻译研究的转向问题,但这一部分仍然可以视为无意识地运用"文化转向"和"社会转向"来进行翻译研究的典型代表。

四、郭沫若的德语学习与德国精神给养

邹振环在《影响中国近代社会的一百种译作》中一共提及了8本原文用德语写成的著作:《威廉·退尔》《共产党宣言》《茵梦

---

① 王璞:《一本书的"自叙传"与问题延伸:回应两份评论》,《现代中文学刊》2019年第1期,第99页。

湖》《维特》《查拉图斯特拉如是说》《浮士德》《精神分析引论》《资本论》,涉及纯文学、哲学(包括马克思主义哲学和西方哲学)、心理学、经济学、哲学等各个领域;而令人惊叹的是,有着"文化巨子"之称的郭沫若对以上著作中体现的思想学说或精神意蕴都有不同程度的涉猎,甚至直接翻译了整整一半的上述书目,按照翻译时间顺序排列为《维特》《茵梦湖》《查拉图斯特拉如是说》《浮士德》(郭沫若本有翻译《资本论》的计划,只是后来未果)。由此可见,郭沫若的德语作品翻译的贡献不仅体现为数量之大,而且在质性层面也经过了甄别和遴选,其眼光不可谓不独到。

作为一个有着"拿来主义"文化传统、自身国土资源相对有限的国家,日本自从建国起就特别善于向他国学习,对外来文化从来都是采取实用主义的学习和镜鉴态度,关注它的利用方式而非固有价值。无论是最开始向中国的秦汉和唐朝学习,还是后来涌现的效法荷兰的"兰学"和取道英法美等国的"洋学",日本一路都不断地从他国文化中汲取养分。明治初期,为了实现政治体制和经济发展的现代化,日本着重引进的是英法启蒙主义的实学及政治理论,一时间日本知识界英法经验实证主义盛行;后来日本当局担心启蒙主义中民主主义思想的壮大会危及天皇统治,便于1886年开始逐步转变方向,改为引进倾向保守主义的德国唯心主义形而上学,以维护中央政府权威和抗衡民主主义思潮。这一弃英法美而就德的转向,也折射在日本的宪法规定和外语教育政策上面,其标志事件就是1890年明治宪法及《教育敕语》的颁布。1893—1894年,井上毅就任教育部部长,推行德语作为第一外语,以取代英语,这在当时的日本教育文化界引发了轩然大波。① 对"脱亚入欧"计划产生重大影响的日本官方事件之一,是全权大使岩仓具视(1825—1883)率领的一次欧洲考察之旅,途中经停的德国(普鲁士)的军事、法律、工业和社会体制以及科技发展都给日本留下了深刻印象。尤其是当时在欧洲新兴崛起的普鲁士刚刚打败强大的传统帝国法国,称之为欧洲乃至整个世界民族之林的"异军突起"也不为过。对当时日本的保守政治势力而言,最值得效仿的是普鲁士的君主立宪政体和军事专制集权②,一时被急欲走上现代化道路的明治政府奉为圭臬和典范。在制定宪法和创建帝国"皇军"之时,相关负责人的幕僚班子成员大多是留德归来的学人和德国顾问。出于这一原因,德语——而非英语或法语就成为明治时期的"现代化语言"。以后很长一段时间,日本学习德语的强烈动机就是借此吸收德国的现代化科学技术和思想文化成果,这就给该国的德语学习打上了很强的被动"接受性"③烙印。

鉴于这一宏观背景,第一代留学东瀛的中国学人负笈日本,其目的就不是,或者不仅仅是学习日本文化。日本学者实藤惠秀曾经指出当时日本国内某些人士的错误看法,提醒他们注意中国留

---

① Michiko Yusa, "Philosophy and Inflation. Miki Kiyoshi in Weimar Germany, 1922 - 1924", *Monumenta Nipponica*, vol.53, no.1 (1998), pp.45 - 71.

② Thomas Pekar, "Von der Modernisierungs- zur Interkulturalitätswissenschaft: Stationen der geschichtlichen Entwicklung der Germanistik in Japan", *Kultur Poetik*, vol.11, no.1 (2011), S. 63. 值得一提的是,日本效法德国虽然在较大程度上推动了该国的现代化进程,但学习德国进行军事改革,把军队直接置于天皇名义上的领导之下,让军队脱离政府的控制和干预,这样的"统帅权独立"就为日本后来走上军国主义道路埋下了祸根,参见钱乘旦:《寻找现代化的楷模——论明治维新的失误》,《开放时代》2000年第3期,第54页。

③ Koichi Tanaka, „Deutschunterricht in Japan", *Die Unterrichtspraxis*, vol.5, no.2 (1972), S. 43.

学生来日本并不是出于仰慕日本文化的精粹,而是为了取道日本这个距离较近、留学费用较低,而且有着同文之便的中转站,进而掌握经过日本吐纳消化过的西洋文化。① 鉴于日本因为移植西洋文化大获成功而业已步入世界强国之列,当时甚至有部分中国人认为,与其囫囵吞枣、良莠不分地直接引入近代西洋文明,还不如绕道日本,间接学习经过该国筛选后的、已被证实既优良又实用的科学文化,而后者可能更为事半功倍。② 中国早期的留日学人,从梁启超、王国维到鲁迅、郭沫若和郁达夫等,虽然跟日本文化也有关联,但无不更加关注西方文学和文化的译介和研习,原因正是如此。

被称为"球形天才"和"中国歌德"的郭沫若,对中国文化的广泛涉猎和博采众长自是有目共睹,而他在日本留学期习得的外语知识,也给他几乎与创作同步进行、长达半个多世纪的翻译事业奠定了坚实基础。从郭沫若的外语学习经历来看,他最早接触的语种是英语,其次是日语,最后才是德语;在东京第一高等学校特设预科三部学习期间,日语的教学强度最大,其次是英语,最后才是德语③;及至进入冈山第六高等学校三部,才开始以德语学习为重,而英语课处于次要地位。④ 但是,对照郭沫若翻译作品所涉语种的分布来看,就会发现一个有趣的现象,即他的翻译作品所涉语言跟本人与相应语种的接触时长并不完全成正比:郭沫若翻译最多的是德语作品,而且仅有的 3 部俄语译作《新俄诗选》《新时代》

---

① [日]实藤惠秀:《中国人留学日本史》,谭汝谦、林启彦译,生活·读书·新知三联书店 1983 年版,第 2 页。
② 武继平:《郭沫若留日十年(1914—1924)》,重庆出版社 2001 年版,第 2 页。
③ 同上书,第 26 页。
④ 转引自[日]名和悦子:《郭沫若在冈山》,《郭沫若学刊》2007 年第 1 期,第 12 页。

《战争与和平》并非直接译自俄语,而是由德语转译而来;翻译数量较多的是英语作品,古代波斯诗人莪默·伽亚谟的诗集《鲁拜集》也是经由英语转译而来;日语译作反倒是翻译最少的,仅有《社会组织与社会革命》《日本短篇小说集》《隋唐燕乐调研究》三部,还有一部《西洋美术史提要》是从日本学者的原作译述改编而成。

按常理而言,在有着二语习得天然环境的日本居留长达二十载,日语也应该掌握得更好,为何郭沫若却对自己最擅长的外语语种所著作品反应冷淡,而对自己掌握并非最佳的外语所撰著述情有独钟,这背后的深层次原因值得进一步追问和掘发。如果联系明治维新以后的日本在对外政治和交往上推行"脱亚入欧"的治国方略,尤其是在政治、军事、教育、医疗等领域言必称德意志,那么郭沫若对德语文化的青睐似乎也不难理解。至于他对日本本土作品有意无意地忽略,则与当时在日本的中国留学生群体"读西洋书,受东洋气"[①]的普遍现象不无关系。尤其是当时日中关系正处于箭在弦上、一触即发的紧张态势,作为"大国子民"的留日中国学生,却不得不匍首低头地寄居在中国民众心目中的"弹丸之国",在政治上受尽日本军国主义者的民族歧视与凌辱,在日常生活中也时常忍受"小国寡民"的冷遇和怠慢,甚至一度意志消沉、情绪愤懑,对该国作品"恨屋及乌"也在情理之中。最后值得一提的是,郭沫若虽然一生中有二十载的光阴寄居日本,但也不得不面临国内文学场域里掌握了雄厚文化资本的留学英美派文人(尤以

[①] 郭沫若在1920年3月30日致宗白华的书信中就透露出对日本的复杂感情:"我们在日本留学,读的是西洋书,受的是东洋罪。"参见郭沫若:《郭沫若全集·文学编·第十五卷》,人民文学出版社1990年版,第140页。

胡适、徐志摩等为代表)的激烈竞争①,为了在争斗中立于不败之地,他自然要更多地动用借助日本这一中介掌握的西方文学和文化资源,以便向国内文学界"隔洋喊话"、一决高低。

自从郭沫若推出第一部德语译作《维特》,相关的翻译批评就不绝于耳,较为著名的有梁俊青对郭译《维特》、张荫麟对郭译《浮士德》、王实味对郭译《异端》的批评。由此卷入更多的学人,乃至扩大为文学社团或作家群落之间论战的翻译论争也不在少数,甚至愈演愈烈,最后脱离正常学术探讨的正轨,升级为倾注了过多感情色彩的"对骂"。此处尤其值得注意的是,郭沫若卷入的翻译论争几乎每次都跟德语文学翻译相关,牵涉诸如所依托的原文底本、直接从德语原文译出抑或借助中介语(英语或日语等)移译等诸多问题。其中心问题即郭本人的德语知识掌握程度,也就是说郭沫若的德语到底如何,能否达到直接从德语原文翻译的程度。为了回答这一问题,考察一下郭沫若在日本的德语学习强度和掌握程度,就显得尤为必要。

根据《第六高等学校一览》所列的课程表,郭沫若就读的第三学部(医科升学班)3个学年每周课时分别为30、31和31学时,德语学时数分别为13、13和10,②都占1/3的比例,可见该校对德语教学的重视。如果对比其他科目的学时,比如每周只有两三个小时的数、理、化、生物,乃至该校同样重视的体育课程,越发就会觉得郭沫若德语学习的强度之大令人瞩目。值得注意的是,英语课程同样也只有每周两到三个学时,这是由于该校承袭德国医学教

---

① 吴耀宗:《论郭沫若小说爆发期的拟欧造境》,《东岳论丛》2009年第12期,第69页。
② 转引自[日]名和悦子:《郭沫若在冈山》,《郭沫若学刊》2007年第1期,第12页。

育体系，把德语设为第一外语，英语设为第二外语。至于其他诸多国家医学专业普遍确立为专业外语的拉丁语课程，冈山六高仅在第三学年开设，而且只有每周两个学时。① 该校医学部对德语的重视，跟德语一度拥有的国际学术语言地位，日本跟德国之间，尤其是在医学领域的紧密交往，都不无关系。直到20世纪50年代，日本医生有时候还会用德语书写病历和报告，② 而作为一门输入语言，德语医学词汇更是在日语相关专业词汇里留下了不少踪影和痕迹。另外，冈山六高德语教学的力度之大，也印证了时处大正时代前期的日本选择性地效法西方的国策：其时政府正在不遗余力地推行明治维新以来效法德国的举措，而不是英国。

值得探讨的还有郭沫若德语学习过程中的教师、教材和教法。郭沫若遇到的德语教师大都是日本著名大学德语文学专业的高才生；有些虽然是德国法律或医学专业出身，但因为心怀文学家梦想，最后也转到了德国文学专业，比如日后以小说家、剧作家名世的藤森成吉。另外，冈山医学部还配有德国外教③，但从现有资料来看，郭沫若并没有提到师从德语母语者学习的经历。一年级启蒙时期使用的是本国德语学者编写的德语教材，二、三年级就往往直接采用德语原版文学作品作为课本。从《第六高等学校一览》所列的课程表来看，二年级使用的就有德国小说家和戏剧家弗赖塔格（Gustav Freytag）的四幕诙谐剧《新闻记者》（*Die Journalisten*），三年级则使

---

① 转引自［日］名和悦子：《郭沫若在冈山》，《郭沫若学刊》2007年第1期，第12页。
② Carl Muroi/Toshihiko Watanabe, „Nur Ärzte >essen< mittags", *Deutsches Ärzteblatt*, vol.100, no.46（2002）, S. 3032.
③ 澄塘：《冈山第六高等学校介绍》，《郭沫若学刊》1987年第2期，第128页。

用德国古典文学巨擘歌德的《诗与真》(《创作与真实》,*Dichtung und Wahrheit*)和浪漫派诗人、小说家默里克的《莫扎特在去布拉格途中》(*Mozart auf der Reise nach Prag*)。① 后两部作品应该给郭沫若留下了较深刻的印象,故而在他的自叙传《青年时代》中也有提及。②

当时的日本教育不重视启发式教学,而是采取"灌输主义"的填鸭教学法。③ 表现在外语教学上面,就是采取传统的语法翻译法,也就是在讲解语法规则的基础上,再用本国语言译出原文,而不注重听说技能和其他外语能力的培养,这也跟当时日本对西方被动"接受型"的效法不谋而合。郭沫若自己也曾抱怨过这样的教学方法及其导致的反复翻译的痛苦,回忆说预习英语和德语原著的时候,先要翻译成中文,然后把次日上课要用的部分译成日语。他后来在自叙传《学生时代》也提及:"又加以我们是外国人,要学习两种语言,去接受西方的学问,实在是一种苦事。"④但所谓"宝剑锋自磨砺出,梅花香自苦寒来",这几年的高强度外语学习、外国文学阅读和翻译,为郭沫若日后的文学翻译事业奠定了坚实基础。就德语而言,一个明显的例证是,他在冈山六高学习阶段就对歌德和海涅产生了亲近之感,并小试牛刀地翻译了几首诗。

至于郭沫若对德语的实际掌握程度,则可以从他的成绩单初见端倪。从表1可以看出,郭沫若的总体成绩在所有学生中处于中等水平;就科目成绩而言,郭沫若的自然科学类科目成绩并不出

---

① 转引自[日] 名和悦子:《郭沫若在冈山》,《郭沫若学刊》2007年第1期,第12页。
② 郭沫若:《郭沫若全集·文学编·第十二卷》,人民文学出版社1992年版,第66页。
③ 同上书,第15、72页;[日]仓田贞美:《六高时代的郭沫若先生》,田家农译,《郭沫若研究》1988年第5辑,第367页。
④ 郭沫若:《郭沫若全集·文学编·第十二卷》,人民文学出版社1992年版,第15页。

色,数学和化学甚至还有挂科的情况发生;相比之下,郭沫若的外语成绩倒是较为骄人,尤其是德语成绩确实可以让他找到自信。

表1 郭沫若在冈山第六高等学校的成绩单①

一年级	成绩	二年级	成绩	三年级	成绩
修身	/	修身	/	修身	66
国语解释	69	德语(一)	72	德语(一)	68
国语·文法·作文	67	德语(二)	87	德语(二)	75
德语(一)	85	德语(三)	82	德语(三)	82
德语(二)	71	英语	74	英语	93
德语(三)	84	数学	62	拉丁语	77
英语	70	物理	70	物理	62
数学	50	化学	70	物理实验	76
动物植物	76	动物植物	80	化学	58
体操	78	体操	79	化学实验	76
				体操	73
总分	650	总分	676	总分	806
平均分	72.2	平均分	75.1	平均分	73.3
认定等级	及格	认定等级	及格	认定等级	/
考试人数	40	考试人数	39	考试人数	/
学年成绩排名	25	学年成绩排名	21	学年成绩排名	/
三学年总平均分	73.5	毕业成绩排名	22	毕业人数	34

---

① 转引自[日]名和悦子:《郭沫若在冈山》,《郭沫若学刊》2007年第1期,第12页。

数理化成绩不好而偏要学习医科,郭沫若之所以做出这样违反一般学科规律的决定,无外乎是因为受到当时日本国内"富国强兵"的时代潮流的影响①。总而言之,从郭沫若的德语学习强度和实际取得的成绩来看,应该说他较好地掌握了德语,具备了直接从德语原文进行翻译的能力。至于他翻译时经常参看日语或其他语种的译本,想必只是作为一种辅助手段。从郭沫若参与翻译论战时的发声来看,他尤其主张从著作的原文从事一手翻译,而反对借助中介语进行二手移译。

---

① [日]仓田贞美:《六高时代的郭沫若先生》,田家农译,《郭沫若研究》1988年第5辑,第367页。同样,同在冈山六高就读、比郭高一级的成仿吾选择了学习工科,尽管从成绩单来看,成的自然科学类科目的成绩比郭的还要逊色,这也要追溯至当时"富国强兵"时代潮流对个体学业抉择的影响,参见郭沫若:《郭沫若全集·文学编·第十二卷》,人民文学出版社1992年版,第65页。

第一章 郭沫若与歌德

郭沫若与歌德之间的类比与相喻问题，自是探讨郭沫若与歌德文化因缘中不可规避的一环。可以毫不夸张地说，郭沫若这位文化巨擘与同为"球形天才"的歌德，结下了不解的终生之缘。两人之间的巨大相似性，表现在"文思的敏捷和艺术的天才，百科全书式的渊博知识，对自然科学的高度热爱"①等方面，从两人毕生涉足的领域之宽广辽远尤可窥见：歌德大半辈子都在为魏玛公国服务，历任各种官职，作为文学家的他在诗歌、戏剧、叙事文学等各个体裁领域都可谓卓有建树，而身为自然科学家的他又涉足光学、颜色学、植物学、矿物学等多个学科；郭沫若终其一生都摆脱不了与政治之间的紧密纠葛，同样留下了大量的诗歌、戏剧和叙事文学佳作，另外他在甲骨文、历史学、考古学、青铜器、书法等学科领域的成就也可圈可点，由此被称为"社会科学领域的全能天才"。有关郭沫若与歌德的比附问题，刘半农曾撰文讥诮："听说上海滩上，出了一个大诗人，可比之德国的 Goethe 而无愧。"②但被郭沫若否认，声称自己此前并没有自称过歌德。③ 此

---

① 周扬：《悲痛的怀念》，《人民日报》1978 年 6 月 18 日。
② 刘半农：《骂瞎了眼的文学史家》，《语丝》1926 年 1 月 25 日第 63 期，第 1 页。
③ 郭沫若：《郭沫若全集·文学编·第十二卷》，人民文学出版社 1992 年版，第 78 页。

后,郭沫若还多次声称自己并未自比歌德。学界一般认为,在郭沫若与歌德之间起到桥接作用的,实乃另有其人,亦即中共中央宣传部原副部长、中国文联原主席周扬。1978年6月3日,周扬在探访病床上的郭沫若时赞誉道:"您是歌德,是社会主义时代的新中国的歌德。"但另有一桩事实不容忽视:1920年,即郭沫若应共学社邀约翻译《浮士德》上部的那一年,郭沫若和田汉曾在太宰府醉赏梅花,两人应该自比过歌德和席勒。1958年5月,在写给郭沫若的书信中,已是花甲之年的田汉深情回忆当年的情景:

> 在日本时,我到尤州去看您,你邀我去游太宰府欣赏那有名的梅花。我们喝了点酒,谈到了文学上的抱负,彼此意气甚盛。我们还照了一个相,并立着,手拉着手,作歌德和席勒的铜像状,我们当时的确以歌德和席勒暗自期许。[①]

一、郭沫若翻译《浮士德》

首先值得一提的是,《浮士德》一书本身就跟翻译这一主题有着密切关联。作为主人公的学者浮士德在翻译《圣经·旧约》时的词句揣摩和推敲,从起初的"泰初有道",经过"泰初有心"和"泰初有力",直到最终落笔的"泰初有为",即译者工作状态的真实写照。若论郭沫若的《浮士德》翻译成就及这部译作在他终其一生

---

① 田汉:《关于"关汉卿"的通信》,《剧本》1958年第6期,第9—11页。

的翻译生涯中的地位，可以发现国内外学界的评价较为辩证：消极评价主要针对郭沫若的译本的疏漏，认为其华美丰赡的文采无法弥补其翻译错误，已故加拿大华裔汉学家夏瑞春（Adrian Hsia，1940—2010）甚至怀疑郭沫若从德语原文翻译的可靠性，推测郭译可能是对先行出版的周学普译本的"改写"[1]；不过，也有不少人对这一译本给予充分肯定。1983年，《读书》杂志上刊登了一篇比较郭沫若、董问樵和钱春绮《浮士德》译本的文章，认为郭沫若之前的周学普等人断续翻译的译文，只是一种"硬板式"的翻译，还谈不上多少艺术价值，所以就《浮士德》全译本的首创之功当推郭沫若。[2] 汉学家高利克认为，1919年及20世纪20年代初，《浮士德》第一次译介到中国后，它对中国文学界产生了较大的影响，而且这种影响与诗人郭沫若的生平与创作有着千丝万缕的联系。[3] 在1932年歌德百年忌辰的各种纪念活动中，郭沫若的《浮士德》译本也发挥了较大作用，比如天津《德华日报》（*Deutsch-chinesische Nachrichten*）推出的《葛德纪念特刊》就在第七版选登了《浮士德剧本的献诗》，直接以中德文对照的形式照录现代书局郭译《浮士德》（1930年第4版）中的相关片段。另外，《浮士德》还曾被有过留德经历的作家刘盛亚编译成四幕剧本并搬上舞台，为了获得更好的排演效果，中央青年剧社在排演之前曾邀请郭沫若于1941年

---

[1] Adrian Hsia, „Goethes Faust in vier chinesischen Übersetzungen", Adrian Hsia/Sigfried Hoefert（Hrsg.）: *Zur Rezeption von Goethes „Faust" in Ostasien*, Frankfurt et al.: Lang, 1993, S. 123.
[2] 张宽：《三种〈浮士德〉译本》，《读书》1983年第7期，第72页。
[3] ［斯洛伐克］高利克：《歌德〈浮士德〉在郭沫若写作与翻译中的接受与复兴（1919—1922）》，林振华译，《汉语言文学研究》2012年第3期，第4页。

12月27日在重庆做过一场题为"歌德与《浮士德》"的演讲。①

（一）郭沫若翻译中的移情与共感

郭沫若的翻译在很大程度上渗透了他个人的诗学主张及其主观理解。② 作为文学翻译实践的集大成者，郭沫若也对中国翻译理论的发展有所建树，这既包括他颇为知名的"风韵译""创作论""诗人译诗"的翻译观和"两道手"的译诗策略，也包括他多次提及的"共鸣说""生活体验论"。值得注意的是，尽管"共鸣说"最集中地体现为对翻译雪莱诗歌所抒发的感触和体悟，但最初提及"共鸣"是就翻译歌德名著《维特》所感。其实，早在郭沫若留日学习德语之时，在以歌德作品原文为语言材料（比如《诗与真》）的德语课上，他甫一接触歌德就生发出极大的热情，甚至发展到自我认同的地步③。郭沫若曾明确提及，他两度翻译《浮士德》，都在翻译时与歌德其人其作生发出"共鸣"或"同感"。

在1947年所写的《〈浮士德〉第二部译后记》中，他追怀开始翻译《浮士德》是在1919年，当时的五四运动和青年歌德时代的狂飙突起运动（Sturm und Drang）颇为相似，"所以和青年歌德的心弦起了共鸣，差不多是在一种类似崇拜的心情中，把第一部翻译了……"④但值得

---

① 参见《郭沫若先生讲演"歌德与浮士德"记略》，《郭沫若学刊》1991年第1期，第72—73页。
② ［斯洛伐克］高利克：《歌德〈浮士德〉在郭沫若写作与翻译中的接受与复兴（1919—1922）》，林振华译，《汉语言文学研究》2012年第3期，第17页。
③ Ingo Schäfer, „Über das Interesse eines chinesischen Dichterhelden an einem deutschen Dichterfürsten – Anmerkungen zur Bedeutung Goethes für Guo Moruos Zyklus, Göttinnen'", *Zeitschrift für Kulturaustausch*, vol.36, no.3（1986）, S. 389.
④ 郭沫若：《第二部译后记》，载［德］歌德：《浮士德（第二部）》，郭沫若译，人民文学出版社1978年版，第384页。

注意的是,除了社会时代背景上的类同性带来的"共鸣",郭沫若当时个人郁郁不得志的生活遭遇,尤其是婚姻危机恐怕也让他本人与《浮士德》中的主人公产生了"共鸣"。当时在日本求学的郭沫若深感选择的医学专业跟自己的志趣不符,加之对当时日本灌输式的教育体制不满,再加上耳疾重听的折磨,一心只想弃医从文,却遭到妻子的阻止,两人的婚姻就此陷入危机之中。在心下甚为压抑愤懑之时,歌德的《浮士德》道出了他的心声,尤其是主人公浮士德针对学问的那段詈语,不啻为郭沫若自己的内心宣言。对此,郭沫若有曾有明确的抒怀,声称"特别是在第一部开首浮士德咒骂学问的那一段独白,就好像出自我自己的心境",翻译这一段"就好像我自己在做文章"。① 此后,郭沫若还曾将《浮士德》的其他片段单独译出发表,比如《风光明媚的地方》《献诗》《舞台上的序剧》《天上序幕》《城曲》等,有些还收入《德国诗选》和《三叶集》等集子,哪怕有些篇什诸如《风光明媚的地方》让他"口角流沫,声带震断"②,但都没能让他再度产生犹如自己在创作那样的"共鸣"之感。

高利克在比较了1919年与1928年的《夜》那段译文后发现,二者有着较大的区别③,这也再次印证了郭沫若喜欢在再版时改动自己作品(不管是原创还是翻译)的习惯。表2抄录两段译文做进一步的研究:

---

① 郭沫若:《郭沫若全集·文学编·第十二卷》,人民文学出版社1992年版,第73页。
② 郭沫若:《郭沫若全集·文学编·第十五卷》,人民文学出版社1990年版,第126页。
③ [斯洛伐克]高利克:《歌德〈浮士德〉中的哥特式房间和日本箱崎的一间陋室——关于郭沫若在1919年10月10日翻译的一些看法》,《世界汉学》2011年第8卷,第110页。

表2　郭沫若《浮士德·夜》1919年和1928年译文对比(粗体为笔者所加)

1919年译文①	1928年译文②
小小的一间"果提克"式的居室,屋顶穹隆。佛司德坐在案旁椅上,作**烦恼**态。	**哦特式的居室,狭隘**,屋顶穹窿,浮士德坐案旁靠椅上,呈**不安**态。
哲律医祝,我已不息气的——钻研遍。	**哲理呀,法律呀,医典, 甚至于神学的一些简篇**, 我如今,啊!都已努力钻研遍。
我如今措大依然,	毕竟是措大依然,
比从前全不**精伶**半点!	毫不见**聪明**半点;
称甚么**先生**,道甚么博士,	称甚么**导师**,更叫什么博士,
颐指了一群弟子东南西北十余年。	颐指了一群弟子东南西北十余年——
我心焦欲燃, 究竟所知有限!	我心焦欲燃,究竟所知有限!
我比**那些**博士先生文人方士,	我比**那不值钱的**博士先生文人方士,
总算稍加优贤;	总算是稍加优贤;
我纵无疑无惑;	纵使是无疑无惑,
不怕**妖魔**,不怕**阎罗殿**!	不怕**地狱**,不怕**恶魔**——
然我的　娱情究在那边?	但我一切的欢愉从此去也,
再休想**格物能致知**,	再不想,**求得什么卓识真知**,
再休想　文布命能把黎民变。	再不想,以口舌宣传 能把黎民于变。

---

① [德]歌德:《Faust钞译》,《时事新报·学灯》1919年10月10日。
② [德]歌德:《浮士德》,郭沫若译,创造社出版部1928年版,第29—30页。

续 表

1919 年译文	1928 年译文
我既无**德器**又无钱,	我既无**德行**又无钱,
既无名誉又无权。	更无名誉又无权;
谁想这条狗命儿 片刻再残延!	谁想把这条狗命儿片刻残延!
我所以才**舍**命学神仙:	我所以才**拼**命学神仙,
不可思议万和千	**看否有多少的玄机,**
要借神权神舌骗我宣;	**能籍神力神舌道穿**;
我可**毋**再挥酸汗**逞雄辩**;	我可以**不必**再挥酸汗**胡乱谈,**
宇宙的核核心心我能知见,	宇宙的核核心心我能知见,
我可得意而忘言。	我可以得意而忘言。
中宵倚案, 烦恼齐天,	中宵倚案,烦恼齐天,
牙签简页堆满前,	**残书散帙**堆满前,
一轮明月来相见。	一轮明月来相见,
月儿呀!我**幽静**的**友朋**!	月儿呀,你**幽忧**的**友人**,
我愿你见我的**烦闷**儿呀,	我愿你得见我的**苦闷**呀
今宵算最终一遍!	今宵算最终一遍!
啊!我愿能**载**着你的**爱光**儿登上山巅,	啊!我愿能**蒙**着你**可爱的清辉**登上山巅,
同那些**精儿灵儿** 在那崖间草上伴你盘旋。	同着一些**精灵们**在**草间壑畔**伴你盘旋,

续 表

1919 年译文	1928 年译文
我愿能**除去**这一切的学枷智梏，	**解脱掉**一切的学枷智梏，
溶你的清露之中，得健痊。	**浴沐**在你清露之中得健全！
啊！我难道还要坐监？	啊！我为甚么还要坐监？

对比以上译文可以看出，浮士德自言自语之前的一段舞台按语就发生了较大变化。郭沫若笔下"小小的一间"融入了自己当时身处斗室翻译的经历，它指的并不是原文中"狭隘的房间"，而正是他自己在福冈附近箱崎一幢小公寓中的一间狭小陋室，窗外可以看到景致无限优美的博多湾。① 在郭沫若的笔下，浮士德置身的哥特式房间已经幻化成译者眼前所处的斗室，体现了译者"自我表现"的翻译倾向②，在很大程度上折射出译者主体性。接下来，歌德的六行诗被1919年的郭沫若译为三行，原因是他在此运用了风行于晚清民国时期的浅近文言翻译体，"哲律医祝"四个汉字表达了歌德前面三句话的内容，再现了文言文表达含蓄精简的张力。这一四字结构的翻译，将郭沫若自我表现和抒发的译者主体性体现得淋漓尽致。除了神学之外，当时的郭沫若对哲学、法学和医学学科知识都有涉猎，但一个"祝"字则生动地体现了他在一

---

① ［斯洛伐克］高利克:《歌德〈浮士德〉中的哥特式房间和日本箱崎的一间陋室——关于郭沫若在1919年10月10日翻译的一些看法》，《世界汉学》2011年第8卷，第111页。
② 同上书，第112页。

定程度上的信仰崇拜①：作为中国传统思想文化的集大成者，当时正在东瀛求学的郭沫若对儒、释、道教的了解不可谓不深，而他《浮士德》的翻译中也用到了"苦果"（"愿把这地上的苦果一尝"）等佛教词汇；因为与出身基督教家庭，又上过教会学校的女友安娜的结识，他又皈依了基督教，在民国五六年最为彷徨危险的人生时期，每天的日课就是诵读《庄子》、王阳明的著作和《新旧约全书》②，而从其创作也可以看出他对《新约》和《旧约》非常熟悉。

部分译文的改动更符合原文的旨意，更能贴切地反映原文精神。1928 年创造社版将舞台说明中的"烦恼态"改为"呈不安态"，更符合德语原文 unruhig（不平静）的意思。"毋"改为"不必"，也更加贴近原文 nicht brauchen，… zu …（不需要）的意思。"幽静"改成"幽忧"，一个"忧"字，更符合原文 trübselig（"忧虑的、忧愁的"）之意。最后一行的"溶"改为"沐浴"，更贴近德语中 baden（"洗澡"）的意思。

从部分改动可以看出，新译文则更趋向白话文风格，这无疑体现了从 1919—1928 年近 10 年间进一步推广的白文化运动给现代汉语带来的影响。比如改用颇受日语影响的双声字来翻译学科著作（"哲理""法律""医典"），或者在学科名称"神学"后面加上"简篇"来代指该学科的专业著述。类似这样从文言转向白话文的翻译风格在这段译文的后面还可以找到不少实例："精伶""先生"被

---

① ［斯洛伐克］高利克：《歌德〈浮士德〉中的哥特式房间和日本箱崎的一间陋室——关于郭沫若在 1919 年 10 月 10 日翻译的一些看法》，《世界汉学》2011 年第 8 卷，第 112 页。
② 郭沫若：《郭沫若全集·文学编·第十五卷》，人民文学出版社 1990 年版，第 270 页。

分别改译为白话程度更高的"聪明""导师"①,"格物能致知"改为"求得什么卓识真知","德器"改成"德行","友朋"改为"友人"。从文言到白话风格的过渡在"牙签简页"到"残书散帙"的变动中体现得淋漓尽致:古人常用"牙签"来指代藏书,比如"牙签万轴""牙签玉轴"都是藏书丰富的美称,改成"残书散帙"后虽然古风犹存,但明显古典文言的韵致已经褪去不少。另外还有些地方的改动体现了口语化文风向更加雅驯的书面语的过渡。这从以下实例可见一斑:"烦闷儿"改成"苦闷","爱光儿"改为"可爱的清辉","精儿灵儿"改为"精灵们"。

还有些地方并无修改,其保留可以窥见郭沫若翻译过程中的"别有幽怀"。德语原文中的 armer Tor 并没有被直白地译为"可怜的傻瓜或蠢货",而是非常委婉也更体面地移译为"措大依然"②。"措大"一词旧指贫寒失意的读书人,可以追溯至唐代,这一委婉语表达在后面的版本中都保留下来。"谁想这条狗命儿,片刻再残延",这句话也同样没有修改,此处再次彰显了作为译者的郭沫若将自身经历融入译文字里行间的移情和共感意识。当时,郭沫若和浮士德一样认为自己的生命一钱不值,甚至没有再片刻苟延残喘的意义。这正好切合着当时郭沫若的自杀倾向:在翻译这首诗的前几个月,他创作了那首充溢着自绝气息的《死的诱惑》。③

---

① 此处值得注意的是,无论是"先生"还是"导师",都无法对应原文中的 Magister(硕士),即"博士"的前一阶段。
② [斯洛伐克]高利克:《歌德〈浮士德〉中的哥特式房间和日本箱崎的一间陋室——关于郭沫若在1919年10月10日翻译的一些看法》,《世界汉学》2011年第8卷,第112页。
③ 同上书,第113页。

此外，还有一些地方确实存在翻译疏漏或错误，新译文没有斧正，或者有所改动但没有达到纠错的效果。不管是"德器"还是"德行"都"失之讹"，因为郭沫若把原文中的 Gut（"货物""财物"）一词误会成了拼写相似的 Güte（"善良""好意"）。"博士先生文人方士"这一包含 4 个职业群体的组合却对应原文中的 5 个群体，德文中的 Laffen（"纨绔子弟、花花公子"）撤去不译，跟上文一样的 Magister（"硕士"）再次被译为"先生"；新版本中加入了"不值钱的"这一修饰语，但似乎也无法补偿漏译一个群体带来的信息缺失。根据高利克的研究，郭沫若前后都把 Herrlichkeit der Welt（"世间的荣华"）译为"权"并不恰当[1]，因为这个短语出自《马太福音》第 4 章第 8 节，"魔鬼又带他上了一座最高的山，将世上的万国与万国的荣华都只给他看"[2]。一个较为特殊的地方是"阎罗殿"改译为"地狱"，在此郭沫若把极具中国色彩的文化负载词汇改成了更具有西方基督教文化意象的词语，体现了从归化到异化的翻译策略。郭沫若的《浮士德》译本给人的整体印象是仿拟乃至创作式、高度汉语化和注重归化翻译策略[3]，这里倒是一个例外。

在第二节译文中，可以清楚看出：尽管前后有较大改动，但所用的感叹号都保持 8 个不变，对比歌德原文用的 6 个感叹号，可以

---

[1] 另外一方面也应该考虑到郭沫若翻译时兼顾叶韵的良苦用心，翻译为"权"也是为了更好地顺应 an 这个韵脚。
[2] ［斯洛伐克］高利克：《歌德〈浮士德〉中的哥特式房间和日本箱崎的一间陋室——关于郭沫若在 1919 年 10 月 10 日翻译的一些看法》，《世界汉学》2011 年第 8 卷，第 113 页。
[3] 孙瑜：《〈浮士德〉汉译者主体性及主体间性研究》，上海译文出版社 2014 年版，第 195 页。

发现郭沫若早期抒情诗创作惯常使用的"呼语法"①也体现在翻译上。郭沫若的自我表现后来发展成为自我夸大和扩张,成为"大我",直到自比为新宇宙的造物主——耶和华或上帝。② 这种自我表现观跟歌德的泛神论也不无关系,所谓"泛神便是无神,一切的自然只是神的表现,自我也只是神的表现,我即是神,一切自然都是自我的表现"③。郭沫若坚称翻译歌德就好像自己在做文章一样④,这并非表明他对歌德进行了"误读"或"再释",而是因为他笔下表露的是当时他真切的个人际遇和内在性情。

郭沫若在其回忆录中承认,这段表现中世纪博学多才的独白好像是从他自己,而非浮士德的心中奔涌而出,所以他认为自己当时并不是在翻译歌德的诗歌,而是在从事创作。究其原因,是郭沫若认为自己与浮士德同病相怜,明白自己无法获知一切,弃绝所有的快乐,而且精神空虚、身无分文,过着猪狗不如的生活。正是这种对所译作品中的人物形象的高度认同感,使得作为译者的郭沫若能在翻译过程中实现最大限度的移情和共感,必然会引起某种程度上的语言调整和重构。⑤ 郭沫若改变原文顺序,对语句内容进行移花接木式的整合和杂糅,甚至增加原文本没有的内容,这些并非出于译者自身翻译风格和范式的揆诸,⑥而是"别有幽怀藏笔

---

① 王璞:《抒情与翻译之间的"呼语"——重读早期郭沫若》,《新诗评论》2014年第4期。
② [斯洛伐克]高利克:《歌德〈浮士德〉中的哥特式房间和日本箱崎的一间陋室——关于郭沫若在1919年10月10日翻译的一些看法》,《世界汉学》2011年第8卷,第116页。
③ 郭沫若:《郭沫若全集·文学编·第十五卷》,人民文学出版社1990年版,第311页。
④ 郭沫若:《郭沫若全集·文学编·第十二卷》,人民文学出版社1992年版,第73页。
⑤ [斯洛伐克]高利克:《歌德〈浮士德〉在郭沫若写作与翻译中的接受与复兴(1919—1922)》,林振华译,《汉语言文学研究》2012年第3期,第5页。
⑥ 同上。

底"。郭沫若的翻译过程不仅涉及语言和文化上的转换,而且在译文中也注入了移情的元素,转化为自己的周遭现实,这虽然并不符合严格意义上贴近原文的"信"的标准,但却实实在在地切合着译者的心境和情怀,不啻为"我手译我心"的译者主体性的表现。这样一种"置换"(transposition)式的翻译方式也是郭沫若诗歌的一种表达形式,在其《浮士德》的译文中随处可见。①

《三叶集》是郭沫若、田汉和宗白华互传尺素的结集出版物,田汉和宗白华都为这本书信集撰写了简短的序言;而郭沫若则独树一帜,采用德汉对照的排列方式,引用了他自己翻译的《浮士德》中脍炙人口的诗行作为代序:

> 两个心儿,唉!在我胸中居住着,
> 人心相同道心分开:
> 人心耽溺在欢乐之中,
> 固执着这尘浊的世界;
> 道心猛烈地超脱凡尘,
> 想飞到个更高的灵之地带。
> 唉!太空中若果有精灵,
> 在这天地之间主宰,
> 请从那金色的彩霞中下临,
> 把我引到个新鲜的,绚烂的生命里去来!②

---

① [斯洛伐克]高利克:《歌德〈浮士德〉在郭沫若写作与翻译中的接受与复兴(1919—1922)》,林振华译,《汉语言文学研究》2012年第3期,第6页。
② 郭沫若:《郭沫若全集·文学编·第十五卷》,人民文学出版社1990年版,第6—7页。

第一章　郭沫若与歌德

　　郭沫若加上这些措辞,主要是想借歌德这一权威抒发己见[①],所谓"借他人酒杯浇心中块垒"。郭沫若经常会把自己的译文以序言或导语的形式融入创作之中,"如盐化水、不着痕迹",进而在某种程度上消弭翻译与创作之间的隔阂,使得两者相得益彰、交互辉映,并形成一个"你中有我,我中有你"的整体。这可以算是郭沫若文学翻译与创作的一大个人特色,跟他经常主张的"好的翻译无异于创作"的翻译观可谓不谋而合。就直接或间接植入创作中的翻译文字而言,最多的就是他译的《浮士德》中的诗歌。而在诗剧《女神之再生》中,郭沫若甚至径直在开头"挪用"了《浮士德》结尾《神秘的合唱》的德语原文。《浮士德》第一部开头的《献词》同样被郭沫若译得相当出色和传神,读起来更像是阐释而非移译[②]。尽管这段译文没有在郭沫若的《女神》里直接出现,但其精神仍"润物细无声"般地融入《女神》之《序诗》的第二节[③]。在这一节中,郭沫若直接对他的首部作品集《女神》呼喊,让它去寻找心有灵犀、"振动数相同"、"燃烧点相等"的人,这些表达无疑受到了《献词》的影响。[④] 除了上文提到的充当《三叶集》代序的"两个心儿"一诗,这本通信集里植入的其他《浮士德》译文片段也比比皆是,其中就在郭沫若致宗白华的信中出现的《献词》译文。[⑤]

　　1928年2月,《浮士德》第一部译稿出版,郭沫若对歌德的最

[①]　[斯洛伐克]高利克:《歌德〈浮士德〉在郭沫若写作与翻译中的接受与复兴(1919—1922)》,林振华译,《汉语言文学研究》2012年第3期,第14页。
[②]　同上书,第9页。
[③]　同上。
[④]　同上。
[⑤]　郭沫若:《郭沫若全集·文学编·第十五卷》,人民文学出版社1990年版,第51—53页。

初热爱却转变为厌烦和背弃。用他自己的话来说,在第一部译讫之后对第二部心生障碍而束之高阁,原因是不了解第二部中包含的壮年乃至老年歌德的心境,甚至还有些厌恶。[1] 1932年,逐渐成为马克思主义信徒的郭沫若,受到当时中国文学界流行的极左思想的影响,把马克思比作明亮的太阳,而把歌德比作微光的萤火虫,言称后者是封建阵营里的一员,有着恶臭贵族趣味和帝王思想,而且风流成性。[2] 20世纪40年代,郭沫若修正了自己的观点,决定翻译《浮士德》第二部,并在1947年11月推出《浮士德》第二部的译本。在第二部译后记中,郭沫若再次强调了"共鸣"说,认为当时的"年龄和阅历和歌德写作这第二部时(1797—1832)已经接近,而作品中所讽刺的德国当时的现实,以及虽以巨人式的努力从事反封建,而在强大的封建残余的重压之下,仍不容易拨云雾见青天的那种悲剧情绪,实实在在和今天中国人的情绪很相仿佛"[3],于是"又在这蜕变艰难上得到共感了"[4]。另外,郭沫若还把翻译上下部时的"共情"感受进行了一番对比,认为翻译第二部时产生的"共鸣"比第一部更甚:翻译《浮士德》第一部时感觉自己似乎在创作,在翻译第二部时则感觉到自己与浮士德"骨肉般的亲谊"。[5] 事实证明,郭沫若翻译第二部确实只花了不到一个月的时

---

[1] 郭沫若:《第二部译后记》,载[德]歌德:《浮士德(第二部)》,郭沫若译,人民文学出版社1978年版,第384页。
[2] 郭沫若:《郭沫若全集·文学编·第十二卷》,人民文学出版社1992年版,第78—79页。
[3] 郭沫若:《第二部译后记》,载[德]歌德:《浮士德(第二部)》,郭沫若译,人民文学出版社1978年版,第385页。
[4] 同上书,第386页。
[5] 同上。

间,这固然有他参考了现成英译本、日译本,尤其是既有的周学普汉译本的原因,但"我手译我心"的强烈移情也是促使他迅速译完整部巨著的因素之一。

郭沫若翻译《浮士德》中的自我表现也对其创作产生了一定影响,这从他1920年3月30日致宗白华的信中所录的那首题为《泪之祈祷》[①]的诗歌也可窥见。在《三叶集》中,郭沫若一再主动剖析私人的婚恋生活和内心世界,并将它上升为一种伦理道德层面、基督教文化意义上的"罪",其目的在于通过"忏悔"而获得"新生"——新的身份认同。[②] 借助日本中介阅读了大量西方文学作品的郭沫若,很快就找到了忏悔的"源头",将奥古斯丁、卢梭、托尔斯泰、海涅、波德莱尔等人引为同道,而且借助《浮士德》《沉钟》等德语文学名著来表达自己近乎精神"症候"的忏悔之情。在郭沫若1920年3月30日致宗白华的尺素中,郭沫若述及田汉跟自己对《浮士德》片段的喜好殊异,个中原因正在于个人境遇不一样。[③] 在《泪之祈祷》开头,郭沫若直接引用他钟爱的《城曲》一幕中的3行原文,即甘泪卿面对圣像所唱的一节诗中的前3行,接下来再次采用他诗歌创作中惯用的"呼语法"——"狱中的葛泪卿(Gretchen)!/狱中的玛尔瓜泪达(Margareta)",这两个呼语在该诗的第三节得到重复,给人一唱三叹之感。郭沫若在此提及《浮士

---

① 全诗参见郭沫若:《郭沫若全集·文学编·第十五卷》,人民文学出版社1990年版,第114—116页。
② 刘奎:《"忏悔"意识与郭沫若的身份认同》,《海南师范大学学报(社会科学版)》2012年第8期,第62页。
③ 郭沫若:《郭沫若全集·文学编·第十五卷》,人民文学出版社1990年版,第114页。

德》中两位女主人公的名字,是为了表达自己的"凄怆"和"悔痛";而诗中有如恣肆汪洋一样泛滥的"眼泪",正是引发创造社成员和徐志摩之间笔墨官司的导火索。比之郭沫若笔端经常翻腾的"泪浪涛涛",《泪之祈祷》里的眼泪不仅具有排除焦虑、释放苦闷、调节心情的功用,甚至成为"把一切束缚都摆脱干净"或曰"涅槃"的重要媒介,故而有学者认为这首诗与郭沫若的代表作《凤凰涅槃》有异曲同工之妙。①

(二)《浮士德》郭译本的译文语言特色

正如绪论所言,不管什么时候,语言层面始终是翻译研究中不可规避的一环。对于汉语语言发生急剧裂变和现代化转向的五四时期来说,翻译作品以其欧化文风直接推进了白话文这一语言范式的演进,同时促使新诗等新兴文学门类和体裁的确立,并在较大程度上参与构建了中国现代文学,因此这一时期翻译的语际转换越发值得重视。郭沫若翻译《浮士德》采用了杂合的错综复杂的翻译策略,整体上也缺乏协调一致。其译文在最大限度上做到了叶韵,用字考究雅驯,早在民国时期就有学者注意到这一点,认为这样做也许是为了与古典文学巨擘歌德古意盎然的文风一致,称其为"文言的新诗"。② 但有必要补充的是,郭沫若所译《浮士德》在语言上的特色远远不止如此,他综合运用乐府诗体、四言诗、五言诗、七言诗等各种古典诗体,杂糅六言、八言、九言、十二言的拟

---

① 李兆忠:《徐志摩与郭沫若的一次碰撞》,《广东社会科学》2009 年第 5 期,第 154 页。
② 方开:《读书副刊:浮士德(新书介绍):哥德原著,周学普译》,《华年》1935 年第 49 期,第 15 页。

古体以及白话散体,选用极具中国传统文化意象的文化负载词汇,甚至连故里四川的方言俏皮话乃至"百子歌"这样的民间歌谣都信手拈来,造就了一个万花筒般绚丽多彩的译文语言世界。正如郭沫若所言:"译文学上的作品不能只求达意,要求自己译出的结果成为一种艺术品,这是很紧要的关键。"[1]此处不难窥见他对再现原作艺术审美价值的孜孜以求和煞费苦心,颇具翻译美学的意味。

既有研究发现,《浮士德》原文上、下两部,共 12 111 行,郭沫若的译文基本做到了诗句间的押韵,其中以中国古典诗体翻译而成的约有 120 首。[2] 作为诗剧的《浮士德》,其呈现形式皆是韵文,而极具音、形、义三美的诗歌,其翻译自古以来就被人视为巨大挑战,故而有"诗者,翻译所失也"一说。身兼诗人和翻译家身份的郭沫若,却充分发挥译者主体性,从注重译诗音乐美的译者惯习出发,兼顾译诗的节奏美、音韵美和内在旋律美,赋予哲思涌动的西方诗情古雅骈俪的东方诗形,可谓创造出一种别具一格的中形西质之美。中国传统齐言诗有四言、五言和七言等几种通用句式,郭沫若在翻译《浮士德》时会交替使用;即便是在古典诗体内部,他也会在字斟句酌的基础上加以推敲和优选。一般而言,原诗字数较少、信息容量不大的话,可以考虑以四言或五言体移译;如果字数较多、传达的信息量较大的话,则应当考虑换用可以荷载更多内

---

[1] 郭沫若:《第一部译后记》,载[德]歌德:《浮士德(第二部)》,郭沫若译,人民文学出版社 1978 年版,第 383 页。
[2] 华少庠、甘玲:《郭译〈浮士德〉中中国古典诗体的运用》,《郭沫若学刊》2010 年第 1 期,第 31 页。

容的七言体。但有时候郭沫若也会别出匠心,将原文信息量看似不大的诗行也译成七言,而舍弃四言或五言体。有学者对全剧最后一幕"高山、深林、岩石、邃景"中的沉思苦闷神甫所言进行了个案研究,得出以下结论:虽然原诗每行字数并不多,但暗含的信息容量较大,故而被郭沫若译成了七言体;比之四言和或五言体,七言体能更好地再现颇类基督教天堂场景的意象和风貌,也更加切合具有较高地位的领唱神甫的角色特征,其繁复、华美和典丽的格调能更传神地再现"咏叹调式的回环和反复"特征。①

四言诗经体也是郭沫若《浮士德》(下部)译本中较为常用的体裁,据统计,在《浮士德》第二部译本中,四言体制式有十几处之多,尤其用于节数较多、展开铺陈之语的翻译。以下转录郭译第二部第三幕"斯巴特梅纳劳斯宫前面"中守塔人林克乌斯所言的片段,从中不难窥见译文中充盈的诗经文风和气韵:

表3 《浮士德》第二部第三幕第一场某段原文与郭沫若译文对照

德语原文②	郭沫若译文③
Harrend auf des Morgens Wonne,	良晨待旦,为乐未央,
östlich spähend ihren Lauf,	寅宾出日,仰望东方,
Ging auf einmal mir die Sonne	事来意外,不主故常,

---

① 华少庠、甘玲:《郭译〈浮士德〉中中国古典诗体的运用》,《郭沫若学刊》2010年第1期,第30页。
② Johann Wolfgang von Goethe, *Faust*〔= Friedmar Apel et al.(Hrsg.)*Johann Wolfgang Goethe: Sämtliche Werke. Briefe, Tagebücher und Gespräche in 40 Bänden*, Band 7/1, Berlin: Deutscher Klassiker Verlag〕, Shanghai: Shanghai Foreign Language Education Press, 2016, S. 360.
③ [德]歌德:《浮士德(第二部)》,郭沫若译,人民文学出版社1978年版,第237页。

第一章 郭沫若与歌德

续 表

德 语 原 文	郭 沫 若 译 文
Wunderbar im Süden auf.	日自南出,破彼天荒。
Zog den Blick nach jener Seite,	匪彼深谷,匪彼高岗,
Statt der Schluchten, statt der Höhn,	匪彼大地,匪彼穹苍,
Statt der Erd-und Himmelsweite	我以我目,专诚东向,
Sie, die Einzige, zu spähn.	心无旁念,候我太阳。
Augenstrahl ist mir verliehen	如彼山猫,高树之杪,
Wie dem Luchs auf höchstem Baum;	我目之光,由来皎皎;
Doch nun mußt' ich mich bemühen	谁知今日,我只徒劳,
Wie aus tiefem, düstern Traum.	如在梦中,沉暗难晓。

以上译文可以说充分彰显了郭沫若对诗经篇什有意无意的借鉴和化用,这首先体现在四言结构和每节一韵到底的叶韵上面。就结构来说,原文每一节是四句,但郭沫若有意打破固有结构,把每一句又拆分成意义上互有关联的上、下两句,更好地展现了诗经的对称体特征。译文中还引用了诗经篇章中出现得较为频繁的词汇,首先值得一提的是通假字"匪"和指示代词"彼",其次是那些可以在那些家弦户诵的诗经名篇中找到对应的常用古语词汇,比如"深谷""高岗(冈)""穹苍""皎皎"[①]等。除了形式和内容层面,

---

[①] 仅各举一例,比如《小雅·十月之交》"高岸为谷,深谷为陵",《大雅·卷阿》"凤凰鸣矣,于彼高岗",《大雅·桑柔》"靡有旅力,以念穹苍",《小雅·白驹》"皎皎白驹,在彼空谷"。当然也有一些词汇或表达化用自其他古诗文名篇,比如"寅宾出日"即源自南朝萧衍的《藉田诗》"寅宾始出日,律中方星鸟",唐代周谓后来撰有《寅宾出日赋》。

061

以上片段给人的印象也颇类诗经名篇带给人的美学接受效果，比如：首句"良晨待旦，为乐未央"让人想起《郑风·女曰鸡鸣》中的"女曰鸡鸣，士曰昧旦"；后面多处有关日出的描写则可以让人想起《卫风·伯兮》"杲杲出日"和《邶风·日月》"日居月诸，照临下土"等名篇里的意象。有研究者较为详细而充分地考释和论证了郭沫若如何在新诗创作中创造性地化用诗经元素[①]。此处可以看出，郭沫若也有意识地把诗经元素运用到译文之中，而这一点体现在结构形式、特色词汇和意境韵致等多个层面。由此一方面再次证实了郭沫若有关"创作论"的翻译观，另一方面也可以再次证明郭沫若创作、翻译和研究之间互相关联和交织的"三位一体"特征：就诗经而论，郭沫若在新诗创作中有意识地糅合了诗经因子；在《浮士德》译文中化用了诗经的语言结构、特色词汇和意蕴情致；其诗经研究则体现在《卷耳集》今译、通过解读诸多诗篇并使用诗史互证的方法来研究中国古代社会历史等多个方面。

郭沫若极度归化的翻译策略的另一个明显表现就是对中国文化负载词汇或意象的选用，这里既涉及高高在上的庙堂文化，又涵盖"处江湖之远"、极富地方色彩的民间文化。特别是在第二部涉及王宫故事的第一幕中，有关中国古代封建王朝宫廷的文化负载词汇比比皆是，诸如"紫禁城""金銮宝殿""钦天监""宰相""兵部尚书""户部尚书""东君""月姬""妃嫔""皇封官诰""上林苑""饷银""文武百官""天子万年""皇园御宇""坤元""公卿"等，不

[①] 赵希杰：《郭沫若新诗创作中的诗经元素》，《现代中国文化与文学》2019年第4期。

一而足。同样在这一幕,还出现了民间地域文化意象浓得化不开的方言词汇,比如"江干李子(四川江安县出产的李子)""燕老鼠(蝙蝠)""槛龙(流氓)""阴梭(悄悄溜走)""作鼓振金(一本正经、煞有其事)"等,这些生动活泼的民间用语较为贴近园丁、传令人等下层群体的身份特征,给《浮士德》平添一股"川味儿"。① 尤其有趣的是,"江干李子"是对原文 Königspflaume("国王李子")的翻译,可以推测的是,郭沫若采取这一译法,自然是因为当时的他身居遥远的东瀛之国,在翻译时看到"李子"两字,不禁引发了他对故土四川及其知名风物特产的思念,以至于直接舍弃了原文中存有的"国王"这一重要修饰语。此外,还应注意的是,"江干"一词是四川方言中"江安"的发音,郭沫若为了贴近地域文化,不仅挪移了故地文化中作为显性符码的物质产品的名称,甚至连作为非物质的、隐形文化符号的方言音韵也连带搬用。

有学者较为精准地评价郭沫若翻译《浮士德》采用了移花接木的拼接之术,其最大特点是结合了"时代错置"的临时创作和作为权宜之计的形式杂糅。② 歌德《浮士德》原著里诗体形式之琳琅满目和错综复杂怎么强调也不过分,尽管有学者称郭沫若对这些多样化的形式没有做非常严格的细致区分[3],但不可否认的是,为了兼顾以上形式,郭沫若委实已经做到了殚精竭虑。郭沫若译本里面最为通俗、妙趣横生的一段,莫过于第二部第一幕"旁通百室

---

① 杨武能、莫光华:《歌德与中国》,四川人民出版社2017年版,第264页。
② Pu Wang, *The Translatability of Revolution: Guo Moruo and Twentieth-Century Chinese Culture*, Cambridge et al.: Harvard University Press, 2018, p.140.
③ 彭建华:《论〈浮士德〉第一部及郭沫若的翻译》,《吉林艺术学院学报》2014年第3期,第23页。

的广廷"中小丑做出呆笨情状所说的一段话,其译文淋漓尽致地体现了郭沫若拼接杂糅和临时创化的翻译策略特征。兹以德、中文对照的形式转录如下:

表4 《浮士德》第二部第一幕某段原文与郭沫若译文的对照

德 语 原 文①	郭 沫 若 译 文②
Ihr seid die Toren,	你们大傻子,
Gebückt geboren.	生成驼背子,
Wir sind die Klugen,	我们聪明子,
Die nie was trugen;	决不背啥子;
Denn unsre Kappen,	头上小帽子,
Jacken und Lappen	身上短打子,
Sind leicht zu tragen;	一身轻便子
Und mit Behagen	无忧无虑子,
Wir immer müßig,	
Pantoffelfüßig,	蹑上拖鞋子,
Durch Markt und Haufen	市上逍遥子,
Einherzulaufen,	

---

① Johann Wolfgang von Goethe, *Faust* [= Friedmar Apel et al. (Hrsg.) *Johann Wolfgang Goethe: Sämtliche Werke. Briefe, Tagebücher und Gespräche in 40 Bänden*, Band 7/1, Berlin: Deutscher Klassiker Verlag], Shanghai: Shanghai Foreign Language Education Press, 2016, S. 222-223.
② [德]歌德:《浮士德》(第二部),郭沫若译,人民文学出版社1978年版,第32—33页。

续　表

德　语　原　文	郭　沫　若　译　文
Gaffend zu stehen, Uns anzukrähen;	呆着吊膀子,
Auf solche Klänge Durch Drang und Menge	抓着打架子,
Aalgleich zu schlüpfen,	像条梭针子, 到处穿堂子。
Gesamt zu hüpfen, Vereint zu toben.	十处打锣九处在, 三天酒饭两天开。
Ihr mögt uns loben, Ihr mögt uns schelten, Wir lassen's gelten.	说我好时我不睬, 说我坏时也不怪。

原诗有22行,而郭沫若的译文仅有18行,这也折射出郭沫若《浮士德》全文翻译的另一个特点,即翻译时并不循规蹈矩地严格遵照原诗的诗行来移译。原诗基本上整体都叶韵(-en),仅有的两处押其他韵脚的诗行也做到了叶韵(分别是-ig 和-e)。与之形成鲜明对照的是,郭沫若采用了他的故乡四川以及其他地区盛行的、最后一个字都以"子"结尾的"百子歌",在前面整整14行都做到了字数相同而且完全叶韵;正如郭沫若自己坦言:"原作本是韵文,我也全部用韵文译出了。这在中国可以说是一种尝试,这里面定然有不少的勉强的地方。不过我要算是尽了我的至善的努力了。为要寻出相当字句和韵脚,竟有为一两行便虚费了我半天

功夫的时候。"①"百子歌"之后还有4行文字,也做到了字数相同和完全叶韵(ai),此处不难再次窥见郭沫若"语不惊人誓不休"的独具匠心。从内容上看,郭沫若也在较大程度上做了创造性的改写:Aalgleich zu schlüpfen 一句本意是"像鳗鱼一样溜来溜去",这句极具德式隐喻画面感的诗行,被郭沫若一分为二,改译成打上了中国文化烙印,而且同样生动形象的"像条梭针子,到处穿堂子";Gesamt zu hüpfen,/Vereint zu toben 一句,本意是"一起蹦跳,共同喧闹",郭沫若把它转译为灵动感跃然纸上的"十处打锣九处在,三天酒饭两天开",而前一句"十处打锣九处在"也属于包括四川方言在内的西南官话,在郭沫若的作品中也屡有出现,比如在自叙传《我的童年》中,他就写过"而我又差不多是十处打锣九处在的人"②,将孩提时代的自己描写成一个不安分守己、好出风头的形象。此处可以视为郭沫若翻译和创作互文性的一个明证,同时再次印证了他在翻译时带有的移情共感和自我表现。而且这一方言表达在全剧最后一幕"宫中广大的前廷"中再次出现,郭沫若用它来翻译幽灵们所说的"十处如打锣,九处必然在"③(Wo's fröhlich klang und lustig ging,/Da rührten sich meine Füße,"哪儿欢声笑语能取乐,我就撒开脚丫跑过来"),可见这句家乡话已经深深植入了译者心中。

---

① 郭沫若:《第一部译后记》,载[德]歌德:《浮士德(第二部)》,郭沫若译,人民文学出版社1978年版,第383页。
② 郭沫若:《郭沫若文集·文学编·第十一卷》,人民文学出版社1992年版,第108页。
③ [德]歌德:《浮士德》(第二部),郭沫若译,人民文学出版社1978年版,第354页。

(三)《浮士德》翻译与郭沫若创作和研究之间的互文性关联

《浮士德》对郭沫若创作的最大影响,主要体现在诗剧和史剧创作方面,涉及借古喻今的历史题材、洋溢着乐观主义的悲壮剧风格、与现实主义辩证结合的浪漫主义创作手法、吸收民歌风味的语言风范等各个方面①。

1. 对郭沫若诗剧创作的影响

郭沫若从歌德及其《浮士德》那里承袭到的一切都烙上了强烈的个人特色,而郭沫若最大的贡献或者功绩在于对传承的歌德遗产进行借用和点化。郭沫若翻译《浮士德》对其创作的影响首先体现在文类资源之上。他大胆尝试创作从歌德和其他西方作家那里学来的体裁——诗剧和史剧,并且在这两个领域都取得了不凡成就。对此,郭沫若写道:"后来我读了些希腊悲剧家和莎士比亚、歌德等的剧作,不消说是在他们的影响之下想来从事史剧或诗剧的尝试的。"②他的三部诗剧——《凤凰涅槃》《女神之再生》和《湘累》或多或少受到歌德《浮士德》的影响,正如他自己所言:"我开始做诗剧便是受了歌德的影响。在翻译了《浮士德》第一部之后,不久我便做了《棠棣之花》。……就是后来收在《女神》里面的那一幕……《女神之再生》和《湘累》以及后来的《孤竹君之二子》都是在那个影响之下写成的。"③《湘累》可以让人联想到《浮士德》第一部中的最后一幕,即甘泪卿与浮士德在地牢

---

① 陈思清:《郭沫若与〈浮士德〉》,《郭沫若研究》1987 年第 3 辑,第 214、216、218、223 页。
② 郭沫若:《郭沫若文集·文学编·第六卷》,人民文学出版社 1986 年版,第 273 页。
③ 郭沫若:《郭沫若文集·文学编·第十二卷》,人民文学出版社 1992 年版,第 77 页。

中的最后一次会面,或曰诀别的场景;不同的是,《湘累》中女须(甘泪卿的对应者)与屈原(浮士德的对应者)的会面并不是发生在地牢里面,而是在洞庭湖上。① 跟《浮士德》上部的终场一样,《湘累》的结局也是对话双方一方癫狂、一方自戕的,但这一回癫狂的不是屈原,而是屈原之姊女须,自戕的也不是甘泪卿的对应者,而是浮士德的对应者。至于戏剧创作成熟期出现的《屈原》,也曾经在制式上受到《浮士德》的影响:郭沫若原打算模仿《浮士德》将《屈原》创作成上下两部(分别写楚怀王和楚襄王时代)的10幕悲剧,②但动手写了第二幕之后就决定放弃原定计划,改成现在的5幕剧。

甚至《凤凰涅槃》,这首中国现代文学史上的第一首抒情长诗,都可以视为一出非严格意义上的简单的诗剧③,如果加上简单的舞台说明的话。之所以这样说,是因为这首长诗包含了剧作所必需的角色分配(雄凤、雌凤、包括等在内的群鸟、雄鸡等)及其相应台词等元素,而且具有一定的故事情节性。特别值得注意的是凤凰死前的一段歌唱,在此《浮士德》的影响也不容忽视。④ 雄凤的歌唱从认识论的角度出发,一一列举了对自然和宇宙生命相关哲学和科学知识的问题和怀疑,尤其凸显了宇宙的无限性和人类认识能力的局限性这二者之间的对比,颇有点"生而有涯而知识无

---

① [斯洛伐克]高利克:《中西文学关系的里程碑(1898—1979)》,伍晓明、张文定等译,北京大学出版社2008年版,第62页。
② 郭沫若:《郭沫若全集·文学编·第六卷》,人民文学出版社1986年版,第398页。
③ [斯洛伐克]高利克:《中西文学关系的里程碑(1898—1979)》,伍晓明、张文定等译,北京大学出版社2008年版,第57—58页。
④ 同上书,第59页。

涯"的味道。这段歌唱很容易让人想起《浮士德》第一部开头的"夜晚"那一场①,即浮士德在斗室里沉思并咒骂他那些无用的学识,如上所述,这一场景让郭沫若在翻译时颇有代入感,故而给他留下了深刻的印象。其后雌凤的哀歌则把宇宙诅咒成"屠场""囚牢""坟墓"和"地狱",这里的"囚牢"也颇值得注意,不难把它与《浮士德》第二部"囚牢"以及甘泪卿的定罪场景联系起来②。同样引人注意的还有结尾处雄雌双凤一起鸣唱的凤凰再生歌,"这标志是一个回归,回到古老的泛神论世界观"。正如歌中唱到的一样,"我们更生了/我们更生了/一切的一,更生了/一的一切,更生了",一与一切之间的关系是泛神论的直接体现,而这一点在歌德创作于1821年的诗歌《一与一切》(*Eins und alles*)中也可窥见。

2. 悲壮美的史剧观

既有研究发现,迄今的《浮士德》汉语译本大多对其副标题中的"悲剧"二字付诸阙如,或者虽有"悲剧"认识,却以这样或那样的形式有意无意地加以遮蔽和消解,其目的不外乎是沿袭民国以降对《浮士德》"具有宏大叙事倾向和高昂亢奋基调的译者解读"③,诸如"天行健,君子以自强不息""为全人类的美好未来努力奋斗"之类,并给这类解读留下阐释余地和空间。但就郭沫若的译本而言,却是一个例外。他的各个版本尽管也舍弃了含有"悲剧"字样的副标题,但在各种形式的译文"副文本"中,并没有忘记兼

---

① [斯洛伐克]高利克:《中西文学关系的里程碑(1898—1979)》,伍晓明、张文定等译,北京大学出版社2008年版,第59页。
② 同上。
③ 卫茂平:《〈浮士德〉汉译及解读考索——兼论其副标题"一部悲剧"的阙如》,《中国比较文学》2019年第3期,第8页。

顾对"悲剧"的强调：1928年的创造社出版部首版仅涉及《浮士德》的上部，在"目次"页标记"悲壮剧之第一部"，在正文前还印有"浮士德悲壮剧"的插页；1929年上海现代书局版和1944年福建永安东南出版社（土纸版）版本情况也是如此；1947年3月群益版的《浮士德》（上卷）被列为"沫若译文集之三"，在扉页上的"浮士德"题名下面标注了德语原题，以及其副标题《浮士德——歌德的一部悲剧》(*Faust: Eine Tragödie von Goethe*)，目次和插页上对"悲剧"字样的处理与以上几版相同，不过把"悲壮剧"改成了"悲剧"；1947年11月的群益版则把第二部也收录了进来，除了删除书系名"沫若译文集之三"，其余对"悲剧"字样的处理与同年3月的那个版本一样，1949年再版的群益版则完全遵照1947年11月的体例；比较特殊的是1954年的上海新文艺出版社版（分为两卷），其版权页的"浮士德"标题上注明的是"诗剧"二字，但在正文前仍印有"浮士德悲剧"的插页；1959年人民文学出版社版同样分为两卷，在"目次"页赫然注明"悲剧第一部""悲剧第二部"，下部中还印有标注了同样文字的插页；2009年和2013年分别由吉林出版集团和安徽人民出版社再版的郭沫若《浮士德》全译本，也在目录页上面凸显了"悲剧"两字。另外值得注意的是，1947年以前的3个版本都把"悲剧"称为"悲壮剧"，有学者称此处可能是受到了森鸥外日语译本相应表述的影响。①

除了以标题的组成部分出现，"悲剧"一词还出现在译者所撰的序跋之中。自从1947年11月的群益版开始，郭沫若的《浮士

---

① Nora Bartels, „Goethes *Faust* bei Mori Rintarō und Guo Moruo. Vorstudien zum Verständnis ihrer Übersetzungen", *Japonica Humboldtiana*, vol.15（2012），S. 115.

德》译本都收入了《第二部译后记》,其中有两处明确提及该剧的"悲剧"性质。一处言称"作品讽刺了德国当时的现实",读者可以感受到"虽以巨人式的努力从事反封建,而在强大的封建残余的重压之下,仍不容易拨云雾见青天的悲剧情绪"[1];另一处则写道:"[……]浮士德,虽然打出了中世纪的书斋,在混沌中追求光明和生活的意义,由个人的解放而到乌托邦式的填海——使多数人共同得到解放,而结果仍为封建残余势力所吹盲而倒地而升天。这倒的的确确是悲剧。"[2]郭沫若还写过一篇颇有价值的《〈浮士德〉简论》,收入《浮士德》1947年11月群益版及其后的各个版本,包括2009年的吉林出版集团版和2013年的安徽人民出版社版。在这篇文章中,郭沫若介绍浮士德最后盲目地赞赏"在自由自在的土地上住着自由的国民"后,却笔锋一转地写道:"伟大的诗人结果只赢得一个虚幻的封建诸侯式的民主的享乐而已。'浮士德'之所以成为悲剧,那深刻的意义,怕应该从这儿来看取的吧?"[3]

郭沫若追求洋溢着乐观主义的悲壮美的史剧观,也跟《浮士德》的影响不无关系。郭沫若悲壮的悲剧美这一审美价值取向,赋予了他的悲剧创作"独具理想化的激昂与个性扩张的精神内涵"[4],表现出朱自清所评价的"20世纪动的和反抗的精神"[5]。

---

[1] 郭沫若:《第二部译后记》,载[德]歌德:《浮士德(第二部)》,郭沫若译,人民文学出版社1978年版,第385页。
[2] 同上书,第386页。
[3] 郭沫若:《"浮士德"简论》,载[德]歌德:《浮士德(第一部)》,郭沫若译,人民文学出版社1978年版,第3页。
[4] 马晖:《民族悲剧意识与个体艺术表现:中国现代重要作家悲剧创作研究》,民族出版社2006年版,第111页。
[5] 朱自清:《〈中国新文学大系〉诗集导言》,载《朱自清序跋集》,古吴轩出版社2018年版,第104页。

《浮士德》是一部伟大悲剧,这从它的副标题——"一部悲剧"(Eine Tragödie)即可窥见,但作为一部概括歌德以前人类发展进程的"德意志精神史",它对人类前途充满乐观主义精神。有学者认为,"命运悲剧""性格悲剧""社会悲剧"等传统分类概念都无法穷尽对这部内涵深广的人间大戏的描述,可以称其为"乐观的悲剧"[1]。传统的悲剧观特别强调对不幸、苦难和毁灭的再现,其中的"悲"是悲怆、悲伤、悲观、悲惨和悲痛;而具有悲壮美的乐观悲剧凸显的是悲愤和悲壮的"悲",所谓"哀而不伤",因为"灾难、痛苦造成有价值东西的毁灭,无疑是对有价值东西的否定,但这不是悲剧的目的;悲剧是鼓舞的艺术,其目的或本质正是要使人生有价值的东西得到肯定和再生,不过其方式十分特别罢了"[2]。郭沫若提出表现"悲剧情神"的美学要求,认为"悲剧的戏剧价值不是单纯的使人悲,而是在具体地激发起人们把悲愤情绪化而为力量,以拥护方生的成分而抗争将死的成分"[3]。在他看来,悲剧结局容易让人"激起满腔的正气以镇压邪气""能够激发悲壮的斗争精神",其"目的是号召斗争,号召悲壮的斗争","作用是鼓舞方生的力量克服种种的困难,以争取胜利并巩固胜利"[4]。对于郭沫若笔下典型的悲剧人物,戏剧理论大家陈瘦竹做过精彩论述。他认为悲剧人物具有性格的高贵性和行为的正义性,以及"明知不可而为之"

---

[1] 卫文珂:《乐观的悲剧——从〈浮士德〉是否悲剧谈起》,《读书》1983年第8期,第148页;简明:《乐观的哲学——从〈浮士德〉谈歌德的哲学思想》,《读书》1984年第3期,第26页。
[2] 曾庆元:《悲剧论》,华岳文艺出版社1987年版,第64页。
[3] 郭沫若:《郭沫若全集·文学编·第十七卷》,人民文学出版社1989年版,第257页。
[4] 同上书,第258页。

的自觉斗争精神,杀身成仁、舍生取义;虽然最后难逃失败或死亡的命运,但其自觉斗争的意气风发却能催生一种崇高的悲剧精神,其实质是悲壮而不是悲惨,催人奋发而不是让人消沉。① 亚里士多德所言悲剧激起人的怜悯与恐惧,指的是更具有悲惨特质的悲剧,即悲剧人物一开始就被反面派牢牢掌控、动弹不得,在毫无反抗的情况下终致灭亡,作为接受者的读者或观众对主人公的无辜和孱弱掬一把同情泪,从而更加憎恶反面人物。

在郭沫若的几部著名历史悲剧中,都可以瞥见他对悲壮美的艺术特色的追求:不只人物形象崇高、剧情悲壮,而且在末尾处预示着未来的胜利,颇能鼓舞人心。用他自己的话来说,就是悲剧后面也要"拖一条光明的尾巴"②。《屈原》一剧就是个典型案例:在婵娟捐躯、太庙被焚的悲壮结局发生之后,卫兵邀请屈原莅临汉北,表达了汉北人民对诗人的挚爱和欢迎;同时《礼魂之歌》在场上久久回响,卫兵护送屈原踏上前去汉北之路,气氛高昂,振奋人心。

郭沫若是高举诗歌大旗踏上现代文坛,也是因为诗人身份而声名鹊起的,他的早期诗剧比如《棠棣之花》《女神之再生》《湘累》《孤竹君之二子》等"很少在舞台上演出,与其说是剧毋宁说是诗"。③ 直到抗日战争时期的6部历史剧横空出世,这才奠定了他杰出剧作家的地位,其悲剧文学也臻于巅峰。但不可否认的是,其悲剧精神的起点深埋在收录了上述诗剧的《女神》里面。④ 郭沫若

---

① 陈瘦竹:《陈瘦竹戏剧论集(上、中、下册)》,江苏教育出版社1999年版,第1325页。
② 郭沫若:《郭沫若全集·文学编·第十七卷》,人民文学出版社1989年版,第306页。
③ 陈瘦竹:《陈瘦竹戏剧论集(上、中、下册)》,江苏教育出版社1999年版,第1379页。
④ 马晖:《民族悲剧意识与个体艺术表现:中国现代重要作家悲剧创作研究》,民族出版社2006年版,第111页。

的历史剧中有抒情诗,这也正是其戏剧得名于"诗剧"的原因;这里的抒情诗,不仅是指其中的古诗、民歌、短歌或者小诗,还指贯穿全剧的散文诗或者诗一样的独白。① 在这里,诗指的并非严格意义上的分行的韵文,具有浓郁诗情、诗性、诗味的散文一样可以称为诗,或曰"自由诗"。一个典型的例子就是《屈原》中身陷囹圄的主人公在那个飓风咆哮、雷电交加的深夜的独白,虽然并不押韵,但其中常用叠字复句,节奏鲜明,声调铿锵,是不可多得的朗诵材料。《虎符》中的如姬想到信陵君以及面对匕首的两段独白,也是绝妙的诗。对此,陈瘦竹用同样诗意充盈的笔调写道:"屈原的独白震撼人心,是雷电的诗,惊涛骇浪的诗;如姬的独白发人深思,是月夜的诗,明净深邃的诗。"②

3. 时代精神的一以贯之

郭沫若称赞《浮士德》"是一部灵魂的发展史,一部时代精神的发展史"③。他在回顾翻译《浮士德》的心境时写道:"那年就是五四运动发生的一年。我是在五四运动的高潮中着手翻译的。我们的五四运动很有点像歌德时代的狂飙突起运动(Sturm und Drang),同是由封建社会蜕变到现代的一个划时代的历史时间。因为有这样的相同,所以和青年歌德的心弦起了共鸣,差不多是在一种类似崇拜的心情中,我把第一部翻译了。那时的翻译仿佛等于自己在创作的一样,我颇感觉着在自己的一生之中做了一件相

---

① 陈瘦竹:《陈瘦竹戏剧论集(上、中、下册)》,江苏教育出版社1999年版,第1325页。
② 同上书,第1337页。
③ 郭沫若:《"浮士德"简论》,载[德]歌德:《浮士德》(第一部),郭沫若译,人民文学出版社1978年版,第3页。

当有意义的事。"①

有鉴于此,联系当时的时代背景和时代精神,在革命政治、理论论战和文学书写共同构建的"社会大文本"中,对翻译问题展开重新的思考,显得大有必要。因为在当时的社会语境中,翻译被赋予了一种机制甚至契机性的功用和价值。② 有学者探讨了郭沫若《战取》一诗中"莱茵河畔的葡萄"这一比喻和《浮士德》译稿中相关之处的互文问题,揭橥了"革命"与"文学"的不断相互转化③:在郭沫若投身革命活动、四处奔走的时候,他的文学创作也迎来一个硕果累累的时期,一系列文学著译作品出版发行;而当革命失败或进入低谷,郭沫若重又过上深居简出的隐匿生活之时,他又开始全身心投入文学创作或翻译活动。这样一种深层次的翻译,也不仅仅是一场跨语际和文化的实践,而且是包孕了根植于社会大文本之内的"文化政治机缘"④。"莱茵河畔的葡萄"这一隐喻蕴含着极其丰富的语义,而且涉及颇为复杂的跨语际互文。⑤ 鉴于酿酒的原料材质,"葡萄"与"酒"之间的关联可谓人尽皆知,进而与上下文"喜酒""寿酒"之间的联系也是清晰可见;因为红葡萄酒的颜色,它与后面诗行中的"血液"之间也存在明显关联。但这首通体关乎中国革命前的暴风骤雨和创造一个新社会的预言诗歌,缘何会看似突兀地出现"莱茵河畔"这样一个舶来的欧洲意象,以修饰

---

① 郭沫若:《第二部译后记》,载[德]歌德:《浮士德(第二部)》,郭沫若译,人民文学出版社1978年版,第384页。
② 王璞:《从"奥伏赫变"到"莱茵的葡萄"——"顿挫"中的革命与修辞》,《现代中文学刊》2012年第5期,第27页。
③ 同上书,第26页。
④ 同上书,第27页。
⑤ 同上书,第32页。

性定语的功能来对"葡萄"做出限定？有学者研究发现，"莱茵的葡萄"其实并非空穴来风，而是由来有自，出自郭沫若《浮士德》第一部"莱普齐市的欧北和酒吧"片段的译文①，是对 Rheinwein 一词的翻译。在诗集《恢复》的写作之前，隐居的郭沫若全面校改了自己的《浮士德》第一部译稿，而在这一版中，Rheinwein 恰好被译成"莱茵的葡萄"。可见，在抒情诗写作和《浮士德》校译的共时性中，隐藏着一处细小的互文。② 作为一个具有丰富意象的文化存在，莱茵河跟法德两国的恩怨历史、跟革命斗争、跟德意志精神向度和文化症候都有着密不可分的联系。重新审视郭沫若翻译本身含有的"历史跨度"，以及 1919 年—1947 年的历次《浮士德》翻译文本，可以挖掘出新文学语言中曾经出现的形态和新文化中的多次意识变迁。③

4. 浮士德形象的"人民本位论"和"行动主义"

郭沫若在《历史人物》的序言中开宗明义、旗帜鲜明地表示："我的好恶标准是什么呢？一句话归宗：人民本位！"④ "人民本位"论是郭沫若将传统优秀思想文化与马克思主义相结合、进而提出的重要思想，广泛运用于史学研究、文学创作、文学批评、现实批判等领域。以往对郭沫若的"人民"以及由此派生出来的"人民本

---

① 德语原文为：Gut! Wenn ich wählen soll, so will ich Rheinwein haben./Das Vaterland verleiht die allerbesten Gaben./Mir dächte doch als tränk' ich Wein。参见 Johann Wolfgang von Goethe, *Faust* (=Friedmar Apel et al. (Hrsg.) *Johann Wolfgang Goethe: Sämtliche Werke. Briefe, Tagebücher und Gespräche in 40 Bänden*, Band 7/1, Berlin: Deutscher Klassiker Verlag), Shanghai: Shanghai Foreign Language Education Press, 2016, S. 96。
② 王璞：《从"奥伏赫变"到"莱茵的葡萄"——"顿挫"中的革命与修辞》，《现代中文学刊》2012 年第 5 期，第 32 页。
③ 同上书，第 35 页。
④ 郭沫若：《郭沫若全集·历史编·第四卷》，人民出版社 1982 年版，第 1 页。

位主义""民本主义""人民民主"等概念的讨论多半忽略了《浮士德》的汉译本。① 事实上,如果考虑到当时国内左派文艺界意识形态至上的翻译观,以及在翻译中有意无意地比附国内政治背景和社会症候,或者运用与现实状况相关的、隐喻式的阐释机制,就不难发现郭沫若的《浮士德》译本里也可窥见对当时国内现实社会和状况的关怀,体现了强烈的服务和致用意识。除了借古喻今、借外喻中,以期构建歌德及其《浮士德》与当时中国社会之间的关联,郭沫若也在翻译《浮士德》,尤其是第二部时倾注了强烈的"人民本位主义"情愫。

在郭沫若看来,歌德这部诗剧"是一部极其充实的现实的作品,但它所充实着的不全是现实的形,而主要地是现实的魂",其中"一个现实的大魂(时代精神)包括各种各样的现实的小魂(个性)",该剧"是一部时代发展的忠实反映","朗豁地揭露世界进展的真理"。② 郭沫若运用马克思主义有关发展的哲学思想和美学观点对《浮士德》做了全面而系统的分析,指出"它是一部灵魂的发展史,一部时代精神的发展史"③,并用"人民本位主义"的观念来解释《浮士德》中那个"乌托邦式"愿景的"幻想性"——"为几百万人开拓出疆土""愿意看见这样熙熙攘攘的人群,在自由的土地上住着自由的国民"。同时指出歌德"人民意识觉醒"的超前性和进步性,认为从自我中心主义到人民本位主义的发展是"一个超

---

① Pu Wang, *The Translatability of Revolution: Guo Moruo and Twentieth-Century Chinese Culture*, Cambridge et al.: Harvard University Press, 2018, p.154.
② 郭沫若:《"浮士德"简论》,载[德]歌德:《浮士德(第一部)》,郭沫若译,人民文学出版社1978年版,第10页。
③ 同上书,第3页。

时代的飞跃"①,这就使得《"浮士德"简论》一文彰显出独特的视角和鲜明的时代特色。《浮士德》尤为突出需要在建功立业中来实现人的发展,正如浮士德面对魔鬼梅菲斯特所言,"在这个地球上/还有余地做伟大的事情/惊人的功业应该成就/我感觉着我有力量担任"②。浮士德摆脱书斋的苦闷,不沉溺于世俗的享乐和个人的爱情,从"小世界"跳入"大世界",由个人情感的抒发升华到人生哲学的思索;在"大世界"中,不追逐为帝王效劳尽责的虚名,也不因古典美的幻灭而沉沦,终于在造福人类的社会性集体劳动与伟大功业的创造中得到满足。③ 这一点在歌德的另一部皇皇巨著《威廉·迈斯特的漫游年代》中也有折射,人们齐心欢唱"是留是走,是走是留/任凭劳动者自己定夺/我们的劳动在哪里有用,哪里就是最好的地区"④,表示要用集体劳动去缔造"新的祖国"。用自由的劳动去创造自由的生活,用千万人的自由劳动去创造千万人生活自由的土地,这是浮士德"智慧的最后的断案"⑤,是他的最高理想。但《浮士德》反对推翻旧体制的社会变革,这跟歌德对待法国大革命的态度如出一辙;而《女神》里的诗篇则赞颂革命,"不仅

---

① 郭沫若:《"浮士德"简论》,载[德]歌德:《浮士德(第一部)》,郭沫若译,人民文学出版社1978年版,第12页。
② [德]歌德:《浮士德(第二部)》,郭沫若译,人民文学出版社1978年版,第284—285页。
③ 陈永志:《人的发展:〈浮士德〉和〈女神〉》,《郭沫若学刊》2005年第1期,第28页。
④ [德]歌德:《威廉·麦斯特的漫游时代》,关惠文译,载《歌德文集·第三卷》,人民文学出版社1999年版,第414—415页;德语原文参见: Johann Wolfgang von Goethe, *Wilhelm Meisters Wanderjahre* (= Friedmar Apel et al. (Hrsg.) *Johann Wolfgang Goethe: Sämtliche Werke. Briefe, Tagebücher und Gespräche in 40 Bänden*, Band 10, Berlin: Deutscher Klassiker Verlag), Shanghai: Shanghai Foreign Language Education Press, 2016, S. 695。
⑤ [德]歌德:《浮士德(第二部)》,郭沫若译,人民文学出版社1978年版,第356页。

要打破一个旧世界,而且要建设一个新世界"。

郭沫若不无见地地指出,浮士德最典型的特征就是其有为哲学行动的意志①,这也符合浮士德生活时期的现实状况,"行"(Tat)已经取代了古老的基督教信仰——言(Logos)。正因如此,《浮士德》第一部中《书斋》里面就出现了浮士德在翻译《圣经》时推敲字词的场景,从"泰初有言"到"泰初有心",再到"泰初有力",最后终于在"泰初有为"上尘埃落定。对浮士德生命哲学这一行动主义前提的论断,显示了郭沫若对浮士德形象的某种改头换面的置换和化用②。郭沫若认为浮士德和歌德都确信"行"乃哲学与创造之根基,这源于形而上学的困境以及实践中试图获得令人满意的确定性的不可能性,这既是知识论、存在论的基本问题,也是关乎生命或宇宙本质的基本问题。③ 郭沫若对《浮士德》"行动主义"视角的解读,在译本的很多地方也可以找到明证,最典型的就是"事业是一切,名声是虚幻"④"凡是自强不息者,到头我辈均能救"⑤。如果说笛卡尔的哲学是"我思考,故我在",卢梭的哲学是"我体验,故我在",那么浮士德的哲学就是"我行动,故我在"。⑥ 而这一行动导向从梅菲斯特假扮的浮士德和学生的对话上也可窥见,所谓"灰色是一切的理论,只有人生的金树长青"⑦。这也切合

---

① 郭沫若:《"浮士德"简论》,载[德]歌德:《浮士德(第一部)》,郭沫若译,人民文学出版社1978年版,第11页。
② [斯洛伐克]高利克:《歌德〈浮士德〉在郭沫若写作与翻译中的接受与复兴(1919—1922)》,林振华译,《汉语言文学研究》2012年第3期,第14页。
③ 同上。
④ [德]歌德:《浮士德(第二部)》,郭沫若译,人民文学出版社1978年版,第285页。
⑤ 同上书,第373页。
⑥ 雷敏:《论浮士德的精神》,《江西社会科学》2003年第7期,第37页。
⑦ [德]歌德:《浮士德(第一部)》,郭沫若译,人民文学出版社1978年版,第95—96页。

晚清以来辜鸿铭和王国维等先贤的"自强不息"说，也就是把浮士德阐释为一个符合中国文化传统精神的形象，他上天入地、孜孜以求，不知疲倦地奋斗和抗争，所谓"天行健，君子以自强不息"；另外，这一主导性的强势解读模式被张闻天、陈独秀、瞿秋白等早期共产党人接过接力棒，对《浮士德》精神主旨的阐发产生了较大影响力。如本章开头所述，郭沫若本人曾否认自比过歌德，但明确承认自比过屈原。① 无独有偶的是，1947年端午节来临之际，《青年生活》上就刊登了一篇怀念屈原的文章，并将屈原与浮士德进行比附，言称屈原精神即"东方浮士德精神"。在该文的结尾，作者发掘了两者之间共通的悲剧精神、生命精神和强力意志精神，并饱含深情地做了如下感叹和呼吁：

  歌德写浮士德不甘流俗，要作无限的生命追求，他来自天上，遍历九土，下临地狱，仍是空空洞洞，找不着安身立命之所，这和屈原在《离骚》《九歌》中所表现的崇高瑰伟的想象，那种低昂天地、忧心如捣的悲剧精神，不是异曲同工吗？大时代需要的是魔术般的推着时代前进的力，是充满着生命之意志力的精神！在中华民族史上只有战国时代南方的楚民族有这种酣醉的生命精神，以后却中断了。诗人的灵魂复活啊！东方浮士德精神复活啊！②

以上引文的最后两句，跟郭沫若为新版《浮士德》所作题词的

---

① 郭沫若：《郭沫若全集·文学编·第十二卷》，人民文学出版社1992年版，第79页。
② 黄欣周：《怀屈原——并论东方浮士德精神》，《青年生活》1947年第18期，第386页。

标题以及文中字句又何其相似——"人乎,人乎,魂兮归来!"。①

(四) 对张荫麟有关郭沫若译本的评论之研究

郭沫若的《浮士德》上部译本推出之后,据现有资料来看,第一个发表公开译评的是张荫麟。评论者首先肯定郭沫若翻译"全用韵文,亦为一种新尝试",接下来笔锋一转,声称"其谬误荒唐,令人发噱之处,几于无页无之",甚至认为这样的匡谬可以写成一部跟原译本篇幅相当的著述。② 其后,张荫麟也根据德文译出《浮士德》上部的片段,所涵盖的内容从剧首《献辞》开始,直到第三幕《书斋》,在《大公报·文学副刊》连载③。张荫麟的译评采用德汉对照的方式排列,并加上挑错的按语,有些地方还分析了郭沫若误译的根源,言辞辛辣激烈、毫不留情。以下逐条分析张荫麟所列的郭译《浮士德》评论,希冀管窥郭译本的风貌,并尝试对它做出较为公允和客观的评价。

例1:Und nennt die Guten, die, um schöne Stunden/Vom Glück getäuscht, vor mir hinweggeschwunden.
张认为此句"意谓旧日良朋,有方在华年,而为幸运所骗,弃我而逝,今重加提起(黯然伤心)也",而郭译却谓"善良的人们已从我眼前消尽,他们是被幸运欺骗,令我伤神",对此张做了如下按语,"若是,则歌德当时眼前所见无一善人矣。歌德未尝如是悲

---

① 郭沫若:《郭沫若全集·文学编·第十九卷》,人民文学出版社1992年版,第411—412页。
② 张荫麟著译,[美]陈润成、李欣荣编:《张荫麟全集·中卷》,清华大学出版社2013年版,第956页。
③ 同上书,第400—426页。

观厌世也"①,矛头直指郭译"消尽",而张后来正式成文的翻译为"……善人们,从佳辰中/被无常扯去"。② 在两位译者的笔下,die Guten 都没有得到很好的诠释,它指的其实是歌德周围已经亡故的亲友,或是要么天各一方、要么业已疏远的故交,而非一般意义上的"善良之人"。另外,在郭的笔下,um schöne Stunden 也没有译出,此处介词 um 应该表示"度量、数量的差别"或曰"失去",而非"在……时刻",因此 um schöne Stunden/Vom Glück getäuscht 大致意思为"被命运夺去了美好的时光"。

例 2：Und mich ergreift ein längst entwöhntes Sehnen/Nach jenem stillen, ernsten Geisterreich.

张认为"意谓有一种久已忘却之渴慕,今乃重现,将吾攫取,引至彼幽寂严肃之精神世界",而郭译作"寂静森严的灵境早已忘情,一种景仰的至诚系人紧紧",张对此进行辛辣指摘——"不独倒白为黑,直不知所谓矣",并模仿郭的译笔口吻"以其人之道还治其人之身",声称"此种译笔,'真足系人紧紧'"。③ 这一句郭确实理解有误,首先是把此处表示方向的介词 nach(与 Sehnen 构成固定搭配)误解成了表示时间的"在……之后",因此才会把后一句的内容前置;郭译本的另一问题是把 ergreifen 理解成了其基本含义"抓住、系紧",殊不知此处应理解为其引申义"感情上的侵袭、攫取"。相较之下,张理解无误,后来正式译为"一种久违了的向往之情/把

---

① 张荫麟著译,[美]陈润成、李欣荣编:《张荫麟全集·中卷》,清华大学出版社 2013 年版,第 957 页。
② 同上书,第 401 页。
③ 同上书,第 957 页。

我曳到幽静庄严的神境"①,在"信"和"达"上明显胜出一筹。

例3：Missraten jetzt und jetzt vielleicht gelungen.

张认为此句"意谓时而失词,时而辞达也"②,而郭译作"忽然而成调,忽然而飞迸"③。原文中的 missraten 和 gelungen 是一对反义词,形成表达上"失败"和"成功"之间的对比,张后来的译文定作"有时劣拙,有时也侥倖成功"④,符合"信达雅"的标准;而在郭译文中,"成词"可能会让人产生形成只言片语的感觉,"飞逝"则让人想起妙语连珠地迸发,也可形成一定程度上的对比,但其间的差别不如"失词"和"辞达"之间的差别来得显著。

例4：Oft, wenn es durch Jahre durchgedrungen/Erscheint es in vollendeter Gestalt.

张认为该句意谓"每有经过年代之锻炼淘汰,然后完善之作品乃显现",而郭猜译作"每每有经过多少(的)岁时,我们的作品然后才能完成",是因为他把引出间接施事者的 durch("经由")误作了英文里表示"穿过、经过"的 through。⑤ 张的译评可谓中肯之语,郭确实错误地理解了这里 durch 的意思,并且没有把 durchgedrungen("穿透",可引申为"锻造""淬炼"等)翻译出来,后来张的译文确

---

① 张荫麟著译,[美]陈润成、李欣荣编:《张荫麟全集·中卷》,清华大学出版社2013年版,第402页。
② 同上书,第957页。
③ 查证发现,郭沫若所译这一句的表达实为"忽焉而成词,忽焉而飞逝",参见[德]歌德:《浮士德》,郭沫若译,创造社出版部1928年版,第6页。
④ 张荫麟著译,[美]陈润成、李欣荣编:《张荫麟全集·中卷》,清华大学出版社2013年版,第403页。
⑤ 同上书,第958页。

定为"经过许多年的陶镕,偶现出完满的形式,像天衣无缝"①。

例 5：Drum seid nur brav und zeigt euch musterhaft,/Laßt Phantasie mit allen ihren Chören,/Vernunft, Verstand, Empfindung, Leidenschaft,/Doch merkt Euch wohl! nicht ohne Narrheit hören.

这几句是小丑对诗人所说的话,在张看来,"意谓是故尔当鼓勇,并以最优之榜样自示于人,使幻想并其一切色彩,如理智、领悟、感性、热情等,动人听闻,但当注意,于此等色彩之外,勿少却痴蠢(谓勿少却无意识之言取以娱众也)",张还认为句中的 Chören 并非指本义"合唱",而是借喻的形象化用法,并把它译成"色彩"。② 针对郭译"你平心静气宽怀大量/驰骋你的幽思,加上些合唱/什么理智、直觉、感情、热情,都可乱吹/可你还要留心,总还要带些儿酸味",张讥诮"读者当知,这'些儿酸味'全由郭君制造出来"。③ 张后来正式发表的译文为:"所以要抖起精神,显出真本领,让幻想出场,并跟她的歌队——意识、理智、欲望,和感情,但记着,不要少了蠢昧!"④这段话里有几个词值得注意:一是多义词 brav,有"乖顺""还算满意""勇敢"等几个义项,联系后一句的 musterhaft("典范的",郭译作"宽怀大量"也不确切)来看,理当选取第二个意思,而不是郭选取的第一个义项"平心静气";二是 allen ihren Chören 应当指的是"幻想的所有'合唱'",郭译"加上些合唱"没有突出物主代词以及"所有的"这一层意思;最后的 Narrheit 一词被郭译为

---

① 张荫麟(著译),[美]陈润成、李欣荣(编):《张荫麟全集·中卷》,清华大学出版社 2013 年版,第 403 页。
② 同上书,第 958 页。
③ 同上书,第 958 页。
④ 同上书,第 403 页。

"酸味",显然不如张译"蠢味"来得准确,但不少后学把该词译为"小丑、丑角"(Narr),也不确切。

例 6: Leicht ist es vorgelegt, so leicht als ausgedacht.
张认为这句话的意思是"此极易于展演,其易不减于片刻之空想"①,后来发表的译文为"这一劈分,不过易如反掌"②,而郭译作"别要徒费手腕,别要徒费思索"。此句的关键在于理解 vorgelegt 这个多义词,如果联系上一句 Solch ein Ragout, es muß Euch glücken("这样一道五香肉丁,您肯定可以成功完成"),那么该词就应该取"呈上、端上饭菜"的意项,而非张译所谓"展演"或郭译"耍手腕";另外,此句是个并列结构,表示两者即"呈上菜肴"和"空想出来"都很"容易",郭译成"别要徒费"确实令人匪夷所思。

例 7: Man eilt zerstreut zu uns.
张认为这句意谓"来观吾侪者皆放心旁骛",而郭译作"三三五五连接来",③张后来的定稿译作"人们胡乱闯进来,像赴化妆赛会"④。此处涉及多义词 zerstreut,它既有郭译的"分散的"之意,也可理解为张译的"思想不集中的、心不在焉的",但联系上下文分析,可知应为前者,郭译并无错误。

例 8: Die Damen geben sich und ihren Putz zum besten/Und spielen ohne Gage mit.
张认为意思是"妇女穷极装饰,不支薪金而加入扮演(谓妇女在戏

---

① 张荫麟著译,[美]陈润成、李欣荣编:《张荫麟全集·中卷》,清华大学出版社2013年版,第958页。
② 同上书,第403页。
③ 同上书,第959页。
④ 同上书,第403页。

场供人观看,无异于台上之优伶也)",评价郭译"(年轻的女眷们拼命地梳妆竞巧,)不费一文钱,早在替我们拉票"全失原文之妙。① 张后来的译文定为"妇女们装扮得花枝招展,不支薪金,来帮同表演"②,译文准确而可读性强。但郭译也没有大碍,"早在替我们拉票"是稍微转了个弯的译法,也就是张所说的帮忙吸引观众前来观看,如果顺带考虑郭译叶韵的良苦用心("票""巧"),张"全失原文之妙"的译评未免略嫌苛责。

例 9: Wodurch besiegt er jedes Element? /Ist es der Einklang nicht, der aus dem Busen dringt/Und in sein Herz die Welt zurücke schlingt?

张认为"意谓诗人何以征服万汇,岂不以一种和谐之美,由其胸中发出,而复将宇宙吞入于其心内者乎? 盖谓此和谐之美取现实之宇宙为资料,而在心中造成一理想之宇宙也",指摘郭译"岂不是以这由衷横溢的/吞吐太荒的和谐"实在无从窥其奥妙。③ 张后来正式发表的译文为"岂不是那微妙的和谐,从胸中溢出,复把宇宙吸归心里?"④除了在"和谐"前面多加了一个原文中没有的定语"微妙的",其余无误而得体。但郭译不仅没有大碍,而且较之张译似乎还略胜一筹:"由衷横溢"对应于"从胸中溢出","吞吐太荒"则与"把宇宙吸进去"对应,一方面运用了朗朗上口、形成排比的四字结构,另一方面"太荒"等古雅词汇也增添了译本中横亘的

---

① 张荫麟著译,[美]陈润成、李欣荣编:《张荫麟全集·中卷》,清华大学出版社2013年版,第959页。
② 同上书,第403页。
③ 同上书,第959页。
④ 同上书,第404页。

古典韵味。

例 10：Wer teilt die fließend immer gleiche Reihe/Belebend ab, daß sie sich rhythmisch regt?

在张看来,这几句"意谓此呆板亘古如一之序列,谁区划之?使其依韵节而动耶?",贬损郭译"是谁区分出这平匀的节文/永恒生动着一丝不乱"为"神译""魂译""猜译"。① 张后来译作"问谁判分那单调的程序,使它活泼泼地依着韵节流转?"②,其实也有问题,一则 Reihe 联系上文来看理当解释为音乐中的"音序",二是 belebend("活泼地、灵动地")应该是作状语修饰动词 abteilen("划分"),而不是用来修饰 sich regen("流转、振动")。郭译的"活泼泼地"也存在这个问题,它应当是修饰"区分";另外"永恒"(immer)修饰的对象应该是 gleich fließend,而不是后面的部分。至于"一丝不乱"是用来照应 rhythmisch,联系上文的韵脚(an)来看,这一译法可以接受,可见张充斥着火药味的批评略嫌过激。

例 11：Es wächst das Glück, dann wird es angefochten.

张认为这一句"意谓幸福滋长,旋被沮厄",郭译作"幸福初生,色诱以从"是"查字典"式的"神译"。③ 张后来的译文确定为"幸福的花开了,荆棘在前"④,意思到位而且用语雅驯。此处他对郭氏的批评也合情合理,因为 anfechten 确实有"不承认、反对、攻击"和"纠缠、诱惑"两个义项,此处应该选取第一个。

---

① 张荫麟著,[美]陈润成、李欣荣编:《张荫麟全集·中卷》,清华大学出版社 2013 年版,第 960 页。
② 同上书,第 404 页。
③ 同上书,第 960 页。
④ 同上书,第 404 页。

例 12：Was hilft es, viel von Stimmung reden? /Dem Zaudernden erscheint sie nie. Gebt ihr euch einmal für Poeten/So kommandiert die Poesie.

张言称这几句"意谓多谈诗思之感动何补于事,诗思之感动从不显现于逡巡不前之人,尔等既自命为诗人,便当调遣诗国之兵将",评价郭译前两行"空谈一阵有何谓？/踌躇万事终无济"完全没有说到点子上,而后两行"天将你们做诗人,你们便当点兵调将"则与原文相悖。[①] 张后来把这一段译作"高谈灵感有什么用处？灵感决不会光临寡断的懦夫"[②],但是漏译了后半部分。郭译前两行确实漏译了 Stimmung("诗兴""情调")一词,后面的指称代词 sie 也一并漏掉；后面两句中的"天将你们做诗人"确有不切之处,因为这里有个反身动词结构 sich geben,理当像张氏那样译为"自命为诗人",至于后面一句"你们便当点兵调将"表达的是古希腊哲学家所言的诗人调动音节和字词就跟国王或将军调兵遣将一样[③],并无问题。

例 13：

Der Jugend, guter Freund, bedarfst du allenfalls,

Wenn dich in Schlachten Feinde drängen,

Wenn mit Gewalt an deinen Hals

Sich allerliebste Mädchen hängen,

---

① 张荫麟著译, [美] 陈润成、李欣荣编:《张荫麟全集·中卷》, 清华大学出版社 2013 年版, 第 960 页。
② 同上书, 第 405 页。
③ [德] 歌德:《浮士德》, 潘子立译, 天津人民出版社 2014 年版, 第 12 页。

Wenn fern des schnellen Laufes Kranz

Vom schwer erreichten Ziele winket,

Wenn nach dem heft'gen Wirbeltanz

Die Nächte schmausend man vertrinket.①

张揶揄郭以下所译乃"天下之奇文":

青春时代呀,朋友哟,万事不可缺少,

当你临阵要逃脱,

当有绝代的佳人,

把你的颈儿紧吊,

当那远距离赛跑的荣冠……②

接下来张详细分析了原文的结构,指出郭这段译文"不独费解,并且文法不通",因为他把原本作动词 bedarfst("需要")之宾语的 der Jugend("青春")误会成了主语,把副词 allenfalls("必要时,任何时候")错看成代词 alles("万事")。③ 张又称 hängen("悬挂")一词绝不能译作"吊",并讥诮"绝代的佳人把你的颈儿紧吊"

---

① 这一段张荫麟的译文前后有些微变动。第一个版本参见张荫麟著译,[美]陈润成、李欣荣编:《张荫麟全集·中卷》,清华大学出版社 2013 年版,第 961 页:"好朋友啊,则当你战场中强敌当前/则当娇袅袅绝代美婵娟/把双臂儿使劲的在你头上悬/则当竞走时途路超超远/锦标儿在可望难即处舞翩翩/则当对对儿胡旋舞后腰肢倦/沉迷痛饮到红日出天边/则当这些时,这些时啊/你如何可少却了青春的心。"第二个版本参见同上书,第 405 页:"青春吗,朋友,你需要它是理所当然——当你战场中强敌当前;当娇滴滴绝世美婵娟,把双臂儿使劲的在你颈上缠;当你赛跑时途路还遥远,锦标儿在可望难即处荡翩翩;当对对儿胡旋舞后腰肢倦,沉迷痛饮到红日涌天边。"
② 张荫麟著译,[美]陈润成、李欣荣编:《张荫麟全集·中卷》,清华大学出版社 2013 年版,第 961 页。
③ 同上。

不知是有爱"你"还是谋杀"你"的意图；①如果考虑郭这段文字的韵脚，这句也许可以译为"双手在你的颈上缠绕"。最后张还批评郭把 dich in Schlachten Feinde drängen 译作"临阵要脱逃"未免显得太过懦弱，并近乎"毒舌"地写道"若是则不如及早自将'颈儿紧吊'矣"②，尽管措辞过激，但此处的批评有理有据，该句的实际意思是"当敌人在战争中向你逼近"（考虑叶韵或可译为"当你在战役中面临劲敌如潮"）。

二、郭沫若的《少年维特之烦恼》译本

如果以书籍发行和阅读接受作为评价标准，中国的1922年可以被毫不夸张地被称为"维特年"③，因为郭沫若的译作《少年维特之烦恼》（简称《维特》）发行以后大受欢迎，仅在第一年就再版4次之多，一时有洛阳纸贵之势。梁俊青在《文学》第121期（1924年5月12日）发表文章批评郭沫若的译本，文中写道："现在有人把这本《少年维特之烦恼》书译成中文了，我想中国的青年们总会受这本译文的影响而激起热烈的情感。但是这本译文已经出版了两年多，而中国的文坛却杳无声息，好像是对于这本书没有什么感想的样子。"④梁俊青所言"文坛杳无声息"恐怕指的是当时作为官方的文学批评反应较为冷淡，但这无法掩盖民间读者群体对该译

---

① 张荫麟著译，[美]陈润成、李欣荣编：《张荫麟全集·中卷》，清华大学出版社2013年版，第961页。
② 同上。
③ Terry Siu-han Yip, "Texts and contexts: Goethe's works in Chinese translation prior to 1985", *Asian and African Studies*, vol.6, no.2 (1997), p.203.
④ 梁俊青：《评郭沫若译的〈少年维特之烦恼〉》，《文学》1924年5月12日第121期，第1页。

作的接受热潮。事实上,作为一部青春赞歌和忧郁之书,郭译《维特》在中国的影响和流传从一开始就打上了"以情为主的浪漫主义特征"①,尤其是收入译本序引的诗句"青年男子谁个不善钟情,妙龄女子谁个不善怀春",更是造就了五四青年一代对《维特》的"浪漫"读法②,并且随着译本的不断重印和畅销而变得脍炙人口,拨动无数青年男女的心弦。究其原因,无外乎是这部译作正当其时,恰好投合了五四新文化运动思潮"革命加恋爱"的两大主题基调,即反抗封建专制、冲破礼教落网,争取个性解放、追求恋爱自由,而这跟当时国人对浪漫(或曰罗曼)主义的解读不谋而合。但值得注意的是,一方面,浪漫主义这一文学和艺术概念发祥于德国,之后扩展至英法等国,而后扩展成一场席卷整个欧洲的思潮和运动,但其中德国的"浪漫主义"与英法等国的颇有诸多不同之处,而当时的中国在对浪漫主义的传承和接受上毫无疑问是"弃德而就英法"③的;另一方面,尽管歌德及其代表作品《维特》在整个西欧的浪漫主义文学发展历史上有着承上启下之功,但其人其作严格说来并不能归入严格的浪漫主义范畴,只是五四时期的国人惯常将横亘狂飙突进运动和魏玛古典主义时期的歌德视作浪漫主义作家而已,其毋宁说是归属狂飙突进文学流派的《维特》也被解读为浪漫主义作品。

曾经重译《维特》的卫茂平曾专门撰文探讨郭译本标题的

---

① 卫茂平:《歌德〈维特〉民国时期汉译考——兼论其书名汉译同浪漫主义的关系》,《四川外语学院学报》2004年第2期,第84页。
② 同上书,第86页。
③ 昌切:《弃德而就英法——近百年前浪漫主义中国行》,《文艺争鸣》2018年第9期。

"名不副实",并且万般无奈地表示:尽管郭译书名中的"少年"和"烦恼"其实都不符合歌德原著的内容和精神,故而失之"信"这一最基本的翻译标准,但因为该译本太过深入人心,甚至在译本经典化过程中已经确立其"卖座"的地位,所以在译名上"改弦更张"绝非易事。尽管如此,作为该学者主持的国家社科基金重大项目的中期成果,卫茂平仍然推出了更符合歌德原作题旨的《维特》新译——《青年维特之痛苦》。值得注意的是,在郭译本横空出世之前,学人对《维特》的介绍也曾采用更符合原著题旨的译名。1902年上海作新社出版日本学者的《德意志文豪六大家列传》,该书专设一章《可特传》,谈及《乌陆特陆之不幸》,"青年"一词付诸阙如,但"不幸"的程度显然比"烦恼"更深。尔后《马君武诗稿》中的《阿明临海岸哭女诗》译序提到书名《威特之怨》,"青年"一词再次被省略,但出现了比"烦"更甚的"怨"。愈之(胡愈之)发表在1921年第18卷第7期《东方杂志》上的《近代德国文学概观》一文,述及《缶岱尔的痛苦》,同样用的是"痛苦"一词。赵光荣所译《近代文学》(《文学周报》1922年3月1日第30期)提及《幼年桓尔丹儿底悲哀》,"幼年"似乎比郭译"少年"更为偏离原旨,"悲哀"却比"烦恼"更能渲染苦痛之意境。郭译本推出之后,尽管大多数译者和论者奉其所译书名为"金科玉律",基本上照搬挪用,但自出机杼者也不乏其人。如郑振铎在《文学大纲——18世纪的德国文学》(《小说月报》1925年12月10日第16卷第12号)一文中就把书名译成《青年维特的烦恼》,改"少年"为"青年"。随后,张传普(张威廉)在《德国文学大纲》(中华书局1926年版)里的译名是《青年维特之痛苦》,该著最新汉译版①的译名与它别无二致。留学法国而偶尔客串德国文学的李金发著有《德国文学ABC》(世界书局1928年版)一书,其中将书名翻译为《青年维特之烦闷》,同样改"少年"为"青年"。

考察郭沫若对这部作品的翻译,我们感兴趣的是,缘何"少年"和"烦恼"比"青年"和"痛苦"更能撩拨五四时期一整代人的心弦,让他们获得巨大共鸣?正如卫茂平先生所言,"少年"两字的巨大魔力在于,其充盈着天真无邪、情窦初开等意象,比起"青年"更能拨动追求个性解放和恋爱自由的年轻一代的心弦,更具温情脉脉和浪漫至上的色彩。② 正因如此,具有"青春型"文化和审美品格的郭沫若,跟其他创造社成员一样膜拜青春,在前期阶段致力于"青春人格"的塑造,把自己接近而立之年译出的这部著作称为"青春颂";而且25年以后,郭沫若已进入知命之年,却"依然感觉着它的新鲜",并在《重印感言》中写道:"为使人们大家更年青些,我决心重印这部青春颂。"③《维特》一书的"青春迷惘"特质其实有着更为普遍的历史根源,歌德此书也是承前启后之作,上承启蒙运动发展得更为波澜壮阔的法国文学,比如卢梭的《新爱洛依丝》;下则可追踪至日后加入瑞士籍的德裔作家黑塞的《德米安》

---

① [德]歌德:《青年维特的痛苦》,卫茂平、胡一帆译,载卫茂平编:《歌德全集·第8卷·青年维特的痛苦、亲和力、小散文、叙事诗》,上海外语教育出版社2019年版。
② 卫茂平:《歌德〈维特〉民国时期汉译考——兼论其书名汉译同浪漫主义的关系》,《四川外语学院学报》2004年第2期,第87页。
③ 郭沫若:《重印感言》,载[德]歌德:《少年维特之烦恼》,郭沫若译,群益出版社1947年版,第1页。

《彼得·卡门青特》《纳尔齐斯与歌尔德蒙》等①,可见《维特》一书的"青春"意味其实有着更为深远的文学、文化和思想史意义。而就汉语译名而言,"少年"一词本身就蕴含着青涩曼妙、短暂易逝与弥足珍贵的无穷意境,历来为文人墨客吟咏叹惋。另外,只要稍微联想一下晚清以来思想、政治、文学和文化领域充盈弥漫到"浓得化不开"的"少年"情结,诸如梁启超的《少年中国说》、王光祈等人筹建的"少年中国学会"及其门户期刊《少年中国》月刊等,就不难理解"少年"一词在五四时期被赋予的特殊文化意象。有鉴如此,即便"青年"比"少年"更加符合语际层面上的实际情况,但后者包含的汉语文化意味是前者无论如何也无法替换的。② 郭译本之名的另一关注点,是"烦恼"与"痛苦"之争。一方面,如同"少年"在五四时期具有比"青年"更加丰富立体的汉语文化意蕴和内涵一样,"烦恼"一词也比"痛苦"更能投合五四青年一代面对社会的巨大变革、于不安之中求道寻路的意识;另一方面,"烦恼"自当更加贴近和契合"少年"的年龄、心理和身份特征。但与此同时,也应该注意到歌德原著题名 Leiden 用的是复数形式,这就折射出原著浓厚的宗教色彩和哲学思想。该词既表达了俗人的痛苦,又影射了基督耶稣的受难,在此歌德通过宗教话语表达和升华了人的情感,对人性进行讴歌和礼赞,因此可以认为《维特》是一部泛神论的受难史。③ 值得一提的是,在《维特》问世之前,受难仅限于

---

① 叶隽:《歌德〈少年维特之烦恼〉爱情悲剧后的青春迷惘与制度因素》,《同济大学学报(社会科学版)》2009 年第 4 期,第 28、29、30 页。
② 同上书,第 36 页。
③ 谷裕:《隐匿的神学——启蒙前后的德语文学》,华东师范大学出版社 2011 年版,第 145—153 页。

戏剧或史诗中对君王贵族或骑士英雄等高高在上之人的塑造和描写,而在歌德的笔下,受难这一宏大题材第一次登堂入室地进入现代市民书信体小说之中,①这不能不说是一个巨大的进步,具有神学、哲学、伦理学、思想史和文化史等多元意义。就此来看,郭沫若将歌德的这一作品单纯地解读为三角恋故事引发的"失恋之烦恼",恐怕流于肤浅化和表面化,所谓"只能望其庭泽,不能窥其堂奥"②。

(一)"纯粹语言":《少年维特之烦恼》译本的语言之维

以往的国内研究较少注意郭译《维特》的语言维度,可以说是一大遗憾。事实上,这部译作较好地体现了郭沫若的"文体自觉意识",其译本的语言之维同样值得关注;而在这方面,西方学者提供了较好的研究范例③。郭沫若的翻译发生在汉语正经历着剧烈变化和重塑的民国时期,因此可以看到郭的译文在整合自身的基础上,融入目标语言体系之中,译文非常规的话语模式取材于德语语言特色的源头,最后成为现代汉语不可或缺的组成部分。严格说来,出版后的文本既非德文的也不是中文的,而是在二者之间摇摆;在读者最终接受文本之后,某些特色即刻进入中文话语模式的语料库。④ 可以毫不夸张地说,郭译本在某种程度上为中文创造

---

① 卫茂平:《青年维特的痛苦——1774 年稿和 1787 年稿平行对照版本评注》,载卫茂平编:《歌德全集·第 8 卷·青年维特的痛苦、亲和力、小散文、叙事诗》,上海外语教育出版社 2019 年版,第 1047 页。
② 同上书,第 1047—1048 页。
③ 参见 Johannes Daniel Kaminsky, "Punctuation, Exclamation and Tears: The Sorrows of Young Werther in Japanese and Chinese Translation (1889 – 1922)", *Comparative Critical Studies*, vol.4, no.1 (2017), pp.29 – 48。
④ Ibid, p.30.

了一种类似于本雅明所云"纯粹语言"(pure language)的东西。①因为德汉语言差距如此之大,怎么强调也不过分,所以在翻译时亟须语言上的补偿,按照翻译理论家图里(Gideon Toury)的话来说:"需要填补空缺。"②

在探究郭沫若的翻译作品时,还应该顺带考虑这样一个事实:这个著译并举的"双栖"文学景观的代表人物在翻译的同时,也在现代中国文学史的创作上发出了最为强劲的声音。表达这类强有力声音的方式之一,就是运用感叹词加上惊叹号的双重顿呼,或曰"呼语法"(exclamation)。事实上,这样的双重感叹已经出现在比《维特》早一年出版的诗歌剧曲集《女神》中。在诸多诗歌中,他笔下多处省略、近乎癫狂的语言正好与诗歌分行的体裁优势相得益彰,以一种引人注目的方式背离了传统的汉语文言表达习惯。尤其是《晨安》一诗,38行的诗歌包含了足足88个感叹词,而后面无一例外加上了叹号以示双重强调。以下平行录入一段较有代表性的原文和译文,以分析郭沫若译文尽可能抛弃文言而向白话靠近的语言特征,及其惯用的感叹词外加惊叹号的双重顿呼。

Es ist wunderbar: Wie ich hierher kam und vom Hügel in das schöne Tal schaute, wie es mich rings umher anzog. – Dort das Wäldchen! – Ach könntest du dich in seine Schatten

---

① 参见 Johannes Daniel Kaminsky, "Punctuation, Exclamation and Tears: The Sorrows of Young Werther in Japanese and Chinese Translation (1889 – 1922)", *Comparative Critical Studies*, vol.4, no.1 (2017), p.30。
② Gideon Toury, Descriptive Translation Studies — and Beyond (Revised edition), Amsterdam: John Benjaming, 2012, p.21.

第一章 郭沫若与歌德

mischen! – Dort die Spitze des Berges! – Ach könntest du von da die weite Gegend überschauen! – Die in einander geketteten Hügel und vertraulichen Täler! – O könnte ich mich in ihnen verlieren! – Ich eilte hin, und kehrte zurück, und hatte nicht gefunden, was ich hoffte. O es ist mit der Ferne wie mit der Zukunft!①

我到此地,从小丘望入环媚着我的优美的溪壑,洵可惊叹!——那儿是林子!——啊!我能隐身其荫中呀!——那儿是山峰!——啊,我能从那儿眺望四方的景物呀!——这互相连锁的山丘和这可亲的山谷!——唉,我能置身其中呀!我忽忽走去,又回来,又没有找着我所希求的。唉,地之远方犹如时之未来!②

郭沫若的译文传承了从古典过渡到白话的风格特征,但他的语言实验显然逾越了白话文可以接受的程度。③ 比照原文和译文,可以发现一个有趣的现象:除了首句中的"洵可惊叹"没有像原文那样置于句首,而是放在句末以外,其余译文的句法结构几乎跟德文原文一模一样;尤其是几乎完全沿用了德语中表示意念停

---

① Johann Wolfgang von Goethe, *Die Leiden des jungen Werthers. Die Wahlverwandschaften. Epen/Novelle/Kleine Prosa* (= von Friedmar Apel et al. (Hrsg.) Johann Wolfgang von Goethe: *Sämtliche Werke. Briefe, Tagebücher und Gespräche*, Bd. 8, Berlin: Deutscher Klassiker Verlag), Shanghai: Shanghai Foreign Language Education Press, 2016, S. 56.
② [德] 歌德:《少年维特之烦恼》,郭沫若译,创造社出版部 1928 年版,第 34—35 页。下划线为作者所加。
③ Johannes Daniel Kaminsky, "Punctuation, Exclamation and Tears: The Sorrows of Young Werther in Japanese and Chinese Translation (1889 – 1922)", *Comparative Critical Studies*, vol.4, no.1 (2017), p.38.

顿的破折号(原文中有7个,汉语中保留了6个),而这在汉语行文中是比较少见的。一方面,译文使用双音节词来替代文言文中的单字,用"是""的"来替代古文中的"为""之"(除了末句用了两个"之"以外);另一方面,"啊""唉""呀"等语气词营造出在当时看来非同寻常的阅读和接受效果,尤其是语气词与感叹号的并置制造出双重感叹的强烈效果。考虑到当时国内读者对胡适1920年的标点本《水浒传》都持有犹疑和抗拒态度,郭沫若的标点使用——尤其是在译文中再多加一个感叹号,就有着为白话文的使用摇旗呐喊的特殊用意。郭的译文几乎看不出句法上的重组,甚至直接依循原文的语序。从梁俊青的翻译批评及其引发的扩大化翻译论战不难窥见,当时的读者对郭沫若译本的态度出现了明显的分野。梁俊青评价郭译:"累赘的话实在太多,不但不能引人阅读,而且使人看了头疼。"①在批评者看来,郭沫若在目标语言中的语言补偿是以牺牲流利连贯文风为代价的。但事实证明,郭沫若译作的多次再版嘲弄了批评者的敏感。

郭沫若的翻译与创作之间存在紧密联系,最明显的表现是两者之间的"互文性"。收录进《女神》中的《登临》一诗,可以看作是郭沫若对《维特》中6月21日书信的改写。② 从内容上看,都涉及作为个体的人对拟人化的自然的口头抒怀;从形式上看,感叹号一个接

---

① 梁俊青:《评郭沫若译的〈少年维特之烦恼〉》,《文学》1924年5月12日第121期。现今研究发现,梁批评郭译所列问题其实并无大碍,梁甚至偶有越纠越错的情况出现,参见郭金荣:《辨析郭沫若与梁俊青之间的翻译论战》,《东方翻译》2015年第5期。
② Johannes Daniel Kaminsky, "Punctuation, Exclamation and Tears: The Sorrows of Young Werther in Japanese and Chinese Translation (1889–1922)", Comparative Critical Studies, vol.4, no.1 (2017), p.39.

着一个,"顿呼"的修辞手法运用得淋漓尽致,全诗一共10节,每节至少有一个感叹号,譬如"脚上的黄泥!/你请还我些儿自由/让我登上山去!""唉,泥上的脚印!你好像是我灵魂儿的象征!"[①]等。尽管感叹号之前缺少感叹词,但观察者的主观视域被引向风景,于是风景又一次发挥了满载泛神论狂喜的布景作用。郭沫若与《维特》的相遇包含着诗学上的自我认同,他是以诗人的身份来接近这部作品,并认同自己的创作风格跟歌德的相仿。在这种特殊的情形中,作为译者的郭沫若的任务就暗示他要将原文中的语言范式助推到目标语言中,以打破语言上的桎梏和束缚。因为汉语中确实在某种程度上缺乏具有恣意汪洋的表现力的表达手段,因此转向充盈着表达炽热情感的语句的《维特》,也是有所裨益的。但应该注意的是,1920年前郭沫若从未提到过关注《维特》,如果他没有在此前出版那部充满着高昂激越音调的诗集《女神》,他可能也不会注意到《维特》这部洋溢着熔岩般的热烈情愫的域外小说。[②] 因为三角恋爱的悲剧故事在中国自古以来就喜闻乐见,因此汉译《维特》的特殊语言挑战就常被忽略。值得注意的是,郭沫若有意识地背弃汉语语言体系的要求,却意外地收获了读者大众近乎狂热的好评。

(二)"西为中用"的体裁:散文诗情调充盈的书信体小说

就具有留学背景的近现代作家而言,一个值得探究的重要问

---

① 郭沫若:《郭沫若合集·文学编·第一卷》,人民文学出版社1982年版,第88页。
② Johannes Daniel Kaminsky, "Punctuation, Exclamation and Tears: The Sorrows of Young Werther in Japanese and Chinese Translation (1889-1922)", *Comparative Critical Studies*, vol.4, no.1 (2017), p.40.

题就是其留学经历、对外语的掌握以及对外国文学的涉猎对其创作产生了哪些可能性影响。留日的郁达夫创作的"自叙传"抒情小说以及其中的情爱描写有借鉴日本私小说的痕迹,以戴望舒、李金发、艾青等为中心的留法作家接受并模仿法国现代诗派代表人物波德莱尔、魏尔伦、兰波等,留学日本却对德语文学情有独钟的郭沫若的诗剧创作则可窥见《浮士德》的踪影,这些实例都体现出留学背景对作家群体的创作会产生有形或无形的影响,并为其创作打上或深或浅的烙印。有过留德经历和德语文学翻译实践的创造社作家段可情,其创作经历也深受欧洲文学体裁书信体小说的影响。[1] 所谓书信体小说,指的是信件在叙述中起关键作用的小说,且信件和叙述颇具有机联系,信件所起的作用是其他技法难以替代的。[2]

就德国文学而言,书信体小说这一体裁在《维特》时期抵达巅峰,但此前也有 1771 年的拉罗赫(Sophie von La Roche)的《施特恩海姆小姐的故事》(*Die Geschichte von Sternheim*),歌德承认其对自己的影响。[3] 这一时期的德国正处于启蒙时期,人的主体性逐渐凸显和表露出来,人们开始追求自身的身份表征以及个体的情感和共鸣。与此同时,人们也有了一种告知他人、向人倾诉的强烈愿望,由此就产生了一系列用来告白的文学形式,比如日记、自传、信件和书信体小说等。这些体裁的初衷是要表达内心深处的

---

[1] 何俊:《创造社作家段可情与德语文学翻译》,《郭沫若学刊》2015 年第 4 期,第 62—63 页。
[2] Robert Adams Day, *Told in Letters: Epistolary Fiction before Richardson.* Ann Arbor: University of Michigan Press, 1966, p.158.
[3] 张威廉编:《德语文学词典》,上海辞书出版社 1991 年版,第 790 页。

热烈情感,引发读者共鸣,甚至让读者潸然泪下。此后德国浪漫派作家也创作了一些书信体小说,比如蒂克(Ludwig Tick)的《威廉·洛威尔》(William Lovell)、布伦塔罗(Clemens Brentano)的两卷本小说《郭特维或母亲的石像——一部野性的小说》(Godwi oder Das steinerne Bild der Mutter - Ein verwilderter Roman)中的第一卷也是用书信体小说写成。至19世纪,书信体小说在德国虽已式微,但直至20世纪仍可见其不绝如缕之态,故而从这一文学体裁可以窥见德语文学史暗藏的一条主线[①]。

1922年,郭沫若《维特》译本问世,西方书信体小说进入中国,其后掀起20世纪20年代的"维特热",并催生了中国本土作家西洋式书信体小说的创作热情。书信体小说在国内呈现的热潮既与中国传统尺牍文学有着一脉相承的深刻渊源,更与五四时代的社会因素密切相关,而歌德《维特》的翻译引进则对其起到了催化剂的作用。[②]当时的"维特热"丝毫不亚于"娜拉热",这也反映在文体上:《维特》运用的书信体,在当时已然呈蓬勃之势,这大概是德国文学对中国现代文学最为"成功"的一次影响。五四时期的新文学作家大多通晓外语、崇尚西方文学,很多人也都具备留学经历,这些都对他们的文学创作产生了不可低估的影响。他们不光欣赏外国小说展示的异域风情和新奇情节,也从中模仿习得新的创作方法与技巧,这就直接促进了中国现代小说的变化和革新。几百年来的旧小说章

---

① 叶隽:《在理论维度与历史语境之间——读〈现代市民史诗——十九世纪德语小说研究〉》,《中国图书评论》2009年第10期,第79页。
② 韩蕊:《现代书信体小说创作繁盛成因初探》,《辽宁大学学报》2008年第5期,第52页。

回体与呆板的固定形式被最终打破,书信体小说在这样的文学时代背景下进入中国文坛,无疑如鱼得水,很快扩展壮大起来。另外,五四时期的中国与18世纪的西方社会所处时代背景颇为相似,对人的启蒙成为时代赋予文学的首要任务,揭露和批判社会现状、塑造个体人格、追求个性自由、建构主体性话语则是中外文学作品母题中的共通应有之义。郭沫若在《维特》译本的序引中谈及翻译动机:"我译此书,与歌德思想有种种共鸣之点。此书主人公维特之性格,便是'狂飙突进时代'(Sturm und Drang)少年歌德自身之性格,维特之思想,便是少年歌德自身之思想。歌德是个伟大的主观诗人,他所有的著作,多是他自身的经验和实感的集成。"[①]相似的社会、文化和心理背景,使书信体小说这种独特的文体一经引入就蓬勃生长,在20世纪二三十年代的中国现代文坛结出累累硕果。

据研究统计,民国时期受到书信体小说影响而在国内出版的同题材作品计达到191篇(部)[②],除了郭沫若本人的创作,还有一大批作家也纷纷小试牛刀,尝试着驾驭这一舶来文学体裁。尤其是1926—1932年共出版书信体小说139篇(部),占整个民国时期这类作品总出版量的73%,是现代书信体小说的创作繁盛期。[③]在郭译本问世催生"维特热"之后,我国便涌现出了一大批西洋式书信体小说[④],郭沫若本人在1926年写成了类似体裁的《落叶》

[①] 郭沫若:《郭沫若全集·文学编·第十五卷》,人民文学出版社1990年版,第310页。
[②] 韩蕊:《现代书信体小说出版书目钩沉》,《华夏文化论坛》2010年版第100期,第187页。
[③] 同上。
[④] 代表性作品参见杨武能、莫光华:《歌德与中国》,四川人民出版社2017年版,第229页。

《喀尔美萝姑娘》和《叶罗提之墓》。值得一提的是郭沫若的《喀尔美萝姑娘》,"喀尔美萝"即日语中カラメル(焦糖)的拟音汉译,而这个日语词也是来自英语外来语 caramel(德语 Karamell)。这个普通的食品单词在郭沫若的笔下蜕变为颇具旖旎柔美情调的"喀尔美萝",似乎也可窥见他在译名上深受《维特》这一哀婉凄美故事的影响。后文要论述的、改编过《维特》剧本的曹雪松①,另外还创作有书信体小说《诗人的情书》。尤其值得一提的是黄庐隐的《或人的悲哀》,从名称到体裁、从内容到情调都无异于中国的《维特》,其英译名 The Sorrows of a Certain Youth,意即"某个青年的烦恼",这与《维特》及其英译名 The Sorrows of Young Werther 何其相像。② 这股书信体小说热潮也直接影响了同为创造社作家及德语文学翻译家段可情的创作。他当年在文学社团创造社任编委时就在本社刊物上发表了不少作品,其中有一部分即是书信或书信体小说:《创造月刊》1926 年第 1 卷第 4 期发表他与郭沫若的通信,《洪水》半月刊 1927 年第 3 卷第 27 期刊则有他与郁达夫的通信;《创造月刊》1927 年第 1 卷第 8 期刊登《一封退回的信》,1928 年第 2 卷第 2 期《一封英兵遗落的信》,皆为书信体小说。段可情 20 世纪 20 年代的创作对这类文学体裁情有独钟,跟当时郭若沫翻译的歌德同体裁作品《维特》的巨大影响不无关系。

郭沫若在译本序引中写道:"近世意大利哲学家克罗采氏

---

① 原名曹锡松(1904—1985),作家,在电影、音乐等方面也有较高造诣,曾与丁嘉树、张资平等组织文学团体絜茜社,并参加过电影和戏剧演出,参见徐乃翔编:《中国现代文学词典·第 1 卷·小说卷》,广西人民出版社 1989 年版,第 210 页。
② 参见杨武能、莫光华:《歌德与中国》,四川人民出版社 2017 年版,第 233 页。

(Benedetto Croce)批评歌德此书,以为是首'朴素的诗'(naive Dichtung)。我对于歌德此书,也有这个同样的观念。此书几乎全是一些抒情的书简所集成,叙事的分子极少,所以我们与其说是小说,宁说是诗,宁说是一部散文诗集。"①无独有偶的是,我国学者也深受郭沫若译本的感染,认为其中充盈着主观诗人的自我表现和主情主义的情欲体观,是一首具有强烈时代精神的形式独特的散文诗②。

(三) 郭译《少年维特之烦恼》的巨大阅读效应

郭译《维特》对中国现代文学的发展产生了巨大影响,可以说无论怎么强调也不过分,其中就包括对译者自身创作的影响。郭沫若在译者序言中就特别谈及了歌德"出自真实之手的诗的面纱"这一创作原则,歌德原本指的是诗作上的原则,但在小说上也同样适用,它为中国现代文学发展提供了以自我为原型进行创作的参考借鉴。无怪乎柳无忌会说:"维特的故事,大半都是歌德自己的故事;少年维特的烦恼,也就是少年歌德的烦恼。"③此外,歌德原著缠绵悱恻、感伤哀怨的美学特征也影响了一大批早期作家,而郭沫若本人应推为首席代表,特别是他的《落叶》《喀尔美萝姑娘》《叶罗提之墓》都与之有着惊人的相似之处。

经过郭沫若感情充溢、妙笔生花的翻译,歌德的这部作品恰到好处地投合了五四时期"革命(抗争)加恋爱"这样一种一体二元

---

① 郭沫若:《郭沫若全集·文学编·第十五卷》,人民文学出版社1990年版,第309页。
② 傅正乾:《郭沫若与中外作家比较论》,陕西师范大学出版社1990年版,第178、184、194页。
③ 柳无忌:《西洋文学的研究》,大东书局1946年版,第200页。

模式的文学潮流,极大地影响了当时青年一代的心理状况和婚恋观。1937年,蔡元培先后写了《二十五年来中国之美育》和《三十五年中国之新文化》,两文在提及文学翻译时都首列此书,并认为这部小说"影响于青年的心理颇大"[①]。冯至在回忆其创作的"外来养分"时认为:"18世纪的维特热和19世纪的世纪末,相隔120年,性质很不相同,可是比亚莱兹的画[②]和《少年维特之烦恼》在中国20年代都曾一度流行,好像有一种血缘关系。"[③]巧合的是,当今学者邹振环也认为维特这个形象具有"世纪末情结",并给他贴上"世纪病患者"[④]的标签。著名捷克汉学家、布拉格汉学学派的创立者普实克(Jaroslav Průšek,1906—1980)也称当时《维特》被青年一代奉为"圣经",这也无疑体现了当时充盈着主观主义和个人主义的典型时代精神。[⑤] 作品中维特的自杀在很大程度上被视为一定程度上的积极抗争,因此这部小说也被看作进步文学的代表作品。左联著名作家彭柏山称自己是读了郭译本后,才对文学发生强烈的兴趣,进而有了对进步文学的热切追求。[⑥] 柳无忌甚至直接将这部小说置于新中国成立这一改天换地的宏达背景中揆诸,认为"那篇小说(即《维特》)宣泄出来了我们所不能宣泄的思

[①] 蔡元培:《蔡元培全集·第六卷》,中华书局1988年版,第62、90页。
[②] 指的是英国画家毕亚兹莱(Aubrey Vincent Beardsley,1872—1898)的作品,冯至的著名抒情短诗《蛇》就是根据毕亚兹莱的这幅画构思的。
[③] 冯至著,张恬编:《冯至全集·第五卷:文坛边缘随笔》,河北教育出版社1999年版,第197页。
[④] 邹振环:《影响中国近代社会的一百种译作》,中国对外翻译出版公司1996年版,第306页。
[⑤] [捷克]普实克:《抒情与史诗——现代中国文学论集》,上海三联书店2010年版,第3页。
[⑥] 邹振环:《影响中国近代社会的一百种译作》,中国对外翻译出版公司1996年版,第309页。

想和感觉,它象征着我们的快乐与痛苦,它应和着我们心弦的哀吟。少年歌德给了新中国一个礼物,昭示和指导着我们的新时代"。[1]

另一个著名的化用郭译《维特》的实例,是学界已经多方提及的茅盾小说《子夜》。根据斯洛伐克汉学家高利克的研究,比之左拉的《金钱》和托尔斯泰的《战争与和平》,《维特》对《子夜》并未产生"系统结构实体"方面的深刻内在影响[2]。尽管如此,茅盾仍然部分吸纳和借鉴了《维特》一书中流溢出来的感伤主义,并创造出一个隐藏于感伤主义装束之下、沉浸于梦幻中的人物吴少奶奶,以及另一个中国"维特"——雷参谋。已经有学者指出,该小说中有三个地方提及了《维特》[3],进而制造出一种文本间性和互文性。事实上,《维特》像一根红线一样贯穿《子夜》全书。这本汉译歌德名著本是雷鸣和林佩瑶的初恋信物,见证了他们之间的爱情;在林嫁作他人妇成为吴府少奶奶后,雷鸣一直把它珍藏在身边,即使上前线也始终随身携带,这让人联想起拿破仑在出征时也对歌德的这部小说像护身符一样不离不弃;而这本破旧的《维特》被雷参谋当作礼物送给吴少奶奶之后,又成为她感情上的"圣经",让她日夜耽读。在郭沫若的序引中,他强调居于万物之上的是人的浪漫情感的需要,这在歌德看来是"一切的源泉,一切力量、福祉同时也是灾难的源泉"。除了丰富和增添小说《子夜》在审美意趣上的忧郁感伤之美,对《维特》的妙用还具有"元文学"的功效。林佩瑶从

---

[1] 柳无忌:《西洋文学的研究》,大东书局1946年版,第204页。
[2] [斯洛伐克]高利克:《中西文学关系的里程碑(1898—1979)》,伍晓明、张文定等译,北京大学出版社2008年版,第92页。
[3] 杨武能、莫光华:《歌德与中国》,四川人民出版社2017年版,第235—241页。

反复阅读的郭沫若译作中体会到的,正是她妹妹林佩珊抱怨的"结婚的是这一个,心里想的又是别一个",但因为《维特》如盐溶水般地被化用到整部小说《子夜》之中,就在很大程度上精简了《子夜》描写吴荪甫夫妇与雷鸣之间三角关系的笔墨①。正因为《维特》在当时的中国已是如此耳熟能详,所以《子夜》无须对这种求之不得的畸恋再作渲染;相反,这部反复出现的作品本身就无声胜有声地暗示了三人之间的微妙关系。

自从郭沫若的《维特》译本问世以后,不少作家都会借用维特这一人物形象,甚至将自己笔下的人物形象径直冠以"维特"之名。谢冰莹称自己把郭沫若的译本读过五次,其自传小说《一个女兵的自传》叙述了自己战争期间在陆军医疗队中服役的人生经历,她情人的名字就叫"维特"。② 维特这个人物及其悲戚哀婉的人生经历甚至固化成一种文学情结和符码,以至于出现了"维特主义"这一提法。林语堂1938—1939年用英文创作的《京华烟云》里的女主人公姚木兰耽读《维特》,而在莱比锡大学获得语音学博士学位的林语堂本人也在自传中提及阅读歌德那本著作深受感动的个人体验③。冯至在1926年的短篇小说《H先生》中也提及跟《维特》相关的细节:德国老人H先生在北京教授德语,问学生愿意拿什么用作课本,"我"顺口答道:"*Werthers Leiden*(《少年维特之烦

---

① 杨武能、莫光华:《歌德与中国》,四川人民出版社2017年版,第239页。
② 参见冯晓春:《〈少年维特之烦恼〉在现代中国的另一种接受维度——以谢冰莹的创作和交游为中心》,载张帆编:《德语经典文学在中国》,商务印书馆2019年版,第512—524页。
③ 林语堂:《林语堂自传》,群言出版社2010年版,第229页。

恼》)？"①有学者在总结20世纪中国在外来文学催生之下而生成的忧郁文学谱系时，把维特式创作症候与契诃夫式、川端康成式相提并论，列为文学忧郁美的一个类别，并认为维特式更多体现为一种艺术气质和创作风格，其创作形态体现为感伤和哀怨。② 这一维特主义式文化符码甚至在今日的华语文学中仍留存余响，比如台湾地区诗人谢丰丞在1989年推出诗集《少年维特的身后》，其中的同名诗就是献给歌德笔下的主人公的。

维特式的爱恋还在田汉创作于1929年的独幕剧《湖上的悲剧》里体现得淋漓尽致。除了三角恋悲剧主题相同和创作形式上的相似性，也可看出田汉的戏剧在文学上得益于郭译歌德小说《维特》的灵感。一方面，就像《维特》部分建立在歌德的实际生活体验基础之上一样，田汉也宣称他这部戏剧的人物在现实生活中有着"生活原型"；另一方面，正如《维特》是后来友人威廉出版的男主人公与恋人之间鸿雁传书的结集，田汉的创作也是男主人公杨梦梅与其恋人白薇之间爱情的表现形式。③ 此外，跟《维特》强烈的自叙传色彩一样，《湖上的悲剧》也有着田汉自己生活的介入，"不过是反映我当时世界底一首抒情诗""涂了浓厚的我自己的色彩"④。

如前所述，《维特》在当时的中国也不免被片面贴上爱情或婚

---

① 君培：《H先生》，《沈钟》1926年第9期，第568—569页。
② 杨经建：《美丽总是愁人的——论20世纪中国文学的忧郁气质》，《暨南学报（哲学社会科学版）》2010年第1期，第32页。
③ Terry Siu-Han Yip, "Goethe's Impact on Modern Chinese Drama", *Asian and African Studies*, vol.6, no.2 (1997), p.37.
④ 田汉：《田汉全集·第16卷》，花山文艺出版社2000年版，第299页。

恋小说的标签,其中更为深刻的时代和社会批判因素而被遮蔽和消解。尽管一时间大红大紫、炙手可热,但这部作品在推动社会文化内涵的变革上没有留下任何踪影,这就造成了西方文学形象的"单向度传播"①。很长一段时间以来,不少人都把它与另一部同样描写婚恋悲剧、感情基调凄美怅惘的德国小说《茵梦湖》相提并论。也许并非巧合的是,这两部作品都由郭沫若翻译(或改译)完成,都在五四时期风靡一时。对此,木心回忆道:"五四的新文艺青年,最爱读《少年维特之烦恼》,最风魔的却是《茵梦湖》,能代表五四时期年轻人的心态和取向。"②著名书话家唐弢也把郭沫若翻译的这两部作品相提并论,认为"《茵梦湖》有誉于世,我早年读此,倍受感动,印象之深,不下于《少年维特之烦恼》"③,虽然是谈及《茵梦湖》的阅读体验与感受之深切,但也从侧面印证了《维特》的深入人心。《维特》一方面因其哀婉动人拨动了整整一代人的心弦,另一方面又因被片面误读为"爱情小说"而失之深刻性,可谓"成也萧何、败也萧何"。也许正是出于这一原因,身兼作家与文学研究者身份的何其芳对这部小说生发出一种看似分裂的态度。一方面,何其芳在自己的诗歌《独语》里化用了维特与绿蒂之间终将诀别的爱情意象,"决绝的离开了绿蒂的维特,独步在阳光与垂柳的堤岸上,如在梦里"④;另一方面,何其芳又声称不喜欢、更不佩服歌德的那部作品,并把它归咎为郭沫若翻译的失败。在1943

---

① 张勇:《郭沫若所译"维特"形象在中国的传播与接受》,《中国翻译》2019年第3期,第76—77页。
② 木心:《文学回忆录(下)》,广西师范大学出版社2013年版,第622页。
③ 唐弢:《晦庵书话》,生活·读书·新知三联书店2007年版,第351页。
④ 何其芳:《独语》,《每周文艺》1934年第14期,第57页。

年1月由学习生活社发行的合集《文艺阅读与写作》中,就有何其芳的这篇后被删去的《怎样研究文学》,其中写道:"《少年维特之烦恼》也不能获得我这样一个读者的倾心,直到现在一个德国的大诗人歌德和我还是无缘,我最近才下决心读完了他的《浮士德》上部。也许部分地,由于中译者太损伤了原作的文体罢,它不能使我喜欢,也不能使我佩服。"①正因为当时国内对《维特》整部作品的误读误释,维特这一原本充满社会批判性和命运抗争性的人物形象,在很大程度上被简单化和矮化成一个为爱痴狂、自绝于世的孱弱青年,只会为爱情悲剧悲叹呻吟,吟咏田园牧歌式的咏叹调,而不知道拿起武器奋起抗争。这在任钧译的海涅诗歌《倾向》里体现得淋漓尽致:

> 别要跟那只是为着绿蒂而狂热的
> 维特一样地呻吟了——
> 把钟声响亮地宣告的事情,
> 快些送进民众的耳朵里去吧,
> 你得用匕首说话,你得用长剑说话!
> 抛去柔和的笛子!
> 抛去牧歌风味的气氛
> 你该是祖国的喇叭,
> ……②

---

① 何其芳:《怎样研究文学》,载欧阳山等:《文艺阅读与写作》,学习生活社1943年版,第19页。
② 任钧:《新诗话》,两间书屋1948年版,第136—137页。

事实上,也有汉学家评论郭沫若完全忽略了维特身上的负面因素:"心情不光呈现为幸福的源泉,而且被维特像一个病孩那样呵护着;自然不光是神的显现,还被描述成反刍的怪物;幼儿尽管被称颂,同时又被喻为只听命于饼干和鞭子的小市民。而歌德决没有把维特的自杀视作自我实现和最高道德的表现。"①正因如此,随着岁月的流逝、阅历的增长和心态的变化,同为创造社成员,而且是《维特》装帧设计者的叶灵凤,在不同年龄阶段阅读《维特》就会有迥异的体验和感受:在20岁左右的年纪初读《维特》时也会为主人公的命运流泪,觉得如果自己置身维特的处境也会毫不犹豫地走上自杀的末路;但在时隔20年后再读,就有了新的认识和体会,认为"面对着世纪的苦闷,自杀是不能解决的,这也许就是今日的少年维特最大的烦恼"②。叶灵凤《少年维特之重读》这篇文章起初发表于《华侨日报》1944年1月30日,彼时抗日救亡运动风起云涌,"今日的维特们"都已舍弃儿女情长的小我,投身保家卫国的洪流之中,这都折射在郭沫若、田汉以及上文提及的编剧者曹雪松的人生轨迹之上。叶灵凤也赞同《德国文学史》作者罗伯特逊(Robertson)③颇有见地的说法:如果《维特》真的只是一部大众眼中的伤感恋爱小说,则绝不能让拿破仑那样的一代雄主读了再读,甚至读了七遍。④

---

① Adrian Hsia, „Zum Verständnis eines chinesischen Werther-Dramas", Günther Debon/Adrian Hsia (Hrsg.) *Goethe und China - China und Goethe*, Frankfurt a. M. et al.: Lang, 1985, S. 187.
② 叶灵凤著,姜德明、小思编:《叶灵凤书话》,北京出版社1998年版,第161页。
③ John G. Robertson, *A History of German Literature*, Edinburgh/London: William Blackwood and Sons, 1902, p.315.
④ 叶灵凤著,姜德明、小思编:《叶灵凤书话》,北京出版社1998年版,第160页。

（四）郭译《少年维特之烦恼》的形变：《少年维特之烦恼剧本》

郭译《维特》在中国现代文学史上还发生过体裁上的形变，从书信体小说摇身变成戏剧。这一体裁置换本是原作者歌德的初衷，无奈生前出于种种原因未曾实现；结果在时空远隔的民国，这一愿望被一位深受"维特主义"感染的青年——当时上海大学的进步学生曹雪松达成。改编后的剧本早在20世纪八九十年代已经引起了国内外学者的注意[1]，但囿于当时网络尚不发达等研究条件，对改编者曹雪松及其作为"维特主义者"与郭译《维特》之间复杂纠葛的发掘还不够深入。根据现有材料可以了解曹雪松的生卒年份（1904—1985），而这位在剧本中自称羸弱多病、因颇有女性倾向而被友人戏称为"病西施"的作者，曾几次生发抱着《维特》剧本跳入吴淞江的念头[2]，但终能克服"维特主义"厌世自绝的消极影响，得以寿终正寝。郭沫若可称得上是当时中国"维特主义"潮流的教父，这尤其体现在《维特》剧本同在发行过郭译《维特》的出版社——泰东书局付梓[3]，而且剧本后面还为郭译本打了广告。另外，编剧者在剧本里还大段引用了郭沫若翻译的维特对绿蒂吟诵的莪相诗歌。在剧本自序里，曹雪松毫不掩饰对郭译本的由衷赞叹："对话是很紧凑的，而词句的底蕴美妙，更非常人所能及……与其画

---

[1] 参见：Adrian Hsia, „Zum Verständnis eines chinesischen Werther-Dramas", Günther Debon/Adrian Hsia (Hrsg.) *Goethe und China – China und Goethe*, Frankfurt a. M. et al.: Lang, 1985, S. 186。
[2] 曹雪松：《少年维特之烦恼剧本》，泰东书局1928年版，《第一页》第7页。
[3] Adrian Hsia, „Zum Verständnis eines chinesischen Werther-Dramas", Günther Debon/Adrian Hsia (Hrsg.) *Goethe und China – China und Goethe*, Frankfurt a. M. et al.: Lang, 1985, S. 186.

蛇添足,恣意臆造,还不如直直爽爽地借用原著中的对话和词句。"①

仅从"副文本"的角度来看,剧本就有诸多值得一提之处。封面由著名美学家丰子恺题词,正文前附有歌德像、编者像和绿蒂像,其后附有三幅插图。除了编者献词、自序和赵景深所作序言,编者还花费10页的篇幅来交代编剧缘由,此外还附有郭沫若翻译的那首著名的"青年男子谁个不善钟情,妙龄女人谁个不善怀春"诗歌作为牟言,并附有作为通告的版权说明。在这一说明中,编剧者提醒读者注意职业剧社在排演之前必须订立契约,爱美的剧团(即业余剧团)不受此限制,但事先也必须来函告知并商议排演条件。在此,编剧者早在那个年代已经觉醒的版权意识可见一斑;与此同时,也可窥见当时中国话剧舞台上业余戏剧运动的蓬勃发展,正因为这一戏剧运动的主体也是学生,所以得到了同为学生身份的编剧者的支持。就作序者而论,只需稍微考虑一下当时丰子恺作为书画家和美学家的地位,以及赵景深作为戏剧学校教师和开明书店编辑的资深经历,就不难想象当时的学术文化圈对这部《维特》剧本的青眼有加。

在自序中,编剧者交代了改编剧本的缘起:原来他本人也跟维特一样陷入了三角恋的纠葛,而且在编剧时正在经历第二次,这样的感同身受让他与郭沫若译笔下的维特惺惺相惜。但当时编剧者的恋人尚未跟他完全分手,甚至还在编剧工作上从旁襄助,两人还为戏剧的结局争论不休:曹雪松主张让维特自杀,而曹的恋人

---

① 曹雪松:《少年维特之烦恼剧本》,泰东书局1928年版,《维特序》第4页。

认为应该让绿蒂做出牺牲,即同时放弃两个男子。① 两人共同编剧的时间没有持续多久,曹雪松的恋人随即返乡,他泪雨滂沱地送她至火车站,回来后还继续进行自己的编剧。曹雪松还提及了改编时遇到的两大困难:一是原著为诗化的书信体散文,行为表现较少,情节性不强,不利于舞台呈现;②二是地点变换太多,尽管近代以来的戏剧已经打破了"三一律",但近代戏剧最多只能有5幕剧,而原作中出现了10个以上的地点,为此编剧者以5个地点来概括。③ 另一个问题在于戏剧语言方面,除了少数地方直接引用郭沫若情感充沛、诗意隽永的译文,大部分台词都进行了较大程度的去诗意化加工,以保证接受者的顺畅理解。在剧本正文之后,曹雪松又附录了一个尾声(《最后的一页》),讲述了他跟恋人的后续情况。无独有偶的是,此处也牵涉一个三角恋的故事,他虽然将女友送到了火车站,但她并未踏上归家的路程,而是奔赴到了她另一男友的住处,后来曹雪松听说两人一起出国了,于是准备在报纸上登载一则广告,让两人跟他联系;但在广告刊出之前,奇迹出现了,突然有一天女友出现在他面前,声称她回家之后就染上沉疴,所以长久杳无音讯,而此番前来专为探望他,在分别之时还许诺翌日再来,但事实上她从此再未出现,后来他到旅店探听得知此宵正是她的另一男友陪她前来,这令他心碎不已。④

剧本分为四幕,每一幕仅有一个地点和相关舞台布景说明。第一

---

① 曹雪松:《少年维特之烦恼剧本》,泰东书局1928年版,《第一页》第5页。
② 同上书,《维特序》第2页。
③ 同上书,《维特序》第2—3页。
④ 同上书,《最后的一页》第2—6页。

幕依据的是原著中 9 月 10 日维特致威廉的那封信,以一个初秋的夜晚开始,此时维特与阿尔伯特和绿蒂告别。春天发生的故事已成过去,对某些读者来说,小说中最好的部分被删去,这不能不说是一个缺憾,对此编剧者用了充满新浪漫主义情调的舞台布景作为补偿①:

> 一个优美的园地,中有一草坪,几株栗树排列成行。草坪的四周,围着高高的榉树,像是一座古城的城墙,榉树后,更有严密的幽林层层叠叠地生长着。要是从栗树之间望出去,可以看到远山隐隐,像横卧在女郎面上的一湾眉黛,近水汩汩,幽流之声韵,仿佛夏夜里雨打芭蕉一样。
>
> 幕开时,一青年农夫徘徊在冷森之草坪上,时正黄昏,月亮未昇,唯有零乱之星宿散布天空。全场光线黯淡,衬托出此时之青年农夫异常幽凄;一仰视,一俯首,均足感到孤冷不堪。②

以上舞台布景描述近乎完全中国化,难觅西方文化踪影,从中不难窥见,甫一开始,剧本的字里行间即流露出古雅典丽的情愫,与郭沫若对歌德原著旖旎绮丽的翻译范式和风格形成呼应。为了更好地弥补剧中对先前故事的舍弃,编剧者还在第一幕开头穿插了一首致绿蒂的骊歌,由维特幽幽唱出。此外,编剧者还加入了原著中到后来才出现的人物和场景——青年农夫跟维特互相倾诉自

---

① Adrian Hsia, „Zum Verständnis eines chinesischen Werther-Dramas", Günther Debon/Adrian Hsia (Hrsg.) *Goethe und China – China und Goethe*, Frankfurt a. M. et al.: Lang, 1985, S. 189.
② 曹雪松:《少年维特之烦恼剧本》,泰东书局 1928 年版,《维特》第 1 页。

己的感情遭遇：这位农夫也饱受着三角恋的折磨，可以说也是一位"维特"，在此也可窥见《维特》一书对曹雪松的影响之深。绿蒂出场后，三人进行了一番交谈，随后话题转移到绿蒂无私而慈爱、不久于人世的母亲身上。值得注意的是，乐意奉献牺牲的母爱也是当时正起步的中国现代文学作品中喜闻乐见的主题之一，在此不难联想到冰心赞颂母爱的小诗。无论是这种了无希望的爱情，还是垂垂将死的母亲，都是编剧者有意选取的场景，以期将观众或读者引入哀矜凄惶的氛围之中。

戏剧第二幕展现的是孩子们在一起嬉戏玩乐的温馨画面。除了慈母形象，天真烂漫的儿童也是当时常见的书写对象，这再一次让人联想起当时以写母亲和儿童而声名鹊起的女作家冰心[①]。因此，慈母稚子的场景在剧中得到了不同于原著中的、浓墨重彩的点染和烘托[②]。在这一幕中，还加入了原作中没有的两个细节：一是男孩们玩着维特送给他们的皮球，于是大家的话题一下子集中到他身上；二是阿尔伯特建议绿蒂离开维特，因为有关绿蒂和维特之间的谈论越来越多，这也带给阿尔伯特巨大压力。在阿尔伯特走后，绿蒂回想起她和维特在舞会上初见的场景，在此编剧者创造性地借用了中国古典戏曲的回旋技巧，用幕布把舞台一分为二：这厢绿蒂沉湎于与维特在舞会上初见的温馨浪漫的回忆之中；而那厢则有一条帷幕徐徐放下，舞台灯光聚焦于上，让演员们尽情展演

[①] Adrian Hsia, „Zum Verständnis eines chinesischen Werther-Dramas", Günther Debon/Adrian Hsia (Hrsg.) *Goethe und China – China und Goethe*, Frankfurt a. M. et al.: Lang, 1985, S. 190.
[②] Ibid.

绿蒂当时内心深处的心理活动。有关这一中国传统文化技术手段的功效,有学者如是评价:

>   用这一方式,曹雪松有效地用具体形象和画面展现了绿蒂的过往经历,颇为巧妙地规避了自我反思式的冗长独白。在不干扰观众感受现时情况的前提下,编剧者及时穿越回来,对接剧中人物这次有着重要意义的会面。比之当时风行于西方的"意识流"技巧,这种在舞台上同时展现过去与当下的技术手段颇为引人注目,因为它省却了场景变换的麻烦,实现了场景之间的及时衔接。这一技术的运用彰显了编剧者的独创性,以及他向改编的戏剧注入生命力的纯熟考虑。从这个意义上说,他超越了纯粹的"改编者"或"翻译者"角色,而是把一部西洋小说创造性地改创成了一部中国戏剧。①

在最后一幕中,维特在绿蒂的肖像面前哀叹哭泣,在用手枪自杀之前,还给绿蒂和阿尔伯特各写了一封诀别信;枪响后,维特血流如注,佣人叫来了医生,但维特已经没有了生还希望。维特自杀的一幕,也经过了诸多充满变异性的改动。编剧者肯定是意识到了诵读维特的遗书肯定会让观众觉得乏味,于是把维特给阿尔伯特和绿蒂父亲分别书写信件和便条的场景改成了在人物之间直接传达,而维特给绿蒂的信则被极大地压缩。原著中维特还给农夫威廉写了便条,委托他在自己死后将书信集付梓,剧本中则改为维

---

① Terry Siu-Han Yip, "Goethe's Impact on Modern Chinese Drama", *Modern Chinese Literature*, vol.2, no.1 (1986), p.35.

特临终前对威廉说出托付他照顾好自己母亲的遗言,这一变动也切合中国文化自古以来对孝道传统的珍视①。此外,原著中对准头部的开枪改成对准胸部,由此延长了维特死前的挣扎,进而扩大了维特苦恋悲剧的渲染力。与原著中简单的医疗场景不同的是,剧中对前来诊治的红十字会医生救死扶伤的场景大加渲染,述及手电筒、温度计、纱布、绷带、补药等各种代表当时进入中国国门不久的西式文明之物,给戏剧场景打上了当时中国时代特征的强烈烙印。维特在临终前请求闻讯赶来的阿尔伯特宽宥,并留下遗言说想要穿上黄马甲皮裤的"维特装",并被埋葬在菩提树下。维特的临终托付也是编剧者的自创,再次凸显出"维特主义者"曹雪松受到经由郭沫若译介而来的维特形象的深刻影响,以致剧中的维特至死都对以其服饰为标记符号的自我形象持有强烈认同。至于维特嘱托要在佛祖悟道、修成正果的菩提树下长眠,这一方面显示曹雪松在西方"舶来品"中植入东方思想文化元素的意图,另一方面似乎又暗示维特渴望自己不洁的罪恶灵魂在下葬时能被洗净②。

从以上对场景的简要复述不难看出,改编后的剧作大体上没有偏离原作的主要情节和内容,在语言描述和意象烘托方面也受到了郭沫若译文的强烈感染,但剧本的缺憾也是显而易见的:改编后的剧作中,维特在很大程度上被简单化、世俗化了,被压缩为

---

① Terry Siu-Han Yip, "Goethe's Impact on Modern Chinese Drama", *Modern Chinese Literature*, vol.2, no.1 (1986), p.35.
② Adrian Hsia, „Zum Verständnis eines chinesischen Werther-Dramas", Günther Debon/Adrian Hsia (Hrsg.) *Goethe und China – China und Goethe*, Frankfurt a. M. et al.: Lang, 1985, S. 191.

一个三角恋中的失败者,因为无法走出失恋的困境而自绝于世。①至于原著者想要表现的更深层次的思想和情感,比如作为全人类的烦恼与忧郁这一永恒的情感表达和体验、维特之死与当时德国乃至欧洲社会时政体制之间的关联、知识分子精神文化的深度,这些在改编后的剧作中统统消失不见。另外,改编后的戏剧在诸多方面呈现出"拿来主义"的特征,即让西方文学的故事内容顺应当时中国的文化场域,生发符合中国受众的变异,让其发挥"他山之石,可以攻玉"的功效。

（五）郭译《少年维特之烦恼》的出版谱系——兼及叶灵凤

自1922年泰东图书局首版郭译本《维特》之后,该书即风靡全国,其出版单位之多、版本之繁杂、流传之广泛、影响之深远,用"洛阳纸贵"来形容也毫不为过。至新中国成立,郭译《维特》先后由泰东图书局(1922)、创造社出版部(1926)、联合书店(1926)、现代书局(1926)、同化印书馆(1942)、东南出版社(1944)、复兴书局(1946)、天下书店(1948)、群益出版社(1948)等出版单位争相发行。新中国成立后,出现过两个比较重要的版本:一是群益出版社在1951年3月合并改组为新文艺出版社后于当年10月推出的上海新一版;二是1955年人民文学出版社的首版。

如前所述,郭沫若的译作与现代出版界和文化市场之间一直存在着千丝万缕的关系。这不仅关涉郭沫若的翻译作品在各个不

---

① Adrian Hsia, „Zum Verständnis eines chinesischen Werther-Dramas", Günther Debon/Adrian Hsia (Hrsg.) *Goethe und China - China und Goethe*, Frankfurt a. M. et al.: Lang, 1985, S. 190.

同出版社的发行及其装帧校印情况,还涉及他潜藏在翻译(包括译作修改)背后的标准以及与出版社之间的恩怨纠葛,牵连一系列的人和事。在所有的译著中,郭沫若对《维特》倾注的心血最大,因此也会"爱之深,责之切"。每次再版,郭沫若都会对译本进行修订完善,他在再版的创造社译本序言中写道:"愈受读者欢迎,同时我愈觉得自己的责任重大。印刷和装潢无论如何不能不把他改良,初译本由于自己的草率而发生的错误,尤不能不即早负责改正。所以《维特》自出版以后,我始终都存着一个改印和改译的心事。"[1]他直接对泰东图书局出版的《维特》译本开炮,声称"印刷错得一塌糊涂,装潢格式等均俗得不堪忍耐",以至于"自己的心血译出了一部名著出来,却供了无赖的书贾抽大烟,养小老婆的资助,这却是件最痛心的事体"[2]。尽管郭沫若对泰东图书局的初版表达了极大的不满,但直到1930年泰东图书局仍然还在出版这本译作;[3]另外,如果从现代版权法角度审视的话,更加不可思议的是,1926—1932年,多家出版社都不止一次地同时付梓《维特》[4],比如联合书店和现代书局的版权页都标注的是"1926.7.1增订初版",可见20世纪二三十年代国内的出版业和文化市场在蓬勃发展的态势下也难掩其杂乱无章的乱象。

　　创造社小伙计之一叶灵凤也是对郭译《维特》较为关注的中

---

[1] 郭沫若:《后序》,载[德]歌德:《少年维特之烦恼》,郭沫若译,创造社出版部1928年版,第2页。
[2] 同上。
[3] 张勇《〈郭沫若全集补编·翻译编〉编辑札记——以译文版本为中心》,《山东师范大学学报(人文社会科学版)》2015年第3期。
[4] 同上。

国现代作家之一。在重读《维特》时,他描述了为该书倾倒、与维特感同身受的阅读心得和体会,同时热情赞扬译者的文笔,"郭沫若先生充满了热情的译文,更增加了歌德这一部不朽名作的魅力"①,还述及其后与译者相识相知,而且为其最佳刊本装帧校印的经历。据叶灵凤自述,他自己一向很喜欢木刻,又对书籍的装帧和插画有兴趣,曾负责过创造社出版部、光华书局、北新书局和现代书局出版物的排印和装帧,而郭沫若早年的作品装帧差不多全由叶灵凤包揽。② 叶灵凤笔下的最佳刊本即是"青衣黄裤装的《少年维特之烦恼》"③,应该指的就是1926年首次付梓的创造社版,后来多次重印。这个版本的封面和扉页插图的画框色调都为青黄色,其后还附有青年歌德像和绿蒂像。之所以设计成青黄色调,意在展示以青衣黄裤为典型符号标记的维特形象,从视觉上对欧洲18世纪风行的"维特热"形成一种图像意义上的互文——当时无数青年模仿维特装束④,并效仿维特饮弹自尽。更值一提的是封面中央位置的插图:在一个三角形中,画有3个人头,上面一男一女热吻,而下面的男青年泪流满面,"三角恋"的悲剧故事一览无遗。叶灵凤也交代这个版本花费了他诸多时间和心力,从内容到格式,从纸张到封面再到插画,都无不精心选择,目的就是要展示

---

① 叶灵凤著,姜德明、小思编:《叶灵凤书话》,北京出版社1998年版,第159页。
② 同上书,第312页。
③ 同上。
④ 无独有偶的是,早期另一歌德译者马君武也有效仿歌德装束的经历。1914年6月,陈布雷读了不久前刚在上海出版的《马君武诗稿》后,给同为南社诗人的柳亚子写了封信,其中专门谈到马君武的译诗:"译作更有灏瀚流转之妙,与曼殊以宛丽胜,真堪各树一帜。曩在沪见此君服御,喜效德文家贵焦装束,知其心仪已凤。"参见陈布雷:《与柳亚子书》,载王学庄、杨天石编:《南社:第11集》,中国人民大学出版社1995年版,第367—368页。

这部小说的特色。① 另外,据叶灵凤所言,书中的插画都是向当时上海四川北路一位开书店的德国老太太借来的②,而鲁迅先生毕生珍藏的木刻也从这家书店购得,这不啻为民国时期中德文化交流的另一桩轶事。

另一个在叶灵凤看来值得纪念的版本由现代书局付梓,同样由他本人设计版样和封面。这一次他采用了德国出版物的风格,封面上印有作者和书名的花体德文原文,墨色是红、蓝两色,封面纸则采用米色,这样的设计可以产生较强烈的西式书籍效果,"因此若是拿开那两行中文,简直就像是一本德国书"③。但随着年岁渐长,叶灵凤内心深处"维特热"的热度已经减弱,认为这一版的封面设计远不及创造版。不过,承蒙好意,郭沫若还在译本后序里夸赞了叶灵凤几句。④ 叶灵凤在兹念兹的还有一种德文版《维特》,附有维特第一次与绿蒂相见情形的插图,可惜求之多年未得。其实,这个德文版本也就是1774年在莱比锡发行的首版。1932年3月恰逢歌德逝世100周年纪念,叶灵凤利用手边的歌德图片在《现代》3月号上编了一个图片特辑,在日本避难的郭沫若收到特刊后特别高兴⑤。图片特辑中就有一张题为"绿蒂分面包给她的弟妹,少年维特中最动人一幕"的图片,同时刊登的还有该书德文原本1774年初版的封面,以及与歌德相关的其他图片。

---

① 叶灵凤著,姜德明、小思编:《叶灵凤书话》,北京出版社1998年版,第218页。
② 同上。
③ 同上。
④ 同上书,第219页。
⑤ 郭沫若:《后序》,载[德]歌德:《少年维特之烦恼》,郭沫若译,创造社出版部1928年版,第3页。

此外值得一提的是,作为一种印记或符码,绿蒂分面包给弟妹这一场景确实已经深深植入中外文人的内心:吴宓就曾翻译过英国小说家萨克雷(W. M. Thackeray)创作的《维特》读后诗歌,诗中就一再出现分面包的情境,比如"开道美人初见时,面包牛油随手割""步履端谨远嫌疑,面包牛油如旧割"①。叶灵凤回忆说创造社发行的《维特》里面曾附有这一幅插图,足以为译文生色。② 不过,翻检手头的1928年创造社再版本,却没有发现这样一幅插图的存在;倒是上面提到的1932年现代书局版在第24、25页之间插入了这样一张图画。

叶灵凤对《维特》,尤其是对郭沫若译本的关注程度之高,这从《叶灵凤书话》中收录的相关篇目的数量即可窥见。除了亲自阅读《维特》,撰写与之相关的文章,并在装帧设计上对译本的封面、插画、纸型等"副文本"处处留意,其他与《维特》相关的信息也吸引了他的兴趣和注意力。在郭译《维特》中,女主人公之名Lotte被译为"绿蒂",这一译名婉约柔美,用颇具中国古典美的文字诠释了一个西方美丽女孩的气质,恰到好处地投合了热恋之中青年男女的痴迷心态。根据叶灵凤的记载,"绿蒂"这一汉译名如此根深蒂固,以至于还引发了一场与另一外国作家相关的文坛误会:法国近代作家朱里安·费亚比(Julien Viand,于连·韦安)原是一名军官,笔名皮埃尔·绿蒂(Pierre Lotti),著有《菊子夫人》《冰岛渔夫》《北京的末日》等,实为男作家;但他的作品被译介到中国之

---

① W. M. Thackeray:《译诗:少年维特之烦恼》,吴宓译,《人间世》1934年第15期,第48页。
② 叶灵凤著,姜德明、小思编:《叶灵凤书话》,北京出版社1998年版,第219—220页。

后，不少读者都误以为这是一位女作家，实则因为其笔名的翻译"绿蒂"与郭译《维特》里女主人公的名字完全相同。① 而根据叶灵凤的考证，Lotti 原是南太平洋的大溪地岛上女子对心爱的漂亮男子的昵称，当年漂洋过海的费亚比乐得接受这一称呼，于是之后著书撰文都用此作为笔名。② 综上所述，就围绕郭沫若的《维特》译本展开的创造社作家群落关系网络来说，这个文学社团的"小伙计"叶灵凤无疑是一个较为关键的中心人物。

三、叙事长诗、国防文学和"土纸本"：郭译《赫曼与窦绿苔》

《赫曼与窦绿苔》是郭沫若流亡日本期间的译作，原作也是出自歌德笔下，是颇受古希腊诗风影响的田园牧歌体六音步叙事长诗。在郭沫若的德语文学翻译作品中，尤其是比之《维特》《浮士德》和《茵梦湖》，这部作品的影响较小，这不仅表现在发行它的出版社较少（仅3家）、再版次数较少（仅3次）及其印刷数量不大等方面，而且体现在国内外学界对这部译作寥落的关注程度上面。按照郭沫若自己的说法，其翻译动机如下：一是"为技术修养起见"，迎合当时中国文艺创作对长诗和叙事诗的迫切需要；二是配合周扬提出的"国防文学"的宣传，以便更好地鼓动人民大众参与到抗日救亡的洪流中去。就实际效果来说，这部译作很显然没有真正迎合当时国内的文艺创作形势，故而影响甚微。尽管如此，这一长诗的翻译并不是一起孤立事件，它标志着郭沫若流亡日本期间文学生命的复苏。

---

① 叶灵凤著，姜德明、小思编：《叶灵凤书话》，北京出版社1998年版，第244—245页。
② 同上。

第一章 郭沫若与歌德

（一）翻译大背景：作为"国防文学"的现代叙事长诗

1. 现代叙事长诗文体场域中的德式资源

中国古代虽然出现过《孔雀东南飞》《木兰辞》等长篇叙事诗，但作为体裁并非源远流长，这已为学术界所共识。1937年，抗日战争全面爆发，诗人穆木天曾激情地预言"民族叙事诗的时代到来了"。的确，随着这场空前的全民族抗战的展开，叙事诗创作逐渐升温并臻于繁盛。随着日本帝国主义对中国侵略的加深，中华民族面临着深刻的民族危机，这就迫使诗人们更加关注中国社会的现实和祖国的命运。他们走出个人世界的狭小天地，投身到抗日救亡的洪流之中，生活视野迅速扩大，创作题材如潮水般涌来，短小的抒情诗已经不能满足诗人们丰富的情感表达和宏大叙事的要求，诗歌的形式必然迈向容量更大的长诗和叙事诗。另外，从诗歌自身的发展规律来看，长诗的出现也是历史发展趋势的必然结果①：自20世纪20年代以来，风靡诗坛的各大诗歌社团或流派的低吟短唱在形式和内容的发展上都渐趋滞涩，显得前途渺茫，向西方成熟的长诗和叙事诗学习借鉴就成了当时中国诗歌发展的客观要求。

1936年4月4日，郭沫若在日本寓所里接待来访的中国诗歌会成员蒲风，就专门谈到了叙事长诗的问题；在回答对方提出的推荐外国长诗的请求时，专门提及歌德的《赫曼与窦绿苔》。② 7个月

---

① 姜铮：《对叙事长诗的期待——谈郭沫若译〈赫曼与窦绿苔〉》，《郭沫若研究学会会刊》1985年第5卷，第87—88页。
② 参见郭沫若著、张澄寰编：《郭沫若论创作》，上海文艺出版社1983年版，第225页。

之后,郭沫若就把它译成了中文,体现了作为翻译家的他对时代社会和文学形势发展要求的敏锐感应。之后,到了20世纪40年代,大量的白话叙事长诗涌现而出,700行以上的长篇叙事诗据不完全统计在40部以上①。有关叙事长诗蓬勃发展的态势,茅盾曾经写道:"这一二年来,中国的新诗有一个新的倾向:从抒情到叙事,从短到长。二三十行以至百行的诗篇,现在已经算是短的,一千行以上的长诗,已经出版了好几部了。"②在茅盾看来,当时最值得注意的有田间的《中国·农村底故事》、臧克家的《自己的写照》和蒲风的《六月流火》,之后出版的还有张泽厚的《旷野》(约2 000行)、蒲风的《可怜虫》(约2 000行)、梅英的《北国招魂曲》(约1 000行)、柯仲平的《边区自卫军》(约1 000行)等。③当时的诗歌期刊《诗创作》1942年第10期甚至预告第11期会推出"长诗专号",执笔者为艾青、彭燕郊、徐迟等20余位作者。

有学者认为,在20世纪40年代的长篇叙事诗中,没有发现真正担当得起"史诗"这一称号的作品,这是不无遗憾之处。④ 在中国新抒情诗纳入西化发展轨道的同时,新叙事诗也接受了西方相应文类——史诗和长诗的既成观念⑤,尤其是"荷马史诗原则"。在这方面,现代叙事长诗奉西方的诗体小说为圭臬,然而中国新诗的语言与小说的内容无法真正实现完美的契合,遑论深刻地揭示

---

① 陆耀东:《四十年代长篇叙事诗初探》,《文学评论》1995年第6期,第5页。
② 茅盾:《叙事诗的前途》,《文学》1937年第2期,第414页。
③ 陆耀东:《四十年代长篇叙事诗初探》,《文学评论》1995年第6期,第5页。
④ 同上书,第14页。
⑤ 朱多锦:《发现"中国现代叙事诗"》,《诗探索》1999年第4期,第2页。

社会现状和问题。① 新长篇叙事诗从一开始就摈弃了中国传统长诗的诗学传统和审美形态,而一味唯西方马首是瞻,然而囿于中文独特的语言特征,现代叙事长诗的西化道路从一开始就遭遇阻遏;万般无奈之下,只有想方设法在韵脚上做些文章,以期制造出"诗"的面目。这一无奈在郭沫若的歌德长诗译本中亦可窥见,对此他在《译者书后》中写道:"原诗是六步诗(Hexameter)的牧歌体,无韵脚;但如照样译成中文会完全失掉诗的形式。不得已我便全部加上了韵脚,而步数则自由。要用中文来做叙事诗,无韵脚恐怕是不行的。"②

尽管郭沫若认为韵脚并非决定诗之本质不可或缺的要素,主张"不知诗的本质,不在乎韵脚的有无。有脚韵者可以为诗,而有脚韵者不必都是诗……诗可以有韵,而诗不必一定有韵"③,但面对从德国舶来的、本身又向古希腊致敬的歌德长诗,郭沫若在翻译时仍然选择加上了韵脚,目的自然是尽可能复现"诗"的面目。可见,尽管郭沫若充分肯定了原诗的形式,认为"这诗是以希腊式的形式来容纳着希伯来式的内容"④,但并不认为这种形式就是国内叙事诗应当完全效法的。

2. 配合"国防文学"的宣传

郭沫若翻译《赫曼与窦绿苔》的第二个原因在 1936 年 11 月

---

① 朱多锦:《发现"中国现代叙事诗"》,《诗探索》1999 年第 4 期,第 3 页。
② 郭沫若:《译者书后》,载[德]歌德:《赫曼与窦绿苔》,郭沫若译,人民文学出版社 1959 年版,第 93 页。
③ 郭沫若:《郭沫若全集·文学编·第十五卷》,人民文学出版社 1990 年版,第 309 页。
④ [德]歌德:《赫曼与窦绿苔》,郭沫若译,文林出版社 1942 年版,第 181 页。

20日所作的《译者书后》中有所表述,这一内容直到1952年的新文艺版还有保留,但在1955年人民文学出版社再版时删除。这段被删除了的文字如是写道:"这诗是以希腊式的形式来容纳着希伯来式的内容。内容于我们目前的现实没有多大的教训,只是多少有点'国防'的意味,和窦绿苔的为革命而死的未婚夫之可贵的见解,是值得提起的。"①

文中"国防"两字是指1934年10月27日左联党团书记周扬在《国防文学》(原载《大晚报·火炬》,署名"企")一文中提出的"国防文学"口号。周扬在文中指出,我国不仅没有写甲午海战的作品,就是写东北义勇军游击战和"一二·八"战争的作品也少得很;②但是在"战争危机和民族危机直迫在眼前"的今日,是非常需要"国防文学"的,它的任务是"暴露帝国主义的侵略战争的狰狞面目,描写各式各样的民族革命战争的英勇事实,并且指出只有扩大发展民族革命战争才能把中国从帝国主义瓜分下救出,使它成为真正独立的国家"。③ 这个口号在当时并没有得到广泛响应,郭沫若也并不认同这一概念④。鉴于时局的发展,1936年6月,周扬在《关于国防文学》一文中再次提出这个口号,之后立即得到了左翼作家和进步作家的积极响应。郭沫若也转而支持这个口号,并撰文《国防?污池?炼狱》(1936年6月14日《文学界》第2号)、《国防文学谈》(1936年7月13日《质文》第7号)和《蒐苗的检

---

① [德]歌德:《赫曼与窦绿苔》,郭沫若译,文林出版社1942年版,第181页。
② 周扬:《周扬文集·第一卷》,人民文学出版社1984年版,第119页。
③ 同上书,第119—120页。
④ 蔡震:《文化越境的行旅:郭沫若在日本二十年》,文化艺术出版社2005年版,第219页。

阅》(1936年8月30日《文学界》第4号)作为响应。20世纪40年代见证了中国叙事长诗发展如日中天的黄金时期,那时候正值艰苦卓绝的抗日战争时期,文学作为号召全民参加抗战的号角作用凸显出来,"国防文学"作为一种文学类别应运而生。因此,就题材来说,这十年间的大部分长篇叙事诗都以抗日战争为题[①],也就不足为怪。

茅盾在《需要一个中心点》一文中对"国防文学"下了一个公认的经典定义,认为"这是唤起民众对国防注意的文学,这是暴露敌人的武力的文化的侵略的文学,这是排除了一切自馁的屈伏的汉奸理论的文学,这是宣扬民众救国热情和英勇行为的文学,这是为讴歌为祖国而战,鼓励抗战情绪的文学;然而这不是黩武的战争文学,相反的,这是为了世界的真正平和,为了要终止一切侵略的战争的战争文学"。[②] 据此,从《赫曼与窦绿苔》反映的主题思想来看,它并不适合进入"国防文学"的范畴。原作本质上是一部宣传社会伦理道德的诗歌体小说,歌德在作品中歌颂了德国小市民恪守道德礼仪的保守思想。赫曼一家和邻里们对难民们的慷慨救助,赫曼对父母的恭谨,父母对儿子的理解,窦绿苔对患病乡亲的照顾,赫曼对窦绿苔的尊重,众人和平建设家园的理想,人与人之间相互信赖、无所芥蒂的和谐关系等[③],都是美好人性和品格的体现。所以,席勒把《赫曼与窦绿苔》赞誉为"一本充满智慧和德性

---

① 陆耀东:《四十年代长篇叙事诗初探》,《文学评论》1995年第6期,第5页。
② 茅盾:《需要一个中心》,载林淙编:《现阶段的文学论战》,光明书店1936年版,第29页。
③ 傅勇林等:《郭沫若翻译研究》,四川文艺出版社2009年版,第109页。

的珍美的教训的书"①。作品所展现的种种道德礼仪,跟中国儒家思想宣传的仁义理智信、温良恭俭让等准则也有共通之处。作品虽然也含有主人公赫曼保家卫国的元素,但并不是作品的主要思想。至于窦绿苔的未婚夫为革命而死,歌德恰好利用这一人物的命运,来批判法国大革命的血腥暴力及其引起的社会混乱。另外从史实来看,事实是普奥联军武装干涉法国革命在先,兵败河东、引火烧身在后。② 所以,郭沫若把《译者书后》中的这段文字最终删除,亦在情理之中。

1948年,曾翻译过海涅等人诗篇的诗人林林在《叙事诗的写作问题》一文中指出:"到了晚年的歌德自己爱阅的《赫曼与窦绿苔》(郭沫若译),并不在战争军事上去找材料,却以战乱作背景,重点放在男女恋爱与家庭关系故事的进行。"③这里意在说明并非只有离奇惊险的故事才可写成长诗,平凡家常的故事也可入诗。郭译之所以影响甚微,其根本原因不在于翻译本身的瑕疵,而是因为作品无法顺应当时国内时局的需要,也不能发挥应有的实际功效:原作中的故事虽然发生在战争动乱的背景之下,但究其本质却是一曲讴歌市民教化与美德的田园式牧歌,因此无法充当当时中国迫切需要的"国防文学"的传声筒,不能鼓舞全国人民众志成城、奋勇杀敌、保家卫国、抗日救亡的士气。如果对比歌德本人对其两部作品《维特》与《赫曼与窦绿苔》的看法,以及它

---

① 转引自周学普:《译者序》,载[德]歌德:《赫尔曼与陀罗特亚》,周学普译,商务印书馆1937年版,第16页。
② 傅勇林等:《郭沫若翻译研究》,四川文艺出版社2009年版,第109页。
③ 林林:《叙事诗的写作问题》,《文艺生活》1948年第6期,第241页。

们在包括中国在内的世界各地的接受和影响命运,可以发现一个颇有意思的现象:歌德本人在完成后并不欣赏的《维特》在本国以外争相传颂,在中国更是引起了巨大的轰动式效应;而歌德青眼有加、后来还时常吟诵的《赫曼与窦绿苔》也在欧美世界好评如潮,在中国却反响平平、应和寂寥。其原因再简单不过,前者能为五四时期的中国提供抗争封建礼教、自由恋爱至上的"维特主义"精神资源,而后者却无法为当时中国迫切需要的"国防文学"造势。如果把目光投向《赫曼与窦绿苔》的原生地德国以及同为德语国家的奥地利,可以发现这部近年略显沉寂的著作又再次受到大众的瞩目:有两位德国学者把书中的一幕众口相传的场景改编成了城堡剧,还有一位奥地利学者把整部长诗改编成一篇短剧形式的童话。① 歌德的这部作品之所以再度升温,其原因不外乎其中的女主人公也是一名从阿尔萨斯经由莱茵河逃亡而来、躲避法国大革命的难民,这恰好切合近年来国际世界发生的难民危机,而德国作为主要接收国也对难民潮采取开放友好的态度,于是发行这部童话的出版社也打出了"呈献给难民的歌德作品"的书商广告②。可见,任何翻译作品要在译入语与时代社会背景息息相关的特定文化语境中收到良好反响,乃至实现"经典化",除了仰仗译者妙笔生花的翻译功底外,还需要与目的国文化语境契合。

---

① Hermann Schlösser, *Flüchtlingshilfe in Hexametern*. http://www.wienerzeitung.at/themen_channel/literatur/buecher_aktuell/864676_Fluechtlingshilfe-in-Hexametern.html,访问日期:2018 年 2 月 19 日。
② 同上。

(二)译本的出版发行及"副文本"考量

如前所述,郭沫若译作与现代出版机制和市场之间关系的发掘和勾连是一个亟须扩展和深化的课题:现代出版市场影响甚至引领了译作选择及其版本演变等多个方面,因此在郭沫若翻译的背后,包括各大出版机构、发行人、书籍经销商乃至书稿委托人等也会发生作用。① 考察郭沫若的译作《赫曼与窦绿苔》从期刊连载到单本发行的过程和经历,尤其可以瞥见其中出版市场的运作因素。

1. 译文刊行与译本付梓

《赫曼与窦绿苔》译讫于 1936 年 11 月 20 日,是夜即作《译者书后》。译作由《文学》月刊 1937 年 1 月和 2 月号(第 8 卷第 1、2 期,其中第 1 期为"新诗专号")连载全文,而且附上了译者写的《书后》。1939 年 11 月,郭沫若在桂林《自由中国》新一卷一期上发表以《霍曼与窦绿苔》为题的书简一封:"××同志:八月十日信收到。《民族形式商兑》一文,前得××日报的人们来信,有出单行本之意。其他文字亦无多大价值,唯三年前的《文学》正二月号,有我所译的歌德的叙事诗 Hermann und Dorothea《霍曼与窦绿苔》,如收集得到,颇有印成单行本之价值也。"② 1942 年 4 月,《赫曼与窦绿苔》单行本由重庆文林出版社发行,列入"文学集丛"。虽然推出了单行本,但引人注目的是,郭沫若的译文仍然在其他期

---

① 张勇:《〈郭沫若全集补编·翻译编〉编辑札记——以译文版本为中心》,《山东师范大学学报(人文社会科学版)》2015 年第 3 期,第 81 页。
② 郭沫若著、黄淳浩编:《郭沫若书信集(上)》,中国社会科学出版社 1992 年版,第 464 页。

刊上再刊。1943年，译文连载于《大上海》第1—7期①。在第一篇译文之前附有《校记》："在鏖声紧张中把全文校读了一遍，修改了一些字句，步数更加整齐化了。使人感动之处颇不少，窦绿苔的未婚夫虽未登场，却是很崇高的一个性格。"②一年之后，又托名"创造先生"发表于1942年在上海创刊的《大众》，在1944年第15、16、18、19、20、21、22、23期以及1945年第33期上连载③，标注为"译稿改定本"。此外，值得注意的是，1944—1945年在《大众》杂志上再刊的连载译文由郭沫若委托他人代交印行。编者在首篇译文(刊于《大众》1944年第15期)的前言中写道，创造先生(即郭沫若)1936年11月20日最后改定译稿，交给孔令毂、金祖同④两位先生付梓，金先生远赴巴蜀，无暇操持此事，幸有孔先生交付本刊印行，读者才能得见这个译本。郭沫若翻译活动引发的人事纠葛及其与同时代文化学人之间构建起来的学术文化谱系，在此亦可窥见；而这些关系网络及其间的互动运作，正是翻译社会学或曰社会学方向的翻译研究的重要组成部分。在既有译本之后，译文仍然在其他刊物上刊行，而且前后在不同杂志上连载刊印3次之多，这在郭沫若的译著中实属罕见。经过对比考察，发现郭沫若先后

---

① 笔者目前所能见到的最后一篇译文显示还未连载完结，仅截至全部译文(共9章)第4章的部分内容。到底是该期刊还未连载完就已经停刊，还是说在后续期刊上不再连载该译文，只有暂时存疑。
② 郭沫若：《赫曼与窦绿苔·校记》，《大上海》1943年第1期，第6页。
③ 笔者目前所能见到的最后一篇译文显示还未连载完结，仅截至全部译文(共9章)第6章的部分内容。
④ 金祖同曾师从郭沫若搜拓流失在日本的甲骨文，曾协助郭沫若编辑《殷契粹编》，编著有《郭沫若归国秘记》《写给郭夫人安娜女士》《革命青年领导郭沫若》等与郭相关的书籍。在协助郭沫若从日本归国并投身抗日救亡运动方面，金氏冒着生命危险，做出了巨大努力。参见郭成美：《回族学者金祖同》，《回族研究》2008年第2期，第142—143页。

发表的译文除了个别字眼的改动，所有译文并无实质性区别，就连1944—1945年连载的"译稿改定本"也是如此。那么，郭沫若将已经在某本杂志上连载过全文且已经推出过单行本的译文一再在其他期刊上发表，最后一次还要委托他人代为交稿并且托名发表，个中原因何在？是宏观上迎合20世纪40年代叙事长诗蓬勃高涨的文学创作形式的需要，还是杂志方热情约稿难以拒绝，抑或是出于生活困顿、煮字疗饥的万般无奈？其后隐藏的动机还有待进一步查考。

1942年重庆文林出版社推出《赫曼与窦绿苔》单行本之后，又分别由上海群益出版社（1948）、上海新文艺出版社（1952）、北京人民文学出版社（1955，1959）重排刊印。就单行本的出版机构而言，《赫曼与窦绿苔》与群益出版社的渊源不可谓不深。1948年，《赫曼与窦绿苔》的再版由郭沫若的家族出版社——群益出版社发行，发行人就是与这一出版社存在着千丝万缕联系的吉少甫。1945年5月，中共派新知书店的专业出版人员、秘密党员吉少甫主持群益出版社的工作；[①]1946年1月，吉少甫携带大批纸型，从重庆乘船经由武汉转到上海，成立了群益出版社上海分社。[②] 所以说，群益出版社发行的《赫曼与窦绿苔》正是在上海印制的。1949年，群益出版社迁回上海，并与海燕书店、大孚出版公司等合并为上海新文艺出版社，并在1952年再度推出《赫曼与窦绿苔》。值得一提的是，就郭沫若的整个德语著作翻译来说，群益出版社发挥的巨大作用再怎么强调也不过分。群益出版社曾发行郭沫若的

---

① 李红：《郭沫若主持的家族出版社》，《档案春秋》2013年第4期，第38页。
② 吉少甫编：《郭沫若与群益出版社》，百家出版社2005年版，第11页。

10部译著(包括编译),包括《浮士德》《浮士德百三十图》《美术考古一世纪》《艺术的真实》《德意志意识形态》《政治经济学批判》《维特》《赫曼与窦绿苔》《石炭王》和《茵梦湖》[①],其中9部都是德语文学、思想或学术著作,占郭沫若毕生德语译著(包括编译,共15部)的六成之多。

2. 译本"副文本"探究

根据热奈特(Gérard Genette)有关"副文本"的理论,包括版本纸型在内的出版信息也可进入"副文本"研究的领域。1942年重庆文林出版社推出的《赫曼与窦绿苔》即译本的初版本,当时正值抗战期间,书以土纸印制,即纸质较为粗劣的"土纸本"。为了将土纸本归属为一个特定的版本形态,有学者将版本学意义上的土纸书界定了一个时间范围:"首先就是抗日战争时期,坚持抗战的延安、重庆、桂林、昆明等地,在日伪严酷的军事、经济封锁之下,出版用纸严重短缺,不得不用民间生产的土纸印刷书刊,其次是抗日战争胜利之后到中华人民共和国成立之前,各解放区出版的红色文献。"[②]因其鲜明的时代特征,土纸本在文化史上确立了其独特的历史价值。对此,著名藏书家姜德明先生也有专门论述:"在抗日战争时期,日本侵略者占领了我国大半土地,各革命根据地都处于日伪和国民党反动派的双重封锁之中,印刷设备和纸张都极端缺乏,印书只好因陋就简地采用当地土法制造的手工纸,纸质粗劣,颜色发黑,铅字磨损不全,常有字迹不清或在书页上留有漏洞,

---

① 吉少甫编:《郭沫若与群益出版社》,百家出版社2005年版,第287—288页。
② 薛冰:《版本杂谈》,山东画报出版社2009年版,第134页。

当然更谈不上制成铜版、锌版插图的条件了。"①而薛冰也在他的《版本杂谈》中指出："正是这种鲜明的时代印记，造就了土纸本特殊的版本价值。也就是说，作为一种版本形态的现代土纸本，不仅在于其所用纸张的特点，更因为它是特殊环境中迫不得已的产物。……土纸本在一九三〇年代末已有出现，而以一九四一至一九四五年间为集中……"②因为大片国土沦陷，对外交通断绝，出版印刷原料供应极其困难，在这种情况下，手工纸兴盛起来。就纸张印刷来看，土纸本的《赫曼与窦绿苔》在多处呈现墨迹不清、分布不均匀（要么太浓要么太淡）、字迹无法辨认等特征，但其作为抗日战争时代文化产物的巨大历史价值不可否认。以土纸本载体形式发行过的郭沫若译著，还有《维特》1942 年 11 月版、1944 年 3 月 2 版和 1945 年 9 月 4 版，皆由当时在重庆的群益出版社付梓。③

"副文本"的另一个重要表现形式是插图。1937 年第 8 卷第 1 期《文学》上除了刊载郭沫若的译文，还刊登了出自德国画家菲里希（Joseph von Führich）之手的两幅插图，体现的分别是赫尔曼在迁徙的难民群体中与窦绿苔一见倾心以及带她回家并介绍给家人的场景，大有配合译文之意。另外值得注意的是，这里把《赫曼与窦绿苔》不再称为"长诗"，而是跟《浮士德》一样的"诗剧"。这两张图片也作为插图植入了 1948 年的上海群益出版社版本，但在新中国成立后的两次再版（新文艺出版社和人民文学出版社）中都悉数删去。在群益社、新文艺社和人民文学社的版本中，每一章第

---

① 姜德明：《新文学版本》，江苏古籍出版社 2003 年版，第 26—27 页。
② 薛冰：《版本杂谈》，山东画报出版社 2009 年版，第 134—138 页。
③ 吉少甫编：《郭沫若与群益出版社》，百家出版社 2005 年版，第 287—288 页。

一页分别使用了较小的主题插图,颇能反映当前章节主要内容的意象。至于1942年的文林社版本,考虑到当时手工纸的粗糙和印刷条件的困难,则没有使用任何插图。翻译注释构成译本"副文本"的另一表现形式,无论是在杂志上反复再刊的连载译文,还是各个出版社推出的译本,译者注释都保留下来。

(三)郭沫若的翻译贡献和意义

尽管译作反响平平,郭沫若的译本仍然给当时国内长诗的发展提供了一定的借鉴。歌德的叙事诗被置于一个广阔的社会政治背景之中,原始素材或本身的时间、地点经过更移之后,就与法国大革命这一重大历史事件生发了紧密联系。对此,歌德在致友人的书信中写道:"我试图把一个德国小城生活的纯人性的东西,在叙事诗的坩埚里,从它的矿渣中分离出来,同时想把世界舞台上巨大的动荡和转变,用这面小镜子来予以反映。"①郭沫若对"利用故事的结构节省构想的劳力"②这一点大为激赏,这在《译者书后》中有明确体现:"然此故事实有所本,其蓝本出自……插话,与此诗之本事大同小异。在此似乎可以发现出一种创作上的秘密,便是'改梁换柱'。作家把故事的经过由过去的移到现实来,这在时与地的刻画上便更有把握。"③郭沫若认为歌德笔下的叙事诗结构值得学习,实际上指出了我国叙事诗创作初始存在的一个

---

① 转引自钱春绮:《〈赫尔曼和多罗泰〉译后记》,载[德]歌德:《歌德叙事诗集》,钱春绮译,人民文学出版社1983年版,第116页。
② [德]歌德:《赫曼与窦绿苔》,郭沫若译,文林出版社1942年版,第183页。
③ 同上。

通病,即缺乏故事性。① 田间的《中国·农村的故事》、臧克家的《自己的写照》和蒲风的《六月流火》等都缺乏一个完整动人的故事。②

根据相关研究,郭沫若的白话译诗较为接近原诗,译文流畅,并融入了文言成分③,某些段落还可窥见方言俗语的痕迹④,在很大程度上再现了"风韵译"的翻译范式。《赫曼与窦绿苔》在郭沫若翻译活动中的意义并不仅仅是又增加了一部译著那么简单,它的产生昭示着郭沫若第二次文学生命的复苏⑤。在郭沫若流亡日本期间(1928年2月24日—1937年7月25日),1935年之前他皓首穷经地埋头于中国古代社会和金文甲骨文的研究,文学创作活动居于次要地位,笔下的诗流似乎陷入壅滞停顿。虽然在此期间郭沫若仍然继续从事翻译工作,但所译主要为小说和社科类书籍;相比之下,在青年时代高呼着诗歌的号子踏足现代文坛,并以诗人身份站稳脚跟的他,这一时期的诗歌创作和诗歌翻译明显萎缩。根据郭沫若的"诗歌翻译创作论",诗歌创作和诗歌翻译其实合二为一,而这两项在郭沫若的文学创作活动中具有标志性意义,它的活跃期就是郭沫若文学创作的蓬勃期,它的沉寂则代表着郭沫若文学活动的低潮。⑥ 郭沫若流亡日本期间,尤其是1935年之前,他

---

① 姜铮:《对叙事长诗的期待——谈郭沫若译〈赫曼与窦绿苔〉》,《郭沫若研究学会会刊》1985年第5卷,第90页。
② 同上。
③ 彭建华:《论郭沫若的〈赫曼与窦绿苔〉汉译》,《盐城师范学院学报(人文社会科学版)》2017年第3期,第71页。
④ 同上书,第73页。
⑤ 傅勇林等:《郭沫若翻译研究》,四川文艺出版社2009年版,第109页。
⑥ 同上书,第110页。

的文学创作活动可以说呈现出寥落的状态,在国内文坛大有"隐"下去的趋势,这在他1936年8月1日发表的《〈克拉凡左的骑士〉小引》中也有说明。而1935年不啻为郭沫若文学活动的分水岭,这一年他的文学活动大大增多,创作热情复又点燃,原因是左联的一批青年成员来到东京留学,并成立了左联东京分盟①。作为左联的元老之一,郭沫若被青年学生视为分盟的领导人,并热忱指导他们的工作,他自己的文学生命就此复苏,这尤其体现在诗歌翻译和创作方面。1936年,他翻译《赫曼与窦绿苔》前后又创作了诸多诗歌;尤其是1937年七七事变以后,诗情再次在郭沫若的体内复苏勃发,仅在3个月的时间内,他的笔尖汩汩流淌出近30首诗,合成《战声集》出版。这是新诗巨匠郭沫若诗笔冰封了10年后的解冻,殊当重视。② 郭沫若的这部叙事长诗的翻译理应置于以诗歌翻译和创作为表征的文学生命复苏的背景中考察,而绝非一桩孤立事件。

---

① 蔡震:《文化越境的行旅:郭沫若在日本二十年》,文化艺术出版社2005年版,第214—217页。
② 雷锐:《从〈战声集〉看郭沫若新诗审美要求的变化》,《广西师范大学学报(哲学社会科学版)》1989年第3期,第17页。

第二章　郭沫若与席勒

一般而言,郭沫若常被比作"中国的歌德",其留日学友和创造社同人田汉则被比作"中国的席勒"。郭沫若和田汉本人对各自的文化学人身份似乎也有较大程度上的认同,否则的话,前文所述轶事,即两人在太宰寺醉赏梅花时并肩拉手摆出歌德席勒雕像造型拍照,就有点无法解释。有趣的是,在《三叶集》中,田汉也曾把郭沫若比作席勒,因为曾经学医的缘故。[1] 事实上,郭沫若与席勒在性格和气质上颇为相似,巴金评价郭沫若的用语"战士、诗人、雄辩家的雄姿"[2]用来描述席勒亦无不可;另外,两人又都具备早年学医的经历,而且又都是知识渊博的历史学家和剧作家。在日本求学期间,郭沫若因为在外语(主要是英语和德语)课堂上读到大量的文学作品,进而对欧美文学生发浓厚兴趣,这里就包括席勒的作品。[3] 早年郭沫若就翻译过席勒名剧《威廉·退尔》中的插曲《渔歌》,而这首诗在《德国诗选》和《沫若译诗集》的各个版本中均有收录,可见郭沫若对它的珍爱和重视;此外,郭沫若还在席勒叙

---

[1]　郭沫若:《郭沫若全集·文学编·第十五卷》,人民文学出版社1990年版,第138页。
[2]　巴金:《永远向他学习——悼念郭沫若同志》,载三联书店香港分店编辑部编:《怀念郭沫若诗文集》,三联书店香港分店1978年版,第106页。
[3]　郭沫若:《郭沫若全集·文学编·第十二卷》,人民文学出版社1992年版,第17页。

事谣曲《手套》的启发下创作出生平唯一一首叙事长诗《暴虎辞》。就理论研究而言,郭沫若也曾是席勒美学思想核心要素——"游戏说"的忠实拥趸,并化用这一学说来阐发自己的文学主张。① 不过,郭沫若与席勒之间最密切的文学因缘,还是前者对后者历史名剧《华伦斯坦》②的移译。

一、郭沫若的《华伦斯坦》翻译

《华伦斯坦》是席勒剧作的巅峰之作,写作前后历时 8 年,它以三十年战争史为背景,书写了皇帝集团与军队统帅集团的权力与意志之争,反映了民族统一的要求,也蕴含着席勒的美学理想。如同郭沫若的其他译著,这部译作后面也附有一篇可以视为译文"副文本"的附记,即《译完了〈华伦斯太〉之后》。依托这篇日期署为 1936 年 8 月 15 日的译者后记,可以了解有关《华伦斯坦》翻译的各个具体层面,包括翻译时间、翻译背景、翻译动机和翻译策略等。郭沫若的翻译是在 1936 年 6—8 月完成的,译书的地点是在他二度流亡日本时期(1928 年 2 月 24 日至 1937 年 7 月 25 日)居住地千叶县的市川市。该书于 1936 年 9 月由上海生活出版社印行,列入该社的《世界文库》。

(一) 翻译动机

从郭沫若的译者后记,不难看出他翻译《华伦斯坦》的动机是

---

① 参见莫小红:《历史内需与文化过滤——试析郭沫若的席勒接受》,《中国文学研究》2015 年第 1 期,第 112 页。
② 郭沫若的这部译作有三个版本,民国时期推出的两个版本的书名都是《华伦斯太》,新中国成立后印行的版本则将书名改为《华伦斯坦》,以下统称《华伦斯坦》。

多元的,甚至可以称之为"动机综合体"。

首先,为了完成友人成仿吾的未竟之志,这也是郭沫若在译者跋中开门见山地提到的。成仿吾是郭沫若的留日同门,也掌握了较好的德语知识,对德语文学也生发出不小的兴趣,对译诗集《德国诗选》亦有贡献。据郭沫若回忆,成仿吾对席勒作品也颇感兴趣,两人经常手捧席勒书卷,一同登高临水去吟哦咏叹。[①] 成仿吾有心翻译席勒剧作《华伦斯坦》第三部《华伦斯坦之死》,并曾于1926年在创造社的刊物上登过翻译预告,但一直未付诸实施,因此郭沫若译出这部剧作可算是了却了挚友的一桩夙愿。

其次,郭沫若觉得《华伦斯坦》对当时的中国颇有效用,认为它折射出中国当时的现实社会,译出此剧颇有"借他人之酒杯,浇自家胸中之块垒"之意。在他看来,万恶黑暗的封建时代在德国虽然已成过去,但在中国国内却正值当时:阴谋、暗杀、叛国和卖友等社会污垢恰恰是当时中国社会局势和政治现实的真实写照;而忠贞坚守、恪守信义、奋勇斗争和争取自由等高贵品质也是当时的中国之所亟需,其光芒也并未消散泯灭;剧中所写的有关这些品质的生成、发展和失败,对当时的中国人也是很好的借鉴和参考。

再次,郑振铎约稿的可能性极大[②]。郑振铎是当时《世界文库》书系的主编,在1935年5月所撰《世界文库发刊缘起》一文中就已经把席勒戏剧列入"文库"戏剧类丛书的出版计划之中,言称"近代戏曲的发展也是很可敬的",并把席勒排在30多位亟待译介

[①] 郭沫若:《译完了"华伦斯坦"之后》,[德]席勒:《华伦斯坦》,郭沫若译,人民文学出版社1955年版,第471页。
[②] 傅勇林等:《郭沫若翻译研究》,四川文艺出版社2009年版,第146页。

的戏剧家的首位。① 在文后的"编例"中还有一段关于名著重译的说明:"有一部分的名著是已经译出来过的。我们在可能的范围内竭力避免重复。唯过于重要的著作,不能不收入本文库里的,或从前的译文过于不能读的,或失去原意的,我们仍将不避重译之嫌。"②可见,《华伦斯坦》就在应当重译之列。至于重译原因,似乎既有认为席勒著作非常重要的考虑,也有对先前胡仁源译本(1933)质量不甚满意的因素。从出版时间上看,郭沫若于1936年8月13日译讫该书,当月15日作《译完了〈华伦斯太〉之后》,同年9月,译本即出版面世,时间上紧锣密鼓的安排让人推测郭沫若的重译极有可能是有意而为③。另外,郑振铎还在《世界文库》的出版样本中列出了一份长达118人的编译委员会成员名单,当时郭沫若未被列入,但名单后又附注说明"尚有多人在接洽中"。④ 郭沫若很有可能在郑振铎的"接洽"之列,因为后来实际参与此项工作的并没有那么多人,而郭沫若是做出过实质性贡献者之一,郑振铎也明确感谢他对第二年《世界文库》付出的心血⑤。

最后,是为了凸显郭沫若的一个重要翻译主张,即重译的必要性以及直译的优先性。就郭沫若的德语著作翻译而言,尽管他会在翻译过程中参考日译本、英译本乃至已经"崔颢题诗在上头"的汉译本,但几乎全都译自德语原文,唯一译自日文转译本的《美术

---

① 郑振铎:《世界文库发刊缘起》,载郑振铎编:《世界文库》,生活书店1935年版,第4页。
② 同上书,第5页。
③ 傅勇林等:《郭沫若翻译研究》,四川文艺出版社2009年版,第146页。
④ 转引自钱小柏:《郑振铎与〈世界文库〉》,载宋应离等编:《20世纪中国著名编辑出版家研究资料汇辑·第4辑》,河南大学出版社2005年版,第584页。
⑤ 同上书,第589页。

考古发现史》也曾计划比照德语原本校对一番;至于他借助德语等中介语转译的《新时代》和《战争与和平》等俄罗斯文学名著,则主要是迫于生计压力、不得已而为之的卖文鬻字之举。郭沫若翻译的《华伦斯坦》并不是这部名著最早的汉译本,第一个吃螃蟹的人是曾为前清进士的胡仁源(1883—1942),后来负笈东瀛和英伦留学。胡仁源翻译的《瓦轮斯丹》于1933年付梓,收入当时商务印书馆的《万有文库》之"汉译世界名著"书系第一集第1 000种。胡仁源在国外学习的是与船坚炮利相关的科学技术,翻译人文类名著想必只是兴趣使然。他翻译过萧伯纳的《圣女贞德》,就德语作品而论,除了《瓦轮斯丹》之外,还有康德的《纯粹理性批判》和歌德的《哀格蒙特》等。胡仁源《瓦轮斯丹》译本的最大特点是把原剧的诗体改译成了散文形式,而郭沫若的译本在较大程度上保留了原作的韵文形式,尤其尽可能照顾到台词的叶韵。可惜的是,胡仁源译本并未附上只言片语的译者序跋,因为缺乏相关"副文本",无法了解更多的翻译相关信息。但有学者对照了第一部《华伦斯坦的兵营》第十一场中的德语原文和胡仁源译文,指出胡仁源的翻译与德语原文有较大出入[1],此言不差;但能否就此推断出胡仁源并非从德语直译,而是转译自英语[2],却还要打上一个问号。以下列出第一部第十一场中凯骑兵甲所言的一段德语原文、多种英译文及胡仁源和郭沫若的译文,从语言对等的角度展开进一步分析。

---

[1] 傅勇林等:《郭沫若翻译研究》,四川文艺出版社2009年版,第145页。
[2] 同上。

第二章　郭沫若与席勒

表5　《华伦斯坦》第一部第十一场德语原文、英译文、胡仁源和郭沫若的译文选段

德语原文① (Friedrich Schiller)	英译文一② (trans. by James Churchill)	英译文二③ (trans. by Lord Francis Leveson Gower)	英译文三④ (trans. by Theodore Wirgman)	胡仁源译文⑤	郭沫若译文⑥
Und weil sich's nun einmal so gemacht,	Thus, my lads, 'tis my counsel, while	And since for once kind of fortune sheds	Because things wear now such a pleasing mask,	因为现在已经做成这样局面，	总之目前正是我们军人的天下，
Daß das Glück dem Soldaten lacht.	On the soldier Dame Fortune deigns to smile,	Her smile and favour on our heads,	When Fortune on the soldier deigns to smile,	军人是幸运的骄子，	
Laßt uns mit beiden Händen fassen,	That we with both hands her bounty clasp,	With both hands let us hold her fast –	Let us with both hands grasp her for the while;	让我们赶快双手捉住这个机会，	让我们伸出两手来抓拿，

① Friedrich Schiller, *Wallenstein*, München: Goldmann, 1972, S. 39–40.
② Friedrich Schiller, Samuel Taylor Coleridge & James Churchill (trans.): *The Piccolomini*, *The Death of Wallenstein*, *Wallenstein's Camp*, Boston: Francis A. Niccolls, 1902, p.420.
③ Friedrich Schiller, Lord Francis Leveson Gower et al. (trans.): *Schiller's Poems and Plays*, London et al.: George Routledge and Sons, 1889, p.448.
④ Friedrich Schiller, Theodore Wirgman (trans.), *Wallenstein's Camp*, London: D. Nutt, 1871, p.93.
⑤ [德]席勒：《瓦伦斯丹（上）》，胡仁源译，商务印书馆1933年版，第42—43页。
⑥ [德]席勒：《华伦斯太》，郭沫若译，生活书店1936年版，第33页。

145

续 表

德语原文 (Friedrich Schiller)	英译文一 (trans. by James Churchill)	英译文二 (trans. by Lord Francis Leveson Gower)	英译文三 (trans. by Theodore Wirgman)	胡仁源译文	郭沫若译文
Lang werden sie's uns nicht so treiben lassen!	For it may not be much longer left to our grasp.	Our day of license will not last;	Long they won't let us lead a life so bright;	因为这样的情形已经不能很久了。	这情形恐怕不会是长久的吧。
Der Friede wird kommen über Nacht,	Peace will be coming some over-night,	The stealthy night draws on when peace	For peace may come quite sudden over night.	有一天和平一定忽然实现，	说不定明天便会太平，
Der dem Wesen ein Ende macht;	And then there's an end of our martial might.	Shall bid our good vocation cease.	And put a stop to all our glorious life; —	现在的局面完全变更，	军队便告终正寝；
Der Soldat zäumt ab, der Bauer spannt ein,	The soldier unhorsed, and fresh mounted to boor,	The soldier unbridles, the peasant puts to,	Then soldiers will not harness for the strife, But peasants will at once put to their teams;	军人势力减退，农民气焰增高，	军人放马归牛，百姓深耕易耨，
Eh man's denkt, wird's wieder das alte sein.	Ere you can think it 'twill be as before.	Ere we think it, the dismal old time we renew;	Old customs will revive as quick as dreams.	不知不觉之中，已经回复从前的样子。	在人还未觉察之前，天下已平安如旧。

续 表

德语原文 (Friedrich Schiller)	英译文一 (trans. by James Churchill)	英译文二 (trans. by Lord Francis Leveson Gower)	英译文三 (trans. by Theodore Wirgman)	胡仁源译文	郭沫若译文
Jetzt sind wir noch beisammen im Land,	As yet we're together firm bound in the land,	But now in the country together we stand,	Now here we're altogether in this land,	现在我们在这个地方集合，	现今我们还聚集在阵头，
Wir haben's Heft noch in der Hand.	The hilt is yet fast in the soldier's hand.	With the belted broadsword, and the hilt in our hand;	We all, too, hold our weapons still in hand.	所以我们手中还有这点权威。	实权还在我们的手；
Lassen wir uns auseinandersprengen,	But let 'em divide us, and soon we shall find,	And if for an instant we cease to unite,	But, if perchance we should asunder get,	若果彼此分散开来，	假如我们一分散了，
Werden sie uns den Brotkorb höher hängen.	Short commons is all that remains behind.	The loaf will be hung out of reach und of sight.	Our bread-maund they will hang still higher yet.	人家立刻就要吊求我们了。	会连面包也不能糊口。

注：表中下画线为笔者所加。

对胡仁源在翻译时不加任何介绍或交代的做法,其后也有间接的批评之声。杨白平1942年译出德国历史小说家米尔巴赫(Luise Mühlbach)原著《歌德与席勒》,在译者导言的最后一节曾专门叙述"席勒与中国",提及席勒的几部汉译作品,其中就包括这部《华伦斯坦》,并批评有些译者仅仅译出原文而没有只言片语的介绍[①],胡仁源的译本应该就在这一批评之列。不过,从以上译文,尤其是画线的两处可以看出:英译文较为充实地传递了德语原文的意思,而胡的两处译文在较大程度上偏离了德语原文和英语译文的意思,这也再次印证了前面对胡仁源译本基于英语转译而出这一推测的怀疑。相较之下,诗人兼剧作家身份的郭沫若的译文不仅叶韵,而且在语言的洗练和文辞上都胜过胡仁源的版本。举例来说,"军人放马归牛,百姓深耕易耨"较为准确地把握了原文的意思,文字精练雅致,还具有对仗美。

(二)郭沫若对译本的修改

郭沫若的译本经历了3个版本(1936,1947,1955),跟他的其他著译作品一样,这部译作也反映了中国时代精神的变迁,体现了社会现状、时代环境对外来文化热切的内在需求。有学者特别指出1955年《华伦斯坦》修订本在遣词造句上的变动,尤其是将之前Verräter一词由原来的翻译"汉奸"修订为"叛徒",并增加了关注人民的细节,这一点在第三部第一幕的几个场景翻

---

① 杨白平《译者导言》,载[德]露易丝·米尔巴赫:《歌德与席勒》,杨白平译,越新书局1942年版,第22页。

148

译中得到很好的印证。① 以下借鉴之前学者研究的表格②,并增加了其他实例。

表6 《华伦斯坦》德语原文与郭沫若两个版本的译文

场　次	德　语　原　文	郭沫若1936年译文	郭沫若1955年修订
第三部第一幕第四场	War ich, wofür ich gelte, der Verräter,/Ich hätte mir den guten Schein gespart.③	(华伦斯太)我假如是世间上所说的<u>汉奸</u>,那我一定会装个善良的外观。④	(华伦斯坦)我如果是世间上所说的<u>叛徒</u>,那我一定会装个善良的外观。⑤
第三部第一幕第五场	Wir haben/Um Juda's Lohn, um klingend Gold und Silber/Den König auf der Walstatt nicht gelassen!⑥	(乌朗葛尔)我们不是为点<u>汉奸</u>的奖品,丁当的金银,把我们的国王化成了战地之尘!⑦	(乌朗葛尔)我们不是为点<u>叛徒</u>的奖品,叮当的金银,把我们的国王化成了战地之尘。⑧
第三部第一幕第五场	WALLENSTEIN: Was ist des Kanzlers Forderung? WRANGEL *bedenklich* Zwölf Regimenter gilt es, schwedisch Volk./Mein Kopf muß dafür haften. Alles könnte/Zuletzt nur falsches Spiel —⑨	(华伦斯太)宰相的要求是什么?(乌朗葛尔)〈考虑地〉瑞典军联队十二。这是用我的脑袋担保,一切到最后怕只是玩意——⑩	(华伦斯坦)宰相的要求是什么?(乌朗葛尔)十二个瑞典军联队,瑞典<u>人民</u>。我的脑袋要为它作抵押品,一切到最后怕只是玩意——⑪

---

① 莫小红:《历史内需与文化过滤——试析郭沫若的席勒接受》,《中国文学研究》2015年第1期,第114页。
② 同上。
③ Friedrich Schiller, *Wallenstein*, München: Goldmann, 1972, S. 134.
④ [德]席勒:《华伦斯太》,郭沫若译,生活书店1936年版,第110页。
⑤ [德]席勒:《华伦斯坦》,郭沫若译,人民文学出版社1955年版,第238—239页。
⑥ Friedrich Schiller, *Wallenstein*, München: Goldmann, 1972, S. 139.
⑦ [德]席勒:《华伦斯太》,郭沫若译,生活书店1936年版,第115页。
⑧ [德]席勒:《华伦斯坦》,郭沫若译,人民文学出版社1955年版,第249页。
⑨ Friedrich Schiller, *Wallenstein*, München: Goldmann, S. 138–139.
⑩ [德]席勒:《华伦斯太》,郭沫若译,生活书店1936年版,第114页。
⑪ [德]席勒:《华伦斯坦》,郭沫若译,人民文学出版社1955年版,第247—248页。

续表

场次	德语原文	郭沫若1936年译文	郭沫若1955年修订
第三部第二幕第二场	MAX：Nur — zum Verräter werde nicht! Das Wort Ist ausgesprochen. Zum Verräter nicht!①	不过——千切不要做汉奸！这个字终于流出了我的口。你千切不要做汉奸！②	不过——千切不要做叛徒！这个字终于流出了我的口。你千切不要做叛徒！③
第三部第五幕第九场	Verräterei! Verräterei! Wo ist/Der Herzog?④	汉奸！汉奸！公爵是在那儿？⑤	叛徒！叛徒！公爵何在？⑥

在郭沫若1936年的译本中，具有"叛徒"义项的德文单词Verräter，甚至是耳熟能详的《圣经》人物犹大(Juda)，都被无一例外地译成了颇具中国政治和国情文化意象的"汉奸"。即便是表示"叛徒"所作行为的Verräterei("出卖，背叛")，也在初版本中被译成了"汉奸"。尽管该词泛指中华民族中投靠外国侵略者、出卖祖国利益的败类，但考虑到20世纪30年代的政治氛围，可以立刻对该词影射的群体心领神会，即抗日战争时期出现的大量为日本人卖命的伪军。显而易见的是，当时的时代和政治背景影响了郭沫若对席勒戏剧的解读⑦，这可以视为一种历史内需造成的误读误释。郭沫若批判剧本对人物形象的刻画，认为"剧中登场的人

---

① Friedrich Schiller, *Wallenstein*, München：Goldmann, S. 151.
② ［德］席勒：《华伦斯太》，郭沫若译，生活书店1936年版，第123页。
③ ［德］席勒：《华伦斯坦》，郭沫若译，人民文学出版社1955年版，第270页。
④ Friedrich Schiller, *Wallenstein*, München：Goldmann, S. 245.
⑤ ［德］席勒：《华伦斯太》，郭沫若译，生活书店1936年版，第210页。
⑥ ［德］席勒：《华伦斯坦》，郭沫若译，人民文学出版社1955年版，第462页。
⑦ 莫小红：《历史内需与文化过滤——试析郭沫若的席勒接受》，《中国文学研究》2015年第1期，第113页。

物,几乎个个都是善人,没有一个是彻底顽恶的"①,这显然与历史事实背道而驰,甚至不符合善恶对立引发矛盾冲突的文学创作常识。郭沫若如此解读是顺应20世纪30年代中国政治局势发展所需,因为当时国内亟需具有坚决而彻底的斗争精神的英雄。1935年,中共中央发表《为抗日救国告全体同胞书》,主张建立抗日民族统一战线,在全民抗战的大背景下,对斗争英雄的期待可以说是呼之欲出。为配合抗日宣传,文艺界提出了"国防文学"的口号,号召爱国作家创作抗日救亡作品,把文艺运动融入抗日洪流中去,掀起了国防文艺运动的高潮。1936年,左翼内部爆发两个口号之争,郭沫若也参与其中,发表了《国防·污池·炼狱》《在国防旗帜下》《我对于国防文学的意见》《蒐苗的检阅》等文章,积极宣扬"国防文学",适逢其时的席勒戏剧《华伦斯坦》也因此被刻意阐释为"国防文学"。另外,郭沫若认为此剧刻画了汉奸生成、发展和失败的历史,也是适应时代背景和政治社会的需求,有意无意把读者拉回中国人民同仇敌忾地抗击日寇的现实②,提醒大家注意和提防一小撮出卖祖国和同胞的汉奸走狗。尽管席勒笔下的三十年战争的历史时代与当时中国社会所处的时期并不完全一样,但郭沫若仍然采用历史时期共时化的方式,将两者都定格在封建时代的末期,并将剧本序幕中的一段战乱频仍、民生凋敝、蝇营狗苟的描写归结为"近在眼前"的场景,得出该剧给中国提供了

---

① 郭沫若:《译完了"华伦斯坦"之后》,载[德]席勒:《华伦斯坦》,郭沫若译,人民文学出版社1955年版,第472页。
② 莫小红:《历史内需与文化过滤——试析郭沫若的席勒接受》,《中国文学研究》2015年第1期,第113页。

"时代教训"①的结论。基于这一点,主治中国近代思想史的美国汉学家列文森指出,郭沫若的《华伦斯坦》翻译为中国政治这具躯体开了一剂革命的药方。②

值得注意的是,1947年的再版仍然保留了将"叛徒"移译为"汉奸"的译法,个中原因恐怕在于当时抗日战争刚刚结束两年,抗战者与卖国贼对峙的局势尚未完全烟消云散。新中国成立后第六个年头的1955年恰逢席勒逝世150周年,民主德国将这一年命名为"席勒年",世界和平理事会推选席勒为世界四大文化名人之首;1959年又逢席勒诞辰200周年,首都北京举办了隆重的纪念活动,中国的席勒译介和研究迎来又一轮高潮。③ 在名人纪念的文化背景下,郭沫若将《华伦斯太》更名为《华伦斯坦》,不仅修订了译本相关内容,对译者序言也做了较大改动。在《改版书后》中,郭沫若修正了之前将《华伦斯坦》定位为"国防文学"的观点,否定了之前对此剧人物塑造的批评,认为《华伦斯坦》是"如此伟大","这部作品的确是值得我们玩味和学习的";彻底颠覆了之前认为此剧"忠于自己的见解",而"不忠于现实"的看法,认为席勒"采取的是莎士比亚路线""他在写作时更尽力克制了自己的主观感情,想正确地反映出历史发展的真实"④。郭沫若谦虚地将其中

---

① 郭沫若:《译完了〈华伦斯坦〉之后》,载[德]席勒:《华伦斯坦》,郭沫若译,人民文学出版社1955年版,第474页。
② Joseph R Levenson, *Revolution and Cosmopolitanism: The Western Stage and the Chinese Stage*, Berkeley: University of California Press, 1971, p.15.
③ 莫小红:《历史内需与文化过滤——试析郭沫若的席勒接受》,《中国文学研究》2015年第1期,第114页。
④ 郭沫若:《改版书后》,载[德]席勒:《华伦斯坦》,郭沫若译,人民文学出版社1955年版,第477页。

的原因归于自己此前对席勒的了解不全面,对作品了解不深入。其实并非如此。20世纪50年代中期以后,极左意识形态日渐盛行,唯物主义与唯心主义、现实主义与浪漫主义被人为地对立起来,成为评判和衡量政治上进步或者落后的准绳。新中国成立后,郭沫若身居政治高位,对文化的认同也随之发生变化。他秉持"人民本位主义",将其视为文艺批评的标准,符合这个本位的是"真善美",不符合的就是"丑恶伪",所以在修订本中有意增加了关注人民的细节。① 在此,如果回顾本书前面探讨的郭沫若《浮士德》第二部的翻译,可以发现两部译作对作品现实主义与"人民本位主义"基调的强调是何等相似,以至于郭沫若要在修改中刻意增加旧译中没有的相关内容。事实上,郭沫若如此处理并非偶然,也绝非只有他一人这样看待席勒及其著作。他对译作的修改,以及对席勒及其作品的看法,都投合当时那个时代意识形态的大势所趋。在当时极左思潮影响下,田汉、贺敬之、冯至等学者们亦纷纷挖掘席勒后期作品中的人民性思想。② 在首都纪念席勒诞辰两百周年大会上的讲话中,田汉就突出了席勒晚期"认识人民、信仰人民、依靠人民"的精神,并声称其爱国主义和民主精神能使他"突破唯心主义美学观的桎梏"而重返战斗的现实主义道路。③

不管是与郭沫若翻译的其他德国文学作品(尤其是《浮士德》和《维特》),还是与席勒其他几部剧作在国内的影响力相比,郭译

---

① 莫小红:《历史内需与文化过滤——试析郭沫若的席勒接受》,《中国文学研究》2015年第1期,第115页。
② 同上。
③ 田汉:《席勒,民主与民族自由的战士》,《戏剧报》1959年第22期,第10页。

《华伦斯坦》在中国的影响力都不算大。虽然该书在1947年和1954年两度再版，但一个不可否认的事实是，比之席勒的《强盗》和《阴谋与爱情》，尤其是《威廉·退尔》等剧，《华伦斯坦》可以说是不太为国人知晓的席勒剧作。特别是《威廉·退尔》，不仅在国内得以四度汉译（马君武、项子和、张威廉、钱春绮），民国影视界还曾引入德国同名电影（改为《义士退尔》），而且还有改编后的戏剧《民族万岁》大获成功。[①] 如果对比一下德国国内对该剧的高度评价及其在德国戏剧舞台上的地位，可以断言这部戏剧进入中国后发生了接受和传播上的变异。1799年3月18日，歌德在读完《华伦斯坦》两部之后给席勒回信，建议席勒稍微压缩一下《皮柯洛米尼父子》的内容，并盛赞这两部戏剧"对于德国舞台来说将是难以估量的馈赠，必将在舞台上多年常演不衰"[②]。该剧在中国国内反响平平，其原因有三：其一，20世纪30年代外国文学译介的高潮迭起，仅就郭译《华伦斯坦》出版的1936年而言，在上海就有24部国外戏剧译作发行，读者的分流和重译降低了其影响力；[③]其二，20世纪30年代左联翻译的苏俄现实主义文艺作品主导了当时的中国译坛[④]，一个明显的例证就是郑振铎编译的《世界文库》中苏俄作品占据了主要部分，而德国作品仅有几部；其三，当时中

[①] 参见叶隽：《退尔镜像的中国变形及其所反映的文化转移》，《南京师范大学文学院学报》2011年第2期，第149、151页。
[②] Johann Wolfgang von Goethe, *Goethe mit Schiller I* ［= von Friedmar Apel et. al（Hrsg.）*Johann Wolfgang von Goethe: Sämtliche Werke. Briefe, Tagebücher und Gespräche*, Bd. 31, Berlin: Deutscher Klassiker Verlag］, Shanghai: Shanghai Foreign Language Education Press, 2016, S. 653－654.
[③] 傅勇林等：《郭沫若翻译研究》，四川文艺出版社2009年版，第147页。
[④] 同上。

国抗击日本侵略的救亡图存这一时代背景不利于《华伦斯坦》的流传,其时民众要求建立抗日民族统一战线的呼声高涨,而《华伦斯坦》则被人误解为"汉奸文学",这也是该剧在国内反响平平的最重要原因①。也正因如此,郭沫若在1954年在第三版发行之时才进行了较大的修改,最大的改动就是将原来的翻译"汉奸"修订为"叛徒",并增加了关注人民的细节。②

（三）郭沫若对席勒悲剧和史剧的接受

值得一提的是,国内学界在探讨郭沫若戏剧所受异域和外来的影响时,多半专注于揭示郭沫若对歌德戏剧的接受历程,专门致力于构建郭沫若戏剧与席勒戏剧之间关联的研究,可以说是凤毛麟角。专就戏剧创作而论,尽管歌德的成就和地位无法与席勒抗衡,但这两位德国古典巨擘的剧作在很多方面也有一些共同之处（比如对历史题材的偏好和化用、在尊重史实的基础上进行改编甚至一定程度的虚构、"新英雄悲剧"③的创作、不忘对平民小人物的关注、剧中有诗等）,其"狂飙突进"时代的前期剧作又被中国学界惯常地视为浪漫主义剧作,因此国内也有不少学者将歌德和席勒的戏剧理论和实践并置,从整体上发掘郭沫若从这一德式资源中汲取的精神养料,以及对其戏剧创作,尤其是历史剧创作的反作用④。有鉴

---

① 傅勇林等:《郭沫若翻译研究》,四川文艺出版社2009年版,第147页。
② 莫小红:《历史内需与文化过滤——试析郭沫若的席勒接受》,《中国文学研究》2015年第1期,第114页。
③ 陈瘦竹:《陈瘦竹戏剧论集(上、中、下册)》,江苏教育出版社1999年版,第1382页。
④ 陈瘦竹:《陈瘦竹戏剧论集(上、中、下册)》,江苏教育出版社1999年版,第1377—1406页;章俊弟:《歌德、席勒与郭沫若的历史剧》,《青海师范大学学报(哲学社会科学版)》1991年第3期。

于此,郭沫若对席勒戏剧的接受,或曰席勒戏剧对郭沫若的影响,很多时候也要置于歌德戏剧共同作用的整体观下进行。

1942年1月2日,郭沫若开始创作历史剧《屈原》,并在短短10天内完成全剧。剧本于1月24日—2月7日在《中央日报》连载之后不久,当时的年轻诗人、后来成为报告文学家的徐迟就致信郭沫若,希望作者将这一节独白从戏中删除,理由是《雷电颂》与莎剧《李尔王》中暴风雨的场景"有平行",说得更直白一些就是"袭用"。事实证明,郭沫若在创作《屈原》之前尚未读过《李尔王》,所以徐迟的质疑恐怕只是个误会。在1978年郭沫若逝世之际,徐迟在《剧本》1979年第1期发表了《郭沫若、屈原和蔡文姬》的纪念文章,表示完全同意郭沫若的辩解,并坦然对自己的质疑致歉。后来也有学者指出,类似"雷电颂"这样的场景和台词倒是更能让人联想起《威廉·退尔》第四幕第一场开头中渔夫的大段独白①:"渔夫:风啊,你恣肆罢!霹雳啊,往下烧罢!乌云啊,崩裂罢!天上的洪流啊,向下灌罢,把这土地淹没!把未生的一代,彻底毁灭!你们这些野种,请来作主!熊啊,还有洪荒的老狼们,再来罢!这是你们的老家。没有自由,谁愿意在此生活!"②

席勒和歌德将悲剧艺术从消极的、凄惨的状态提升到积极的、壮丽的境界,创作出洋溢着理想和乐观主义的英雄悲剧,这是两位剧作家的历史剧最突出的特色③。席勒和歌德戏剧对郭沫若的最

---

① 陈瘦竹:《陈瘦竹戏剧论集(上、中、下册)》,江苏教育出版社1999年版,第1404页。
② [德]席勒:《威廉·退尔》,张威廉译,上海文艺出版社1955年版,第126页。
③ 范劲:《论席勒对郭沫若历史剧的影响》,《吉首大学学报(社会科学版)》1997年第3期,第67页。

大影响在于对悲剧概念的理解,他们都是把悲剧看作一种充盈着理想主义激情和乐观主义精神的"悲壮剧"。席勒和歌德的许多戏剧都是诗剧,在散文剧中也往往插入大量抒情诗,这种形式有利于表现主观情绪和抒发情感;即便是不分行的散体独白或对白,也因为字里行间充满浓得化不开的诗意,可以被当之无愧地称为"不分行的诗"①,更确切地说是"剧诗"②。郭沫若初登文坛是凭借诗人身份声名鹊起,早期戏剧以诗剧的形式呈现,虽然也分场幕,也有舞台说明,但很少在舞台上演出;直到抗日战争风起云涌的20世纪40年代,六部横空出世的历史悲剧才奠定了他杰出剧作家的名声和地位。不容忽视的是,郭沫若的历史悲剧承袭了中国古典戏剧的元素,但在戏剧研究先驱陈瘦竹看来,"若以文学姻缘而论,郭沫若的历史悲剧并非来自民族戏曲的传统,而接近于歌德和席勒的理论和实践,属于同一样式"③。在他眼中,较之莎士比亚,郭沫若"和两位德国作家有更多相似之处"④。

另外,郭沫若对席勒的接触与他的歌德接受发生在同一时期,但他20世纪20年代的戏剧却主要受到歌德和现代派的影响,席勒影响不甚明显,其后的戏剧中才可清晰窥见席勒戏剧影响的痕迹,这说明他戏剧中的社会政治倾向是逐渐增强的。⑤ 对郭沫若

---

① 陈瘦竹:《陈瘦竹戏剧论集(上、中、下册)》,江苏教育出版社1999年版,第731页。
② 同上书,第728、735页。
③ 同上书,第1405页。
④ 同上。
⑤ 范劲:《论席勒对郭沫若历史剧的影响》,《吉首大学学报(社会科学版)》1997年第3期,第70页。

早期剧作如《湘累》《孤竹君之二子》等产生主要影响的，还是歌德戏剧；而到了抗战时期，郭沫若自觉地以戏剧为武器，为现实斗争服务，提倡团结抗日，不仅翻译出《华伦斯坦》，而且在席勒剧作的影响下创作出多部振聋发聩的抗战戏剧名篇。

二、郭沫若所译席勒诗歌中的戏剧关联

从历史上看，戏剧本是诗的一种，或者说戏剧中包含着诗的质素。① 在西方数千年的悲剧史上，悲剧与诗体形式一直是不可分割的。正因如此，才有"诗剧"和"剧诗"的说法。在叙述历史或异国情调的剧作中也往往采用诗剧的形式，以便和现实生活拉开一定距离，产生令人信服的时空间距和审美效果。对此，歌德也曾说过："一个伟大的戏剧体诗人如果同时具有创造才能和内在的、强烈而高尚的思想情感，并把它渗透到他的全部作品里，就可以使他的剧本中所表现的灵魂变成民族的灵魂。"② 这在中国也是如此：元代杂剧通称元曲，和唐诗宋词并列，直到今天，中国古典戏剧仍被称为戏曲。纵观古今中外的文人作家群体，可以发现一个相当引人瞩目的事实，即诸多诗人和叙事作家会转向戏剧创作，或者至少做一下这方面的尝试。似乎冥冥之中存在一种神秘的艺术本能，推动诗人和叙事作家靠近和走向戏剧。戏剧呈现为一种高度象征性、仪式性和隐喻性的语言，是诗之创造性的最大可能的延伸和扩展，当诗人或叙事作家转向戏剧时，可以找到一种呈现内心理念和思想情感的另外方式。对此，别林斯基早就

---

① 陈瘦竹：《陈瘦竹戏剧论集（上、中、下册）》，江苏教育出版社1999年版，第728页。
② ［德］爱克曼辑：《歌德谈话录》，朱光潜译，人民文学出版社2000年版，第128页。

深刻地指出:"戏剧诗是诗的最高发展阶段,是艺术的冠冕,而悲剧是戏剧诗的最高阶段和冠冕。"①在《〈克伦威尔〉序》中,雨果也称"戏剧是完备的诗",并借助譬喻,用蕴含着深切浪漫情怀的笔调写道:

> 原始的抒情诗可比喻为一泓平静的湖水,照映着天上的云彩和星星;史诗(实为"叙事")是一条从湖里流出去的江流,反照出两岸的景致——森林田野和城市,最后奔流到海,这海就是戏剧。总起来说,戏剧既像是湖泊,照映着天空,又像是江流,反照出两岸。但只有戏剧才具有无底的深渊和汹涌的风暴。②

作为一名卓有建树的文论家,郭沫若对诗歌、戏剧和包括小说在内的叙事文学三大体裁之间的辩证关系也不乏精彩独到的论述,比如"诗是文学的本质,小说和戏剧是诗的分化;文学的本质是有节奏的情绪的世界;诗是情绪的直写,小说和戏剧是构成情绪的素材的再现"③;又说决定诗意的并非分行的外在形式,"诗的本职专在抒情。抒情的文字便不采诗形,也不失其诗"④;在《诗歌国防》一诗中也不忘强调小说和戏剧中必要的诗意元素,"小说和戏

---

① [俄]别林斯基:《别林斯基选集》(第二卷),满涛译,上海译文出版社1979年版,第76页。
② [法]维克多·雨果:《雨果文集·莎士比亚论》,柳鸣九译,译林出版社2013年版,第45页。(译文有轻微改动)
③ 郭沫若:《郭沫若全集·文学编·第十五卷》,人民文学出版社1990年版,第352页。
④ 同上,第47页。

剧中如果没有诗/等于是啤酒和荷兰水走掉了气/等于是没有灵魂的木乃伊"①。

正如上文所述，不管是歌德、席勒还是郭沫若的戏剧，都可以当之无愧地称为"诗剧"，所谓"剧中有诗"。这不光体现为剧中穿插各种形式的诗行、谣曲、民歌等，戏剧人物非韵文形式的大段独白和对白在某种程度上也可以成诗，就连某些场景描写因为蕴含了无限韵致也可以增加戏剧的诗意，而这些特质在三位戏剧家的作品中都不难窥见。就郭沫若与席勒的关系而论，尽管郭沫若没有翻译过《威廉·退尔》全剧，但译出了该剧里的一首插曲②，即第一幕开场渔童在小船上吟唱的诗句，"湖光含笑招人浴/儿童酣睡岸草绿/忽听一声鸣/声如笛样清/又如乐园天使声/神怡心畅儿梦回/流水荡漾胸四围/声自水中呼：/儿乎已属吾/余诱睡者入水都"。这首译诗初收于郭沫若《神话的世界》一文（《创造周报》1924年第27期），后来的《德国诗选》两个版本（1927、1928年版）和《沫若译诗集》的所有版本均有收录，各版文字均无改动。如果把这一段与后来张威廉的译文对照，就会发现后者或多或少受到了前者的影响，"湖光含笑招人浴/儿童酣睡湖滨绿/忽闻清响似笛鸣/又如乐国天使声/儿童醒来正欢忻/湖水已在漱胸襟/水底有声

---

① 郭沫若：《郭沫若全集·文学编·第二卷》，人民文学出版社1982年版，第6页。
② 有学者提及郭沫若还译过剧中的另外一首插曲，即第三幕第一场退尔之子瓦得玩弓箭时所唱的歌，"握着箭与弓，穿过山和谷，射者缓步来，清晓日初出。就（犹）如太空国，鸷（鹫）鹰为其王——群山幽壑里，射者治无疆。所辖殊辽远，但任（凭）箭所及，飞禽和走兽，听他来俘获"（参见范劲：《论席勒对郭沫若历史剧的影响》，《吉首大学学报（社会科学版）》1997年第3期，第67页），但事实上郭沫若并未翻译过这首插曲，论者所引的译文也并非来自郭沫若，而是另有其人，参见［德］席勒：《威廉·退尔》，张威廉译，上海文艺出版社1955年版，第88页。

唤我儿!/我引睡者入水来"①。

郭沫若与席勒诗歌的另外一段因缘在于,他深受席勒叙事谣曲(Ballade)《手套》(*Der Handschuh*)的触动而创作出叙事诗《暴虎辞》。这首诗1921年8月作于日本,最后两句写道:"吾慕许雷《手套吟》,挥笔而成《暴虎辞》。"郭沫若的《史的悲剧〈苏武与李陵〉·楔子》一文首发于《学艺》1921年第3卷第2期,后来作为附录列在《郭沫若全集·文学编》中收入的《暴虎辞》之后。文中郭沫若借打时调大鼓的女士之口陈述:"吾慕许雷《手套吟》,击鼓而成《刺虎辞》",而且该女士也将郭沫若的创作与席勒叙事谣曲之间的关联和盘托出,言称李禹的逸事与席勒的《手套》所述故事相仿。该文注释交代全剧未见,仅存《楔子》这一断片,但击鼓女士所唱鼓词全部照录郭沫若的叙事长诗《暴虎辞》。不管是标题中"史的悲剧"透露的信息,还是全篇中舞台监督、负责陈设和搬运花鼓的杂役、打花鼓女士等人物角色的出场,抑或是幕布这一重要戏剧舞台要素的呈现,都再次将《暴虎辞》暗含的戏剧元素表露无遗。

歌德与席勒这一德国古典文学"双子星座"对叙事谣曲极为推崇,两人都创作了大量的此类作品,以至于1797年被称为"叙事谣曲年";而以诗人身份奠定名声基石的郭沫若,尽管也创作了大量诗歌,叙事诗却是生平绝无仅有。从文类上来说,融合了戏剧、叙事和诗歌三大体裁元素的德国叙事谣曲跟中国的叙事长诗有较大的共通之处。出于这一原因,民国留德音乐家王光祈在《论中国

---

① [德]席勒:《威廉·退尔》,张威廉译,上海文艺出版社1955年版,第5页。

诗学》一文中就用属于德国古典文学体裁范畴的"叙事谣曲"一词来为《木兰辞》定性。① 也正是因为叙事谣曲和叙事长诗都含有戏剧的因子,所谓"诗中有剧",有学者在比较《手套吟》和《暴虎辞》时就提到了它们的戏剧性质,认为"前者为一般的叙事作品,类乎正剧,而后者则采取了悲剧的形式,属于英雄悲剧"②,并言称若是就诗中暗含的英雄悲剧这一性质而论,《暴虎辞》与席勒的另一首叙事谣曲《潜水者》(Der Taucher)倒是颇为近似③。无独有偶的是,席勒的这两首叙事谣曲都在"叙事谣曲年",即1797年诞生。

《手套吟》和《暴虎辞》都采用的是各自民族的民间文学形式——叙事谣曲和鼓词,但颇有意思的是,追根溯源起来,它们都不是德国和中国所固有的,全都是来自异族的舶来品。④ 德语里的Ballade原本就是法语外来词(在法语中意为"伴舞的歌曲"),而该法语词就词源而言由拉丁语词ballare(又源于希腊语ballizein,"跳舞")一词派生而来。叙事谣曲的戏剧性体现在它会活灵活现地讲述一桩非同寻常的事件,诗中很有可能直接出现人物的对话,而且像戏剧一样含有开端、发展、高潮和结尾四个部分。被打鼓女士称为"国技"的鼓词则属于中国民间叙事讲唱文学,而这种韵散相间的变文在唐代以前是没有的,追溯起来是因为佛教在唐代兴盛起来,国内民间文学进而受到从印度输入的作品的影响,但其功用由宗教宣讲逐渐转化为商业娱乐;变文后来演化为宋

---

① Wang Guang Ki, „Über die chinesische Poetik", *Sinica* vol.6, no.5 (1930), S. 253.
② 王岳:《席勒〈手套〉与郭沫若〈暴虎辞〉之比较研究》,《齐鲁学刊》1986年第5期,第29页。
③ 同上。
④ 同上书,第30页。

代的说经、讲史、平话,以及北宋及辽金时期的诸宫调;后来又变为元明杂剧及其以后的皮簧等戏剧形式,再变为明清的宝卷、弹词、鼓词及章回小说,①从中不难窥见变文孕育了各种各样的民间文艺形式,但其蕴含的戏剧因子一直未曾消散。

---

① 王岳:《席勒〈手套〉与郭沫若〈暴虎辞〉之比较研究》,《齐鲁学刊》1986年第5期,第30页。

第三章　郭沫若与尼采

德国哲思巨擘尼采之作在中国的早期译介主要都由作家完成,这是中德文学关系和德语文学汉译的一个重要组成部分,所以跟文学界的关系比哲学界的关系更为密切。① 不过,德国原本就是诗哲的国度,德国文学以思辨见长,开展"诗—思"对话,其集大成者臻于"以思释诗,化诗入思"的境界,从而攀升至思想史或曰精神史的高度,尼采可谓这方面的代表人物之一。② 晚清以来,尼采就进入了中国早期启蒙知识分子的视野,梁启超、王国维等人皆是译介尼采的先驱,而鲁迅则称得上是中国现代文学史和思想史上与尼采关系最为密切的人物,其尼采接受更是学界多年以来经久不衰的话题,这也许跟尼采研究和鲁迅研究都堪称"显学"的地位不无关系。

郭沫若对尼采的翻译和接受也早已引起了国内外学界的注意,对鲁、郭二人尼采接受的对比研究也不在少数。以往研究一般认为,比之鲁迅对尼采理性、深刻而又持续时间漫长的接受,郭沫

---

① [澳]张钊贻:《序引》,张钊贻编:《尼采与华文文学论文集》,新加坡八方文化创作室 2013 年版,第 xv 页。
② 叶隽:《德国精神的向度变型——以尼采、歌德、席勒的现代中国接受为中心》,中央编译出版社 2015 年版,第 6 页。

若对尼采的接受则呈现情绪化、相对浅露和简单的特征,[1]而且只是昙花一现,理由是郭沫若在接受马克思主义之后否定和告别了尼采。事实上,郭沫若接受尼采的历程更为复杂,其镜像也呈现出更为丰富、立体和多元的一面,这具体表现为郭沫若对生命/本能、科学/理性之二元论的首肯,在否定传统的同时又主张恢复传统,在文学创作尤其是在人格精神方面对超人学说的极大推崇,以及接受马克思主义后对超人学说精神因子的终身保留。[2]

一、中日两国竞相翻译尼采的文化大背景

郭沫若对尼采的引入,有必要置于当时国内争相翻译尼采作品的文化大背景下考察。从20世纪初至整个五四时期,国内学人的尼采接受暗合当时反叛传统旧俗、追求个性解放、重铸国民精神的文化思潮,具有启蒙和现代性的一面,因而带有明显的文化致用意识。尼采成为五四一代热烈追逐和竞相译介的对象,其学说和作品成为启蒙知识分子乐于利用的外来文化资源,正是因为尼采恰到好处地投合了五四一代的精神诉求。对此,中共早期领导人瞿秋白不无见地地指出:

> 尼采反基督,颇合"五四"知识分子反孔孟;尼采非道德,颇合"五四"知识分子反对封建礼教;尼采呼唤超人,挑战众

---

[1] 参见董正宇、罗玉成:《鲁迅、郭沫若接受尼采之比较》,《船山学刊》2004年第4期,第106页。
[2] 李斌:《郭沫若思想中的尼采资源新探》,《中国现代文学研究丛刊》2016年第4期,第142页。

数,颇合"五四"强烈的个性解放要求;尼采鄙弃弱者,颇合当时中国普遍流行的进化争存的理论与落后挨打的教训[……];尼采攻击历史教育的弊端在于忽略当下人生,颇合"五四"知识分子对提倡读经复古的国粹派的反驳[……]。①

郭沫若的尼采接受也有必要置于他领导的文学社团——创造社的广阔视域下关照。从这个意义上来说,这一接受不仅是郭沫若的个人行为,而且是创造社这个组织的群体行动。事实上,创造社的大多数成员都对尼采怀有一定程度的兴趣,也或多或少地受过其思想的栉风沐雨。在这方面,同为创造社元老的成仿吾、郁达夫、田汉乃至白采对尼采的接受同样值得重视。这些创造社的缔造者们大多具有留日背景,而当时日本的大学学习一般都要辅修德语。通行的德语教学方法,就是借助德语原版哲学和文学作品来传授德语知识,因为当时日本高校的德语教师大多都是留德归来的日耳曼文学专业人士。他们在德国留学时期,正值德国掀起尼采思想热潮之时,自然或多或少地受到影响。创造社作家群体成员当时大多在东京帝国大学求学,而尼采及其思想正是通过该大学这一门厅进入日本国门的。②

除了一些留德日本学者的积极助推,来日本讲学的德国学者在传播尼采思想方面发挥的功用也不可忽视,比如当时译介尼采著作并参与思想论战的主将登张竹风,就曾是德国汉学家和日本学家弗洛伦茨(Karl Alfred Florenz,1865—1939)的高足,聆听过

---

① 瞿秋白:《瞿秋白文集(第二卷)》,中国人民大学出版社1953年版,第983页。
② [澳]张钊贻:《鲁迅:中国"温和"的尼采》,北京大学出版社2011年版,第150页。

老师讲授的尼采课程。① 因此,探究郭沫若乃至整个创造社的尼采接受,也要考虑到这个群体的留日背景,当时日本学界"言必称德意志"的风尚对中德文学关系的影响在此亦可窥见。从这个意义上来说,非创造社成员的鲁迅之所以成为尼采汉译的首开先河者,②跟其负笈东瀛的文化背景亦有着千丝万缕的联系。此后,以伊藤虎丸等学者为代表的日本学界开展鲁迅和创造社等的尼采接受与影响研究,也可以视为中日文化交流双向特征的注解。

鲁迅、郭沫若以及创造社其他成员居留日本的时间大致集中在大正时代(1912—1925),此时日本知识界的尼采热潮依然盛行,在日本各大高校求学的中国学人得以通过日本知识界接触尼采学说。郭沫若在纪念鲁迅与王国维的文章中也写道,两人都醉心于尼采学说其实并不奇怪,"……因为在本世纪初期,尼采思想,乃至意志哲学,在日本学术界正磅礴着"。③ 按照伊藤虎丸的说法,大正时期的日本知识青年已完成由明治时期的"政治青年"向"文学青年"的转向,先前积极参与政治的意识已经不复存在,转化为回归自我即个人感情的层面。④ 另外也应注意,这一转向多少也跟日本接受和利用西方文化资源的更迭和嬗变有关⑤,即从效仿英法转向师从德意志。

---

① [澳]张钊贻:《鲁迅:中国"温和"的尼采》,北京大学出版社2011年版,第151页。
② 1918年鲁迅用文言文翻译出《察罗堵斯德罗绪言》的一至三节,但译稿当时并未正式发表,现存于北京国家图书馆。参见李浩:《鲁迅译稿〈查拉图斯特拉如是说·序言〉》,《上海鲁迅研究》2015年第1期。
③ 郭沫若:《郭沫若全集·文学编·第二十卷》,人民文学出版社1992年版,第305页。
④ 伊藤虎丸:《鲁迅、创造社与日本文学》,北京大学出版社1995年版,第58—59页。
⑤ [澳]张钊贻:《鲁迅:中国"温和"的尼采》,北京大学出版社2011年版,第151页。

尼采思想在明治时代传入日本，进而引发接受热潮甚至论战，跟当时日本现代化进程引发的种种道德文化冲突不无关系。颇有意思的是，日本接受尼采的背景，与尼采思想形成的欧洲背景有很多相通之处，具体来说，在1895年甲午战争中打败中国的日本处境跟1871年普法战争后统一的德国境况非常相似：一方面，作为战胜国，其现代化进程加快，现代国家意识高涨；另一方面，现代化加剧又带来了物质主义和文化市侩庸人习气的膨胀。而这两点正是尼采《不合时宜的观察》一文集中批判的对象。① 大正时期的"文学青年"致力于摆脱政治和国家对自我的制约，因此把尼采解读成了鼓吹"极端个人主义"的"文明批评家"与倡导"自由主义"的"本能主义者"，这方面的主要代表人物分别是登张竹风和高山樗牛，而创造社接受的正是作为"文明批评家"与"本能主义者"②的尼采形象。两位代表人物掀起了一场波澜壮阔、关乎"美的生活"主题的论战，其中充盈着尼采式个人主义和本能主义伦理观③，而这些都在一定程度上影响了鲁迅和郭沫若的尼采接受。

《查拉图斯特拉如是说》是尼采影响最大的著作，尼采本人也认为是自己最好的作品；更重要的是，该书差不多包含了尼采所有重要的哲学概念和最为人耳熟能详的语句，诸如"超人""权力意

---

① ［澳］张钊贻：《鲁迅：中国"温和"的尼采》，北京大学出版社2011年版，第149页。
② 最近研究揭示，汲取了尼采思想资源中酒神精神的郭沫若，固然强调文学的本能性和生命力，但也不排斥科学和理性，而是赋予科学的对象以神光灵韵，因此无论是郭沫若还是尼采，都不能称为"本能主义者"。参见李斌：《郭沫若思想中的尼采资源新探》，《中国现代文学研究丛刊》2016年第4期，第141—142页。
③ ［澳］张钊贻：《鲁迅：中国"温和"的尼采》，北京大学出版社2011年版，第161页。

志""永远重现""上帝死了""精神三变""重估一切价值"等,可以说是尼采最具典型性的代表之作。正因如此,鲁迅对这本书的极度喜爱也就是自然而然之事,这表现为鲁迅曾经购置该书的德文原本、日译本和相关的日文评注本,不但两度翻译该书的前言,移译曾经留德的森鸥外为该书日译本所作的序言,而且在《摩罗诗力说》和《文化偏至论》中提及这本书的主要观点,另外还委托徐梵澄翻译全书。至于郭沫若对《查拉图斯特拉如是说》的翻译,尽管最后因为皈依马克思主义而中断,但其核心思想诸如"超人""强力意志"学说可以说与郭沫若终身相随。

二、"创造社"之命名与尼采精神的关系

"创造"可算得上是尼采学说和思想中的一个关键词。尼采学说中的核心观念之一"强力意志",即是追求力量的扩张,认为强力意志"不是求生命的意志,而是求强力的意志",是"创造的意志"。创造社的缔造者们把尼采提倡的"创造者"精神当成了自己的"意识形态"或"精神支柱"。在 1923 年 5 月 13 日《创造周报》第一号上,郭沫若的诗歌《创世工程之第七日》作为发刊词刊登,诗的最后几行写道:"上帝,我们是不甘于这样缺陷充满的人生,/我们是要重新创造我们的自我。/我们自我创造的工程/便从你贪懒偷闲的第七日上做起。"[①]从这一宣言性质的诗歌,不难看出创造社这个文学社团的命名的由来,也可窥见诗行与尼采所云"上帝死了"之间的紧密关联。无独有偶的是,在《创造季刊》第 2 卷第 1 号

---

① 郭沫若:《创世工程之第七日》,《创造周报》1923 年第 1 期,第 3 页。

（1923年7月1日）"创作"栏目扉页上，赫然排印着德汉对照的尼采名言："Mit deiner Liebe gehe in deine Vereinsamung und mit deinem Schaffen, mein Bruder; und spät erst wird die Gerechtigkeit dir nachhinken.兄弟，请偕你的爱情和你的创造走向孤独罢，公道要隔些时日才能跛行而随你。"

尼采此语出自《查拉图斯特拉如是说》的《创造者之路》（*Vom Wege des Schaffenden*）一章。同年稍后，郭沫若翻译了该章，发表在《创造周报》第23号（1923年10月14日）上，其中措辞发生了微小变化，改为"偕你的爱情和创造走向孤寂去罢，我的兄弟哟。公道要隔些时日才能跛行而随你"，该章集中阐述了尼采所说的"创造者"精神。按照尼采的意思，所谓"创造者"精神，一是指成为"新的力量与新的权利""初始运动"与"自动旋转的轮子""强迫星尘围绕自己运转"[①]的精神；二是指"能够给予自己自定的善与恶，把自己的意志如同法律一样高悬于自己头上"，而且"能够担当自己的法官和自定法律的复仇者"[②]的意志；三是指敢于"因为爱自己而轻视自己"[③]甚至"为超越自己去创造而毁灭自己"[④]的精神。总之，"创造者"精神就是自我更新、自我运行、自我立法、自我评判、自我创新、自我轻视乃至自我毁灭的精神，其实质就是鼓吹"自我"、张扬"自我"。但与此同时，创造者又必然是"孤独

[①] Friedrich Nietzsche, Also Sprach Zarathustra I－Ⅳ（= Giorgio Colli/Mazzino Montinari（Hrsg.）: *Friedrich Nietzsche: Sämtliche Werke*, Band 4）, München: Deutscher Taschenbuch Verlag, 1999, S. 80.
[②] Ibid, S. 81.
[③] Ibid, S. 82.
[④] Ibid, S. 83.

者",必然要"孤独地走向通往自己的道路",正如查拉图斯特拉对"创造者"所说的:"你超越了他们;你攀登愈高,嫉妒之眼看你愈小;飞翔者最是被人恨之入骨。"①创造社缔造者的人生观和世界观都可以用"创造"二字来概括②,他们用自己的创作为尼采的"创造者""孤独者"吟唱了一曲曲礼赞之歌或同情之歌。

作为一种特质和底蕴,"创造"精神可以说已经渗透创造社群体的骨髓和血液之中,以至于该文学团体的诸多出版物都冠以"创造"之名,比如《创造周报》《创造月刊》《创造季刊》《创造日》等。郭沫若甚至都曾以"创造"之名发表译作,其连载于《大众》杂志的译作《歌德长诗》(《赫曼与窦绿苔》)就署名为"创造译稿改定本",译文前面的按语也写道:"创造先生1936年11月20日最后改定此诗译稿。"③

1923年前后的郭沫若深深沉醉于尼采思想之中,这不仅体现为他翻译了尼采的代表作《查拉图司屈拉如是说》第一卷,在他此前创作的两篇重要作品中也有折射,即写于1922年底的《中国文化之传统精神》和完成于1923年5月20日的《论中德文化书》。如果说1927年后郭沫若对中国古代社会和思想,尤其是儒家思想的研究,是在马克思主义指导下完成的,那么1923年前后郭沫若对古代中国和儒家思想的探究,则深深打上了尼采的烙印。④ 尤

---

① Friedrich Nietzsche, Also Sprach Zarathustra I–IV (= Giorgio Colli/Mazzino Montinari (Hrsg.): *Friedrich Nietzsche: Sämtliche Werke*, Band 4), München: Deutscher Taschenbuch Verlag, 1999, S. 81.
② 黄怀军:《中国现代作家与尼采》,湖南师范大学出版社2009年版,第215页。
③ [德]歌德:《歌德长诗》,郭沫若译,《大众》1944年第15期,第123页。
④ 李斌:《郭沫若思想中的尼采资源新探》,《中国现代文学研究丛刊》2016年第4期,第134页。

其值得注意的是,郭沫若将尼采在《查拉特司屈拉如是说》中所述的"创造者"一度指认为"仁者":"孤寂者呀,你走着仁者的路:你自爱,因之乎轻视你自己,只有仁者才能轻视。"①"仁者想创造,因为他轻视!"②这里的"仁者",对应的德文词是 der Liebende("施爱之人")。孔子思想体系的理论核心是"仁",即"仁爱",所谓"仁以处人,有序和谐"。它是孔子有关社会政治、伦理道德学说的最高理想和标准,也反映了他的哲学思想和观点,对后世影响颇为深远。"爱人"是仁的实质和根本内容,而此种"爱人"又是推己及人,由亲近周围之人扩大到对大众施以博爱。可见,郭沫若在尼采思想和孔子儒家思想之间找到了一条可以产生和谐共鸣的纽带。在《中国文化之传统精神》中,郭沫若特意阐发了儒家的"仁者不忧":"所以'仁者不忧',能凝视着永恒的真理之光,精进不断,把自己净化着去。"③这明确表示,郭沫若以尼采的创造者形象来类比和想象孔子。脚踏中西文化的郭沫若,其惯常性的做法就是进行中西互释的比附。

在翻译出"仁者"两行以后,郭沫若的下一行译文即是《创造季刊》扉页上的那句话,但郭沫若将这里的 Liebe 理解为"爱情",却失之妥当。联系德语原文来看,这里的 Liebe 显然承接的是上文的 Liebender,既然上文郭沫若译为代表儒家核心思想理念的"仁爱者",那么此处 Liebe 也应译为相应的"仁爱"或"爱",而不是狭义上两性之间卿卿我我的"爱情"关系。而且这些句子都

---

① [德]尼采:《查拉图司屈拉钞》,郭沫若译,创造社出版部 1928 年版,第 85 页。
② 同上。
③ 郭沫若:《郭沫若全集·历史编·第三卷》,人民出版社 1984 年版,第 261 页。

出现在尼采原文第 17 章中,上一章即第 16 章的标题正是 Von der Nächstenliebe("论博爱"),郭沫若译为"阾人爱"(其中"阾"是较为古雅的用法,同"邻")。"邻人爱"的概念最早出现在《圣经》当中,即大家熟知的那句话,上帝说,"爱你的邻人"。由此,基督教把"邻人爱"视为一种宗教劝诫和道德义务。对"邻人爱"开启批判的最知名者就是宣称"上帝死了"的尼采,在他看来,道德并不是人类社会的实体现象,"根本没有道德现象这种东西,只有对现象的道德解释"①。尼采的观点是,人类的生命本身是超道德的,道德是人自己制造出来的看法,因而人类生命的存在与发展不会因道德而限制。所以"爱邻人"不是一种道德义务,而是一种为了生存而进行的被迫选择,只不过被说成是一种道德而已。

三、郭译《查拉图司屈拉钞》:从狂热到淡化的接受历程

1923 年 5 月—1924 年 1 月,郭沫若翻译了尼采《查拉图斯特拉如是说》(简称《如是说》)的前 26 章,分 26 次在《创造周报》上连载。首先值得注意的是尼采这部著作书名的翻译问题。德文书名为 *Also sprach Zarathustra*,英译为 *Thus Spoke Zarathustra*,题名中其实蕴含着无穷的微言大义。首先,"如是说"暗示这是一部类似《论语》或《歌德谈话录》等中外文学作品中皆有的语录体著作②,正因如此,后来的徐梵澄(1909—2000)接受鲁迅的建议,干脆将书名译为《苏鲁支语录》。其次,该书又不是纯粹的弟子对师

---

① [德]尼采:《善恶的彼岸》,朱泱译,团结出版社 2001 年版,第 80 页。
② 张辉:《尼采的面具——〈查拉图斯特拉如是说〉书名试解》,《读书》2015 年第 2 期,第 82 页。

长言论(比如《论语》)或秘书对学人言论(比如《歌德谈话录》)的记载,而是含有一定的故事情节和复杂的文本架构,更展现出多人的多种声音和多重观点,这些特征无疑让尼采的这部著作与大家熟悉的一般思想或哲学类著作形成了鲜明比照。① 在此,尼采不是用概念、范畴来言说,而是采用了"诗"——狭义说来是"散文诗",广义说来即作为文学作品总称的"诗"的方式。② 在德文语境里,"诗"与"文学"之间不可割裂甚至共生共存的关系在词源学和语义学的层面皆可窥见:德语中 dichten 兼有具体意义上的"作诗"和一般意义上的"创作"的双重意义;而从事这种活动的人 Dichter 既可指"诗人"又可指"作家"。

《如是说》再次印证了尼采作为德国文学"诗哲型立"之集大成者实现"诗哲合一"的可能:最高境界的诗(文学)蕴含了无穷的哲理元素,而最高明的哲人亦当位居诗化哲人之列。③ 另外,"如是说……"这一"现身说法"式的句式还表明尼采在刻意模仿或者戏拟《圣经》④,而这一创作范式在欧洲文学里并不陌生,甚至由此而产生出一个专门的文类,即"讽刺滑稽的模仿"(Parodie)。⑤ 尼采也曾毫不客气地宣称,《如是说》这个"送给人类的最伟大礼

---

① 张辉:《尼采的面具——〈查拉图斯特拉如是说〉书名试解》,《读书》2015 年第 2 期,第 83 页。
② 同上。
③ 叶隽:《德国精神的向度变型——以尼采、歌德、席勒的现代中国接受为中心》,中央编译出版社 2015 年版,第 6 页。
④ 张辉:《尼采的面具——〈查拉图斯特拉如是说〉书名试解》,《读书》2015 年第 2 期,第 84 页。
⑤ 无独有偶的是,后来林语堂也在《萨天师语录》中对《查拉图斯特拉如是说》进行了反讽式的戏仿。参见[瑞士]冯铁:《林语堂对〈萨拉图斯脱拉如是说〉的借用》,火源、史建国等译,载《在拿波里的胡同里——中国现代文学论集》,南京大学出版社 2011 年版,第 163—173 页。

物",乃是他独自撰写的"第五福音书"。最后,尼采这部著作还有一个特别令人费解的副标题——"一本给所有人也不给任何人的书"(*Ein Buch für alle und keinen*)。

尼采原著《查拉图斯特拉如是说》正文之前尚有10个小节组成的序言(*Zarathustras Vorrede*),郭沫若没有译出。在《创造周报》第1期刊出的译文题作《查拉图司屈拉钞之狮子吼》,这个标题像是总书名,其实不然;其后附有一篇类似于译者前言的《译者识》,之后的内容就是书的第一章,郭沫若按照原题给这段译文加上了标题《三种变形》,讲的是精神的演变。这篇《译者识》也是译文"副文本"的一种表现形式,对了解译者的翻译背景和动机有着重要意义,兹照录如下:

> 尼采的思想前几年早已影响模糊地喧传于国内,但他的著作尚不曾有过一部整个的翻译。便是这部最有名的《查拉图司屈拉》,虽然早有人登了几年的广告要移译他,但至今还不见有译书出来。我现在不揣愚昧,要把他从德文原文来移译一遍,在本周报上逐次发表;俟将来全部译竣之后再来汇集成书。这部书共分四部,第一部的开首有一段"序说",其余各部在形式上是由各段可以独立的教喻组织成的,所以在本周报每次译一两段发表,于全书的整个的精神正无甚割裂之虞。至于"序说"一篇,听说国内已经早有两人翻译过了,我在此不想急于重译,只从各段的说教译起,俟将来出单行本时再来补译序说。[①]

[①] 郭沫若:《译者识》,载[德]尼采:《查拉图司屈拉钞之狮子吼》,郭沫若译,《创造周报》1923年第1期,第12—13页。

在翻译时，郭沫若给每个章节加了一个单独的标题：《创造周报》第1—6期，所刊译文的标题分别为《三种的变形》《道德之讲坛》《遁世者流》《肉体的污蔑者》《快乐与热狂》《苍白的犯罪者》；第11—14期，译文标题分别为《读书与著作》《山上树》《死之说教者》《战争与战士》；第16—19期，译文标题分别为《新偶像》《市蝇》《贞操》《朋友》；第21—28期，译文标题分别为《千有一个的目标》《吟人爱》《创造者之路》《老妇与少女》《蝮蛇之啮》《儿女与结婚》《自由的死》《赠贻的道德》。第一部刊载完后，在第30期发表了《雅言与自力——告我爱读〈查拉图司屈拉钞〉的友人》；第31、33、34期刊出了《查拉图司屈拉钞》第二部的前三章，译文标题分别为《持镜的小孩》《幸福的岛上》《博爱家》，并就此收笔，再无续译。

《查拉图司屈拉钞》的单行本1928年6月15日由上海创造社出版部出版了2000册，列入"世界名著选"，全书共分为22章：收录了郭沫若已经在《创造周报》上发表的第一部的全部译文，就标题来看除了第三章《肉体的污蔑者》改为《肉体之污蔑者》以外，再无任何更改；但郭沫若业已译出的第二部的三篇文章没有收入。在这部译著中，郭沫若既没有"补译序说"，也始终没有按照原计划"全部译峻"尼采的这部著作。鲁迅对此曾深感惋惜，他说："中国曾经大谈达尔文，大谈尼采，到欧战时候，则大骂了他们一通，但达尔文的著作的译本，至今只有一种，尼采的则只有半部。"[1]鲁迅口中的半部，即郭译的《查拉图司屈拉钞》。郭沫若后来解释说，自己当时觉得翻译得相当有趣，但无奈反响寂寥，友人的反馈也是

---

[1] 鲁迅：《鲁迅全集·第四卷》，人民文学出版社2005年版，第216页。

晦涩难懂,于是渐渐失去了继续翻译的勇气;但更主要的原因在于,1926年前后,尼采早已离开了郭沫若的意识中心,按照他自己的话来说:"《查拉图司屈拉》结果没有译下去,我事实上是'拒绝'了它。中国革命运动逐步高涨,把我向上看的眼睛拉到向下看,使我和尼采发生了很大的距离。"①也就是说,因为自己的关注点已由少年学生的理想转向"中国革命运动逐步高涨"的现实,郭沫若便"和尼采发生了很大的距离",因而放弃了尼采著作的翻译工作。

郭沫若译完《查拉图斯特拉如是说》第一卷后,针对不少读者来信说译作难以理解的情况,在《创造周报》第30号上发表《雅言与自力——告读〈查拉图司屈拉〉的友人》一文,对相关问题进行解答。在文中,郭沫若首先解释了自己不敢答应读者在译文里加些注释这一要求的原因,同时顺带说明了为什么成仿吾"劝诱"自己"先把尼采的思想,或者《查拉图司屈拉》全书的真谛,先述一个梗概":在郭沫若看来,译介一个人的主要作品之前就先探究其人其作的主要思想,这不管是对译介者还是接受者都是不妥当的。②其次,郭沫若着重介绍了《查拉图斯特拉如是说》一书的特点,他援引尼采字字珠玑的表达,"用心血和雅言著作的人,不愿受人阅读,只愿受人唔诵"③,"雅言是峰。连山中最捷近的路是从此峰,跨到彼峰,但须要有长足的人才能办到。所以雅言是只为伟大高远之士而说"④。这两句话其实也是郭沫若翻译的《查拉图斯特拉

---

① 郭沫若:《郭沫若全集·文学编·第十五卷》,人民文学出版社1990年版,第190页。
② 同上书,第186页。
③ 同上书,第187页。
④ 同上。

如是说》中的句子,来自《读者与著作》一章,已经发表在《创造周报》第11号。特别值得注意的是"雅言"一词,德语原文本作Sprüche(箴言;引文),郭沫若交代是从《论语·述而》"子所雅言,诗书执礼,皆雅言也"一句获得类比式的灵感而译作"雅言"。① 此处亦可窥见,郭沫若又将以孔子为代表人物的儒家思想跟尼采思想紧密联系了起来。

在郭沫若看来,《查拉图司屈拉》正是一部凝聚着心血、充盈着雅言的著作,是尼采"孤独的悲哀"以及"孤苦"心虑的折射:

> 尼采的性格是有一种天才崇拜癖的人,爱以一己的理想输入于个体之中,以满足其崇拜的欲望。但一旦失望于已故的萧本华(即叔本华——引者),再失望于其"师"瓦格讷(Wagner)(即瓦格纳——引者),最后于暂时所认定为"后继者"之卢女士(L. Andreas Salomé)亦不得不受失望之痛苦。系念之情愈殷,则失望之复仇愈烈。一生渴求知己,而知己渺不可得。于孤独的悲哀与疾病的困厄中乃凝集其心血于雅言,求知己于"'离去人类与时代的六千英尺以外'(6000 Fuss jenseits von Mensch und Zeit)"……我们根据以上的事实,我们可以知道尼采的心虑是如何的孤苦,《查拉图司屈拉》一书便在他的当时,便在他的本国,便在他的亲近者中也是如何难解的一部书了。②

---

① 郭沫若:《郭沫若全集·文学编·第十五卷》,人民文学出版社1990年版,第187页。
② 同上书,第187—188页。

四、从翻译尼采作品到阐释尼采精神

郭沫若在1923年的《论中德文化书》《雅言与自力》等文章中都讨论过尼采的思想;同时,高扬诗歌大旗横空出世的他,还不忘将自己对尼采思想的认识用诗歌创作表达出来。另外,郭沫若极富悲壮美的悲剧哲学观主张"死后方生","死不是美的毁灭,而是美的完成",也跟尼采《悲剧的诞生》中表达的真正的悲剧精神有着存在联系,[①]即叫人欢欣地喝下人生的苦酒,使人即使在悲剧英雄的毁灭中也能看到美,在痛苦中也能感受"更高的、征服对方的欢乐"。

在《论中德文化书》一文中,郭沫若两次提到尼采的观点。第一次是在论及中国传统文化思想与古希腊思想的特点时指出:"我国思想史的幼年,……与希腊文明之起源正是两相契合。希腊文明之静态,正如尼采所说:乃是一种动的Dionysos(狄奥尼索斯,即酒神——引者注)的精神祈求的一种静的Apollo(阿波罗,即太阳神——引者注)式的表现。它的静态,正是活静而非死静。"[②]第二次是回应宗白华来信中对德国一种文化现象的提及,即一战前德国青年在山林中散步时大多怀揣尼采的《查拉图斯特拉如是说》,而此时却随身携带《道德经》的现象,对此郭沫若指出:"我于老子与尼采的思想之中,并发见不出有甚(什)么根本的差别。……老子与尼采相同之处,是他们两人同是反抗有神论的宗教思想,同

[①] 张牛:《试论郭沫若前期文艺思想与尼采》,《郭沫若学刊》1993年第1期,第6—8页。
[②] 郭沫若:《郭沫若全集·文学编·第十五卷》,人民文学出版社1990年版,第150—151页。

是反抗藩篱个性的既成道德,同是以个人为本位而力求积极的发展。德国的青年如于老子的镜子之中照出尼采的面孔,犹如我们在尼采的镜子之中照出老子的面孔一样,那是我们可以互相欣幸的。"①惯于对中外文化人物和现象进行比附的郭沫若,此处又将尼采跟老子相提并论、同等齐观,让二者之间互为镜鉴;但以老子为代表人物的传统道家文化与尼采学说在郭沫若那里已经发生了双重变形,也就是说,尼采与老子已经不是原来的尼采与老子。从这段话不难看出,郭沫若认为尼采思想的精髓就是"反抗有神论的宗教思想""反抗藩篱个性的既成道德",是"以个人为本位""力求积极的发展"。在郭沫若看来,尼采的思想乃是典型的个性主义或个人主义思想,这一见解与鲁迅称尼采为"个人主义之至雄桀者"②相差无几。

(一)"毁灭—创造"二元论

郭沫若在中国现代文学史上主要以诗人闻名,而他所受的尼采影响也主要体现在早期的诗歌创作中。郭沫若在 1920 年 7 月 26 日给新潮社成员陈建雷的信中这样概括自己诗作的特点:"我的诗多半是种反性格的诗,同德国的尼采 Niessche(实为 Nietzsche——引者注)相似。"③的确如此,郭沫若早期不少诗歌都以歌颂破坏与反叛精神为主题。不过在郭沫若那里,反叛与破坏

---

① 郭沫若:《郭沫若全集·文学编·第十五卷》,人民文学出版社1990年版,第157页。
② 鲁迅:《鲁迅全集·第一卷》,人民文学出版社2005年版,第53页。
③ 郭沫若著,黄淳浩编:《郭沫若书信集(上)》,中国社会科学出版社1992年版,第173页。

第三章 郭沫若与尼采

总是同建设和创造紧密相连、相辅相成。郭沫若理解的尼采式个性主义包括看似对立却又密切相关的两个方面:一方面是反抗与破坏("反抗有神论的宗教思想""反抗藩篱个性的既成道德"),另一方面是建设与创造("以个人为本位""力求积极的发展")。可见,郭沫若对这一问题的看法颇具对立统一的辩证色彩。

郭沫若最具影响力的剧曲诗歌集《女神》(1921年初版)的基本主题就是既破且立的二元一体,是典型的尼采式的破坏意识与创造精神。有学者甚至认为,整部《女神》,一言以蔽之,其整体意象正是抒情的自我,表现的正是在自我扩张中实现自我,因而"我"就是"女神",就是创造世界的英雄。[①] 在这部诗集里,诗人歌颂一切兼具破坏力与创造力的东西,如山与海、水与火、生与死、光明与黑暗。在《立在地球边上放号》一诗中,郭沫若热情地歌颂海洋的巨大破坏力与创造力。诗人忘情地呼喊:"无数的白云正在空中怒涌,/啊啊!好幅壮丽的北冰洋的情景哟!/无限的太平洋提起他全身的力量来要把地球推倒。/啊啊!我眼前来了的滚滚洪涛哟!/啊啊!不断的毁坏,不断的创造,不断的努力哟!/啊啊!力哟!力哟!/力的绘画,力的舞蹈,力的音乐,力的诗歌,力的律吕哟!"[②]从字里行间不难窥见,"毁坏"与"创造"这两个关键词就直接成为诗行里的点睛之笔。

在同样收录于《女神》的两部诗剧《女神之再生》和《凤凰涅槃》中,郭沫若热情呼唤诸如破坏与创造、毁灭与再生的矛盾统一

[①] 蔡震:《理想主义、英雄主义抒写的人生——关于郭沫若的浪漫精神》,《郭沫若学刊》2001年第1期,第26页。
[②] 郭沫若:《郭沫若全集·文学编·第一卷》,人民文学出版社1982年版,第72页。

体。《女神之再生》运用了神话传说的题材,以中国古代两位国王即共工和颛顼为争夺统治权而爆发的战斗为背景。在战斗中,失败的共工用头颅撞坏天柱,导致天崩地裂;于是女神们决定创造一个新的太阳,让它照彻天内和天外的世界。诗人借助众女神之口,表达了自己深受尼采影响的破坏与创造的二元一体精神:"我们这五色天球看看要被震破!/倦了的太阳只在空中睡眠,/全也不吐放些儿炽烈的光波","我要去创造些新的光明","我要去创造些新的温热","我要去创造个些新鲜的太阳!"①这出诗剧的结尾也颇耐人寻味,诗人借舞台监督之酒杯来浇自己心中块垒,再一次呼吁自己破坏黑暗世界、创造光明世界的心声,甚至把全剧从古代神话拉回现实空间,将自己的实际规划都和盘托出:"诸君!你们在乌烟瘴气的黑暗世界当中怕已经坐倦了吧!怕在渴慕着光明了吧!作这幕诗剧的诗人做到这儿便停了笔,他真正逃亡海外去造新的光明和新的热力去了诸君,你们要望新生的太阳出现吗?还是请去自行创造来!"②

《凤凰涅槃》借助凤凰"集香木自焚,复从死灰中更生"的古老传说,形象地阐述了尼采思想中的毁灭与新生的辩证关系,也表达了对旧世界的诅咒和批判,对新生活的向往与渴盼之情。诗人笔下的凤凰诅咒这黑暗混乱的世界:"我要努力地把你诅咒:/你脓血污秽着的屠场呀!/你悲哀充塞着的囚牢呀!/你群鬼叫号着的坟墓呀!/你群魔跳梁着的地狱呀!"③正因如此,才有必要"打破

---

① 郭沫若:《郭沫若全集·文学编·第一卷》,人民文学出版社 1982 年版,第 8 页。
② 同上书,第 14 页。
③ 同上书,第 37—38 页。

一个旧世界,创造一个新世界"。在郭沫若的笔下,新旧世界形成泾渭分明的对比。旧世界再无凤凰年轻时候的"新鲜""甘美""光华""欢爱",取而代之的是"冷酷如铁,黑暗如漆,腥秽如血"①,充斥着"流不尽的眼泪,洗不净的污浊,浇不灭的情炎,荡不去的羞辱"②,甚至"只剩些悲哀,烦恼,寂寥,衰败,/环绕着我们活动着的死尸,/贯串着我们活动着的死尸"。③ 火是摧毁旧世界的力量,自焚就意味着重生,更生后的世界复归"新鲜""净朗""华美""芬芳",万物臻于"热诚""挚爱""欢乐""和谐"的状态,变得"生动""自由""雄浑""悠久",一齐"欢唱""翱翔"。

在《我是个偶像崇拜者》这首诗里,郭沫若也表达了自己崇拜破坏与创造的心声。诗人满怀激情地呼喊:"我是个偶像崇拜者哟!/……我崇拜创造的精神,崇拜力,崇拜血,崇拜心脏;/我崇拜炸弹,崇拜悲哀,崇拜破坏;/我崇拜偶像破坏者,崇拜我!/我又是个偶像破坏者哟!"④在此,"破坏"与"创造"再次直接进入诗行,这一深受尼采影响的对立统一体再度成为郭沫若直抒胸臆的对象。正因为诗人崇拜偶像破坏者,所以他在《匪徒颂》中才会向包括尼采在内的所有偶像破坏者,即"匪徒"三呼万岁。诗人将尼采与哥白尼、达尔文一同称为"学说革命的匪徒",并激情洋溢地高呼:"倡导太阳系统的妖魔,离经畔道的哥白尼呀!/倡导人猿同祖的畜生,毁宗谤祖的达尔文呀!/倡导超人哲学的疯癫,欺神灭像的

---

① 郭沫若:《郭沫若全集·文学编·第一卷》,人民文学出版社1982年版,第36页。
② 同上书,第38页。
③ 同上书,第40页。
④ 同上书,第45页。

尼采呀！/西北南东去来今，/一切学说革命的匪徒们呀！/万岁！万岁！万岁！"①此处，郭沫若显然不再满足之前抒怀毁灭与创造的主题，进而间接向尼采致敬，而是直接对尼采隔着时空喊话，借以构建自身与尼采的直接对话机制。

在《女神》之后，郭沫若还在一些零散篇章中抒写了毁灭与创造这一主题，其中最具代表性的当推《女神》时期的佚诗《创造者》（1922）。诗人想要唤起诸如《吠陀》的作者、但丁、弥尔顿、歌德等历代文豪，因为他们知道创造者的"孤高""苦恼""狂欢""光耀"；在创造者面前，"昆仑的积雪，北海的冰涛；/火山之将喷裂，宇宙之将狂飙；/如酣梦，如醉陶，/神在太极之先飘摇"。② 郭沫若称"开辟天地的盘古"是"创造的精神"③，是"最初的婴儿"和"开辟鸿荒的大我"。④ 这三个对盘古的修饰语在郭沫若曾经翻译过的《查拉图斯特拉如是说》中都可以找到对应之处，在此也可窥见尼采的创造（者）、作为精神境界的婴儿和"自我"意识等重要形象和观念的影响痕迹。

（二）酒神精神、强力意志与尚力美学

尼采精神的另两个表征是酒神（狄奥尼索斯）精神和强力意志。酒神精神出自尼采的另外一部名作《悲剧的诞生》（*Die Geburt der Tragödie*），郭沫若在诗歌中对酒神这一形象也有借鉴。

---

① 郭沫若：《郭沫若全集·文学编·第一卷》，人民文学出版社1982年版，第114—115页。
② 郭沫若：《〈女神〉及佚诗（初版本）》，人民文学出版社2008年版，第268页。
③ 同上。
④ 同上书，第269页。

在同样收录于《女神》的《新阳关三叠》中,直接出现了"Bacchus之群在我面前舞蹈!"这样的诗行,这里的巴库斯即是古希腊酒神狄奥尼索斯在古罗马神祇中的对应。在致郁达夫的尺素中,郭沫若也写过"山巅海上好像Dionysos之群在跳舞"[①]的句子,信中还创作了一首歌咏夕阳的赤色诗歌,其中又出现了"跳舞哟!狄仪所司!/快唱着地球的葬歌!"[②]这样歌咏酒神的诗行。在《论中德文化书》里,郭沫若也提过尼采的日神和酒神精神。

有论者称,就郭沫若早期的整体思想和创作而言,歌德、泰戈尔、斯宾诺莎、惠特曼等人的影响较大,但是若论早期诗论折射的文艺思想这一特定领域,尼采深层潜在的影响痕迹就非常明晰。[③]具体来说,这一影响体现在以下层面:其一,酒神精神强调强力意志,冲决一切偶像权威,而郭沫若诗论力主张扬个性,反抗旧文学、旧道德;[④]其二,酒神精神直视人生悲剧,肯定生命价值,而郭沫若诗论注重独创性,强调文学的生命本质;[⑤]其三,酒神精神寻求与本体融合,否定艺术的现实功利,而郭沫若诗论抨击文以载道的传统观念,重视文学的超功利特质;[⑥]其四,酒神精神痛恨做戏与激情,向往宁静的内在力感,而郭沫若诗论蔑视矫揉造作,赞美自然

---

① 郭沫若著、黄淳浩编:《郭沫若书信集(上)》,中国社会科学出版社1992年版,第204页。
② 同上书,第205页。
③ 聂国心:《酒神精神与郭沫若早期诗论》,载陈晓春、王海涛编:《郭沫若研究文献汇要·卷五·思想文化卷(下)》,上海书店出版社2012年版,第129页;另参见张牛:《试论郭沫若前期文艺思想与尼采》,《郭沫若学刊》1993年第1期,第1—6页。
④ 聂国心:《酒神精神与郭沫若早期诗论》,陈晓春、王海涛编:《郭沫若研究文献汇要·卷五·思想文化卷(下)》,上海书店出版社2012年版,第129—131页。
⑤ 同上书,第131—133页。
⑥ 同上书,第133—134页。

流露的浪漫底色;①其五,酒神精神重视原始情愫,主张艺术的直觉思维,而郭沫若诗论认定诗的细胞是直觉,诗人的思维是直观。②

至于强力意志,跟"创造"亦不无关系。在尼采看来,强力意志"不是求生命的意志,而是求强力的意志",它追求力量的扩张,是"创造的意志",彰显了唯意志论的倾向。总体而言,郭沫若的早期诗歌强劲有力,是强力的宣泄和苦闷的排解,往往顾不上精雕细刻的寻章摘句,任由情绪如恣肆汪洋一般倾注,与那种纤巧精美、辞致雅赡的诗歌迥然不同。他的诗中布满太阳、光、火、灯、雷电这些强力型的意象,有一种从快意的创造中聚焦时代巨变、彰显时代精神的力度之美,往往给读者一种巨大、崇高和冲决一切的象形感。除了毁灭—创造的一体二魂,强力之美也成为郭沫若早期诗歌中的另外一个关键母题,《天狗》中震慑山河乃至吞噬太阳这一略显夸张的开阔意象,即是一个明证;而且诗中天狗吞食太阳的意象展示了尼采笔下的"超人"形象和"自我意志"的贯彻,不难让人联想到尼采自诩的光热无穷的太阳。③ 学界一般认为,《我是个偶像崇拜者》中对太阳、山岳、海洋、火、火山等的崇拜是该时期郭沫若信仰泛神论的标志。事实恰好相反,这些证据只能说明他是尼采言称的"一神教"的信奉者,即"强力意志"的信奉者,因为诗中的这些自然物都是作为"强力意志"的创造物及体现者

---

① 聂国心:《酒神精神与郭沫若早期诗论》,陈晓春、王海涛编:《郭沫若研究文献汇要·卷五·思想文化卷(下)》,上海书店出版社2012年版,第134—136页。
② 同上书,第136—137页。
③ 张牛:《试论郭沫若前期文艺思想与尼采》,《郭沫若学刊》1993年第1期,第6页。

而受到尊崇的。① 或者说,郭沫若信奉的"泛神论"尽管兼收并蓄、包罗万象,灵活地汲取了中外思想中的各种元素,但主要倾向仍然是"为我"的唯意志论②,而这一点还是受到尼采的影响最大。

在上文提到的《立在地球边上放号》中,"力"这个关键字眼一共出现了8次之多,除了述及太平洋"全身的力量",还用反复和顿呼的修辞手法直接高喊"力哟!力哟",并在结尾使用了一连串的排比结构进行铺陈:"力的绘画,力的舞蹈,力的音乐,力的诗歌,力的律吕。"③郭沫若的一些诗中偶尔也有幽回低婉的情绪,对个人遭际和情绪进行一番低吟浅唱;他在1923年5月创作了一首《力的追求者》(后来收入诗集《前茅》中),却宣称要与那些偶尔为之的低回流连决裂,要告别"低回的情趣""虚无的幻美"和"纤巧的花针"④,自己"要左手拿起《可兰经》,右手拿着刀剑一柄"⑤,诗里流露出对力之美的强烈向往。

1928年前后,已经转向马克思主义的郭沫若在一则日记中宣称自己已经与尼采思想渐行渐远,并声称"尼采的思想根本是资本主义的产儿,他的所谓超人哲学结局是夸大了的个人主义,啤酒肚子"⑥。但事实证明,尽管郭沫若后来没有再直接接触尼采学说,

---

① 闵抗生:《郭沫若与尼采》,《淮阴师范学院学报(哲学社会科学版)》1995年第1期,第31页。
② 张牛:《试论郭沫若前期文艺思想与尼采》,《郭沫若学刊》1993年第1期,第8页。
③ 郭沫若:《郭沫若全集·文学编·第一卷》,人民文学出版社1982年版,第72页。
④ 同上书,第322页。
⑤ 同上。
⑥ 郭沫若:《郭沫若全集·文学编·第十二卷》,人民文学出版社1992年版,第293页。

但其影响仍然雁过留痕,并未完全消散。这一点也许连他自己都没有意识到。1928年的《恢复》一诗中就有尼采自传及《查拉图斯特拉如是说》中主人公濒死体验的影子,而且多次出现"意志""意志的力量"等词语。

第四章　郭沫若与德语诗歌翻译

　　郭沫若以诗人之名登上中国现代文坛,《女神》虽然还含有剧曲等体裁,但诗歌仍然占据绝对的数量优势。作为诗人翻译家的他又移译了大量的外国诗歌,最早发表的翻译作品即是诗剧《浮士德》"书斋"一幕里主人公的一段自白,也是诗的形式。另外,郭沫若还是民国时期较少自译自己所作外文诗歌的学人,《辛夷集》开首的题词是 1916 年圣诞节用英文写来献给安娜(佐藤富子)的散文诗《影与梦》(*Shadow and Dream*),后来自译成了中文[①]。不管是作诗还是译诗,郭沫若都写了不少论述文字,就译诗而论,其"诗人译诗""以诗译诗""两道手"的译诗方法等诗歌翻译观产生了较大影响,并且一直延续至今。

　　郭沫若言称自己的诗歌创作经历了几个里程碑式的历程,受到几位外国诗人的影响,这里面就包括德国诗人歌德和海涅。此外,郭沫若还译过其他一些德国诗歌,后来结集出版,或者收入早期的新诗选本。自古以来,诗集的甄选和编撰,一方面具有积累、保存和流传的功能,另一方面也暗中完成价值估定和经典塑造的

---

① 郭沫若:《郭沫若全集・文学编・第十二卷》,人民文学出版社 1992 年版,第 65—66 页。

任务，"孔子删诗"就是这一传统最古老的象征。① 尤其是对处于初创期的新诗来说，这种效仿史上经典诗文选集的举措从一开始就存在，各类新诗选和新诗集的推出无疑昭示着"自我遴选和自我经典化"②的努力。正因如此，仅在1920—1922年的短短两三年内，就出现了4种新诗选本：1920年1月，上海新诗社出版的《新诗集（第一编）》；同年8月，上海崇文书局出版的《分类白话诗选》；1922年6月，上海新华书局出版的《新诗三百首》；以及两个月后上海亚东图书馆出版的《新诗年选（1919）》。而考虑到新诗自打诞生起就跟假借西方资源的译诗有着天生的纽带关系，那么专门译诗集的出版发行，抑或新诗集中译诗的选编和收录，无疑正是着眼于译诗在新诗发展过程中发挥的榜样作用，亦即可以为新诗创作提供从形式到内容、从格律到意境等多方面的参照、示范和借鉴。

一、作为译诗选集的《德国诗选》和《沫若译诗集》

1900年以后，随着外国文学翻译事业进一步深入和扩大，各种翻译文学选集（anthology）的出版也逐渐增多。细究起来，外国文学或翻译文学"选集"这一概念大致包括三个维度：其一，它指向宏观上的书系，但在当时的国内被冠名为"文学选集"，其下可能包括不同作者和译者的单部作品，比如创造社出版部就曾先后推出了"世界名家小说""世界名著选""世界儿童文学选集"等系

---

① 姜涛:《"选本"之中的读者眼光——以〈新诗年选〉（1919年）为考察对象》,《江汉大学学报（人文科学版）》2005年第3期,第9页。
② 同上。

列,《德国诗选》被列为"世界名著选"第六种,《沫若译诗集》被列为"世界名著选"第十种;其二,"文学选集"指向按照体裁或其他标准选编而成的个人文集,仅仅涉及某个具体的作者,比如群益出版社也曾推出过"沫若译文集"书系,《茵梦湖》《维特》《浮士德》《政治经济学批判》《德意志意识形态》分别被列为第一到五种;其三,专指按照一定标准遴选和汇编出版的、由不同作者捉刀的合集。其实,"文学选集"这一概念在中国并不陌生。中国现存的最早一部诗文总集《文选》(又名《昭明文选》),就是由南朝梁武帝的长子萧统组织文人共同编选,至于后来的《唐诗三百首》《全宋词》《古文观止》等,都可以视为这类"文学选集"的代表。对于一国文学在他国的接受与传播而言,"文学选集"的编辑和出版尤为重要,因为这里直接关涉一国的名家名作通过翻译进入他国读者群体的问题,以及与之密切相关的作家文学声誉及其作品在译入语文化中的经典化过程。在此,一个突出的问题就是名家名作在本族文化和译入语文化接受中可能出现的巨大差异问题,即本国家弦户诵的作家作品进入外族文化以后变得寂寂无闻,而一国文化中被视为二三流的作家作品在他国可能会获得意想不到的轰动式接受效应[①]。外国文学或翻译文学选集的重要作用还体现在文学教育方面,冠名为"外国文学选读"或"经典作品选读"之类的课程从民国时期就已经进入教学大纲,以上所提的"文学选集"也成为莘莘学子的课外补充阅读材料,甚至是教科书。

[①] 彭建华:《经典化视野下郭译〈德国诗选〉分析》,《长沙理工大学学报(社会科学版)》2017年第4期,第95页。

(一)《德国诗选》和《沫若译诗集》的版本

《德国诗选》由创造社出版部付梓,仅印行两版,首版在1927年10月推出,印数为3 000册,次年3月印刷第二版,印数增加到4 000册。1928年的版本收录6位作家的24首诗作,绝大多数为歌德诗作(15首①),海涅次之(5首②),外加席勒、施托姆、列瑙和希莱各一首。在原作家的笔下,这些诗歌有的以独立形式出现,有的还被穿插在作家所著的小说或戏剧等不同体裁的作品之中,比如歌德《迷娘歌》《弹竖琴者》就是在长篇小说《威廉·迈斯特的学习年代》中出现,《维特与绿蒂》则是《少年维特之烦恼》正文前的一首插曲,席勒的《渔歌》则选自戏剧《威廉·退尔》,故而这里的译诗标题都由译者所加。另外,《德国诗选》中的诗歌并非由郭沫若一人完成,实则是他和成仿吾合作的结晶:前者译诗17首,后者译诗6首,成仿吾所译包括歌德的《湖上》《弹竖琴者》《少年与磨坊的小溪》、海涅的《幻境》、施托姆的《秋》和列瑙的《秋的哀词》。

1928年的版本目次上印有"海涅诗四章",尽管实际上收录了5首海涅诗歌。之所以会发生这样的讹误,是因为"海涅诗四章"袭用了1927年版本目次的内容。首版《德国诗选》的内容与再版有所出入:其一,首版和再版都收入了两首歌德译诗——《湖上》和《牧羊者的哀歌》,而且同时列出郭沫若和成仿吾各自翻译的版本,形成一种对读和比拼之势,但首版的诗歌标题后面加上了"二

---

① 目录标注"歌德诗十四章",但同一题名的《放浪者的夜歌》涉及两首不同的诗歌,所以总数实为15首。
② 目录标注"海涅诗四章",实为5首。

首"和"沫若、仿吾译"的字样,这样的题名附注在再版时删去;其二,首版有一首诗题为《放浪者的夜歌二首》,再版时题名去掉了"二首";其三,首版还选入了两首《浮士德》(原作为《浮斯德》)里的译诗——《献诗》和《暮色》,再版时径直删去标题"'浮斯德'选译",而且不选《献诗》,仅保留《暮色》;其四,首版目次中的标题"'维特'序诗(维特与绿蒂)",再版时直接改为"维特与绿蒂"。如果把《放浪者的夜歌二首》计为两首,把《"浮斯德"选译》也计为两首,那么首版中的歌德译诗应该是 16 首,而不是目次所列的 14 首。另外,首版仅收入四首海涅诗歌,第二版增加了一首《打鱼的姑娘》。有必要指出的是,1927 年初版的目录把《暮色》列在《"浮斯德"选译》之下,也是谬种流传,因为这首诗并非出自《浮士德》,而是组诗《中德四季晨昏杂咏》中的一首。就第二首《放浪者的夜歌》[①]而言,还有一个另刊出处值得记录:国立北平图书馆和德国研究会合编的《德华日报》(*Deutsch-chinesische Nachrichten*)《歌德纪念特刊》(1931 年 3 月 22 日第 35 卷第 4 期 507 号)上也曾刊登过这首小诗,注明录自《德国诗选》1928 年第 16 页,并配有基克尔汉(Kickelhahn)山上歌德做地质研究旅行时用来休憩的小屋的照片,因为歌德 1780 年 9 月 6 日用铅笔在小屋的板壁上写下了这首小诗。尽管这首诗当时已有诸多汉译版本,但郭译能得到这样一份报纸纪念专号的青睐,其意义不容小觑。另外,郭沫若在1921 年 10 月 6 日致郁达夫的信函中也提到了歌德的这首小诗,认

[①] 其内容为:"一切的山之巅/沉静/一切的树梢/全不见/些儿风影/小鸟儿们在林中无声/少时顷,你快/快也安静。"([德]歌德等:《德国诗选》,郭沫若、成仿吾译,创造社出版部 1928 年版,第 16 页。)

为它深得司空图《二十四诗品》中《沈著》一品里面"绿衫野屋,落日气清"所表现的平和洁净的意趣[①],除了列出德语原文和自己的译文,还附上了朗费罗的英译文[②]。

不管是初版还是再版,《德国诗选》都曾推出"毛边本",有较为重要的版本学意义和价值。"毛边本"又称"未削本""未裁本",指的是不将纸张切齐而装订起来的版本,阅读时需要用书刀裁开,且裁且读,个中自有一番乐趣。这种独特又有趣味的装帧方式并非我国"祖传",而是一种舶来品:早在19世纪末20世纪初,在欧洲和日本就流行过毛边本;至于我国出版界"毛边本"的引入,则离不开鲁迅这位"毛边党"的大力推介,究其原因,除了他个人对书籍装帧设计情有独钟以外,还跟他负笈东瀛、较早接触"毛边本"有关。[③] 20世纪二三十年代,"毛边本"在出版界大行其道,成为文化景观中的一道奇特风景线,甚至成为新文学的代名词:鲁迅、周作人、郁达夫、郭沫若、林语堂、叶灵凤、施蛰存等新文学大家都有"毛边本"问世,几家以发行新文学为主的书店,比如北新书局、光华书局、开明书店、大江书店、新潮社、未名社等,都推出了大量的"毛边本",[④]《创造月刊》《洪水》《幻洲》《新文艺》《新月》《我们》《水星》《文艺丛刊》等新文学杂志也多有"毛边本"[⑤]。

藏书家和书话家唐弢可算得上是骨灰级的"毛边党",他"之

---

① 郭沫若著、黄淳浩编:《郭沫若书信集(上)》,中国社会科学出版社1992年版,第199页。
② 同上书,第200页。
③ 邓彦:《毛边本略谈》,《云梦学刊》2009年第1期,第152页。
④ 同上。
⑤ 陈子善:《毛边本种种》,《文汇报》2002年8月19日。

所以爱毛边书,只为它美——一种参差的美,错综的美"①。无独有偶的是,他多次再版的《晦庵书话》就提到了作为"毛边本"的《德国诗选》。他对首版的装帧印刷赞不绝口,夸赞"创造多小本书,扉页各有饰画,选纸精良,装帧美观,此即其一"②;再版的译诗集虽然也是"毛边版",但因为用纸质量骤然下降,也就令人大失所望了,所谓"白报纸印,虽留有毛边,较诸木造纸版本,豪华寒伧,判若天壤,令人兴西施、嫫母之叹"③。此外,《德国诗选》每首诗第一行的第一个字都用大很多号的字体排版,明显借鉴了欧美诗集的流行版式④。唐弢还抄录了《德国诗选》初版本中收录的《浮斯德》一诗,与第二版的文字多有出入,跟后来单独发行的郭沫若《浮士德》译本亦有不同,兹照录如下:

浮沉着的幻影哟,你们又来亲近,
你们呀曾现在我朦胧眼中的幻影。
在这回,我**敢不是**要将你们把定?
我的**心情**还倾向在那样的梦境?
你们逼迫着我的**胸心**,你们请!
尽可云里雾里地在我周围飞腾;
我的心旌感觉着**青春般地**摇震,
还绕着你们的**灵风**摇震我的心旌。

---

① 唐弢:《晦庵书话》,生活·读书·新知三联书店2007年版,第260页。
② 同上书,第345页。
③ 同上书,第346页。
④ 陈子善:《〈德国诗选〉》,《文汇读书周报》2016年5月9日第3版。

你们携带着**欢愉时分**的写生,
和些亲爱的**肖像**,一并来临;
同来的初次的恋爱、初交的友情
好像是半分忘了般的古话模棱;
苦痛更新,又来把人**提醒**——
又**提醒**生涯中走错了的邪路迷津,
善良的人们已从我眼前消尽,
他们是被幸运欺骗,令我伤神。

听过我前部的灵魂,
听不到我后部的歌咏;
往日的欢会,久已离分,
消失了的呀,啊!是当年的共鸣。
我的歌词唱给那未知的人群谛听,
他们的赞声适足使我心疼,
爱听我歌词的友人,
纵使还在,已离散在世界的中心。

寂静森严的灵境,早已忘情,
一种景仰的至诚系人紧紧,
我幽渺的歌词一声声摇曳不定,
好像是爱渥鲁司琴弦上流出的哀吟,
我战栗难忍,眼泪连连涌迸;
我觉着和而嫩了呀,硬化了的存心;

我目前所有的,已自遥遥隐遁,

那久已消失的,又来为我现形。①

就所选篇目而言,定位为"世界名著选"的《德国诗选》并没有彰显出名家名篇的选材标准:就所选作家而言,虽然歌德、席勒、海涅和施托姆等著名诗人赫然在列,但列瑙和希莱只能算是德语文学中的二三流诗人,翻译过列瑙诗歌的成仿吾就言称这位诗人"被屏入二三流之亚,在德国文学史中勉强占二三页的面积而已"②;就名家的作品而言,作为诗人的席勒重要地位被无端轻视,仅收录一首戏剧中穿插的诗歌,而所选歌德、海涅和施托姆的诗歌也远非严格意义上的代表诗篇。对此,有学者如是评价道:

> 一九二三年《文学旬刊》对译诗问题展开争论时,郭沫若与成仿吾,都对歌(原文为"哥")德的原版《牧羊者的哀歌》进行了翻译。在做了这样一番切实的工作之后,提出了"翻译事业总以根据原文为佳"的看法(载《创造日》)……这期间,他们以《创造日》为园地,发表许多译诗和其他新诗。……后来他们把译诗的一部分辑成了《雪莱诗选》和《德国诗选》,可以说是他们这种努力的一个小小的成果。③

可见,之所以出现选材并未考虑"名家名作"的情况,是因为

---

① 转引自唐弢:《晦庵书话》,生活·读书·新知三联书店2007年版,第347—348页。引文中的粗体为笔者自行标识,用以突出与其他版本文字不同之处。
② 成仿吾:《成仿吾文集》,山东大学出版社1985年版,第132页。
③ 宋彬玉:《郭沫若和成仿吾》,载杨胜宽等编:《郭沫若研究文献汇要·卷三·交往卷》,上海书店出版社2012年版,第9页。

《德国诗选》只是对事先完成的译诗进行了整理、辑录和选编,而之前译诗的标准也较为随意,并未考虑所译诗歌的经典性,在选编出版时也没有按照经典化生成的目标增加一些更能体现"世界名著选"这一书系精神的译诗篇目。有鉴如此,《德国诗选》在第二版之后就失去了影响力,而且永无再版,并迅速被1928年5月创造社出版部印行的《沫若译诗集》取代。[①]

《沫若译诗集》收录了《德国诗选》中全部由郭沫若捉刀的译诗,而且增订了英国、俄国、印度等国著名诗人(比如雪莱、屠格列夫等)的译诗,其范围大大超出了德国文学本身。尽管郭沫若在序言中交代"这些外国诗作并不是都经过了严格的选择,有的只是在偶然的机会被翻译了",但从整体上来说,比之《德国诗选》,《沫若译诗集》在外国诗歌经典化历程方面仍取得了较大进步。其最早版本于1928年5月由上海创造社出版部发行,为创造社"世界名著选"第十种,目次4页,正文130页。1929年11月由上海乐化图书公司再版,目次和正文页数不变。1931年4月上海文艺书局又版,目次和正文页数仍然保持不变。1947年9月上海建文书店出版的《沫若译诗集》则有了较大变化,目次增加到9页,其中在正文前又增加小序两页,从目次和正文页数的增加不难推断出收录译诗的数量也有了大幅增加,正文页数几乎是之前的3倍,增至398页。有资料提及《沫若译诗集》还有1947年南国出版社发行的一个版本[②]。遗憾

[①] 彭建华:《经典化视野下郭译〈德国诗选〉分析》,《长沙理工大学学报(社会科学版)》2017年第4期,第101页。
[②] 萧斌如、邵华编:《郭沫若著译书目(增订本)》,上海文艺出版社1989年版,第393页。

的是,因资料所限,笔者未见此书。

1953年6月,上海新文艺出版社根据1947年建文书店版重印《沫若译诗集》,完全保留了其目次、译诗数量及正文前面的小序。鉴于这部译诗集颇为畅销,次年上海新文艺出版社又重印了5次,隔了一年该社重印到第七次,足见这部译诗集在读者群体中受欢迎程度之高。然而,1954年和1955年的重印本删除了1953年版的整个《新俄诗选》部分,故而正文只有277页。1956年7月北京人民文学出版社推出《沫若译诗集》的另一个"简化"版本,正文只有159页。相比起来,这个版本的畅销程度远不及上海新文艺版,仅在次年进行了第二次印刷,之后便销声匿迹,直至今日也没有再版。

(二)进入《分类白话诗选》的郭沫若译诗

若论《德国诗选》在现代中国的传播和接受效果,鉴于它持续时间短、翻印版次少,而且在选材上体现出较大的随意性,可以说它"几乎没有成功树立德语诗歌的形象,也无力促进德语文学在现代中国的经典化"[1]。时至今日,《德国诗选》已渐行渐远地淡出学界视野,其意义和价值大多体现在版本学方面[2],对其文学、诗学、美学乃至翻译学上的探讨寥寥无几。相比之下,后来取代它的《沫若译诗集》因为选材更加广泛,传播时间跨度较大,初版(1928)到

---

[1] 彭建华:《经典化视野下郭译〈德国诗选〉分析》,《长沙理工大学学报(社会科学版)》2017年第4期。
[2] 参见张泽贤:《中国现代文学翻译版本闻见录(1905—1933)》,上海远东出版社2008年版,第195—196页;陈建功等编:《中国现代翻译文学初版本图典(上)》,百花洲文艺出版社2015年版,第137页;彭燕郊:《纸墨飘香》,岳麓书社2005年版,第104—105页。

末版(1957)之间跨越近30年,而且曾在7家不同的出版社印行,可以说相比之下在一定程度上推进了译诗的经典化历程。

尽管《德国诗选》的编译"并未完全纳入现代中国的文学学科的建设计划之中"①,但其中选录的一首《暮色》入选1920年出版的《分类白话诗选》,殊当重视。《分类白话诗选》收录了在中国新诗发轫期(1917—1920)产生的众多诗歌,涵盖68位作者(包括7位译者)的230多首诗歌(包括译诗)。集子中选录了一些发表在当时一些重要期刊上的诗歌,譬如《少年中国》《新青年》《时事新报·学灯》《曙光》《新潮》《星期评论》《解放与改造》等,其落款署名也标注的是相应的期刊名称,而不是作者或译者之名②。跟《德国诗选》和《沫若译诗集》一样,《分类白话诗选》也是一种文学选集,三者选定的标准都是诗歌体裁,考虑到当时根植于白话文的中国新诗正处于肇始阶段,可以说以上诗选都立足语言从传统到现代的变革,体现了建设新的体裁经典与文类范式的志向和旨趣。10多年后,朱自清编选《中国新文学大系·诗集》(1917—1927),无疑也是因循这一思路。虽然冠名"白话诗选",但这并不意味着与古典文言诗歌之间的决裂乃至清算;相反,这本别名为《新诗五百首》的诗集显然模仿了《唐诗三百首》的命名,目的一方面当然是向古典致敬,另一方面也是借此给予自身正统性,以创立一种新的诗学范例。③尤为引人注

---

① 彭建华:《经典化视野下郭译〈德国诗选〉分析》,《长沙理工大学学报(社会科学版)》2017年第4期,第101页。
② 1988年人民文学出版社再版的《分类白话诗选》则将期刊名称改为相应的作者或译者姓名。
③ [法-瑞士]宇乐文:《郭沫若20年代〈分类白话诗选〉里的歌德译诗》,《郭沫若研究》2017年第1辑,第185页。

目的是,这部国内最早的新诗诗选之一还收录了近20首译诗,可见当时对译诗的极大重视。特别是在新诗草创期,诸多人士都把翻译过来的外国诗歌视为"白话诗"的一种,新诗鼻祖胡适就把自己的白话诗创作和翻译作品都视为"新诗",甚至把收入个人首部新诗集《尝试集》中的第二首诗歌——译诗《关不住了》视为"我的'新诗'成立的纪元"[①]。并非偶然的是,《分类白话诗选》也收入了《关不住了》这首译诗。在新诗的肇始期,诗歌翻译和创作并行存在,而且几乎同步开始和发展,相互哺育和渗透,其交互关系构建了一个巨大而又开放的互文性网络体系和诗歌场域,这从诗人和译者合二为一的身份特征也可以窥见。[②]而且,"新诗人并非为译诗而译诗,而是为创造新诗而译诗"[③]。《分类白话诗选》就同时收录了好几位作译并举之诗人的诗歌创作和翻译作品,比如郭沫若、刘半农、黄仲苏、田汉和胡适等;而早它半年左右出版的《新诗集(第一编)》则收录了郭沫若的著译作品(分别是《辍了课的第一点钟里》和译自惠特曼的《从那滚滚大洋的群众里》),另外还收录了其他四首译诗:孙祖宏译《平民的怨恨》、刘凤生译《冬夜》、刘麟生译《痛苦》及王统照译《荫》。

《分类白话诗选》依据诗歌的主题内容分为"写景类""写实类""写情类""写意类",之所以采用写作学意义上的编排标准,主要是为了方便新诗模仿者的"认知和学习"[④],在这一点上它模仿

[①] 胡适:《胡适文存(一)》,亚东图书馆1924年版,第284页。
[②] 晏亮、陈炽:《由〈新诗集〉和〈分类白话诗选〉看早期新诗翻译与创作》,《海南师范大学学报(社会科学版)》2015年第9期,第61页。
[③] 潘建伟:《中与西的神遇:简论中国现代的旧体诗》,《浙江学刊》2015年第1期,第91页。
[④] 罗执廷:《民国社会场域中的新文学选本活动》,山东文艺出版社2015年版,第28页。

了早它半年出版的同类诗选《新诗集(第一编)》。已有汉学家注意到《分类白话诗选》"写景类"的第一篇,亦即整部诗选的首篇是郭沫若翻译的一首歌德诗《暮色》,并对它进行了内容、形式和意境层面上具体而微而又精彩纷呈的研究。[①] 歌德原诗选自他包含14首诗歌的组诗《中德四季晨昏杂咏》(*Chinesisch-deutsche Tages- und Jahreszeiten*)里的第八首,组诗从题目上看就蕴含着浓厚的"跨文化杂糅"[②]之意,带给读者陌异化的接受效果。尤其是第八首中出现了诸多中国意象充盈而且组接在一起的画面,比如晚霞(郭译"霞辉")、星辰(郭译"明星")、雾霭("薄雾")、垂柳(郭译"纤柳")、树枝(郭译"丝枝")、月轮(郭译"姐娥")、湖面("湖水""湖波")等,再配上郭沫若对相关形容词和动词极度汉化的处理,可谓相得益彰,其中国化效果呼之欲出,整首译诗的审美效果可以说跟歌德原诗殊途同归。除了在文本和意象层面尽可能地汉化,该译诗还在形式和技法上"如盐融水、不着痕迹"般地化用了一些中国文化里特有的资源,比如韵脚(包括隔行叶韵、句内押韵以及转韵等)、长短句句式和句法并列[③]、较多虚词的运用(可能受到中国古代词或者散曲的影响[④])、用典、上句句尾和下句句首词语反复[⑤],以及依托汉字造字方法"六书"中的形声和会意等,灵活运用了部首叠合和字形重复的游戏。[⑥] 除了内容和形式上竭尽全力的

[①] [法-瑞士]宇乐文:《郭沫若20年代〈分类白话诗选〉里的歌德译诗》,《郭沫若研究》2017年第1辑。
[②] 同上书,第187页。
[③] 同上书,第193页。
[④] 同上书,第190页。
[⑤] 同上书,第193、195页。
[⑥] 同上书,第195页。

汉化,郭沫若的译诗在意境上实现了人与景、内与外的交汇融合[1],很容易让人联想到王维早就倡导过的"诗中有画,画中有诗"的古代风景诗或曰山水诗的格调。除了尽可能地化用古典元素和彰显古典美学,这首译诗也是郭沫若诗歌语言形式"现代化"实验[2]的表现。除了语际翻译,这方面的实验还体现在语内翻译实践上,比如郭沫若在致宗白华的尺素中曾把李白的《日出入行》译成新体诗,后来又在《卷耳集·屈原赋今译集》中把四十首诗经歌谣翻译成了现代汉语。另外,这样的探索诗歌(包括译诗)语言"现代化"的实验不光发生在郭沫若一个人身上,而是应当置于当时20年代文学创作和翻译界的普遍倾向中考量。这方面的先驱比如闻一多在《诗的格律》中对此早有讨论,在其首部诗集《死水》中也进行了先行探索。

颇值一提的还有译诗《暮色》的附白:"此诗原为李白诗之翻译,原诗未明。足悟译诗之一途径。"[3]作为一种译文"副文本",该附白也值得重视。然而,无论是最初发表在《少年中国》上《歌德诗中所表现的思想》中的文字,抑或是收录在《分类白话诗选》中的《暮色垂空》,还是收录在《德国诗选》两个版本中的《暮色》一诗,以及收录进1928年创造社版、1928年及1929年乐华图书公司版和1931年上海文艺书局版《沫若译诗集》中的《暮色》,都没有那句附白;它见于1947年建文书店版的《沫若译诗集》及其以后

---

[1] [法-瑞士]宇乐文:《郭沫若20年代〈分类白话诗选〉里的歌德译诗》,《郭沫若研究》2017年第1辑,第195页。
[2] 同上书,第190、192、198、199页。
[3] 转引自唐弢:《晦庵书话》,生活·读书·新知三联书店2007年版,第348页。

的每一个版本，可见是后来才加上去的。需要说明的是，郭沫若有关原诗是李白诗歌的论断有误，事实上并无一首中国的古典诗词与歌德所表现的场景完全契合，而且当时歌德并未读过李白的诗，甚至不知道李白是谁。① 不只是郭沫若，后世也多有类似的讹误流传，在很大程度上是因为歌德对自然景色的细致描摹与中国古典诗词的寓情于景、情景交融有很大的相通之处②，其诗作体现出来的意象也跟中国古诗词的画面感神似。其实，唐弢早就质疑过这一点，他就这首译诗评说道："（《德国诗选》）初版中《浮斯德》选译第二篇，再版时以首二字为题，改署《暮色》，据说这篇原始李太白诗，而由歌德移译成德文者。文姬归汉，仗沫若之力，得复还中土，而翻遍青莲全集，不知何者始为原诗……"③至于郭沫若提及的"译诗途径"，也跟其翻译尤其是译诗观念息息相关，切合他"诗人译诗""以诗译诗"的主张，即"诗翻译出来仍要是诗"。郭沫若加上那句附白的用意很明显，他把一位外国著名诗人的一首知名诗作视为一首经典古诗的翻译，而他本人的回译（back translation）又将中国古诗的德语版以白话诗体的形式还原，由此或许就实现了一首经典外文诗现代汉语版的"双重合法化"④。

《分类白话诗选》"写情类"还收录了另一首郭沫若译诗——《感情之万能》，原诗同样出自歌德笔下。这首译诗跟《暮色垂空》

---

① 冯至：《论歌德》，上海文艺出版社1986年版，第126页。
② 袁克秀：《浅析歌德的组诗〈中德四季晨昏杂咏〉》，《北京第二外国语学院学报》2012年第12期，第74页。
③ 唐弢：《晦庵书话》，生活·读书·新知三联书店2007年版，第348页。
④ ［法-瑞士］宇乐文：《郭沫若20年代〈分类白话诗选〉里的歌德译诗》，《郭沫若研究》2017年第1辑，第188页。

一样,同样也出自《歌德诗中所表现的思想》一文,最初也是发表在《少年中国》上面。文中在译诗前本来附有按语,言及歌德"求神于自然,求自然于神"的泛神论(郭称"万有神论")倾向,并指出原诗的出处是《浮士德》。经查证,该片段出自郭译《浮士德》的《玛尔特之花园》一幕,而且只是截取了浮士德所言的后面小半部分。郭沫若各个译本《浮士德》中的文字与最初发表以及收录进《分类白话诗选》中的文字有一定出入。其差异主要表现为两处:一处是"你若于此感情之中全然觉着荣幸",现代书局版改为"你在这种感情之中会全然幸甚",后面的版本只是把"你在"改为"在你",人民文学出版社保留了这一微小修改;另一处是最后一句"只是迷绕着天光的一抹烟云",所有的译本都改为"只是环罩着天火的一片烟云"。这首译诗甚至把感情也等同于神,生动体现了神就是万物的本体、自然法则是神之化身的泛神论思想。《分类白话诗选》把该诗列在"写情类"之列,并在这个门类下面还收有黄仲苏翻译的两组泰戈尔诗歌系列(分别为6首组诗和16首组诗),而且整本诗集中还在"写景类"和"写意类"分别收录了由刘半农和蔚南译的泰戈尔《海滨》和《云与波》,足见对当时影响中国诗歌转型的泛神论诗歌的重视。

二、郭沫若德语译诗补遗研究

既有的郭沫若诗歌翻译研究多半专注于英语译诗,对德语译诗涉猎不多,尤其是没有给予郭沫若的散佚德语译诗足够的关注。本部分旨在集中探究郭沫若的非名篇德语译诗,试图让那些尘封已久、散落在零星刊物上的郭沫若译诗浮出水面,重新进入郭沫若翻译研究学界的视野,恢复这些译作在郭沫若翻译作品中应有的学术和审美价值，同时使之跟其他译诗一起形成一个体系，成为"郭沫若学"的一个重要分支——翻译研究不可或缺的组成部分。

（一）《迷娘》中的德语译诗

1947年9月上海建文书店版和1953年6月上海新文艺版的《沫若译诗集》中都收录了一篇小序，其中郭沫若谈及他整理译诗集时的憾事："……也有经过严格的选译而没有被保存的，例如惠特曼的《草叶集》抄译，泰戈尔的诗选译便是。那些完全在原稿的形式中便遗失了。另外有一种余炳文（实为'余文炳'，笔者注）兄译的《迷娘》（从歌德的《威廉迈斯特》摘译出来的一个故事），那里面有好几首诗事实上是我全部改译了的。那本小书将来如果蒐（搜）集得到，那些译诗我却希望能够增补在这儿。"[①]郭沫若希望收录的这些译诗是什么？早在20世纪80年代就有学者探究过这一问题，称他本人1961年春在旧书摊上购得新中国成立前出版的一本文学杂志，上面就刊载了郭沫若翻译的《给迷娘》，不同于其后翻译的两个《迷娘歌》译本（仿古体和白话体），并断言这首《给迷娘》就是郭沫若想要收录进《沫若译诗集》的散佚译诗。[②]经考证，这本没有提及名称的文学杂志就是《春草集》，1942年5月由重庆文林出版社出版，其中就收有包括郭沫若《给迷娘》在内的多首译诗。作为"诗歌丛刊第一辑"的《春草集》，其发行人为方学武，编委会成员有王亚平、方殷、李嘉、柳倩、高兰、郭沫若和臧云远等七人，《编后记》中解释说《春草集》的来由是取自"野火烧不尽，

---

① 郭沫若：《小序》，载《沫若译诗集》，郭沫若译，新文艺出版社1953年版，第1页。
② 胡鸿延：《〈沫若译诗集〉拾遗》，《贵州教育学院学报》1985年第1期，第67页。

春风吹又生"的含义。另外值得一提的是,就纸张材质而论,《春草集》的版本跟前文所述郭译《赫曼与窦绿苔》一样,也是打上了当时抗战文化印记的"土纸本",具有特定的文化史价值。

但是,这首诗是否就是郭沫若提及的他校改过的余文炳所译的几首诗歌之一呢?余文炳翻译的《迷娘》由歌德的教育小说(或称"修养小说""发展小说""成长小说")《威廉·迈斯特的学习时代》摘译而成。该书封面上写着"余文炳译 郭沫若校",1932年由现代书局初次发行,1933年再版,1937年由上海复兴书局再度发行。既然已经付梓而且重印多次,按理来说应该不难搜集,缘何郭沫若在1947年8月所作的《沫若译诗集》小序中称"那本小书将来如果蒐(搜)集得到"?推测可能是时隔十数年之久而且印数不多(1—3 000册),故而难以搜寻。对照中德文仔细考察,发现《给迷娘》一诗并未在原小说《威廉·迈斯特的学习时代》中出现,当然也就不可能出现在余文炳翻译的《迷娘》中。《给迷娘》一诗后来出现了钱春绮的译文,其后附原注(即原作者歌德在写这首诗时所作注释)的翻译:"原为《威廉·迈斯特学习时代》所作插曲,但后来没有插入。一七九七年八月送交席勒,发于《诗歌年鉴》。"[1]可见,《给迷娘》一诗确实没有在歌德的小说中出现,当然也就不可能现身余文炳译、郭沫若校的《迷娘》之中。因此可以推断的是,发表在《春草集》上的那首诗歌《给迷娘》,并不是郭沫若所言想收录进《沫若译诗集》中的译诗。尽管如此,这首散佚的德语译诗同样值得探究。下表对照列出《给迷娘》的两个译版:

---

[1] [德]歌德等:《歌德诗选》,钱春绮译,上海译文出版社1982年版,第137页。

表7 《给迷娘》歌德原文、郭沫若和钱春绮译文

An Mignon (Johann Wolfgang von Goethe)①	给迷娘（郭沫若译）②	给迷娘（钱春绮译）③
Über Tal und Fluß getragen	太阳的车轮皎洁地	越过山谷，越过大河，
Ziehet rein der Sonne Wagen.	拖过了山谷和清溪	日神的车子清新地驰过。
Ach, sie regt in ihrem Lauf,	啊，太阳在他的途中，	啊，太阳又走上征程，
So wie deine, meine Schmerzen	每晨复又要激起，	就象是你的、我的苦痛，
Tief im Herzen,	就如像我深心中的	深藏心中，
Immer morgens wieder auf.	我深心中的哀痛。	一到早晨就会上升。
Kaum will mir die Nacht noch frommen;	夜境于我也不温济，	夜晚对我也毫不济事，
Denn die Träume selber kommen	梦在这时便已来临，	因为梦影，就在此时，
Nun in trauriger Gestalt.	而是呈现着凄凉的形容；	也会出现凄凉的形象。
Und ich fühle diese Schmerzen,	我感觉着这哀痛底	我感觉到这种苦痛，
Still im Herzen,	潜秘构形的力，	隐藏心中，
Heimlich bildende Gewalt.	依然在我的心中。	它能秘密制造出幻象。
Schon seit manchen schönen Jahren	好些美妙的年华以远，	我已看了好多个年头，
Seh' ich unten Schiffe fahren;	我看见多少船儿下滩；	看河下来往的行舟，

---

① Johann Wolfgang von Goethe, *Sämtliche Gedichte*, Frankfurt a. M. et al.: Insel, 2014, S. 54–55.
② [德]歌德:《给迷娘》，郭沫若译，载王亚平等编:《春草集》，文林出版社1947年版，第98—99页。
③ [德]歌德:《歌德诗选》，钱春绮译，上海译文出版社1982年版，第182—183页。

续　表

An Mignon (Johann Wolfgang von Goethe)	给迷娘（郭沫若译）	给迷娘（钱春绮译）
Jedes kommt an seinen Ort.	只只都离开了故宫，	全会抵达目的之地；
Aber ach, die steten Schmerzen,	啊，这永恒的哀痛呀，	可是，我这无止的苦痛，
Fest im Herzen,	凝固在我的心里，	盘据（踞）心中，
Schwimmen nicht im Strome fort.	总不随江水流动。	却不能跟随流水同逝。
Schön in Kleidern muß ich kommen;	美丽的衣裳取出箱箧，	我从箱子里取出新衣，
Aus dem Schrank sind sie genommen,	我须妆扮得十分美丽。	出去必须穿得华丽，
Weil es heute Festtag ist;	今日的节日与往日不同，	因为今天正逢佳节；
Niemand ahnet, daß von Schmerzen	谁也不知道我心中的心，	有谁知道我的苦痛
Herz im Herzen	惨酷地被这哀痛呀	在我心中
Grimmig mir zerrissen ist.	撕成了千疮百孔，	已把心儿扯得碎裂。
Heimlich muß ich immer weinen,	我得永恒地忍泪吞声，	我总不免暗暗哭泣，
Aber freundlich kann ich scheinen	外面呈现出一片愍郁，	可是也会装得和气，
Und sogar gesund und rot;	甚至装着健康装着红，	甚至显得满面红光；
Wären tödlich diese Schmerzen	这心中的哀痛呀	如果苦痛对我的心，
Meinem Herzen,	假如有死寂的时候，	能够致命，
Ach, schon lange wär ich tot.	啊，我自己是早已告终。	唉，我也许早已死亡。

1923年，郭沫若在《讨论注译运动及其他》中提出了理想翻译的标准："我们相信理想的翻译对于原文的字句，对于原文的意义，

209

自然不许走转，而对于原文的气韵尤其不许走转。原文中的字句应该应有尽有，然不必逐字逐句地呆译，或先或后，或综或析，在不损及意义的范围以内，为气韵起见可以自由移易。"①这里强调译文绝非原作附庸的独立品质，尤其是再现原作的情绪与风韵，把翻译提高到与创作比肩的高度。参照德语原文并对比郭沫若和钱春绮的译文，可以发现郭沫若对原诗的处理并不是按照顺序逐句翻译，很多时候都打乱了顺序，而钱春绮的翻译则要"忠实"得多。虽是白话译诗，郭译也尽量照顾到了叶韵，而钱译似乎没有这方面的考虑，就严复翻译标准的"雅"这一层面而言，郭译似乎略胜钱译一筹。但是，就"信"和"达"而论，郭译则存在不少问题。比如"太阳的车轮皎洁地"一句，德语的 rein（纯粹的、纯净的）对应"皎洁"似乎不错，但似乎只有"月亮"才与"皎洁"相关，而"太阳"不能与之搭配，可谓"不达"。出现更多的则是"信"的问题，不少的谬误都起源于对原文某个单词或词组理解有误，继而出现整句翻译不到位的情况。郭译"我看见多少船儿下滩；只只都离开了故宫"一句对 an seinen Ort kommen 理解不准确，原意为"到达某地"，而钱译"抵达目的之地"就很切合。Weil es heute Festtag ist 郭译为"今日的节日与往日不同"也有讹误，原句表达了"今天是个节日"的意思，并无与其他节日对比之意，钱译"因为今天正逢佳节"可谓"信"。"假如有死寂的时候"一句对核心词 tödlich 的理解也没有到位，该词的真正意思正是钱翻译的"致命的"，而郭理解成了"死的""呈现死亡状态的"。

---

① 郭沫若：《郭沫若全集·文学编·第十六卷》，人民文学出版社 1989 年版，第 144 页。

既然郭沫若表示想把他校改的《迷娘》中的译诗收录进《沫若译诗集》，接下来的一个问题自然就是《迷娘》译本中到底出现了多少译诗。郭沫若所述的"那里面的诗"都是小说插曲中的人物——弹竖琴老人、迷娘或男主人公威廉唱出的歌谣，共计 9 首。因为它们本无标题，在讨论时就取其首句作为标记。这些诗歌里有 4 首特别值得注意，因为它们除了得到郭沫若译笔的青睐，还被民国时期其他学人多次重译。其一为"人不曾流着眼泪吃他的面包"，下文将专门探讨。其二为"欢喜寂寞的人呀/呵！转瞬即成孤零"，这首歌曲另有宗白华所译版本《弦琴师歌曲》。其三就是那首最为脍炙人口、耳熟能详的《迷娘曲》（"你可知道吗，柠檬开花的地方"），郭沫若对这首诗尤为钟情，曾推出拟古体和白话文两个版本的翻译：拟古体最初发表于《创造周报》1923 年第 1 期，两个版本的《德国诗选》均有收录，但《迷娘》译本中出现的这首白话译诗后来仅收录在 1956 年人民文学出版社的《沫若译诗集》中，而且字句有轻微改动。还有一首是"只有知道憧憬的人呀，/才知道，我为何悲哀！"，民国时期也曾受到其他译者的关注[①]。

(二)《弹琴者之歌》

郭沫若另译有一首《弹琴者之歌》[②]，最早刊于 1925 年 10 月

[①] 另有冯至五言古体译文《迷娘》（《文艺旬刊》1924 年第 18 期第 3 页）；宗白华译《迷孃歌曲》（连载于《大公报·文学副刊》第 220—222 期，即 1932 年 3 月 21 日、3 月 28 日、4 月 4 日）。
[②] 原诗题为《弹竖琴者》（*Der Harfenspieler*，又译《琴师》）的诗歌有 3 首，但是此处要讨论的这首最为耳熟能详，有诸多汉语译版。

16日《洪水》半月刊第1卷第3期。这首诗没有收录进《沫若译诗集》的任何一个版本，也未见收录于郭沫若的其他作品集。该译诗的副标题为《沫若节译自 Goethe "Wilhelm Heister"》①（Heister 为 Meister 之误——笔者注），原文出自歌德小说《威廉·迈斯特的学习时代》。余文炳翻译、郭沫若校对的小说《迷娘》中也出现了这首译诗，不过跟郭沫若发表在《洪水》上的有文字出入。

此外值得一提的是，这首译诗还引发了当年徐志摩、胡适、郭沫若、朱家骅、周开庆等人的激烈讨论和翻译竞赛。1924年，徐志摩在3月10日出版的《小说月报》（15卷3号）上发表了一则《征译诗启》，希望通过外国诗歌的"再译"提升现代汉语作为诗歌语言的艺术表现力，借此推动诗歌翻译走向一个自觉的阶段，并让它与诗歌创作之间形成良性的互动作用。《征译诗启》之后附有当时《小说月报》主编郑振铎的附记，声明可以每期用三四页的篇幅来登载译文，而且视情况而定，还将挑选中国最好的抒情诗，让大家译成英法或德文。② 在徐志摩遴选出来的诗中，有一首正出自余文炳翻译过的歌德《威廉·迈斯特的学习时代》。不过，徐志摩当时号召大家翻译的不是歌德的德文原版，而是卡莱尔（Thomas Carlyle, 1795—1881）的英译；而且原诗本有八行，徐志摩只列出前四行，因为他认为这四句"蕴蓄着永久的感动力和启悟力……"③

---

① ［德］歌德：《迷娘》，郭沫若译，《洪水》1925年10月16日，第86页。
② 徐志摩、郑振铎：《征译诗启》，《小说月报》1924年第15卷第3期，第10页。
③ 徐志摩：《一个译诗问题》，载徐志摩著，韩石山编：《徐志摩散文全编·上册》，天津人民出版社2006年版，第623页。

表 8 《弹琴者之歌》歌德原文与多个汉译版本

Johann Wolfgang von Goethe	郭沫若译①	余文炳译，郭沫若校②	朱家骅译③	成仿吾译④	冯至译（一）⑤	冯至译（二）⑥
Wer nie sein Brot mit Thränen aß	人不曾把面包和眼泪同吞	人不曾流着眼泪吃他的面包，	谁从不曾含着眼泪吃过他的面包，	谁不会把面包与血泪齐吞，	谁不曾和泪而餐，	谁不曾和泪吃他的面包，
Wer nie die kummervollen Nächte	人不曾悔根煎心，夜夜都难就枕，	人不曾在夜间弥天烦恼	谁从不曾把充满悲愁的夜里	谁不会在惨伤神的夜里，	谁不曾在阴惨的夜半	谁不曾坐在床上哭泣，
Auf seinem Bette weinend saß,	独坐在床头上哭到过天明，	坐在床头上流泪伤心，	在他的床上哭着坐过去了，	每在床上，忽忽起坐而哀呻，	坐在他的床上悲叹，	度过些苦闷重重的深宵，
Der kennt euch nicht, ihr himmlischen Mächte.	他是不会知道呀，天上的威陵。	他不会知道你们，你们天上的威灵。	他不认识你们，你们苍天的威力！	他不认识你们呵，你们苍天的伟力！	谁就不能了解你们，你们在天的威权！	就不会认识你们苍天的威力。

① 郭沫若：《迷娘》，余文炳译，现代书局 1934 年版，第 86 页。
② 同上书，第 20—21 页。
③ 徐志摩：《葛德的四行诗还是没有译好》，载徐志摩著，韩石山编：《徐志摩散文全编·下册》，天津人民出版社 2006 年版，第 658 页。
④ [德] 歌德等：《德国诗选》，郭沫若、成仿吾译，《文艺周刊》1924 年 1 月 16 日，第 1—2 页。
⑤ [德] 歌德：《莹馐引》，冯至译，创造社出版部 1928 年版，第 25 页。
⑥ [德] 歌德：《琴师》，冯至译，载 [德] 歌德：《浪游者夜歌：歌德诗歌精粹》，冯至等译，人民文学出版社 2008 年版，第 86 页。

表9 《弹琴者之歌》歌德英文与多个汉译版本

Translated by Thomas Carlyle①	Translated by Emily Ezust	徐志摩初译②	徐志摩再译③	胡适译④	周开庆译(一)⑤	周开庆译(二)⑥
Who never ate his bread in sorrow,	He who never ate his bread with tears,	谁不曾和着悲哀吞他的饭,	谁不曾和着悲哀吞咽他的饭,	谁不曾含着悲哀吞咽他的饭,	谁不曾和着悲哀把饭吞下,	谁不曾和着悲哀把饭吞,
Who never spent the midnight hours	He who never, through miserable nights,	谁不曾半夜里惊心起坐,	谁不曾在凄凉的深夜的,	谁不曾中夜叹息, 睡了又重起,	谁不曾在幽凄的深夜里,	谁不曾中夜幽咽,
Weeping and waiting for the morrow,	Sat weeping on his bed -	泪滋滋的, 东方的光明等待——	独自偎着他的枕衾幽叹, ——	泪汪汪地等待东方的复旦,	独坐吸泣, 暗自咨嗟,	愁坐待天明,
He Know, you not, ye heavenly Powers!	He does not know you, Heavenly Powers.	他不曾认识你, 啊伟大的天父!	伟大的神明啊, 他不认识你。	伟大的神明啊, 他不会认识你。	伟大的神明啊, 他不曾认识你!	他不曾认识你, 啊伟大的神灵!

① 徐志摩:《葛德的四行诗还是没有译好》, 载徐志摩著、韩石山编:《徐志摩散文全编·下册》, 天津人民出版社2006年版, 第659页。
② [德]歌德:《琴师》, 冯至译, 载[德]歌德:《浪游者夜歌》, 冯至等译, 人民文学出版社2008年版, 第657页。
③ 同上书, 第658页。
④ 同上书, 第657—658页。
⑤ 徐志摩:《葛德的四行诗还是没有译好》, 载徐志摩著、韩石山编:《徐志摩散文全编·下册》, 天津人民出版社2006年版, 第658页。
⑥ 同上。

针对参加翻译竞赛和讨论的 5 位译者的译文,徐志摩写过一篇点评文章《葛德的四行诗还是没有翻好》,原载于 1925 年 10 月 8 日《晨报副刊》。相继又有朱家骅和李竞何发表评论文章,商榷这首诗的翻译。朱家骅说胡适与徐志摩的翻译都是根据卡莱尔的英译,是按字直译,所以"只能算是胡适与徐志摩译卡莱尔的葛德,可不能说是葛德"[①]。而徐志摩认为郭沫若的批评较为切题,其一是"谁不曾怎么,他不曾怎样"语法不甚晓畅意思也不明晰,但徐又觉得郭译"人……他"在文法和表达上也没有多少改进。德文的四句诗其实是一句话,句式是"谁不……则不",虽然没有使用转折词,但暗藏着"如果不……则不"的连接和转折的内在逻辑关系。可惜参加翻译竞赛和讨论的五位译者以及余文炳都没有传达出这种关系,这就使最后一句显得突兀和费解。值得推许的是后来冯至的两种译文(见表 8),使用了一个转折词"就",逻辑关系于是变得明朗起来。郭沫若在评论意见中还说原诗的意境要比各种译文的深沉幽邃得多,徐志摩也持同样的观点,认为那种痛苦到极致方才感悟到无限神灵之威力的复杂情愫没有得到再现。[②] 另外徐志摩还调侃郭沫若译文中的"枕头"可算一个笑话,但随后 10 月 12 日郭又致信徐,争辩说他不能为"枕"字这个错误负责,言称自己"不会荒唐到会连德文的 Bett('床')字也要译成'枕'字的",并请求徐为他更正;徐志摩则坚持说郭沫若自己译为"枕头",有郭

[①] 朱家骅:《关于一个译诗问题的批判》,徐志摩著、韩石山编:《徐志摩散文全编·上册》,天津人民出版社 2006 年版,第 625 页。
[②] 徐志摩:《葛德的四行诗还是没有译好》,徐志摩著、韩石山编:《徐志摩散文全编·下册》,天津人民出版社 2006 年版,第 659—660 页。

的"亲笔作证",是"那天我在上海到他寓里去看他时,他当时提笔写了给我的"①。参看郭沫若发表在1925年《洪水》上的译文,郭翻译的确实是"床"而不是"枕",难道郭沫若那天亲笔写给徐志摩时犯了笔误,还是徐志摩当时看花了眼或者在笔录时记忆有误?斯人已邈,孰是孰非难以考据和断定。但有关歌德译诗中"枕"字的争论,无疑是中国现代文学史上的一桩有趣轶事,那种为"吟安一个字"而"语不惊人死不休"的精神也难能可贵。郭沫若和徐志摩的评论都忽视了5人译文中的另外一个疏漏之处,那就是最后一句中德语"威力"的复数没有得到体现。歌德原文用的是复数"你们"(euch),是指基督教世界主宰人类命运的力量的总和,它们不是某一特定形象,而是所有形象的叠加和组合,此乃基督教义中的常识概念。后来冯至的两种译文(见表8)都注意到了这一点,处理比较成功,但"认识"一词换为"了解"或"懂得"似乎更好。

这场翻译论争发生在1925年10月,其时围绕翻译问题展开的论战已有多次,而几乎每一次郭沫若都卷入其中,规模和影响较大的有郭沫若与胡适派文人的论战、与文学研究会关于唐性天译《意门湖》(郭沫若译《茵梦湖》)的论战、与梁俊青关于郭沫若译《维特》中错误的论战,还有围绕翻译的"媒婆"和"处女"比喻的多方论战。而在这场围绕歌德四行译诗的热烈讨论中,挑选出来的徐志摩和朱家骅的讨论文章都遵循相同体例,把德语原文、中介语英语译文以及汉语译文一起列出、互为参照,个中问题也随之清楚明白地浮出水面,这在翻译论战史上实属少见。在徐志摩的文章

---

① 徐志摩:《零碎·三》,载徐志摩著,韩石山编:《徐志摩散文全编·上册》,天津人民出版社2006年版,第722页。

中,甚至还追溯至后来加入日本国籍的希腊裔美国批评家小泉八云(Lafcadio Hearn,1850—1904)的英译版本[①]。把原语文本、多种中介语译文和多种汉语译文并置讨论的做法并非纯粹巧合,它暗合了那个年代的文化大环境,因为英语以外的外语水平逐步提高,要求从原语直接翻译的呼声也越来越高,另外也暗合鲁迅、郭沫若和郑振铎等人的"重译""复译"主张。晚清以来的西方著作翻译起初多半借助日文移译,继而又以英文为媒介译出;到了20世纪20年代中期,依据原文而译的翻译行为逐渐蔓延开来。促使这一转变的一个重要因素在于,当时越来越多负笈欧洲的留学生回国,他们希望与那些较为年长的早期留日归国者区别开来。[②] 从社会翻译学的角度审视,则可解读为有着不同翻译惯习的留欧译者与留日译者各自组建社会关系网络,在抢夺翻译文化资本、占据翻译文化市场等方面互相争斗的局面。

(三)《女神之再生》中的德语译诗

郭沫若还有一首德语译诗值得作为补遗记录下来,它虽然从未收录于《沫若译诗集》的任一版本,在《沫若译诗集》的小序中也未提过,但在《创造十年》中顺带提及。据郭沫若回忆,此诗的产生经过如下:1920年底,在福冈医科大学读书的郭沫若,将散文初稿《女神之再生》寄给了同在日本留学的郑伯奇,并嘱他看后转给

[①] 徐志摩《一个译诗问题》,载徐志摩著、韩石山编:《徐志摩散文全编·上册》,天津人民出版社2006年版,第623页。
[②] [瑞士]冯铁:《"尼来"——1925—1926年间尼采格言汉译引起的争论》,火源、史建国译,载《在拿波里的胡同里——中国现代文学论集》,南京大学出版社2011年版,第433页。

东京的郁达夫。郁达夫阅后用德文写下一首赠诗,连同《女神之再生》的原稿一道寄给郭沫若。郭沫若"得其暗示不少",遂在散文初稿的基础上"大加改创,始成为诗剧之形"。① 郭沫若笔下的诗句,比如"太阳虽还在远方/太阳虽还在远方/海水中早听着晨钟在响:/丁当,丁当,丁当"等,也许受到了郁达夫诗中"青而柔的春之空/晨钟远远一声扬"的启发。② 诗剧《女神之再生》发表于《民铎》1921年2月15日第2卷第5期,郭沫若特将郁达夫的德文赠诗及他的译文附在后面,并于十几年后回忆说:"……达夫的诗我也不能记忆了。我仅记得是两节诗,每节四行。那八行诗的价值是在我那付空架子的诗剧之上的"。③ 这首诗很可能是郭沫若翻译的唯一的一首中国人写的外文诗,早在20世纪80年代就引起了国内学者的注意④,可惜《郁达夫诗词抄》没有收录这首新诗。以下是这首译诗的中德文对照版:

表10 郁达夫所作德语诗歌及郭沫若汉译

Das Lied eines Taugenichts	百无聊奈(赖)者之歌
郁达夫(作)⑤	郭沫若(译)⑥
Weit ist er, weit ist er,	他在远方,他在远方,

① 郭沫若:《女神之再生》,《民铎杂志》1921年第5期,第13页。
② 卜庆华:《郭沫若研究新论》,首都师范大学出版社1995年版,第71页。
③ 郭沫若:《郭沫若全集·文学编·第十二卷》,人民文学出版社1992年版,第80页。
④ 参见陈子善:《郁达夫的德文诗》,《新文学史料》1981年第4期,第247页;谷丰:《郁达夫新诗一首》,《中州学刊》1983年第1期,第63页。
⑤ 郭沫若:《女神之再生》,《民铎杂志》1921年第5期,第13—14页。
⑥ 同上书,第14页。

续　表

Das Lied eines Taugenichts	百无聊奈（赖）者之歌
郁达夫（作）	郭沫若（译）
Der blaue, weiche frühlingshimmel,	青而柔的春之空，
Eine Glocke tönt her!	晨钟远远一声扬
Wovon kann ich nicht erzähl	不知来何从
Nur ein, nur eins sei versichern,	只有一声,确是只有一声
Die Sehnsüchten mich recht schmerzen,	向往令我心深疼
Kummer und Kummer,	烦闷,烦闷
Ich sehne sehr nach dir.	我在十分思慕君！

从以上译诗可以看出，当时的郭沫若对旧式句体情有独钟，他偏好在新体译诗中融入旧体诗的句式。即便使用虚字"而""的""之"，他也不忘把它们摆弄成"青而柔的春之空／晨钟远远一声扬"这样的七字句型；[1]而"烦闷，烦闷／我在十分思慕君！"明显可以窥见唐宋词句式影响的痕迹[2]，比如起源于晚唐直至清朝还受词人青睐的曲牌《调笑令》和《如梦令》。《调笑令》的起始句和收尾句可能都会采用这样的句式，例如韦应物《调笑令·胡马》"胡马，胡马，远放燕支山下。……迷路，迷路，边草无穷日暮"。在唐代王建的《宫中调笑·四首》和清代俞樾的《调笑令·四首》中"一唱四叹"，这样的句式被发挥到极致。《如梦令》的尾句也会用此

---

[1] 冯征、潘建伟：《中国现代旧体译诗研究》，上海三联书店2016年版，第130页。
[2] 同上。

句式,比如李清照《如梦令·昨夜风疏雨骤》中的"知否,知否,应是绿肥红瘦",胡适甚至还仿写过两首收录在上文提过的《分类白话诗选》的《如梦令》:"凝香,——凝想,——/想是这般模样!""谁躲?谁躲?/那是去年的我!"①

另外值得一提的是,在《女神之再生》开头,郭沫若引用歌德《浮士德》结尾的德语原文诗句作为引文:"Alles vergängliche/Ist nur ein Gleichnis；/Das unzulängliche/Hier wird's Ereignis；/Das Unschreibliche/Hier ist's getan; Das Ewig-Weibliche/zieht uns hinan."②不过,未附汉语译文。后来的《郭沫若全集》在收录《女神之再生》时加上了郭沫若在《浮士德》中的译文:"一切无常者,只是一虚影;不可企及者,在此事已成;不可名状者,在此已实有;永恒之女性,领导我们走。"③

(四)《歌德诗中所表现的思想》和《三叶集》中的德语译诗

田汉的《歌德诗中所表现的思想》译自日本学者盐釜天飙(Shokama)《歌德诗的研究》中的一章,最初发表在《少年中国》1919年第9期。其中引用多首诗歌,除了开头一首出自英国诗人丁尼生(Alfred Tennyson,1809—1892)之手,其余都是请郭沫若代为翻译的德语诗歌；就原作者而论,除了最后一首,其余皆为歌德原作。已有学者研究发现,田汉的译文实际录入17首诗歌及片段④。

---

① 许德邻编:《分类白话诗选》,人民文学出版社1988年版,第267页。
② 郭沫若:《女神之再生》,《民铎杂志》1921年第5期,第1页。
③ 郭沫若:《郭沫若全集·文学编·第一卷》,人民文学出版社1982年版,第6页。
④ 邢莉君、彭建华:《论郭沫若的歌德作品翻译》,《盐城师范学院学报(人文社会科学版)》2014年第3期,第116页。

《湖上》《暮色垂空》《艺术家的夕暮之歌》先后收入《德国诗选》和《沫若译诗集》,《掘宝者》和 Ganymed(《甘尼美德》)被收录进《沫若译诗集》;《神与巴亚迭吕》和《寄厚意之人》(*An die Günstigen*)则被《三叶集》转录(后者标题改为《寄语素心人》);选自《浮士德》中的诗行"你若于此感情之中全然觉着荣幸?/你可任意地命他一个名/名他是幸福!"则被收录进上文提到的《分类白话诗选》;最后一首"从生命当中替你开放着两条路径/一道是引到理想去的/一道是引到死路去的",郭沫若误以为此诗也是歌德所作①,实际出自席勒之手。

郭沫若与田汉、宗白华三人之间的通信集《三叶集》中也收录有几首德语译诗,它们后来又再次收录进郭沫若的作品。《三叶集》的代序即是《浮士德》中的译诗"两个心儿,唉!在我胸中居住在,人心相同道心分开"。郭沫若致宗白华的一封书信收录有 *Zuneigung*(《题词》,即后来的《献诗》);另一封则收录《浮士德》中的片段"狱中的葛泪卿!狱中的玛尔瓜泪达!",此外还收录 2 首海涅译诗,一首为 *An dem stillen Meeresstrande*(《悄静的海滨》,首句为"海滨悄静,夜色深沉"),另一首是《归乡集第十六首》(首句为"洋之水,缥缈映斜阳")。《德国诗选》和《沫若译诗集》的各个版本都毫无例外地收录了 4 首海涅译诗,除了上述《三叶集》中抄录的 2 首以外,还有《Seraphine 第十六首》和《打鱼的姑娘》,但是其中有 2 首译诗的标题存在讹误:《归乡集第十六首》应为第十四首(*Das Meer erglänzte weit hinaus*),而《Seraphine 第十六首》事实上

---

① [日] Shokama:《歌德诗中所表现的思想》,郭沫若译,《少年中国》1920 年第 9 期,第 160 页。

是第十五首(*Das Meer erstrahlt im Sonnenschein*),《悄静的海滨》即为组诗 *Seraphine* 中的第二首。

《郭沫若译著详考》一文指出郭沫若共译德语诗歌42首(其中包括田汉译文中的11首)①,该文的考证不无错误和疏漏之处:《东西诗集》是诗歌合集而不是单篇诗歌,故应舍弃;收录在《德国诗选》和《沫若译诗集》的《暮色》亦即田汉译文中的《暮色垂空》,但是不存在所谓的《暮色天空》一诗;还有海涅译诗《洋之水》其实跟《归乡集第十六首》是同一首诗,故该文总结的郭沫若德语译诗实为39首。另外根据笔者考证,这个数字是可以扩大的,以下列出《郭沫若译著详考》一文没有提及的德语译诗或片段,共计17首②:余文炳译、郭沫若校《威廉·迈斯特的学习时代》中共计7首,首句分别为"什么是门外听来的声音""欢喜寂寞的人呀""朝日的光辉在他的眼中""只有知道憧憬的人呀""我却步潜行走到家家门前""勿教我言谈""让我就这样化假成真";《女神之再生》中有两首:《一切无常者》《百无聊奈(赖)者之歌》;田汉译《歌德诗中所表现的思想》中有7首,分别是选自歌德《东西诗集》的"天福的向往"(首句为"汝若无'成',汝若无'死'"),选自《浮士德》的四个片段,分别为"你可知道么?这旷野中的变态/在我心地中创出的生力新鲜若何?""你若于此感情之中全然觉着荣幸""精神界底高人得从罪恶超度""若非你自家感觉得真切",歌德的另外一首《苏莱卡之歌》,席勒的"从生命当中替你开放着两条路径";

---

① 俞森林等:《郭沫若译著详考》,《郭沫若学刊》2008年第4期,第66页。
② 如果原来译诗没有标题,则采用后来的翻译标题或译诗的首句作为标题;译自小说《威廉·迈斯特的学习时代》和诗剧《浮士德》中的诗歌,则按单篇计算。

《三叶集》中则有一首"两个心儿,唉!"。可见,根据现有资料,起码可以考证出郭沫若译有56首德语诗歌(或片段)。这些都是翻译家郭沫若译诗的重要组成部分,有些篇目还引起了众位翻译名家的重译,甚至持续至今。

三、郭沫若的海涅译诗

在郭沫若的德国文学翻译及其与德语文学之间的关系构建研究方面,海涅常被学界忽视,这跟郭沫若与海涅之间事实上的文学因缘并不相称。不少研究者认为,郭沫若对海涅的兴趣是极其短暂、"昙花一现"式的,很快就转向惠特曼、歌德、雪莱等人,认为郭沫若与海涅之间的精神联系在1918年以后就戛然中断。郭沫若与海涅之间的因缘确实是在1918年臻于顶点:他甚至还在1918年夏试着辑录了一本中外文对照的《海涅诗选》,并试着联系国内出版社付梓,但是未能如愿。[①] 但应该看到的是,作为一名有着复杂个人身份和丰富人生履历的作家,海涅毕生的创作呈现出多维度的特征,具有深刻的社会性和现代性;而郭沫若对海涅诗风和诗艺的接受[②],深刻地影响了他的创作历程乃至人生经历。

---

① 郭沫若:《郭沫若全集·文学编·第十六卷》,人民文学出版社1989年版,第214页。
② 有学者注意到《吴宓日记》中提及有关海涅的点滴,由此声称"郭沫若……专门翻译了《海涅评传》一书"(参见:肖太云、兰友珍:《吴宓日记中的郭沫若形象》,《文艺争鸣》2016年第7期,第56页),但这一说法不准确,因为郭沫若从来就没有翻译过《海涅评传》一书。吴宓日记1958年9月13日记载"宓归读郭沫若《甲申三百年祭》及《海涅评传》"(吴宓著、吴学昭整理注释:《吴宓日记续编·第3册(1957—1958)》,生活·读书·新知三联书店2006年版,第477页),此处吴宓表述有歧义,因此让人产生误解,好像《甲申三百年祭》和《海涅评传》都是出自郭沫若之手的著译作品一样。吴宓当时读到的《海涅评传》可能是丹麦乔治·勃兰兑斯著、侍桁译的版本(国际文化服务社1948、1950、1953年版),或者是德国齐歇尔脱和杜拿特合著、高中甫译的版本(作家出版社1957年版)。

（一）郭沫若与海涅之间的文学因缘：从翻译到模仿

首先值得一提的是，郭沫若对海涅的接受跟他对泰戈尔的关注几乎是同步进行的，正因如此，他在很多地方都将这两位来自东西方、诗歌风格一样清新隽永的诗人相提并论。1920年7月26日，郭沫若在致陈建雷的信函中写道："我喜欢德国的歌德、海涅，英国的雪莱、柯勒律治、济慈，美国的惠特曼，印度的迦梨陀娑、伽比尔和泰戈尔……我读魏尔伦、波德莱尔的诗"[1]。在1921年10月6日致郁达夫的信中，郭沫若译出海涅的《Seraphine第十六首》（实为第十五首），强调海涅诗歌的"悲丽"[2]风格。1924年2月17日，郭沫若给赵景深回信探讨翻译问题，援引了海涅的几行诗来说明多义词和双关语的翻译困难。他用德汉对照的方式引用诗句"我假如是只金丝鸟的时候，我便立刻飞到你的胸旁；你是倾爱着金丝鸟儿的，你也疗慰他的痛伤"[3]，谈及如果把"金丝鸟"（Gimpel）一词的另一义项"愚人"译出，也就丧失了原文的妙趣。[4] 从诗句的字里行间不难看出，郭沫若关注的是海涅抒发失恋苦闷和懊恼的爱情诗。在1928年2月18日的日记里，郭沫若列了一个拟做的《我的著作生活的回顾》的写作大纲，清楚地将海涅与泰戈尔并列，放置在第二部分"诗的觉醒期"的醒目位置："顺序说来，我那时最先读着泰戈尔，其次是海涅，第三是惠特曼，第四是雪

---

[1] 郭沫若著，黄淳浩编：《郭沫若书信集（上）》，中国社会科学出版社1992年版，第173页。
[2] 同上书，第206页。
[3] 德语原文为：Wenn ich ein Gimpel wäre,/So flöge ich gleich an dein Herz;/Du bist ja hold den Gimpeln,/Und heilest Gilmpelschmerz. 译文参见同上书，第263、264页。
[4] 同上书，第264页。

莱,第五是歌德……的东西。"①在将海涅与泰戈尔相提并论的同时,郭沫若也多次将他们的诗歌两相对比,并强调海涅的诗歌富含丰富的人间性,比之泰戈尔超人间性、充盈着梵呗的诗歌更近乎自然。② 按照郭沫若自己的说法,他就读九州大学医学部期间所作的《鹭鸶》《新月与晴海》《春愁》等诗歌,都受到了泰戈尔与海涅的影响。③

如前所述,郭沫若的翻译和创作(或仿作)经常同步进行,这也折射在他对海涅的接受上面。郭沫若在1915年译《归乡集第十六首》(实为第十四首,见上文),初见于1920年3月30日《致宗白华书》,信中提到此系五年前旧译,以标题《洋之水》初收录于1925年7月上海大东书局出版的《恋歌》④,后又收录于1927年10月上海创造社出版部发行的《德国诗选》。1918年,郭沫若译《悄静的海滨》,初见于1920年3月30日《致宗白华书》,信中言及该诗系两年前旧译,译诗初收录于1927年《德国诗选》。《Seraphine第十六首》(实为第十五首,见上文)初见于《海外归鸿》第一封信(1921年10月6日致郁达夫),又见于《辛夷集·夕阳》,初收录于1927年《德国诗选》。《德国诗选》中还收录了一首郭沫若的海涅译诗《打鱼的姑娘》,此外还收录了另一首海涅译诗《幻景》,却是出自成仿吾笔下。郭沫若的这4首海涅译诗后来又

---

① 郭沫若著,张澄寰编:《郭沫若论创作》,上海文艺出版社1983年版,第218页。
② 郭沫若:《郭沫若全集·文学编·第十六卷》,人民文学出版社1989年版,第213页。
③ 同上书,第214页。
④ 新诗集《恋歌》由傅绍先主编,《扬之水》收录在其中的"恋歌译作"类别,此外还收录有胡适的《老洛伯》《关不住了》《希望》以及其他译者的译诗。前文所述有些新诗集中收录在外国译诗的现象,此处可以再次窥见。

收入《沫若译诗集》,值得注意的是,这本译诗集后来在不同出版社多次再版,但这4首海涅译诗一直都有收录,可见郭沫若对它们的珍视。不过,在致宗白华的尺素中,郭沫若也同时以诗人的眼光道出自己的疑虑:"我怕海涅诗入我国,易招误解,会有人说他是海淫之品。"①也许正因如此,虽然郭沫若对海涅非常喜爱,但对翻译海涅诗歌似乎并不十分热情。尽管如此,在郭沫若的早期诗歌中,仍然可以窥见海涅影响的痕迹。创作于1920年元月的《凤凰涅槃》,与海涅《北海集》里的《不死鸟》显然具有共同的神鸟意象②:"一只鸟从西方飞来/朝着东方飞去/飞向东方的园中故乡/园中香花香树芬芳四溢/棕榈沙沙,泉水清凉——/神鸟飞翔,放声歌唱:……"

此外,郭沫若在20世纪20年代初期创作有爱情诗集《瓶》,它与海涅之间的关联也越来越为学界所关注③。《瓶》被诗人蒲风誉为"中国诗坛的空前的抒情长诗",其中收录的组诗具有一大特色,即吸收了中外诗歌以及民间歌谣的表现方法,这里的外国资源就包括海涅诗歌。

(二)郭沫若和海涅诗歌的类比

1. 海洋意象与渔女形象的构筑

郭沫若可谓是在古今中外文化的碰撞之中实现自我发展和超越的,无论是创作、翻译还是研究,一个显著特征就是对不同时代、

---

① 郭沫若:《郭沫若全集·文学编·第十五卷》,人民文学出版社1990年版,第119页。
② 彭建华:《郭沫若对海涅的翻译与接受》,《盐城师范学院学报(人文社会科学版)》2018年第6期,第70页。
③ 参见吴定宇:《抉择与扬弃:郭沫若与中外文化》,中山大学出版社2004年版,第181页。

区域和类型的文化去粗取精,加以传承、吸纳、加工、杂糅和化用,尤其是其诗学主张、诗歌创作和文学翻译,都离不开对古今中外诗学资源审美体悟的融会贯通。在继承古代山水诗传统的基础上①,郭沫若创作了大量吟咏自然的诗歌,正因如此,他始终否认自己对大自然的观照和感悟是西方式的,"特别是对于自然的感念,纯然是以东方的情调为基音的,以她作为友人,作为爱人,作为母亲"②。然而,在中国很长一段历史时期,"海洋及其相关文化都被边缘化、淡化"③,海洋意识淡薄。虽然先秦时期即已出现咏海的诗歌,但诸多篇章都是对海洋意象的遥想和瞻望,"这自然是由于大陆架中原与内陆中心文明定势的关系所致"④:以农耕桑麻文化为代表的内陆地区才是富庶繁盛之地,而海岸地区多半被贴上偏僻、荒蛮、苦寒的标签,成为官吏的放逐之地。晚清以降,海洋的地位和意义才日渐凸显出来,进而成为外部世界、新纪元、新时代潮流、现代意识等的代名词,"海外""浮海""留洋"皆是这方面的例证。⑤ 而郭沫若的负笈"海外""留洋",正是发生在国人的海洋意识从懵懂淡薄到日渐丰盈这一宏大背景之下。

郭沫若生长于崇山峻岭、"蜀道之难,难于上青天"的内陆蜀地,东渡日本之后才有机会跟大海亲密接触,可以想见他投入大海怀抱之时的激动和兴奋。这一海洋体验正是他自我观照、自我选

---

① 陈永志:《郭沫若的自然诗与古代山水诗》,《郭沫若学刊》1991年第1期,第37页。
② 郭沫若:《自然底追怀》,《时事新报·星期学灯》1934年3月4日第70期。
③ 张放:《论郭沫若早期诗歌海洋特色书写中的文化地景关系》,《现代中国文化与文学》2017年第1期,第215页。
④ 同上。
⑤ 同上。

择、自我感知和自我表现的基础,而正是在负笈东瀛期间,他又耽读海涅的海洋诗篇,于是把具象的博多湾和抽象的海涅咏海诗结合起来。与同样深受泰戈尔影响的冰心一样,郭沫若算得上是较早歌咏大海的现代作家。他的咏海诗跟其他自然诗一样,沿袭了古代山水诗的路数,也跟"德国第一位海的诗人"[1]海涅的影响不无关系。尤其是海涅的《北海》这两组诗,被公认为开创了德国诗人描写大海的先例。[2] 无论是狂风暴雨还是阳光朗照,无论是旭日东升还是夕阳西沉抑或万籁俱寂,海涅都能用他的生花妙笔描绘出大海丰富多彩的景象,而他的那颗诗心则让情感和梦幻水乳交融。无独有偶的是,有容乃大的海洋也赐予郭沫若无穷无尽的吟哦咏叹的灵感,他在诗剧曲集《女神》中也描绘了大海的丰富意象:《海舟中望日出》《太阳礼赞》《新阳关三叠》赞美了太阳映照下大海的恢宏壮美;《岸上·其二》《日暮的婚筵》描绘了晚霞衬托下大海的旖旎典丽;《岸上·其一》《夜步十里松原》《蜜桑索罗普之夜歌》则表现出静谧深夜里大海的幽微岑寂。[3] 已经有学者注意到海涅《落日西沉》与郭沫若《日暮的婚筵》之间的互文性,以及郭沫若《立在地球边上放号》对海涅的《暮霭沉沉》《落日西沉》两首诗歌开头部分的借鉴,[4]这些实例都可以视为郭沫若的海涅接受对自我创作产生的影响。就后一案例来说,郭沫若又表现出对海涅

---

[1] [德]齐歇尔脱·杜舒特:《海涅评传》,高中甫译,作家出版社1957年版,第46页。
[2] 杨武能:《才华横溢的诗人,坚贞不屈的战士》,载[德]海涅:《乘着歌声的翅膀——海涅诗选》,杨武能译,广西师范大学出版社2003年版,第9页。
[3] 陈永志:《闲读偶记:海的歌吟——郭沫若与海涅》,《郭沫若学刊》1997年第3期,第61页。
[4] 同上书,第62页。

"创造性叛逆"式的超越：在海涅的诗歌中，开头海浪汹涌澎湃的意象随后却反其道而行之，被引向充盈着童话和摇篮曲的曼妙回忆，抑或是点染着牧童羊群画面的田园牧歌式的情趣；而在郭沫若的笔下，怒涛排空的气势越来越汹涌澎湃，最后再自然不过地归结为建立在"毁坏"和"创造"这一不破不立的辩证法基础之上的"力"。而这种伟力无穷、遒劲雄浑的调子，在郭沫若继海涅之后转而接受的惠特曼的笔下表现得更为酣畅淋漓。对于这种"海洋一样的"力度之美，阿英做了如下类比海洋的点评："《女神》里不但表现了勇猛的、反抗的、狂暴的精神，同时还有和这种精神对称的狂暴的技巧。大部分的诗都是狂风暴雨一样的动人，技巧和精神是一样的震动的，咆哮的，海洋的，电闪雷霆的，像这样精神的集子，到现在还找不到第二部……"[1]可见，认为"海涅的诗丽而不雄，惠特曼的诗雄而不丽"[2]的郭沫若，在秉承中国传统文化精神的基础上，同时汲取了两人诗作中在他看来最可宝贵的资源，走上了一条追求具有力度美的"雄丽"诗风的道路。文化背景、个人经历和情感体验的不同造就了郭沫若接受海涅咏海诗的变异性，吟唱出"不一样的'海洋咏叹调'"，它"经过了文化过滤，杂糅了不同文化品格，充满个性色彩"[3]。

郭沫若面朝大海、直抒胸臆，这类"身临其境的渲染书写"和"狂欢式的歌海颂海"[4]突破了中国古代文人大多是想象抒怀的咏

---

[1] 阿英：《阿英全集·第2卷》，安徽教育出版社2003年版，第41页。
[2] 郭沫若：《郭沫若全集·文学编·第十五卷》，人民文学出版社1990年版，第125页。
[3] 石燕京：《不一样的"海洋咏叹调"——郭沫若和海涅笔下的海洋意象之比较》，《郭沫若学刊》2010年第2期，第33页。
[4] 张放：《论郭沫若早期诗歌海洋特色书写中的文化地景关系》，《现代中国文化与文学》2017年第1期，第219页。

叹模式,也有别于现代作家,比如冰心、庐隐、王统照、郑振铎等视大海为母亲抑或凭海思乡怀人的写作范式。相比之下,郭沫若笔下的海洋诗或者说洋溢着海洋情调的诗歌颇具"文化地缘"和"地理寓意"[1],有着非同一般的文学地理学和文化景观学意义。生于内陆文化的郭沫若,同时是海洋文化的寄居者,在笔下一方面极力渲染海洋生机盎然、迸发向上的魅力;另一方面又不忘回望往日身处闭塞之地、沉闷郁结的记忆,让两者形成关照和对看,进而构建出跨越时空、陆海双维空间话语书写的独特意象,《光海》和《黄海中的哀歌》皆是这方面的代表之作。[2] 这样一来,某些"与海洋看似无紧密关系的古代内陆题材,也不免染上了海洋的风光气息"[3]。除了那些直接描写海洋景色或意象的诗歌以外,在《女神》中的很多其他诗歌中,也跃动着一种"海洋精神"[4],而它正是闻一多所言的当时"时代精神"的核心[5],亦即去国别家、负笈海外、效法西洋、救亡图存。从这方面来看,郭沫若的咏海诗以及直接或间接描写大海意象的诗歌,就在很大程度上超越了海涅笔下某些纯粹凭海临风、借海言情的"海洋咏叹调",而被赋予了后来郭沫若也反复强调的"时代精神"(Zeitgeist)。

除了大海本身的意象外,海涅笔下的咏海诗还经常关注在海上劳作的渔女形象,人物的带入让海涅的海洋诗也平添了几分"人

---

[1] 张放:《论郭沫若早期诗歌海洋特色书写中的文化地景关系》,载《现代中国文化与文学》2017年第1期,第219页。
[2] 同上书,第216、219页。
[3] 同上书,第221页。
[4] 彭冠龙:《郭沫若海洋体验与〈女神〉中"海的精神"》,《郭沫若学刊》2014年第1期,第45页。
[5] 同上书,第47页。

间味"。歌咏女性尤其是劳动女性,这是海涅的杰出之处,跟德国浪漫主义把女性奉为神灵、对女性高唱赞歌一脉相承。①《还乡曲之八》描述了渔家姑娘每天在大海上飘摇劳作的形象;而在《渔家女》中,"父兄都出海去了,渔舍里只有渔夫的女儿,那位绝色的渔家女,孤零零一个人留着",受惊的渔女遭到自言是"神"的陌生人的钳制。相比之下,在中国渔樵耕读的传统文化中,渔父形象从一开始就更为深入人心,这在《庄子·渔父》《楚辞·渔父》等作品中已经可以初见端倪。在儒、禅、道交织构建的中国上下五千年的悠久历史文化中,渔父形象逐渐固化为颇具归隐情结和士大夫情趣的符码。近代以降,随着女性地位在反封建浪潮下的不断提高,渔家女形象才逐渐进入文学艺术作品。在郭沫若翻译的 4 首海涅诗歌中,就有 2 首以渔女为吟咏对象,其中有一首更是以《打鱼的姑娘》为题②。另外,郭沫若也曾将日本渔女或海女形象付诸笔端。在日本,潜海姑娘因为从来不用任何氧气设备而直接裸身下海,人称"海女"。他甚至还记录过自己遇见裸身海女的逸事:有一次他到日本的一个海滩游泳,当他赤裸着爬上岸时,一群同样是赤裸的日本海女把他包围住了,她们称赞他的皮肤白皙,还嘻嘻哈哈笑个不停,海女的无所禁忌吓得他落荒而逃。③ 总之,郭沫若跟海涅一样,笔端也关注靠海吃海的女性劳动者。

---

① 马家骏:《海涅早期诗歌的浪漫主义》,《内蒙古大学学报(哲学社会科学版)》1986年第 4 期,第 50 页。
② 事实上,海涅的这些诗歌原本没有标题,系郭沫若翻译时自行加上。
③ 参见黄侯兴:《浪漫诗人的情爱写真——郭沫若的女性世界》,河南人民出版社 2003 年版,第 206—208 页。

2. 对爱情、痛苦与死亡的咏叹

海涅的《短歌集》中贯穿始终的母题之一是"爱情—痛苦—死亡",而《歌集》不啻为一部"爱经",悲喜交集则是海涅笔下爱情复杂性的辩证法的体现。① 从郭沫若的自述不难看出,当时是海涅诗的"人间味"促使他与海涅在思想感情上产生强烈共鸣。这里的"人间性",或曰贴近人的内心,与早期德国浪漫派的作品主题无不关系。作为这个群体中的一员,海涅早期的诗歌也与两大恒久亘古的主题——爱与死息息相关。这两大主题的交汇使海涅笔下的"艺术与死亡哲学达到了一种近乎完美的契合与和谐,死亡意象也成为他诗歌创作的最高美学境界"②。正因如此,尽管郭沫若从泰戈尔和海涅的诗中都体会和品鉴到了清新隽永的味道,但泰戈尔诗歌大多关乎宇宙洪荒、世态万象等形而上的哲思主题,常常会让郭沫若感到"一种恬静的悲调"萦绕心间,让他独坐室隅、面壁流泪、沉浸在"涅槃的快乐"之中,而吟咏爱情与死亡的海涅诗,则让郭沫若真切体验到生命的律动和爱恋的苦恼,以及"为伊消得人憔悴"乃至"问世间情为何物,直教人生死相许"的人间百味。

另外,郭沫若对海涅最为倾心的那段时期,正是他与后来成为他妻子的日本女友安娜的热恋期。在郭沫若看来,一百年前那位西方的"情痴"不啻为自己情感上的知己,与自己的爱情体验息息

---

① 马家骏:《海涅早期诗歌的浪漫主义》,《内蒙古大学学报(哲学社会科学版)》1986年第4期,第49页。
② 扈明丽:《海涅诗歌中死亡意象分析及文化蕴含》,《华中农业大学学报(社会科学版)》2010年第5期,第116页。

第四章 郭沫若与德语诗歌翻译

相通。海涅青春的烦恼、个性的压抑、恋爱的欢愉和苦痛,以及死亡的诱惑,一并感染着这位正处于"恋爱季节"中的东方青年,让他笔下也不自觉地流露出海涅的诗风,甚至直抒胸臆地奉海涅诗歌为圭臬。在创作于1920年2月的《叹逝》一诗中,郭沫若如是描述自己对海涅诗歌的心旌神摇、沉湎迷醉:"岸舟中睡的那位灰色的少年,可不是我的身体? 一卷海涅Heine诗集的袖珍,掩着他的面孔深深地。"①

海涅早期的诗歌充满了爱的渴望与死的诱惑交织的意象,也正是"《歌集》中这种作为生命象征的爱情与死亡的对照以及由此产生的不协调,形成了海涅诗歌的原创性以及新的开拓性的风格"②,而这恰恰也是学写新诗时的郭沫若着力效仿的。郭沫若承认,《女神》中有四首诗是他在泰戈尔的影响下创作而成的:《新月与白云》《死的诱惑》《别离》《Venus》。③ 鉴于郭沫若接受泰戈尔与海涅在时间上的前后紧随这一关联性,可以断言郭沫若的某些创作在受到泰戈尔影响的同时,也可窥见海涅接受与影响的痕迹,这也许还在一定程度上补充了泰戈尔未曾给予他的一些东西④。

1918年春创作的《死的诱惑》一诗,就是典型的"海涅式",其

---

① 郭沫若:《沫若诗集》,创造社出版部1928年版,第282页。这首诗最初发表于1920年2月16日《时事新报·学灯》,在郭沫若前一天写给宗白华的书信中也有抄录,参见郭沫若:《郭沫若全集·文学编·第十五卷》,人民文学出版社1990年版,第53页。
② 扈明丽:《海涅诗歌中死亡意象分析及文化蕴含》,《华中农业大学学报(社会科学版)》2010年第5期,第115页。
③ 郭沫若:《郭沫若全集·文学编·第十六卷》,人民文学出版社1989年版,第213页。
④ [斯洛伐克]高利克:《中西文学关系的里程碑(1898—1979)》,张文定等译,北京大学出版社2008年版,第65页。

间可以清楚窥见爱与死的交织。试比较郭沫若《死的诱惑》与海涅《梦中幻影·其五》:

死的诱惑
我有一把小刀
倚在窗边向我笑。
她向我笑道:
沫若,你别用心焦!
你快来亲我的嘴儿,
我好替你除却许多烦恼。

窗外的青青海水
不住声地也向我叫号。
她向我叫道:
沫若,你别用心焦!
你快来入我的怀儿,
我好替你除却许多烦恼。①

梦中幻影·其五
……
新郎斟满酒杯饮了一口,
递给新娘殷勤和悦,
新娘用微笑表示感谢——
痛心啊,她饮下了我的殷红鲜血!

新娘拿起一个小苹果,
递给新郎献温馨。
新郎拿刀切进去——
好苦啊,他切的正是我的心。

他俩甜蜜又长久地眉目传情,
新郎放肆地搂住新娘亲了又亲,
吻得她的小脸蛋儿泛起红晕——
难过啊!吻我的是死神他冷冰冰。②
……

---

① 郭沫若:《郭沫若全集·文学编·第一卷》,人民文学出版社1982年版,第137页。
② [德]海涅:《海涅全集·第一卷》,胡其鼎译,河北教育出版社2003年版,第27—28页。

第四章　郭沫若与德语诗歌翻译

在《死的诱惑》一诗中，对死的渴望毫不掩饰地跃然纸上，诗中的"她"即是死神，她诱惑郭沫若与之亲吻缠绵、投怀送抱，再用这种方式让他命丧黄泉。诗以虚无的方式表现了死和爱（或性）的关系，也就是地狱和天堂仅一纸之隔的关系。[①] 正因为《死的诱惑》汲取了海涅诗的养分，在很大程度上背离了中国传统文化中的爱情诗歌意象，显得颇有些近代的气息，才引起了当时日本学者的注意，并翻译发表在《大阪朝日新闻》上。当时的东京大学文学教授、文艺评论家厨川白村（1880—1923）读了之后持褒奖态度，赞叹没有想到在中国的诗中吹拂着这样的民主气息[②]，"已经表现出了那种近代的情调，很是难得"[③]。厨川白村可算是当时在西潮中栉风沐雨的日本大正文坛最权威的评论家，主张用现代西洋文学质素的标准评判文学作品的高下，他的赞赏再次印证了这首诗因为借鉴海涅爱与死交缠的意象而散发出来的现代气息。厨川白村的评论后来也为郑伯奇、田汉以及师从厨川白村的郭沫若同乡张凤举所知，他们也都转告了郭沫若。郭沫若稍后创作的一首诗歌《死》[④]，其中也可窥见海涅诗中爱与死纠缠的意象。"我要几时才能见你？你譬比是我的情郎，我譬比是个年轻的处子。我心儿很

[①] 周海林：《创造社与日本文学——关于早期成员的研究》，周海屏、胡小波译，上海社会科学院出版社2016年版，第89页。
[②] 郭沫若著、张澄寰编：《郭沫若论创作》，上海文艺出版社1983年版，第155页。
[③] 郭沫若：《郭沫若全集·文学编·第十二卷》，人民文学出版社1992年版，第110页。
[④] 有学者认为《死的诱惑》和《死》可能是受到了歌德《少年维特之烦恼》的影响，因为这两首诗把死看成是"除却许多烦恼"的办法，即唯有求死方能真正解脱，这与维特和青年歌德本身的想法颇为相似（参见杨武能、莫光华：《歌德与中国》，四川人民出版社2017年版，第280页），此说当然不无道理，但忽视了两首诗中爱与死交织、爱情因素也参与构建语义场的意境。

想见你,我心儿又有些怕你"①,这几行诗把死神比作情郎,把自己比作处女,显示出爱与死之间的界限是如此微小,淋漓尽致地再现了自己对死神既怕又爱的复杂而微妙的情愫。

至于《Venus》一诗,同样可清晰窥见爱与死纠缠的意象②:如果说"嘴巴"与"酒杯"之间的譬喻描述了沉浸爱河而陷入迷醉痴狂的境界,那么"乳头"与"坟墓"、"血液"与"甘露"这两组比喻则再现了爱之幸福如是深、"虽九死其尤未悔"的情绪。有论者认为这首诗跟海涅《归乡集》中的一首爱情诗也有惊人的相似之处:除了总体格调类同以外,前两句都构成比喻,后两句都刻画产生的效果。③ 郭沫若将情人的嘴巴比作酒杯,这一新题材的引入是对中国传统爱情诗现代意义上的革新,而海涅诗歌将女性嘴唇比喻为红宝石④则

---

① 郭沫若:《郭沫若全集·文学编·第一卷》,人民文学出版社1982年版,第128页。
② 汉学家高利克怀疑《Venus》一诗是否真的受过泰戈尔的启发,并指出一个更可能的灵感来源是《圣经》中的《所罗门之歌》或《雅歌》,参见高利克:《中西文学关系的里程碑(1898—1979)》,伍晓明、张文定等译,北京大学出版社2008年版,第41—42页。还有学者认为诗中把嘴唇比作酒杯的象征手法袭用了德国自然主义文学巨匠霍普特曼的戏剧名作《沉钟》第四幕中的场景,参见马征:《试论西方现代派对郭沫若早期文艺思想及创作的影响》,《郭沫若研究学会会刊》1985年第5期,第54页。这些说法并不互相抵牾,反倒进一步证明了郭沫若文学宇宙的开阔辽远,及其所受外国作家和文化影响的多元性、复杂性和综合性。
③ 史忠义:《郭沫若与西方浪漫主义的渊源》,载郭沫若故居、中国郭沫若研究会编:《郭沫若百年诞辰纪念文集》,社会科学文献出版社1994年版,第762页。这里指的海涅诗当是《归乡集》中的第31首,译文为:"你白皙的手指就像百合花,/愿我再能吻一下,/手指按在我心上,消失在无声泪雨下。/你明亮的眼睛就像紫罗兰,/昼夜飘浮我面前,/我煞费苦心也难解,/这个谜语甜又蓝。"参见[德]海涅:《海涅全集·第一卷》,胡其鼎译,河北教育出版社2003年版,第161页。
④ 海涅曾写下诗句"红宝石是你的嘴唇,/比它更美的天下难寻""但她的嘴却令人迷醉,/那是永远微笑的红宝石",分别参见:[德]海涅:《海涅全集·第一卷》,胡其鼎译,河北教育出版社2003年版,第175—176页;《海涅全集·第三卷》,潘子立译,河北教育出版社2003年版,第246页。

是欧洲文学中由来已久的传统。[1] 郭沫若引入的另一个新的爱情题材是"坟墓"意象,这也跟海涅的影响息息相关:海涅诗句中的"坟墓"是爱情之花凋谢之后悲伤与忧郁的见证,但偶尔也会流露出"坟墓上长出休憩之花"之类轻快的调子;而郭沫若笔下的"坟墓"则呈现出爱情理想之地和失恋忧悒之苦的双重意象。[2] 总体而言,郭沫若引入"坟墓"意象的诗句比海涅的显得更为明丽,这自然跟两人的爱情际遇大相径庭有关。

在1920年3月30日致宗白华的信中,郭沫若用德汉对照的方式照录了自己对海涅诗歌《静悄的海滨》五年前的旧译,而这首译诗为田汉情有独钟。相较之下,郭沫若本人更喜欢的是《归乡集》中的第16首(实为第14首),也在信笺中用双语对照的形式照录。以下抄录《静悄的海滨》和《洋之水》:

海滨悄静,	洋之水,
夜色深沈(沉)。	缥渺映斜阳;
月自云中破绽,	阿侬双坐打渔房,
海向明月谈心:	情默默,意凄凉。
"那儿的那位先生,	暮霭升,海潮涨,
是痴呆,还是硬在钟情?	白鸥飞渡来而往;
他看来似忧还喜,	自卿双爱眼
他怎么那样地伤心,又那样地高兴?	玉泪滴千行。

---

[1] 史忠义:《郭沫若与西方浪漫主义的渊源》,载郭沫若故居、中国郭沫若研究会编:《郭沫若百年诞辰纪念文集》,社会科学文献出版社1994年版,第762页。
[2] 同上书,第762—763页。

分明是在高兴,同时又在伤心。"
明月儿笑脸盈盈,
发出着嘹亮的声音:
"他也是个痴呆,他也是在钟情,
而且况且呀——他还是个诗人。"①

千行玉泪滴卿掌,
而我跪在膝之上;
新郎拿刀切进去——
自卿白玉掌
饮泪入肝肠。
自从那时消瘦起,
灵魂已为钟情死;——
不幸的夫人呀!
将泪来毒死我矣。②

以上两首诗都是从歌咏大海、描绘海景入手,随即转入对爱情的咏叹:《静悄的海滨》刻画了一位处于热恋之中的诗人在皎皎月华映照之下的海边低回流连的意象,其中充盈着静谧温婉的无限柔情;相比之下,郭沫若更钟爱的那首诗中交缠着爱恋与死亡的复杂情愫。

在1923年1月18日致宗白华的信中,郭沫若谈及诗的内容(人格)和形式(技艺)问题,更是把自己与海涅对比,觉得"比Heine还懊恼"③。郭沫若深受内心苦闷忧伤的海涅的浸染,甚至达到两人共鸣合一的境界,这也暗合着郭沫若所言的"所以读一人的诗,非知其人不可"④。在这封信里,郭沫若还随附了3首几年

---

① 郭沫若:《郭沫若全集·文学编·第十五卷》,人民文学出版社1990年版,第116—117页。
② 同上书,第117—119页。
③ 同上书,第16页。
④ 同上书,第119页。

前作的旧体诗——《寻思》《夜哭》《春寒》。值得一提的是,这些形式上尚未告别中国传统文化的诗歌,虽然写作时间较早,但从诗风上仍不难看出海涅早期充满愁绪烦忧的诗歌的影响[①]。无一例外的是,这3首都浸润着爱与死交缠纠葛的基调,"偷生实所苦,决死复何难""悠悠我心忧,万死终难了""欲飞无羽翼,欲死身如瘫"等诗句把这一情愫表达得淋漓尽致。

事实上,海涅对郭沫若的影响并非是临时的、短暂的、转瞬即逝的;相反,郭沫若评价海涅的诗歌"是作者一生底(的)实录,是他的泪的结晶",是诗人的"自我表现"[②]。这一基本点贯穿于郭沫若毕生的创作活动[③],因此可以毫不夸张地说,在创作上"贞于情"[④]的海涅对郭沫若的影响伴随终生。这种"自我表现"式的创作风格,在郭沫若五四前夕的诗作中表现得尤为明显。他在1918年底及其前后创作有多首古体诗,虽然披上了旧体的外衣,但内容上却是新的,反映了五四前夕青年们的心理、情绪和精神状态,是诗人生活和思想的"实录",是他的苦闷和眼泪的"结晶"。[⑤]

3. 咏海诗里"太阳礼赞"与"女性膜拜"的交织

正如海涅《北海集》里描写得更多的是阳光照耀下的大海意象,郭沫若《女神》里的歌颂大海的诗篇总是将大海和太阳两相结

---

① 阎焕东编:《郭沫若自叙:〈我的著作生活的回顾〉汇辑》,山西人民出版社1986年版,第111页。
② 郭沫若:《郭沫若全集·文学编·第十五卷》,人民文学出版社1990年版,第119页。
③ 阎焕东编:《郭沫若自叙:〈我的著作生活的回顾〉汇辑》,山西人民出版社1986年版,第111页。
④ 伍世昭:《郭沫若早期诗学与创作实践》,《文学评论》2003年第2期,第165页。
⑤ 阎焕东编:《郭沫若自叙:〈我的著作生活的回顾〉汇辑》,山西人民出版社1986年版,第112页。

合,"组成统一的意象"①。《浴海》《光海》《太阳礼赞》《沙上的脚印》《新阳关三叠》《海舟中望日出》等皆是这方面的代表作,尤其是《光海》和《海舟中望日出》两首,从诗题就可看出其中太阳和海洋如影随形的意象。在中国传统文化中,无论是"夸父追日"还是"后羿射日"的传说,都赋予太阳神东君或羲和等男性的角色。深谙中国古典文化的郭沫若,在创作诗歌时也多半从男性的视角出发,描写光耀壮阔的太阳,抒发高昂激越的情怀,《新阳关三叠》即是这方面的明证。已经有多位学者注意到郭沫若《日暮的婚筵》与海涅《落日西沉》之间的互文性②。在海涅的笔下,《落日西沉》一诗中的太阳摇身变成红妆,并下嫁给丈夫海神。也许正因为这一比喻奇特与罕见,中国译者才努力对它的合理性作出德语语文学意义上的解释:"德语中'太阳'(Sonne)是阴性,故比作美女。"③在海涅这一独特新奇比喻的启发下,郭沫若跨越了时空、语言和文化的辽阔界限,也在《日暮的婚筵》中把太阳比做"新嫁娘",让太阳被大海拥抱而去。④ 中德诗人笔下虽然都共同咏叹了"太阳礼赞"与"女性膜拜",但在整首诗的基调上也有不同之处:《落日西沉》中的太阳因为下嫁给垂垂老矣的海神,所以婚姻充满无奈和痛苦,太阳这个美女也以忧悒的面目示人;《日暮的婚筵》

---

① 陈永志:《〈女神校释〉》,华东师范大学出版社 2008 年版,第 88 页。
② 史忠义:《郭沫若与西方浪漫主义的渊源》,载郭沫若故居、中国郭沫若研究会编:《郭沫若百年诞辰纪念文集》,社会科学文献出版社 1994 年版,第 765 页;陈永志:《闲读偶记:海的歌吟——郭沫若与海涅》,《郭沫若学刊》1997 年第 3 期,第 62 页。
③ [德]海涅著,张玉书编选:《海涅选集·诗歌卷》,人民文学出版社 1985 年版,第 258 页。
④ 陈永志:《闲读偶记:海的歌吟——郭沫若与海涅》,《郭沫若学刊》1997 年第 3 期,第 62 页。

中的太阳则是跟年轻激情的大海情郎永结欢好,婚姻自然甜蜜而幸福,故而太阳的形象展现为娇羞欲滴的新娘。当时海涅陷入单相思的痛苦之中不能自拔,而郭沫若勇于冲破封建礼教,整个人笼罩在安娜缠绵悱恻的"洁光"之下,所以两人笔下呈现出迥然不同的太阳和大海合体的意象,整首诗歌的基调也大相径庭。另外,郭沫若还在其他地方将太阳描摹为女性形象。在作于1920年2月的《叹逝》一诗中,郭沫若笔下也出现了"泪眼朦胧的太阳"这样柔美的、女性视角下的太阳意象。郭沫若在1921年10月还创作有《夕阳时分》一诗,再次把中国传统文化中男性的太阳比作女性的月亮:"柔和的太阳好像月轮——/好像是童话中的一个天地!"①

事实上,整部《女神》诗剧曲集里都充溢着炙热滚烫的太阳崇拜情结。值得注意的是,郭沫若又往往将这种太阳崇拜跟海洋意象"熔一炉而炼之",因此,《女神》中的很多歌咏太阳的诗歌也是海洋诗,反之亦然。在郭沫若的笔下,太阳东升西落的地点大多都是在大海之上,而《新阳关三叠》《日暮的婚筵》更是描绘了迎日、送日、祭日等原始祭祀仪式,其发生地点也是在海上,由此大海就有了祭祀圣地的意味,这无疑增加了海的宗教意象和神圣性。②正因为祭祀仪式的植入,才使得这些诗歌极具"诗化和戏剧化"③的元素,达到了"以自我牺牲的精神来烘托海洋的传奇以及广阔的

---

① 郭沫若:《沫若诗集》,创造社出版部1928年版,第287页。
② 沈光明:《〈女神〉与郭沫若的太阳崇拜》,《文艺研究》1997年第2期,第158页。
③ 陆耀东:《关于〈女神〉自我抒情的主体形象的几个问题》,《求索》1993年第3期,第97页。

象喻和能指"①的效果,将海洋膜拜的情结推向高潮和极致。对于大海与太阳之间的紧密联系和互相融合,有学者精辟地写道:"海洋不仅是一种自然景观,更是一种祭祀的圣地,一个沟通现实世界与神圣太阳之间的神秘通道,一个体现了太阳意志的象征性的实体!"②

有关郭沫若的女性观对其创作产生的巨大影响,学界已经达成普遍共识,比如认为这一潜在、巨大的影响具体表现在郭沫若的人生理想和审美意象方面,呈现为文化心态③。追根溯源,郭沫若的女性膜拜跟华夏民族偏尚阴柔的审美文化可谓一脉相承。而广泛吸纳外国文化、博采众长的郭沫若,又超越和发展了根植于中国传统文化情结的女性崇拜意识,他不仅在司文艺的缪斯女神那里获得灵感,为有着"蔷薇花色的脸儿"的健康女神献诗(《司健康的女神》),甚至西方文化中的男性死神也在他的笔下化为女性。女性崇拜情结在郭沫若的《别离》中表现得尤为淋漓尽致④,诗人要为自己的情人攀上云霄、摘月为冠,亲手佩戴在她的头上。在封建礼教桎梏尚未完全摧毁的那个年代,这样近乎狂魔的诗句不啻为女性的赞歌、两性平权的呼声。

4. 诗歌律动的追求与民歌传统的传扬

师从德国浪漫派一代宗师施莱格尔的海涅,在早期诗歌创作上追随浪漫派的路数,效法英国浪漫派执牛耳者拜伦,注重诗歌的

---

① 张放:《论郭沫若早期诗歌海洋特色书写中的文化地景关系》,《现代中国文化与文学》2017年第1期,第219页。
② 沈光明:《〈女神〉与郭沫若的太阳崇拜》,《文艺研究》1997年第2期,第158—159页。
③ 蔡震:《一个关于女性的神话——论郭沫若的女性观及其对创作的影响》,《郭沫若学刊》1997年第3期,第56页。
④ 史忠义:《郭沫若与西方浪漫主义的渊源》,载郭沫若故居、中国郭沫若研究会编:《郭沫若百年诞辰纪念文集》,社会科学文献出版社1994年版,第763页。

音乐性，这从他诗集的命名《歌集》即可清楚窥见。特别是其中的许多诗篇经过著名作曲家舒曼、舒伯特、门德尔松、鲁宾斯坦、勃拉姆斯等人的谱曲，更彰显了其作品适合歌唱的特征。迄今为止，海涅诗歌被谱曲高达上万次，超过了被他和拜伦尊为"诗坛君王"的歌德，被反复谱曲的少则六七十次，最多的高达160次以上，在"宜于歌唱"方面堪称世界第一。① 作为早期浪漫派诗人，海涅在很大程度上传承沿袭了浪漫派注重收集民间文学材料并从中汲取养分的传统，从阿尔尼姆（Archim von Arnim）和布伦塔诺（Clemens Brentano）整理出版的民歌集《男童的神奇号角》（*Des Knaben Wunderhorn*）中获益良多，从乌兰德（Ludwig Uhland）、米勒（Wilhelm Müller）等浪漫派诗人的作品中也得到不少启迪和助益。《歌集》经常引用民间传说和民歌中的题材、人物、故事，诗作采用民歌体的形式或改写民歌，并借用民歌中喜闻乐见的习惯表达，比如以"天鹅之歌"比喻诗人的绝笔之作、以"苦命花"象征不幸的爱情等。② 但海涅与浪漫派之间的联系不仅表现在传承和沿袭上，他还运用讽刺滑稽的模仿技巧，努力突破传统民歌的拘囿和藩篱。③

从郭沫若受到泰戈尔和海涅影响的诗歌觉醒期的作品中，不难发现与海涅早期爱情诗类同的诗风，即吸收民歌谣曲的精髓，追求诗歌的音乐性、可诵读和歌咏性以及朗朗上口，具体表现为"质朴优美的音韵，动人缠绵的情意，自然清新的格调，情景

---

① 杨武能：《才华横溢的诗人，坚贞不屈的战士》，载［德］海涅：《乘着歌声的翅膀——海涅诗选》，杨武能译，广西师范大学出版社2003年版，第7页。
② 马家骏：《海涅早期诗歌的浪漫主义》，《内蒙古大学学报（哲学社会科学版）》1986年第4期，第50页。
③ 刘敏：《海涅诗歌与浪漫主义民歌风格》，《国外文学》2005年第2期，第107页。

交融的意境"①。收录在《女神》第三辑《爱神之什》里的《Venus》《别离》《春愁》《死的诱惑》《新月与白云》《鹭鸶》《新月与晴海》等几首颇受海涅诗歌影响的诗,一大半都注重叶韵,尤其是《别离》一诗甚至采用了拟古体的形式,颇有宋词小令的意趣和韵致。

(三)创造社同人的海涅应和

正如前文所言,郭沫若的文学翻译,尤其是德语文学翻译绝不是孤身一人的实践行动,在他参加并担任元老的创造社作家群落中,总有惺惺相惜的知音存在。这些同人有的推荐或邀请郭沫若翻译某位作家的著作,有的同样参与对某位作家的作品翻译或与郭沫若展开翻译合作,有的则对郭沫若的译作发表评论;而这些行为并非单向,双向的情况也时有发生,即郭沫若也会推荐对方来阅读或翻译,乃至臧否评点对方的译作。甚至创造社作家群落曾以集体身份出场亮相,与其他作家社群就具体作品翻译发起论战或竞赛,由此构建了郭沫若的译缘和文缘(有时候还兼及乡缘和学缘)谱系,以及涉及经济因素、政治症候、人事纠葛和出版市场等因素的社会关系网络。

创造社成员中对海涅心有戚戚的首推田汉,1919年10月,田汉回乡抵上海,曾跟少年中国学会的好友宗白华谈起歌德、席勒、海涅等人的作品。至于郭沫若对海涅诗歌的兴趣,如果说德语课上的留德教习是指引郭沫若开始阅读海涅的引路人,那么田汉就是敦促他翻译海涅的催化剂。在《三叶集》中,郭沫若回忆当时的

---

① 李智勇:《海涅作品在中国的传播和影响》,《湘潭大学学报(社会科学版)》1990年第3期,第113页。

情境:"……(寿昌)说着从提包当中取出一本英译的《海涅诗集》来,要叫我同他一齐介绍海涅。他说的话我句句都赞成并且很期望他,可是我自家的志愿还是只想当个小小的创作家,我看我自己似乎莫有什么批评的能力。"①郭沫若在1920年3月30日致宗白华的信中写道:"连日来天气都好,正好畅游,而我终病不能。午前同读海涅诗。他(田汉)喜欢 An dem stillen Meeresstrande,我把我两年前的旧译写在下面:……"②田汉钟情的这首诗后来收入《德国诗选》和《沫若译诗集》,这两本译诗选集的任何版本都不曾删除这首诗,足见郭沫若对这首诗的重视。

创造社同人中,另一位与海涅结下不解之缘的是郭沫若的四川同乡邓均吾。郭沫若曾给他推荐很多十八九世纪的外国优秀文学作品,特别是浪漫主义作品,包括德国浪漫主义诗人海涅的一本诗歌选集。原因是诗人邓均吾"忧郁""喜欢沉默""冷静"的气质恰好适合翻译海涅的诗歌,而邓均吾自己创作的抒情诗"音节美丽""清新流丽"③,这也正投合海涅早期抒情诗歌的特色。在创造社时期,邓均吾和郭沫若创作都倾向于浪漫主义,两人关系很好,邓均吾当年在《创造季刊》第2、3期上发表的《白鸥吟》就是郭沫若编发的。他20世纪20年代在创造社刊物上发表的诗作,曾被编辑为《白鸥丛书》出版。洁白的海鸥在大海上展翅飞翔,这也是海涅笔下经常出现的意象;无独有偶的是,郭沫若也曾创作过一首题为《白

---

① 郭沫若:《郭沫若全集·文学编·第十五卷》,人民文学出版社1990年版,第115页。
② 同上书,第116—117页。
③ 郑伯奇:《郑伯奇忆邓均吾》,载邓颖编选:《邓均吾研究资料》,重庆出版社2010年版,第49—50页。

鸥》的诗，但追忆的对象并非邓均吾，而是创造社元老之一、同样钟情海涅诗歌的成仿吾。1923 年，成仿吾译出《幻景》（即《梦中幻影·其二》），共 22 段，发表在《创造日丛刊》上，译诗风格绮丽缠绵，后来收入创造社出版部编辑发行的《德国诗选》（两个版本都有收录），与郭沫若译的另外 4 首海涅诗歌《打鱼的姑娘》《悄静的海滨》《归乡集第十六首》《Seraphine 第十六首》并称为"海涅诗四章"（实则为五章）。同样发表在《创造日丛刊》上的，还有邓均吾译的海涅诗歌《松》（今译《北方有一棵松树》）和《绿泪莱》（即《罗累莱》）。

同为创造社元老的郁达夫也对德语文学情有独钟，而且对海涅诗歌亦有涉猎。1921 年初版的《沉沦》就塑造了一个耽读海涅诗的中国留日男青年，并用德汉对照的形式译出了《歌集》中《哈尔茨山游记组诗》（*Aus der Harzreise*）的最后四句诗[1]。在《歌德以后的德国文学举目》一文中，郁达夫将海涅的《歌集》列为待译书目[2]。1934 年 6 月 12 日，郁达夫致信赵家璧，表达了购买《海涅全集》的德文增补本的心愿。[3] 多年以后，冯至也在纪念郁达夫的文字里回忆郁达夫曾向他推荐海涅的《哈尔茨山游记组诗》，促成了冯至将这本书译成中文。[4]

（四）不完整的海涅接受

纵观郭沫若对海涅的接受，可以看出在这一过程中从一开始

---

[1] 参见郁达夫《郁达夫全集·第一卷》，花城出版社 1982 年版，第 80 页。
[2] 参见郁达夫：《歌德以后的德国文学举目》，《现代文学评论》1931 年第 3 期，第 4 页。
[3] 参见郁达夫：《郁达夫全集·第九卷》，花城出版社 1982 年版，第 453 页。
[4] 冯至：《相濡与相忘——忆郁达夫》，载冯至著，桑农编：《书海遇合》，湖南大学出版社 2017 年版，第 105 页。

就有着明显的过滤和取舍因素。正如郭沫若所言："在和安娜恋爱以后，另外还有一位影响着我的诗人是德国的海涅，那时候我所接近的自然只是他的恋爱诗。"这里的"自然"和"只"大有深意。所谓"自然"，是指处于热恋时期的郭沫若对海涅情诗的心有独钟可谓名正言顺、理所当然；而"只"则证明郭沫若当时应该已经了解到海涅其人其文的另一面，只是出于内外种种原因，自己刻意规避或摈弃了诗人的另外一副面孔，对海涅其他风格的诗篇以及文学和思想理论作品也没有涉猎。

海涅除了是低吟浅唱爱恋之歌的歌手之外，还有着慷慨激越的战士和深邃厚重的思想家的一面，其政论文、政治讽刺诗和檄文同样泽被后世；作为早期浪漫派成员的海涅，在吟唱过玫瑰、夜莺、莲花、星光、海洋之后，却又在后期对浪漫派进行了辛辣的嘲讽和无情的鞭挞，并自喻为"剑"和"火焰"来充当革命的传声筒，诸多作品中闪烁着充满辛辣和深长讽喻意味的真知灼见，时至今日仍对危机潜伏的现代社会具有深刻的启迪与警世作用。他那些收在《时代的诗》里的诗篇，笔锋犀利、辞藻警人、形象生动，被认为是"一片雄伟的群山"；而他的代表作讽刺长诗《德国——一个冬天的童话》则是耸立在群山之巅的"一座直冲霄汉的高峰"。海涅在19世纪30年代以后发表的诗作以及文学和思想理论著作表明，他"不仅是歌唱玫瑰、荷花、爱情和爱情烦恼的夜莺，更是呼唤革命风暴的海燕"，"不仅是诗人，更是一位目光犀利、思想深邃的思想家"。[1]

海涅战斗性的一面被郭沫若视而不见，首先当然跟郭沫若当

---

[1] 张玉书：《海涅》，载吴富恒等编：《外国著名文学家评传2》，山东教育出版社1990年版，第253页。

时正沐浴在爱河中有关,耽于儿女情长的他对海涅爱情诗以外的作品并不在意。另外,郭沫若对海涅片面、不完整的接受跟整个五四时期国内对海涅其人其作的定位也有着紧密关联:在当时国内文化人士的心中,海涅主要是一位吟咏风月的抒情诗人①,早年的爱情诗篇即是他的代表作。至于对海涅1840年以后的作品尤其是政治讽刺名篇,则经常避而不谈。这一看法受到当时德国的大国沙文主义者反动评论的影响,他们用海涅早期抒情诗来遮盖晚年更为成熟、更具价值和意义的政治诗。② 因此,尽管民国时期不少学人已经意识到了爱情诗人海涅的另一面,比如鲁迅言称"一向被我们看作恋爱诗人的海纳还有革命的一面"③,郁达夫谈及海涅的"嬉笑怒骂……都是明珠似的韵语"④;但总休而言,当时初登新诗诗坛的诗人代表,比如郭沫若、冯至、汪静之等,更多关注的是海涅早期爱情诗"哀而不伤,艳而不俗"、自然清新、音节和谐等特质。

四、郭沫若《茵梦湖》中的译诗

作为一名成就卓越的文学翻译家,郭沫若不仅译作等身,而且对翻译理论的构建和发展也做出了不容小觑的贡献。他提出的"风韵译"是我国学术界翻译标准理论发展史上的一个有机组成部分,留下了不可磨灭的痕迹。1921年,德国诗意现实主义作家施托姆的小说《茵梦湖》由郭沫若在钱君胥的译本基础上译出发

---

① 王晓馨:《海涅诗歌在中国新文学时期的传播与影响》,载朱永生编:《弦歌集:外国语言文学论丛》,复旦大学出版社1998年版,第158页。
② 同上书,第158页。
③ [德]毗哈:《海纳与革命》,鲁迅译,《现代》1933年第1期,第102页。
④ 郁达夫:《歌德以后的德国文学举目》,《现代文学评论》1931年第3期,第4页。

行。施托姆虽然并非浪漫派代表人物,但就其在中国的接受史来看,却被视为浪漫派大家,《茵梦湖》也因此被打上了浪漫主义柔光的烙印,这部小说的广泛传播就被视作浪漫主义在中国的胜利①。小说中的三首诗歌,生动体现了郭沫若的"风韵译"译诗主张,原文本无标题,后来被分别加上标题《今朝》《林中》《我的妈妈所主张》,悉数收录进《沫若译诗集》②,成为朗朗上口、广为传诵的郭沫若译诗名篇。

(一) 郭沫若的翻译美学贡献——"风韵译"

1920年春,田汉在翻译《歌德诗中所表现的思想》一文时,请郭沫若代译文中所引录的歌德诗。郭沫若在为此文写的《附白》中首次提出"风韵译"之说,认为"诗的生命,全在它那种不可把握之风韵,所以我想译诗的手腕于直译意译之外,当得有种风韵译"③。两年后,郭沫若在《批判〈意门湖〉译本及其他》一文中再次详细阐述了他的观点:"我始终相信,译诗于直译意译之外,还有一种风韵译。字面、意义、风韵,三者均能兼顾,自是上乘。即使字义有失而风韵能传,尚不失为佳品。若是纯粹的直译死译,那只好屏

---

① 卫茂平:《〈茵梦湖〉在中国的译介和浪漫主义的胜利》,《中国比较文学》2002年第2期,第122—124页。
② 《沫若译诗集》有多个版本,1927年和1928年创造社出版部的版本都收录郭译施托姆诗4首,除《茵梦湖》中的3首译诗外,还有一首《秋》不是来源于该小说;后来,1929年上海乐化图书公司版、1931年上海文艺书局版、1947年建文书店版(1953年上海新文艺出版社根据建文版重印)和1956年人民文学出版社的《沫若译诗集》均收录了《茵梦湖》中的3首译诗,《秋》一诗不再收录。
③ 郭沫若:《〈歌德诗中所表现的思想〉附白》,载[日]Shokama:《歌德诗中所表现的思想》,郭沫若译,《少年中国》1920年第9期,第162页。

诸艺坛之外了。"①

　　何谓"风韵译"呢？"风"是对作品美学特质的一种抽象说法，一种美学意义上的文学品格，比如人们常用"建安风骨"或"魏晋风度"来概述魏晋南北朝时期的文学特质。② 狭义的"韵"与音韵、韵律相通，指的是作品的一种内在形式，即要做到音韵和美、韵律整齐；而广义的"韵"则是指作品字里行间流溢出来的一种韵致和律动，除外在形式具备和谐美以外，还得有"言外之意"和"韵外之致"，要给人以"悟"和"品"的空间③，比如晚唐司空图的《二十四诗品》即可看作对诗歌"韵致"的品位。郭沫若自己称之为"气韵"，强调翻译时"对于原文的气韵尤其不许走转""在不损及意义的范围以内，为气韵起见可以自由移易"。④ 这里的"韵"与中国传统的美学思想"意境"说有直接的因果关系⑤，王国维《人间词话》谓之的"意境"也可看作词由内到外散发出来的"韵"。

　　注重译文中的美学要素，强调翻译过程中的审美体验，可以说是郭沫若对前人翻译理论的突破，也是他对中国翻译理论的重大贡献。⑥ 回顾中国翻译标准的演进历史，可以发现郭沫若是最早找到文本翻译与审美取向之间平衡点的理论家和实践者，因为在他之前的翻译理论中，鲜有人专门论及翻译的美学要素。⑦ "风

---

① 郭沫若：《批判〈意门湖〉译本及其他》，《创造季刊》1922年第2期，第28页。
② 刘丹、熊辉：《20世纪中国文学翻译标准理论的演进》，《中华文化论坛》2008年第3期，第38页。
③ 同上书，第39页。
④ 郭沫若：《郭沫若全集·文学编·第十六卷》，人民文学出版社1989年版，第144页。
⑤ 刘丹、熊辉：《20世纪中国文学翻译标准理论的演进》，《中华文化论坛》2008年第3期，第39页。
⑥ 同上。
⑦ 同上。

韵"不同于严复翻译观的"雅",因为"雅"仅仅是对语言表层的要求,①而"风韵"则强调在信达雅的基础上追求一种形式、内容与气韵的和谐统一、相得益彰的美学境界。郭沫若对"雅"有他自己的理解,认为译文同样要具有文学价值,而且在信、达之外愈雅愈好,并说"所谓'雅',不是高深或修饰,而是文学价值或艺术价值比较高"。② 所以,风韵译可以看作对传统的信、达、雅翻译标准的借鉴、补充与超越③。继郭沫若之后,国内学界才对翻译的美学价值和审美取向提出明确要求,所以说郭沫若在中国翻译标准理论的演进过程中起到了关键的链接性作用④。此后的翻译家提出的不同翻译标准,比如傅雷的"重神似而不重形似",闻一多、朱生豪、茅盾等主张的"神韵译",以及钱锺书的"化境说",都与郭沫若的"风韵译"有惊人的一脉相承之处。因此,可以毫不夸张地把郭沫若称为中国翻译理论界一个承上启下的关键人物⑤。

郭沫若的"风韵译"与其泛神论有着千丝万缕的联系。⑥ 与他毕生崇敬的歌德一样,郭沫若也是一个泛神论者,他的思想源于庄子,又受到泰戈尔、斯宾诺莎等人的影响。丰子恺在《绘画与文学》中曾将泛神论与气韵观联系起来,称"'气韵生动'就是站在泛

---

① 刘丹、熊辉:《20世纪中国文学翻译标准理论的演进》,《中华文化论坛》2008年第3期,第39页。
② 郭沫若著,黄淳浩编:《郭沫若书信集(下)》,中国社会科学出版社1992年版,第216页。
③ 陈永志:《郭沫若译介外国文学的若干特色》,《郭沫若学刊》1988年第2期,第23—24页。
④ 刘丹、熊辉:《20世纪中国文学翻译标准理论的演进》,《中华文化论坛》2008年第3期,第39页。
⑤ 同上。
⑥ 咸立强:《译坛异军——创造社翻译研究》,人民出版社2010年版,第180页。

神论的立脚点上,而从个物中看出创造者的功夫"。① 丰子恺论断的出发点和归宿是绘画,但是用于阐释郭沫若的"风韵译"也恰如其分。作为五四时期著名的泛神论诗人,郭沫若推崇文学创作的"天才观",诗剧曲集《女神》几乎成为其泛神论的化身。归结到翻译实践上,郭沫若强调要彰显译者个人的主观能动性和鲜明而强烈的主观情绪,把翻译同自我创作提到几乎对等的位置,这也是郭沫若翻译观的一个重要特色。正如郭沫若在翻译雪莱诗歌时所写:"译雪莱的诗,是要我成为雪莱,是要使雪莱成为我自己。……我爱雪莱,我能感听得他的心声,我能和他共鸣。——我和他合而为一了。他的诗便如像我自己的诗。我译他的诗,便如像我自己在创作一样。"②这里的"像"可以理解为创作精神和气质上的"神似",在对"像"的追求过程中,译者的主体性和创造性发挥到淋漓尽致。

与"风韵译"密不可分的另一重要译诗主张是"诗人译诗""以诗译诗",即诗翻译出来仍要是诗③。郭沫若在《古书今译的问题》一文中如是写道:"诗的翻译,假使只是如像对翻电报号码一样,定要一字一句的逐译,这原是不可能的事情……诗不能译的话当得是诗不能直译呀!"④在1923年8月致孙铭传的信中,郭沫若写道:

---

① 丰子恺:《绘画与文学》,河南教育出版社2009年版,第86—87页。
② 郭沫若著,张澄寰编:《郭沫若论创作》,上海文艺出版社1983年版,第672—673页。
③ 早在17、18世纪就有西方学者提出"诗人译诗"的主张[参见 Alexander Fraser Tytler, *Essay on the Principles of Translation*, London: Dent; New York: Dutton, 1907, p.77; John Dryden, "The Three Types of Translation", Douglas Robinson (ed.) *Western Translation Theory: From Herodotus to Nietzsche*, London & New York: Routledge, 2014, pp.172—174]。20世纪初,郭沫若、成仿吾等创造社作家以及早期在文学思想上倾向创造社的闻一多几乎同时提出"以诗译诗"的观点,与西方学者之说遥相呼应(参见成仿吾:《论译诗》,《创造周报》1923年9月9日第18号;闻一多:《莪默·伽亚谟之绝句》,《创造季刊》1923年5月1日第2卷第1期)。
④ 郭沫若:《郭沫若全集·文学编·第十五卷》,人民文学出版社1990年版,第166页。

"译诗不是件容易的事。把原文看懂了,还要译出来的是'诗'才行。"①因此,有学者认为郭沫若的诗歌翻译最能体现"诗人译诗"和"以诗译诗"的特点,并称之为"自成一家的沫若译诗"②。

(二)《茵梦湖》译本中的3首译诗

郭沫若的《茵梦湖》译本是在当年福冈大学学医时的同窗钱君胥的初译本基础上修改而成的。钱君胥采用的是平话小说体的笔调,郭沫若认为"采用这种笔调已过时了",又说这是德国人的作品而不是中国人写的,于是进行了较大的改译。③ 针对郭沫若的《茵梦湖》译本,批评之声也有耳闻,比如当时北京大学的德语教授杨丙辰就在《释滔穆的几首抒情诗》一文中重译了《茵梦湖》中的4首诗,并在《译者附记》中交代重译的缘由是"不满意郭译"。④ 郭沫若改译的《茵梦湖》中也有4首译诗,但《沫若译诗集》只收录了其中3首,即《今朝》《林中》和《是我妈妈所主张》。以下对照郭沫若与杨丙辰的这3首译诗,探究郭沫若的"风韵译"主张及这几首诗的翻译得失。

1.《林中》

这是《茵梦湖》中的男主人公、少年诗人赖恩哈特和恋人伊丽莎白郊游后创作的一首诗。郭沫若的文言译诗采用的是传统的五

---

① 郭沫若著,黄淳浩编:《郭沫若书信集(上)》,中国社会科学出版社1992年版,第258页。
② 王友贵:《翻译西方与东方:中国六位翻译家》,四川人民出版社2004年版,第88页。
③ 盛仰文:《钱潮郭沫若携手译〈茵梦湖〉》,《世纪》2004年第4期,第59页。
④ 杨丙辰:《释滔穆的几首抒情诗》,《莽原》1927年第8期,第322页。

言体，行数和叶韵方面与原文一致，这正吻合他诗歌翻译的另外两个重要主张：一是"以诗译诗"，即外语诗歌翻译过来也必须是诗，而不能是不成调的散文；二是把翻译提到与创作比肩的地位，提出一种"合二为一"的创造性翻译，认为翻译诗歌就好像是译者自己在限制条件内新创诗歌，让接受者读译诗就好像是在读原创，而翻译的痕迹悄然无痕。

表11 《林中》原诗、郭沫若和杨丙辰汉译版

Theodor Storm	郭沫若 译	杨丙辰 译
Hier an der Bergeshalde	此处山之涯，	这里山崖的下边，
Verstummet ganz der Wind;	风声寂无闻；	风声全都寂然；
Die Zweige hängen nieder,	树枝低低垂，	树梢儿低低的垂挂，
Darunter sitzt das Kind.	荫里坐伊人。	其下坐着彼女娃。
Sie sitzt in Thymiane,	伊坐茵香中，	彼女坐在茵香的草叶里，
Sie sitzt in lauter Duft;	伊坐醇芳里；	彼女坐在纯"芳"纯"菲"的中心里，
Die blauen Fliegen summen	青蝇正营营，	蓝色的蝇儿飞鸣，
Und blitzen durch die Luft.	空中闪微羽。	一闪穿过太空。
Es steht der Wald so schweigend,	森木何廖廖，	林木这样的寂默，
Sie schaut so klug darein;	伊女何聪明；	彼女这样聪慧的向内盼睐，
Um ihre braunen Locken	覆额金丝发，	围绕着她的褐色的卷发，
Hinfließt der Sonnenschein.	上有日光映。	太阳映射着它的光霞。
Der Kuckuck lacht von ferne,	远闻杜鹃声，	鹧鸪远远的鸣啸，

第四章　郭沫若与德语诗歌翻译

续　表

Theodor Storm	郭沫若 译	杨丙辰 译
Es geht mir durch den Sinn：	笑声彻我心；	使我蓦然的想到：
Sie hat die goldnen Augen	伊女眼如金，	彼女是有森林女神的，
Der Waldeskönigin.①	森林之女神。②	金黄的眼波的。③

这首《林中》，就翻译方法而言也采用了"归化法"，其汉化痕迹非常明显。比如原文里的 Thymiane 本是一种香味浓烈的草药，而郭沫若省去该词的具体意义不译，只归化翻译为"茵香"，巧妙地避开了不谙西方植物的汉语读者的接受困难。又如 blaue Fliegen 字面意思本是"蓝色的苍蝇"，而德语中的"蓝"在汉语语境中很多时候找不到完全对应，鉴于"蓝蝇"不符合汉语表达习惯，故而郭沫若把它归化翻译为"青蝇"。另外，传统五言体译诗的盎然古意又暗合写在"羊皮纸手稿上"的原诗的古雅意境和基调，几乎让译诗流溢出来的韵致不着痕迹地跃然纸上。值得一提的还有最后一句"森林之女神"，郭沫若对这个形象钟爱有加，因此，就将诗中富有象征意义的"女神"作为自己心爱的第一部诗集的名字。④

两相对照，杨丙辰的译诗也处处显露出"忠实"直译的痕迹：

---

① Theodor Storm, *Immensee und andere frühe Erzählungen*, North Charleston: CreatSpace Independent Publishing Platform, 2013, S. 11.
② ［德］施托姆：《茵梦湖》，郭沫若、钱君胥译，创造社出版部1929年版，第21—22页。
③ 杨丙辰：《释滔穆的几首抒情诗》，《莽原》1927年第8期，第318—319页。
④ 钱潮口述，盛巽昌记录整理：《回忆沫若早年在日本的学习生活》，《中国现代文艺资料丛刊》1979年第4期，第262—263页。

比如 Kind 是否一定要译作原意"娃",blaue Fliegen 译为"蓝色的蝇儿"是否贴切,确有值得商榷之处;Kuckuck 与"鹧鸪"也无法完全对应,而"太空"这一天文学词汇用于此处如诗如画的意境也略嫌突兀;至于"彼女坐在纯'芳'纯'菲'的中心里"一句则拖沓冗赘、几无诗意可言。当然,就"信"的标准而言,郭沫若译本有些地方的处理也有待商榷,比如杨译 braune Locken 为"褐色的卷发"就比郭译"金丝发"更能与原文对等。但"金丝发"更能突显"女神"美的外形,或许也是郭沫若秉承"风韵译"原则而有意为之。总之,无论是从外在的韵律还是内在的气韵来看,可以说杨丙辰的译诗都算不上是胜过郭译的上品之作。

2.《今朝》

小说中的这首歌谣由一个吉卜赛歌女弹着三弦琴唱出,基调凄美哀婉。原诗共八行,分为两节,偶数句叶韵;而郭沫若的译本比原文更注重韵脚,第一节句句押韵,而第二节除了第一句之外也都押韵。尽管郭沫若并不认为用韵是诗歌的必要条件,但在这里却几乎实现了叶韵的最大化。

表12 《今朝》原诗、郭沫若和杨丙辰汉译版

Theodor Storm	郭沫若 译	杨丙辰 译
Heute, nur heute	今朝呀,只有今朝	今天,只有今天,
Bin ich so schön;	我还是这么窈窕,	我还这么娇艳;
Morgen, ach morgen	明朝呀,啊,明朝	明天,唉明天,
Muss alles vergehn!	万事都要休了!	一切都要消散!

续 表

Theodor Storm	郭沫若 译	杨丙辰 译
Nur diese Stunde	只这一刻儿	只这一霎儿
Bist du noch meine;	你倒是我的所有,	你还是我的;
Sterben, ach sterben	死时候,啊,死时候	死,唉死
Soll ich allein.①	我只合独葬荒丘。②	只合我一人独自!③

就遣词方面来看,也算得上是煞费苦心:"窈窕"取代了原文中的"美丽",除了叶韵方面的考虑,也极具典雅之美,让人很自然地想起诗经中的"窈窕淑女",也暗合原著中歌女的身份;sollen(应该)被译成"合",也是很典型的古色古香的词汇,比如"文章合为时而著,诗歌合为事而作"。至于最后一句,今日有译者认为"死"字入诗太过直露,而且"死"(sterben)与"葬"(beerdigen)不该混同,至于"荒郊"则完全是译者自作主张、随意引申了。④ 原文的sterben 是一个动词,而郭沫若则把它作为一个时间状语"死的时候"来处理,确有其独到之处,尽管"死"字入诗也确有不雅之嫌;"独葬荒丘"的增译之诟病自然无可逃脱,但同时似乎也有韵脚的考虑。另外,这一添译初看起来似乎并不符合严复谓之"信"的原则,却与郭沫若的"风韵译"思想不谋而合,也就是"即使字义有失而风韵能传"⑤。"风

---

① Theodor Storm, *Immensee und andere frühe Erzählungen*, North Charleston: CreatSpace Independent Publishing Platform, 2013, S. 12.
② [德]施托姆:《茵梦湖》,郭沫若、钱君胥译,创造社出版部1929年版,第26页。
③ 杨丙辰:《释滔穆的几首抒情诗》,《莽原》1927年第8期,第319—320页。
④ 马君玉:《新译〈茵梦湖〉有感》,《译林》2007年第4期,第218页。
⑤ 郭沫若:《批判〈意门湖〉译本及其他》,《创造季刊》1922年第2期,第28页。

韵译"追求的恰恰是译者的自我表现,即在某种程度上消解原文的权威,不再履行对原文绝对"忠实"的承诺。① 此处添译的"葬"和"荒丘"让整首小诗平添一种忧戚哀矜之基调,令接受者读后不禁潸然泪下。无怪乎陈望道赞誉此诗"表出幽怨之情",而《茵梦湖》整篇小说也"极能动人"。② 郭沫若主张"诗的翻译应得是译者在原诗作中所得的情绪的复现"③,在此处得到了很好的体现。

至于杨丙辰的译文,首先在叶韵上就不及郭译;在选词方面,"今天""明天"不如"今朝""明朝"那么古风犹存,"娇艳"和"消散"这类白话词也不似"窈窕"和"休了"等古意充盈的词有张力。

3.《我的妈妈所主张》

这首诗出现在小说原文第八章中,多年以后,已是白发初生的赖恩哈特再度造访茵梦湖庄园,见到了旧时青梅竹马的恋人,但此时她已经是庄园的女主人。这对昔日恋人同读这首民谣,心中幽怨之情溢于言表。据《茵梦湖》初始译者钱君胥回忆,郭沫若正是有次看到自己翻译的版本"自我妈妈所主张,要我另嫁刘家郎,我自暗心伤",才生发出翻译这部小说的浓厚兴趣。④ 郭沫若对这首小诗评价颇高,认为"粗浅的字句里,却写出了真情实感"⑤。

---

① 李春:《翻译主题与新文学的身份想象——郭沫若的"风韵译"及其论争》,《北京第二外国语学院学报》2009年第12期,第24页。
② 陈望道:《陈望道文集·第一卷》,上海人民出版社1979年版,第351页。
③ 郭沫若:《郭沫若全集·文学编·第十五卷》,人民文学出版社1990年版,第166页。
④ 钱潮口述,盛巽昌记录整理:《回忆沫若早年在日本的学习生活》,《中国现代文艺资料丛刊》1979年第4期,第262—263页。
⑤ 同上书,第262页。

第四章 郭沫若与德语诗歌翻译

表 13 《我的妈妈所主张》原诗、郭沫若和杨丙辰汉译版

Theodor Storm	郭沫若 译	杨丙辰 译
Meine Mutter hat's gewollt,	是我妈妈所主张，	是我的母亲，
Den andern ich nehmen sollt;	要我另选别家郎；	要我另嫁一个郎君；
Was ich zuvor besessen,	从前所有心中事，	我的心里头先前之所有，
Mein Herz sollt es vergessen;	要我定要把它忘；	我应当把它忘掉；
Das hat es nicht gewollt.	我自暗心伤。	我的心却是不会愿可。
Meine Mutter klag ich an,	怨我妈妈误了我，	我的母亲我抱怨，
Sie hat nicht wohlgetan;	一着铸成天大错；	她把事儿作得不妥善；
Was sonst in Ehren stünde,	从前本是清白身，	先前光明正大的爱恋，
Nun ist es worden Sünde.	如今已经成罪过，	现在名节攸关，成了罪行。
Was fang ich an!	叫我如何可！	我将如之何呢！
Für all mein Stolz und Freud	纵有矜荣和欢快，	我的一切荣幸和快慰，
Gewonnen hab ich Leid.	徒教换得幽怨来。	仅仅换来一腔的懊悔。
Ach, wär das nicht geschehen,	若无这段错姻缘，	唉，恨不得这姻缘不会出现，
Ach, könnt ich betteln gehen	纵使乞食走荒隈，	唉，巴不得我去乞讨，
Über die braune Heid!①	我也心甘受。②	穿行那赤赭的荒郊！③

---

① Theodor Storm, *Immensee und andere frühe Erzählungen*, North Charleston: CreatSpace Independent Publishing Platform, S. 23 – 24.
② ［德］施托姆：《茵梦湖》，郭沫若、钱君胥译，创造社出版部 1929 年版，第 61—63 页。
③ 杨丙辰：《释滔穆的几首抒情诗》，《莽原》1927 年第 8 期，第 321—322 页。

从形式上看，原诗分为3节，每一小节有5行，其中第一跟第二句、第三跟第四句分别叶韵，而第五句又跟第一、二句押韵，用符号表示就是 aabba 式。郭沫若的译诗完全遵循原诗的外在形式，但在韵脚上与原诗相比则随意得多，比如译诗每一小节的第三、四句都没有押韵，而第三节的最后一句也没有跟首二句押韵。该译诗杂糅五言和七言，就语言上来看也有一种介乎文言和白话之间的特点，或者说是文言与白话糅合。就词语的选择来说，较古雅的词比如"矜荣""荒隅"与"主张""清白"等白话词共存。对于这一点，自那时起批评之声就时有耳闻，比如有人指摘他的翻译"不文不白"，对此郭沫若认为"诗流露出来形似古体，不必是拟古"。[1] 另外值得一提的是，就形式工整而言，这首译诗介于上文提到的《今朝》和《林中》之间。与形式相对松散自由的《今朝》和相对规整对称的《林中》相比，这首《我的妈妈所主张》在外观形式上呈现出一种散而不乱的紧凑感，读起来也具有一种浅易可诵的歌谣的感觉。当年，在福冈求学的郭沫若漫步博多湾时常常吟诵这首诗[2]，想必跟其朗朗上口的民谣特质不无关系。

相比之下，德语语言文学科班出身、但不以诗人名世的杨丙辰似乎更注重直译，强调的是字里行间的一一对应，比如 Das hat es nicht gewollt 和 Sie hat nicht wohlgetan 两句就是明显的例证；最后一句中的 braun（褐色的）郭沫若略去不译，而杨丙辰则老老实实地翻译为"赤赭的"。杨丙辰这样直译的结果就是，原来朗朗上口的

---

[1] 郭沫若著，张澄寰编：《郭沫若论创作》，上海文艺出版社1983年版，第673页。
[2] 钱潮口述，盛巽昌记录整理：《回忆沫若早年在日本的学习生活》，《中国现代文艺资料丛刊》1979年第4期，第261—262页。

民谣的内在韵律也就是郭沫若强调的"气韵"被破坏,语言也显得略微拖沓累赘,更谈不上什么叶韵,整首诗歌的可诵性几乎无从谈起。

作为德国北方乡土主义和诗意现实主义作家的代表,施托姆惯于和善于在故事中嵌进富有北德地方色彩的民歌民谣以及情感炽烈的诗句。① 他的小说风格委婉、感情真挚、笔触细腻、文字清丽,在叙事过程中巧妙地穿插富有音乐性和节奏感的韵文是《茵梦湖》的创作特色之一,这些韵文的插入更增强了小说的抒情性。② 据钱君匋回忆,他的译诗"经郭沫若修饰,作了押韵,'既忠于原著,又切合现俗,显得好多了'"。③ 这 3 首译诗的形式各不相同,有相对自由的散文体,有比较规整的五言体,也有五言和七言混合的形式,这也符合郭沫若有关译诗形式的主张:他认为诗的形式 Sein("是")的问题而不是 Sollen("应是")的问题。④ 这 3 首译诗在叶韵方面也没有完全遵照原诗,有时为了押韵而采用归化的翻译策略,有时为了保留原诗的"神韵"而舍弃韵脚。这也体现了郭沫若有关译诗用韵的原则:他并不认为韵脚是诗歌的必要条件,"诗之本质,决不在乎韵脚之有无。有脚韵者可以为诗,而有脚韵者不必都是诗……"⑤在翻译施托姆作品的过程中,郭沫若也追求尽可能"像"施托姆,特别是在译那几首诗歌时确保其中的"气韵"不走失。对原作品的"气韵",郁达夫在《茵梦湖的序引》一文中曾

---

① 杨武能:《施笃姆的诗意小说及其在中国之影响》,《外国文学研究》1986 年第 4 期,第 59 页。
② 赵红平:《试论施托姆小说的主要创作特色》,《国外文学》1984 年第 1 期,第 83—84 页。
③ 钱潮口述,盛巽昌记录整理:《回忆沫若早年在日本的学习生活》,《中国现代文艺资料丛刊》1979 年第 4 期,第 262 页。
④ 郭沫若著,张澄寰编:《郭沫若论创作》,上海文艺出版社 1983 年版,第 673 页。
⑤ 郭沫若:《郭沫若全集·文学编·第十五卷》,人民文学出版社 1990 年版,第 309 页。

很有见地地指出:"我们若在晚春初秋的薄暮,拿他的《茵梦湖》来夕阳的残照里读一次,读完之后就不得不惘然自失,好像是一层一层的沉到黑暗无光的海底里去的样子。"①而郭沫若将其"风韵译""以诗译诗"的译诗主张运用到这几首诗的翻译实践之中,较为成功地再现了原诗的"气韵",堪称小说《茵梦湖》译本的点睛之作。

另外,郭沫若还强调翻译的过程也就是进行思想与意识再创造的过程,对于非诗人的诗歌翻译者,他建议使用苏联"两道手"的译诗方法,即先由对译语熟悉的人将原诗翻译过来,再请译入语的诗人对其进行润色。他曾于1955年给《俄文教学》编辑部写过一封信,信中对苏联翻译诗歌的方法大加赞赏:"苏联翻译诗,采取两道手的办法,即通外文者先直译原文,再由诗家根据俄文韵律把它诗化。"②郭沫若本人既是翻译家又是诗人,所以他自己就可以完成翻译的两道工序;相比之下,精通德语但不以诗人闻名的杨丙辰的译本似乎有必要经由诗人再次加工、将其尽可能诗化。

作为一名成就斐然的翻译理论和实践者,郭沫若在翻译了大量外国作品的同时,还提出了自己的翻译主张,包括对我国翻译标准起过承上启下作用的"风韵译"。这一翻译原则尤其适用于译诗,而郭沫若在翻译诗歌的实践中也尽可能从这一原则出发,以诗译诗。对比郭沫若《茵梦湖》小说中的3首译诗和德语语言文学专家杨丙辰的重译,可以发现郭译处处体现了其"风韵译"的主张,而杨丙辰则更注重逐字逐句的直译——虽然在更大程度上符合"信"的标准,在保留原诗气韵方面却似乎略逊郭沫若一筹。

---

① 郁达夫:《茵梦湖的序引》,《时事新报·文学旬刊》1921年10月1日第15号,第2页。
② 郭沫若著,黄淳浩编:《郭沫若书信集(下)》,中国社会科学出版社1992年版,第216页。

第五章　郭沫若与自然主义文学

如果梳理民国时期的德语文学汉译史,可以发现当时国内学界对德语文坛的关注也能在一定程度上紧跟形势,在对歌德、席勒等古典作家青眼有加的同时,也把目光投向了当时声名鹊起的现代派作家,其中就有1913年诺贝尔文学奖获得者、德国自然主义文学的杰出代表霍普特曼(Gerhard Hauptmann,1862—1946)。陈独秀是最早自觉引入"自然主义"概念的"新文学"领袖[1],他曾撰文述及从古典主义到理想主义,经由写实主义再至自然主义的文学演进脉络,认为"现代欧洲文艺,无论何派,悉受自然主义之感化"[2],特别强调自然主义前承现实主义、后启现代主义的重要桥接意义。颇值一提的是,文中就出现了霍普特曼(陈译"郝卜特曼")的大名。在另一篇文章中,陈独秀还将中外文坛发展局势进行对比,并针锋相对地提问:"吾国文学界豪杰之士,有自负为中国之虞哥(雨果)、左喇(左拉)、桂特(歌德)、郝卜特曼(霍普特曼)、狄铿士(狄更斯)、王尔德者乎?"[3]霍普特曼的作品着力于细致入

---

[1] 石晓岩:《自然主义概念进入中国的文化逻辑》,《海南大学学报(人文社会科学版)》2017年第4期,第73页。
[2] 陈独秀:《现代欧洲文艺史谭》,《新青年》1915年第1卷第3号,第2页。
[3] 陈独秀:《文学革命论》,《新青年》1917年第2卷第6号,第4页。

微地刻画心理冲突,将作家本人和笔下人物的感情融为一体,尤其擅长描写和塑造小人物,而且在戏剧创作方面独树一帜。作为一种舶来的异域资源,自然主义文学的以上特征在很大程度上吸引了当时国内文坛的关注目光。

郭沫若对霍普特曼作品的翻译和接受,自然是当时民国学界霍普特曼接受的重要组成部分,而且也呈现出自身的特质。早在1920年二三月间,郭沫若听从成仿吾的劝告,打消了转学到东京大学的念头,但这段时间他心情烦闷,甚至逃课躲在寓所内读文哲类书籍,其中就包括霍普特曼的戏剧[①]。不过,郭沫若以"善变"著称,经常改变和修正自己的文学立场、观点和态度,到了1920年7月26日,处于心绪极度低谷的他在致陈建雷的信函中又写道:

> 我不喜欢小说,我不喜欢自然主义的作品,因为我受的痛苦已经不少,我目击过的黑暗已经无限,我现在需要的是救济,需要的是光明。黑沉沉抝踹踹的文章读了只令人震头脑裂开。可我自己却每每肯做黑沉沉的文章,因为我的环境还是个薄的世界,我还不曾达到光明的彼岸。我丢不下的东西太多了![②]

在郭沫若、田汉和宗白华的通信集《三叶集》中,不少地方再次提及霍普特曼的戏剧,而且颇多溢美之词。

---

① 郭沫若:《郭沫若全集·文学编·第十二卷》,人民文学出版社1992年版,第85页。
② 郭沫若著,黄淳浩编:《郭沫若书信集(上)》,中国社会科学出版社1992年版,第173页。

第五章　郭沫若与自然主义文学

一、郭沫若的《异端》翻译：与东瀛之关系考辨

郭沫若之所以翻译《异端》（今译《索亚纳的异教徒》），自然跟他对发端于欧洲的自然主义的吸纳有着密不可分的关系。他对自然主义文学的接受路径，跟其他欧美文学作家作品一样，都是来自大正时代的日本这个中转站。在《异端》的《译者序》中，郭沫若交代"此书英译和日译本都有，可惜英译本在上海书肆里不能寻出。日译者是中岛清氏，我现在整理我的书译稿时，会将中岛氏的译本来作过一度的参证。书中的注解尤多取借于后者"[①]。此处，又可窥见中、日、德之间的三边文学关系在郭沫若德语文学翻译上的折射。

自然主义文学创造性地把文学和自然科学结合起来，将生物学、遗传学等自然科学引入文学领域，运用自然科学的态度和方法指导文学创作，把真实性和客观性作为文学的根本原则和出发点，将写实风格发展到极致。自然主义是文学史从近代向现代过渡进程中的一次文化超越，具有极为重要的意义。作为一种文学思潮，自然主义在20世纪初传入日本，在1906—1910年发展至鼎盛时期[②]。德国汉学家和日本学家弗洛伦斯（Karl A. Florenz，1865—1939）曾在东京帝国大学任教，在课堂上就讲授过德国自然主义文学大家霍普特曼和苏德曼（Hermann Sudermann，1857—1928）的作品。[③] 日本明治时代的作家把对人生和国家的责任视为己任，

[①] 郭鼎堂：《译者序》，载［德］霍普特曼：《异端》，郭鼎堂译，商务印书馆1947年版，第3页。
[②] ［日］宫下正兴：《以日本大正时代为背景的郭沫若文学考论》，山东大学博士论文，2006年，第146页。
[③] ［澳］张钊贻：《鲁迅：中国温和的尼采》，北京大学出版社2011年版，第151页。

进入大正时代以后,作家的群体意识发生了重要变化,他们的自我意识转向文学或艺术,而这一"确立自我,唤醒自我"的转向正是深受自然主义文艺思潮影响的结果。[①] 当时的日本作家对时代普遍感到悲观与幻灭,他们从西方自然主义文学理论和世纪末思想中发现了投合他们兴趣的观念,这就是自然主义在日本发展成为风靡一时的文艺运动的缘由。西方自然主义传播到日本后产生了巨大的变异,其最大的特色在于,日本的自然主义在一定程度上被打上了浪漫主义色彩的烙印[②]。日本自然主义文艺思潮突破了传统美学中"美"的概念,浓墨重彩地描述家庭琐事,甚至猥亵、丑陋的生活现象和画面也成为作家笔下的描摹对象[③]。日本作家对霍普特曼的钟爱也是不争的事实,这体现在日本学界对霍普特曼作品的大量翻译和借鉴方面,比如有着"日本自然主义文学骑手"[④]之称的田山花袋曾坦言其小说《棉被》即受到了霍普特曼的五幕剧作《孤独的人们》(*Einsame Menschen*)的影响。自叙传小说是日本自然主义独特的文学形态,往往取材于作家身边的家庭琐事或自身的心路历程等真实生活遭遇,故而常被称作"身边小说"或"私小说"。直到现代,日本自然主义文学仍被视为以描写身边琐细日常生活为能事的"私小说"的源头[⑤]。

日本大正时代对霍普特曼的接受热潮不仅体现在翻译和借鉴

[①] [日]宫下正兴:《以日本大正时代为背景的郭沫若文学考论》,山东大学博士论文,2006年,第145页。
[②] 同上书,第150页。
[③] 同上书,第147页。
[④] 陈德文:《关于日本自然主义文学》,载[日]田山花袋:《棉被》,黄凤英等译,江苏人民出版社1987年版,第6页。
[⑤] 同上书,第9页。

第五章　郭沫若与自然主义文学

上面,还包括对其作品的戏剧和电影改编。1923年,岛津保次郎依据霍普特曼的剧作《车夫亨舍尔》(*Fuhrmann Henschel*),拍出了松竹早期最好的电影之一《山上的养路工》(*Yama no Senroban*),这是日本以电影形式对霍普特曼做出的首次致敬。1925年,《车夫亨舍尔》又被改编成另一个电影版本,名剧《沉钟》(*Die versunkene Glocke*)也被改编成电影。当时同在日本留学的田汉于1920年2月18日致信宗白华,提及曾经观看日本著名话剧女演员松井须磨子主演的《沉钟》,并特别强调艺术与生活之间的矛盾冲突,同时援引了话剧主人公海因里希的最后一句台词"太阳正在升起"(The sun is coming)。①

郭沫若对自然主义文学的接受,除了跟当时的东瀛中介资源不无关系,也有必要置于创作社同人这一关系网络之中考察,这里就不得不再次提及田汉的名字。值得一提的是,田汉也是创造社留日元老中唯一的从一开始就抱定决心习文的成员,他罔顾当时国内"富国强兵"思潮的影响,不像成仿吾、郁达夫、郭沫若等人一样先是选择工科、实业抑或医学专业。这位中国话剧的开山者之一,在致宗白华和郭沫若的尺牍里多次提到德国自然主义代表人物苏德曼和霍普特曼的戏剧,所提及的后者的作品除了《沉钟》②以外,还有《汉娜的升天》(*Hanneles Himmelfahrt*)等,而且不惜篇幅地大段引用所读《沉钟》英译本里的台词③。田汉对霍普特曼

---

① 郭沫若:《郭沫若全集·文学编·第十五卷》,人民文学出版社1990年版,第61页。
② 后来冯至等人组建的文学社团沉钟社即得名于这部戏剧。
③ 郭沫若:《郭沫若全集·文学编·第十五卷》,人民文学出版社1990年版,第89—91页。

《沉钟》一剧近乎狂热的推崇和欣赏，也得到了郭沫若的回应。在1920年2月25日郭沫若致田汉的书信中，饱受忏悔之痛折磨的郭沫若曾鼓励田汉以他们自身为原型，创作一部《沉钟》式的戏剧，以便替他减轻莫大的心理压力和负担。[1] 同为创造社元老、跟郭沫若一样有着留日经历的郁达夫，也曾关注过霍普特曼。在《歌德以后的德国文学举目》一文中，郁达夫列举的书目里就有霍普特曼（郁称"霍泊脱曼"）的作品，包括戏剧《织工》(Die Weber)《沉钟》《寂寞的人们》和《日出之前》(Vor Sonnenaufgang)，以及小说《克里斯托·艾曼努艾尔·克温特心中的愚人》(Der Narr in Christo Emanuel Quint)。[2]

《异端》的译者署名"郭鼎堂"，跟郭沫若的负笈东瀛也存在较为密切的关系。《异端》是郭沫若所有德语文学译作中唯一曾经没有署名为"郭沫若"的作品，那么"郭鼎堂"这一署名是否从《异端》的翻译开始呢？有学者就认为，"'郭鼎堂'是郭老1925年作《〈约翰沁孤的戏曲集〉序》和《〈异端〉序》时开始启用的"[3]。但事实是，郭沫若的著作《塔》以及3部译作《约翰沁孤的戏曲集》《异端》和《新时代》有一个共同点，即它们在1925年初版时署名都是"郭沫若"（包括《异端》中《译者序》的署名），至1930年以后出版的重版本才将署名改为"郭鼎堂"，但书的内容、文字和排版跟初版时一样，没有更改。[4] 而郭沫若最早使用"郭鼎堂"这一署名，是

---

[1]　郭沫若：《郭沫若全集·文学编·第十五卷》，人民文学出版社1990年版，第66页。
[2]　郁达夫：《歌德以后的德国文学举目》，《现代文学评论》1931年第3期，第4页。
[3]　彭放：《郭沫若的笔名和别名》，《社会科学战线》1979年第4期，第312页。
[4]　邵华：《郭沫若笔名"郭鼎堂"始用于何时？》，《图书馆杂志》1983年第4期，第68页。

在1930年12月重版的《塔》(第四版)。郭沫若之所以署"郭鼎堂"之名,是为了逃避政治追捕和迫害:1927年4月9日他在武汉《中央日报》发表了《请看今日之蒋介石》的檄文,随后遭到国民党通缉,在南昌起义失败后转道至上海,1928年2月再次东渡日本,在那里受到日本刑士和秘密警察的监视,因为无法公开使用"郭沫若"的真名才改署此名。之所以造成后来学者的误解,是因为出版者出于当时的政治原因考虑,把原来著译者署名"郭沫若"先后都改成了"郭鼎堂",其中《异端》一书的重版本不但将译者改名"郭鼎堂",而且将《译者序》落款中的"郭沫若"也径直改为"郭鼎堂"。

二、自然主义与精神分析的影响

自然主义文学跟达尔文的进化论有着密切关联,其创作中也可以窥见遗传学、病理学、生物学、生理学、心理学等自然和实证科学的痕迹。因为自然主义文学创作在很大程度上遵循实验法则,所以这一流派的作品大多"消除宗教神性,否定一切超自然的力量"[1],但德国自然主义的领军人物霍普特曼的笔下就弥漫着浪漫主义和宗教氛围,排斥无神论的科学理念,[2]这一点可以追溯至德意志文学注重宗教回归的文化史和精神史传统。霍普特曼以戏剧创作见长,曾因为这一成就获得1912年诺贝尔文学奖,小说创作只是业余旁涉。但同时应该注意的是,郭沫若翻译的《异端》这部

---

[1] 吴建广:《论德意志文学中的自然主义》,《同济大学学报(社会科学版)》2007年第6期,第4页。
[2] 同上书,第4、7页。

小说并非属于一个普通文类,而是德语文学里尤为出彩,甚至可以说是特立独行的中篇小说(Novelle)。这一体裁横亘浪漫主义、现实主义和自然主义等诸多流派,被不少著名作家尝试,从古典主义的歌德、席勒等,到浪漫派的蒂克、艾兴多夫等,再到现实主义的施托姆、冯塔纳等,他们的笔下都有这一文类的作品问世。其特征是新奇性、传奇性和戏剧性,叙述一个独一无二、绝无仅有的故事,有明显的转折点,经常使用所谓的"框型结构"。正因为中篇小说与戏剧的亲缘关系,像霍普特曼这样的戏剧大家同时也是创作中篇小说的圣手;反之,善于创作这类体裁作品的小说家也被称为"讲故事的戏剧家"[1]。《异端》创作于1918年,8年后就被郭沫若译成汉语,足见当时民国文坛对外国文学的反应之迅速。霍普特曼笔下夹杂的浪漫主义情调和宗教情结,在《异端》这篇小说中也可以多处找到印证。

《异端》一书原标题意为"索阿那的异教徒"(索阿那位于瑞士境内的阿尔卑斯山地区),讲述的是一位年轻神父传奇般的爱恋和人生经历:他造访索阿纳的一个异教徒牧人家庭,因为受到原始情欲的驱使,被牧人的妹妹深深吸引;尽管该女子因为生活所迫,曾经向路过的登山者出卖身体并育有七个孩子,但神父甘愿冒天下之大不韪,宁可被逐出教会,也要选择与她结合终老。在前言中,郭沫若详细地坦露了自己翻译《异端》的动机:一是对原作者的钦佩,因为当时已过花甲之年的霍普特曼敢于选择这样一个有关人类原始欲望的取材,其创作手法和表现方式也堪称"浓艳",

---

[1]　杨武能:《序》,载杨武能编选:《德语国家中篇小说选(上)》,人民文学出版社1984年版,第6页。

在郭沫若看来,这就大大超越了中国一些未老先衰的道学家们的想象;二是首肯和赞赏作者的创作意图和旨趣,即再现源自古希腊、尊重人性的人文主义与主张禁欲的基督教义之间的冲突;三是认为翻译这部书也有可操作层面上的实际价值,因为原作中探讨了灵与肉的二元对立统一问题的解决办法,可以为我国青年提供参考;四是体现在美学层面,整篇小说不啻为一曲壮丽的大自然的颂歌,同时讴歌了原始生命和素朴人性之美。对此,郭沫若感叹道:"……而且喜欢他的一笔不懈,一字不苟的行文。他全书中关于自然的描写,心理的解剖,性欲的暗射,真是精细入微。精细入微之弊易流于板滞枯涩,而此书独无此弊。霍氏自己说他书中的插话像一朵山野中生出的可怜的龙胆花,他这个批评刚好可作他全书的写照了。"[1]郭沫若在译者序言中提及的三点,即"自然的描写""心理的解剖"和"性欲的暗示",正是自然主义文学作品尤为出彩之处,以下挑选较有代表性的三处相关译文逐一分析。

(一) 自然的描写

自然主义作品特别强调外在环境的作用,经常通过对自然环境和风景的描写来传达信息,描摹人物的内心活动。从下面这段描述阿尔卑斯山麓及其周遭湖光山色的文字,不难窥见其中寓情于景、情景交融的特征。郭沫若翻译的神韵也跃然纸上,切合着他"风韵译"的翻译观,就连地名"卢加诺湖"也被译成颇有诗情画意的"芦雁湖"。另外,这段译文中还出现了两处打上了强烈归化烙

---

[1] 郭鼎堂:《译者序》,载[德]霍普特曼:《异端》,郭鼎堂译,商务印书馆1947年版,第2页。

印的词语翻译：其一为"圣地小教堂"（Wallfahrtskirchlein），郭译为"小小的祠堂"，无疑是借中国的宗族文化元素来传递西方宗教文化之义项；另一处把"蛀虫"（Motte）译为"蠹鱼"这一颇具中国古代雅致书香文化的负载词汇①。该段译文兹录如下：

青年的牧师到这时候第一次感觉着有一种明瞭（了）而伟大的生存感在他的胸中流贯，他有一忽儿竟忘记了他是一位牧师。忘记了他是因为甚么事情才来到这儿的。这种感觉把他一切信神的观念，这其中混淆着些教规和信条的，不仅是压制了，而且是消减了。他现在甚至把在空中画十字的事情也忘记了在他的下面展开着背部意大利的阿尔布（卑）斯山麓，明媚的芦雁湖滨，圣阿加特高峰和一座小小的祠堂也现在下面了。高峰顶上依然有一双棕色鹞鸟在那儿飞翔，圣乔治山后圣塞尔瓦托山的后面现出一个峰顶，在四周突起的连峰之间，令人头晕目眩的深处又现出一带湖水，就给一片玻璃箝合在那儿的一样，这是芦雁湖的枝湖名叫加坡拉果，湖上有一只帆船载着一位渔夫，俨然就给怀镜中的一点蠹鱼一样。在这些一切的后面，遥遥的原处现出一带阿尔卑斯山的雪峰，随着佛郎的攀登，愈登愈觉得高峻。其中有罗刹岭耸出七个白色的尖峰就给王冠一样，怪物一样，在太空中的绢样的蔚蓝色里辉

---

① 尽管蠹鱼常常将价值连城的古书啃得千疮百孔，但因为蠹鱼以书为家、嗜书如命的本性，不少读书人又会对这一生物产生好感，甚至以它自喻，比如韩愈《杂诗》"岂殊蠹鱼虫，生死文字间"，陆游《题史院壁》"慵为绕枝鹊，宁作蠹书鱼"，梁启超《壮别二十六首》"我性有奇癖，贪痴似蠹鱼"。

耀。平常我们爱说山岳病,这是没有甚么不合理的地方,但我们现在要说到一种状态,就是人在山岳上所得到的,最好我们可以叫它为健康的,也觉得没有甚么不合理。这种健康的感觉,就给那清新的山气一样,也来袭入青年牧师的血管中了。①

(二) 心理的解剖

因为自然主义文学中渗透了心理学学科的质素,因此心理分析也是常见的写作手法。以下照录一段非常精彩的心理分析文字,郭沫若的传神译笔较为精当地传达了陷入原始情欲之中而又放不下身份尊严的年轻牧师纠结而挣扎的心理状态:

> 他心中感觉着嫉妒的责苦。那罪孽的种子阿加特姑娘因为有些家务留在了圣克罗采的牧场,除此而外并没有甚么事情发生,但他总觉得她好像有了一位情人,故意利用着礼拜的时间去赴幽会了的一样。一方面因为她的不来使他觉着他对于她的爱慕之深,他时而焦燥(躁)时而抑郁,时而怒愤,一心想去责罚她,而同时又想去求她解救自己的倒悬,求她相爱。他自己的牧师的尊严,他还不会抛弃:因为这是他最强毅最不挠的夸耀!这种夸耀现在是深深地受了伤害了。阿加特之不来对于他是三重的打击。这位罪孽的种子把男子汉的他,神仆的他,教父的他,同时抛撇了。他一想到那狗头狗脑的忘(王)八,是那儿的牧人或者樵夫,把他的阿加特夺去了的,男子汉的他,

---

① [德]霍普特曼:《异端》,郭鼎堂译,商务印书馆1947年版,第36—37页。

牧师的他,圣者的他,同时受了蹂躏,而羞耻得不能忍耐了。①

就创作而论,郭沫若也受到了弗洛伊德主义及其心理分析的影响,尽管这一影响不如以施蛰存、穆时英和张爱玲等人为代表的新感觉派笔下表现得那么明显和突出。余凤高所著《"心理分析"与中国现代小说》专列一节,详细探讨郭沫若早期小说中的心理分析元素,包括表现潜在意识流动的《残春》、反映幻美变态心理的《喀尔美罗姑娘》、表现性欲"升华论"的《Löbenicht的塔》,以及描写孩童性本能欲望的《叶罗提之墓》等。② 但值得注意的是,郭沫若早期创作的诗剧比如《湘累》里面也可窥见精神病理学元素的踪影,尽管他在 1921 年 1 月 24 日致信创造社同人张资平,承认其运用因为存在"不合学理处"而显得"苟且"③。除了创作,郭沫若还对弗洛伊德学说展开了研究,先后发表了《〈西厢〉艺术上之批判与作者之性格》和《批评与梦》两篇文章,前者无疑首开国内将弗洛伊德理论运用于实际批评的先河。郭沫若长期以来研究、翻译和创作同步进行、相得益彰的学术范式,此处再次略见一斑。

(三)情欲的暗示

《异端》这篇小说里也有不少地方在字里行间影射性欲,比如以下文字就具有一定的代表性:"在这时他总觉得好像有乌黑的云

---

① [德]霍普特曼:《异端》,郭鼎堂译,商务印书馆 1947 年版,第 90—91 页。
② 余凤高:《"心理分析"与中国现代小说》,中国社会科学出版社 1987 年版,第 130—154 页。
③ 郭沫若著,黄淳浩编:《郭沫若书信集(上)》,中国社会科学出版社 1992 年版,第 192 页。

头垂在吉内罗索峰的巨人般的崖脊上,就好像蹲着一头牡牛,咆哮着从鼻孔里喷着雨珠,从黑耀的两眼里射出闪闪的电光,把下腹波荡着在练习生育的工夫"。① 自幼性早熟的郭沫若,把"性的欲望"挑拨得如同"开了闸的水",这种"挑拨"在翻译《异端》时也流于笔下。正如郭沫若在《译者序》中坦言的一样,情欲的暗示也是吸引他着手翻译的动机之一。但应该看到的是,这种"坦露"是对当时假道学先生主张的封建礼教桎梏的变相控诉,同时也是对西方思想文化舶来品——弗洛伊德学说及其情欲观的肯定和宣扬。按照弗洛伊德的说法,梦往往与性的欲望有着直接或间接的联系。基于这一认识,郭沫若在对《西厢记》进行标点和改编的过程中,尤其关注与梦相关的情节,对"惊梦"一折进行了大刀阔斧的增删和修改。改动后的最后一幕,更印证了弗洛伊德的释梦,郭沫若在《批评与梦》中所言"很自然的"最后一梦在改编后显得更为自然。②

在作为《西厢记》改编本"副文本"的《序言》——《〈西厢〉艺术上之批判与作者之性格》一文中,郭沫若更是将弗洛伊德的泛性论、升华说、释梦说等学说运用到《西厢记》及其作者的研究之上。继王国维用精神分析学说阐释《红楼梦》之后,郭沫若可谓传承和延续了这一"洋为中用"的路数。郭沫若从性心理学的角度出发,分析了青年男女之间因长期饱受封建礼教禁锢而产生的心理畸变,痛斥了延续数千年的传统礼教对人性的摧残和戕害。联系上文所言的郭沫若《异端》的《译者序》来看,无疑可以印证翻译该小说的实际参考意义和价值:肯定性本能的正当性,反对宋儒理学

---

① [德]霍普特曼著:《异端》,郭鼎堂译,商务印书馆1947年版,第87页。
② 王锦厚:《郭沫若与〈西厢记〉》,《现代中文学刊》2012年第5期,第50页。

"存天理灭人欲"之说,提倡小说《异端》中解决灵肉冲突的方法,追求两者之间的调和。《〈西厢〉艺术上之批判与作者之性格》的最大特色是运用精神分析学派理论进行的作者分析:郭沫若立足《西厢记》第一本第一折和第四本第一折的本事,尤其是聚焦张生对崔莺莺一双秀足的欲罢不能——甚至连看到她月移花影走过留下的足印,心里也扑通直跳,进而得出王实甫在性生活方面存在很大缺陷的结论,认为他是犯过非法行淫的人,几乎有拜脚狂的倾向。这一立足于精神分析学说基础之上的"恋足癖"之说,也吸引了性心理学家的注意力。1946年,潘光旦基于1933年的版本译出蔼理士(Havelock Ellis)的《性心理学》一书。后者在《物恋》一节谈及恋足问题时写道:"在许多的民族里,特别是中国、西伯利亚的一部分民族、古代的罗马、中古的西班牙,足恋的现象是多少受人公认的。"[1]译者在"中国"处加一补充注释:"中国缠足的风气以至于制度显而易见和足恋的倾向有密切关系,近人最早指出这一点来的是郭沫若氏,见于他所做的一篇《西厢记》的序言里。"[2]

在借鉴弗洛伊德学说的基础上,郭沫若认为在正常的性欲望(Libido,"力比多")得不到满足、遭受精神创伤的情况下,只有两条出路:一条是让"性的焦点"发生移位,由此产生"恋足狂""恋物癖";另一条就是从性的欲望转移到非性的欲望,即王实甫式的借助沉湎于文学艺术创作来代偿,借此发泄压抑的冲动。从《〈西厢〉艺术上之批判与作者之性格》一文的内容和用语来看,郭沫若

---

[1] [英]蔼理士:《性心理学》,潘光旦译注,生活·读书·新知三联书店1987年版,第206页。
[2] 同上书,第266页。

还参考了当时在日本颇为流行的厨川白村的文章《苦闷的象征》，以及同样是从精神分析视角切入的《近代文学十讲》。① 正如厨川白村提出"精神苦闷说"和"创造的欲求"，进而扩大了弗洛伊德的"言必称性本能"的外延一样，郭沫若立足本人颠沛流离、受尽世态炎凉的人生遭际，同样指出了弗洛伊德视性欲生活的缺陷为一切文艺的起源这一命题的偏颇和极端之处，认为除了性的缺憾，其他面临人生穷途末路的境况也可以造就不朽的文艺作品，由此同样扩充和延展了弗洛伊德的本能压抑和升华说。② 借助这一扩大后的"升华说"，就可以更好地发掘人物心理，郭沫若写于1936年的历史小说《司马迁发愤》就是一个最好的例子③。

三、郭译《异端》与王实味译本的比较

郭译《异端》发行两年之后，鲁迅的高足、作家和翻译家王实味也从英文④转译出《珊拿的邪教徒》（"新文艺丛书"之一）。在《译者序》⑤中，译者交代"喜欢它描写的细致入微和想象力的丰富，尤其喜欢文中蓬勃的人性之热与力"⑥，同时批评郭译本不无错误、疏漏和晦涩难懂之处，因此才会在拜读之后反倒有了译讫出

---

① 伍世昭：《郭沫若早期心灵诗学》，上海文艺出版社2003年版，第73页。
② 同上书，第75页。
③ 参见顾国柱：《论郭沫若对弗洛伊德学说的借鉴》，《上海财经大学学报》2001年第3期，第49—50页。
④ 指的是1928年萨尔皮特（Harry Salpeter）的英译本。
⑤ 王译及其译者序日后被收入"旧译重刊"书系（[英]哈代、[德]霍布门：《还乡——珊拿的邪教徒》，王实味译，岳麓书社1994年版）。另外，该序言还收录了黄昌勇主编的《王实味：野百合花》一书（中国青年出版社1999年版）。
⑥ 王实味：《译者序》，载[德]霍布门：《珊拿的邪教徒》，王实味译，中华书局1930年版，第1页。

版的勇气。① 王实味在文后还列举出英译文、郭译文和自己的译文进行对照,指出郭译的具体错误或有待改进的地方。对于郭沫若"早有崔颢在上头"的译作,性格一向桀骜不驯的王实味批评得还算客气,在表达了对郭沫若文学造诣的一番敬仰之后,才委婉道出郭沫若可能是在出版社的催稿压力之下仓促译就,这才造成了疏忽和缺漏。以下引述王实味在序言中提及的问题例句,对比德语原文、英译文、郭沫若和王实味的中译文,来探究郭沫若翻译在语言层面上的得失(下画线为笔者所加)。

例1: 德语原文:Der Sindaco hörte ihn ruhig an, Francesco hatte ihn glücklicherweise zu Hause getroffen! und nahm in der Sache den Standpunkt des Priesters ein.②

英译文:The Sindaco listened to him quietly — Francesco fortunately found him at home — and accepted the priest's point of view in the matter.③

郭译文:好在他走去便遇着村正在家,村正心平气和听着他说,他承认了牧师对于这件事体所处的位置。④

王译文:那村长静静底听着他,——佛兰西斯科幸而碰见他在家——接受了他对于事体的意见。⑤

---

① 王实味:《译者序》,载[德]霍布门:《珊拿的邪教徒》,王实味译,中华书局1930年版,第2页。
② Gerhard Hauptmann, *Der Ketzer von Soana*, Berlin: Fischer, 1918, S. 135.
③ 王实味:《译者序》,载[德]霍布门:《珊拿的邪教徒》,王实味译,中华书局1930年版,第2—3页。
④ [德]霍普特曼:《异端》,郭鼎堂译,商务印书馆1947年版,第109页。
⑤ 王实味:《译者序》,载[德]霍布门:《珊拿的邪教徒》,王实味译,中华书局1930年版,第4—5页。

第五章　郭沫若与自然主义文学

从以上对比可以看出,郭沫若译文不当的原因在于错误理解了 Standpunkt 一词的意思,其本意为"地点、位置",但亦可引申为"意见、看法、观点"。不过,郭译"村正"源于唐代正式设村为行政单位之时的称呼,比王译"村长"更显得古风犹存。

例 2:德语原文:Was aber die Dorfbewohner und ihr Verhalten betraf, so versprach er dagegen strenge Maßregeln.①

英译文:But as to the villagers and their conduct, he promised to take stern measures against them.②

郭译文:至于村民的所作所为,村正约束着要加以严重的防闲的。③

王译文:至于村民以及他们的行动,他允许加以严厉的制裁。④

不难看出,前半句应该包括"村民及其所为"两个方面,郭沫若漏译了部分信息;而 versprechen 意为"许诺,保证",郭译可谓"失之讹";而语出《诗·齐风·敝笱序》的"防闲"一词,引申为"防备和禁阻",用在这里不仅文从字顺,而且让译文平添些微古雅之意。

例 3:德语原文:,,Dieser junge Priester könnte es wohl bis zum Kardinal, ja, zum Papst bringen. Ich glaube, er zehrt sich ab mit

---

① Gerhard Hauptmann, *Der Ketzer von Soana* Hauptmann, Berlin:Fischer, 1918, S. 135.
② 王实味:《译者序》,载[德]霍布门:《珊拿的邪教徒》,王实味译,中华书局1930年版,第4页。
③ [德]霍普特曼:《异端》,郭鼎堂译,商务印书馆1947年版,第109页。
④ 王实味:《译者序》,载[德]霍布门:《珊拿的邪教徒》,王实味译,中华书局1930年版,第4页。

279

Fasten, Beten und Nachtwachen ..."①

英译文：This young priest might easily get to be a cardinal, yes, even a Pope. It seems to me that he is wearing himself out with fasting, prayers and night-watches.②

郭译文："这位年青的牧师他<u>不好直接申禀到僧正那儿,乃至申禀到教皇那里去</u>吗？我想他一定是清斋,祈祷,熬守通夜,<u>把自己的脑经弄坏了的</u>。"③

王译文："这青年牧师<u>怕会极容易就作到僧正甚至教皇的</u>。我觉得他像被斋戒,祈祷,熬夜,<u>弄得消瘦不堪了</u>。"④

对比以上文字,也可发现郭沫若译文中有几个不贴切的地方。德语中的 es bis zu ... bringen 有"至,达到,臻于"的意思,此处并不是"把……带到……那里去",郭译"申禀"之意有误；而 sich mit ... abzehren 则是"把自己弄得衰弱、憔悴、消瘦"之意,还不至于到"脑子坏掉"的地步。

客观而论,郭沫若的《异端》虽然错漏之处在所难免,但仍不失为一部具有较高水准的优秀译作。但比之郭沫若的其他德语译作,《异端》最为默默无名,最受冷落。郭沫若的德语文学翻译作品在民国时期一般都有在不同出版社发行的多个版本,而《异端》

---

① Hauptmann, *Der Ketzer von Soana* Hauptmann, Berlin: Fischer, 1918, S. 135.
② 王实味：《译者序》,载[德]霍布门：《珊拿的邪教徒》,中华书局 1930 年版,第 4 页。
③ [德]霍普特曼：《异端》,郭鼎堂译,商务印书馆 1947 年版,第 109 页。
④ 王实味：《译者序》,载[德]霍布门：《珊拿的邪教徒》,王实味译,中华书局 1930 年版,第 5 页。

则仅在同一出版社——商务印书馆付梓过3次(1933年第一版，1947年第三版);新中国成立后,郭沫若的译著也多有再版,而《异端》是唯一的例外。近年来,随着翻译文学被"正名",早期翻译史以及晚清民国时期的翻译作品初始版本也日益进入学界的视线,但郭沫若翻译的《异端》仍然处于蒙尘的状态,仅有《中国现代翻译文学初版本图典(下)》[1]简要提及。另外值得一提的是,霍普特曼的这篇小说在新中国成立后还出现了蔡佳辰[2]、戴任灵[3]、陈恕林[4]、陈琳和肖赧[5]所译的版本,而王实味的重译也得以重刊,这都充分证明了这篇优秀小说弥久的生命力。郭沫若的翻译尽管难免瑕疵,但其瑕不掩瑜的首译之功不容忘却。

郭沫若对这部小说的翻译,跟他其他外国文学作品的翻译一起,也影响了他同时期的创作。长久以来,学界对豪普特曼《索阿那的异教徒》这部小说的自传性质已经达成共识[6]。从豪普特曼的生平经历中,也可看出他长期旅居意大利,而且小说中的人名都是真实的。而从郭沫若创作的小说来看,作品中的男主人公跟郭

---

[1] 参见陈建功等编:《中国现代翻译文学初版本图典(下)》,百花洲文艺出版社2015年版,第840页。
[2] [德]霍普特曼:《索阿那的异教徒》,载杨武能编:《德语国家中篇小说选(下)》,人民文学出版社1984年版,第929—1031页;又见[德]霍普特曼:《霍普特曼小说选》,蔡佳辰译,外国文学出版社1985年版,第84—184页。
[3] [德]霍普特曼:《索阿那的异端者》,戴任灵译,载白嗣宏编:《牧羊神》,安徽文艺出版社1992年版,第284—358页。
[4] [德]霍普特曼:《索阿纳的异教徒》,陈恕林译,载刘硕良编:《群鼠》,漓江出版社2001年版,第309—392页。
[5] [德]霍普特曼:《索阿那的异教徒》(陈琳译)、《山区牧人的故事》(肖赧译),载《中短篇小说选:狂欢节》,内蒙古文化出版社2002年版,第45—112页。该选集把霍普特曼的一篇小说拆分成了两篇。
[6] William H. McClain. "The Case of Hauptmann's Fallen Priest", *The German Quarterly*, vol.30, no.3 (1957), p.168.

沫若本人的身份、家庭、经历、心理等几乎完全相同,这就让小说具有浓厚的自叙传色彩。在与友人的通信中,郭沫若以"爱牟"为号;在一些小说中,又以爱牟作为作品的主人公,比如《漂流三部曲》《行路难》《未央》等都是这方面的例证。

第六章　郭沫若的马克思主义和美术考古著作翻译

如前所述,郭沫若的创作、翻译和研究呈现出"三位一体"的状态,三者之间互相交织影响,但其中可以窥见一条较为明显的分界线:如果说郭沫若早年还是以文学青年自居,高举文学的大旗,翻译和创作涉及的都是文学作品;那么自从他投身马克思主义的洪流以来,他所翻译的作品主题就有了明显扩大。这具体表现为他对马克思主义思想和哲学社会科学著述的高度关注,此外还在马克思主义思想的指导下,走上了一条"辨章学术、考源镜流"的治学之道,而且涉猎历史学、考古学和青铜器研究等多个彼此互有关联的领域。值得注意的是,这一分界发生在郭沫若第二度十年流亡日本期间,而他在这一期间的翻译活动对其"球形天才"的形成发挥了重要作用①。郭沫若所译马克思主义思想的作品不可谓不多,也产生过翻译马克思巨著《资本论》的念头,其学术著述的翻译也跨越美术史、美术考古、音乐学和生命科学等多个领域。《德意志意识形态》和《美术考古一世纪》(初版名为《美术考古学发现》)原文都用德语写就,具有较大的代表性。

---

① 张勇:《20世纪30年代郭沫若的另一解读——以郭沫若流亡日本十年翻译活动为例》,《郭沫若研究》2017年第1辑,第144—146页。

郭沫若的德语著作翻译与德语世界的郭沫若

一、郭沫若译《德意志意识形态》

正如绪论所述,郭沫若译作的出版发行状况呈现出极不平衡的态势:相比《维特》《浮士德》(其再版甚至一直持续至今)之类再版较多的知名译著,类似《华伦斯坦》《赫曼与窦绿苔》这样的德语译著则较少再版;即便出现为数不多的再版情况,也多发生在新中国成立前后,不像前两部的再版那样一直持续至今。从接受、传播和影响效果来看,自1938年11月郭沫若翻译的《德意志意识形态》在言行出版社发行以后,其影响力也一直延续到新中国成立前后,这从当时较为频繁的再版也可看出:上海群益出版社于1947年3月推出再版,1949年4月该社又在香港避难期间印刷了1000册,新中国成立后又于1950年7月和1950年9月发行第三、第四版。到1960年11月以阿多拉茨基版为蓝本的《马克思恩格斯全集》中文第一版第三卷翻译出版之前,在这长达22年的历史阶段中,郭沫若译本始终是《德意志意识形态》汉译本的主导版本[①]。

如果与时俱进地关注一下现今的学术研究状况,可以发现一个有趣的现象:自20世纪50年代初沉寂了50年之久的郭沫若《德意志意识形态》节译本,近年来又一次引起了国内学界的注意。2018年适逢马克思诞辰200周年,2020年正值《共产党宣言》首个完整中译本(陈望道译)出版100周年,2021年又是中国共产党成立100周年,在此背景下推出"马克思主义经典文献传播通考"系列,可谓是对当年历史时代风云呼声的遥相呼应,也是马克

---

① 邱少明:《郭沫若摘译〈德意志意识形态〉述论》,《郭沫若学刊》2013年第1期,第50、54页。

思主义中国化的题中应有之义。这套丛书中就收录有《〈德意志意识形态〉郭沫若译本考》①,该书包含1947年3月群益出版社发行的郭沫若译本的原版影印,从而让郭沫若的这个译本再次浮出水面。

(一)郭沫若译本考释及翻译范式

回顾马克思、恩格斯合著的《德意志意识形态》在中国的翻译出版状况,可以发现,民国时期的翻译都不是全译本,其翻译主要集中在阐述历史唯物主义基本原理的第1卷第1章②,即《费尔巴哈·唯物主义观点和唯心主义观点的对立》一章。郭沫若的选译本也并非首译,在他之前就有其他学人依托不同语种(比如日语)的底本,做出过不同程度的翻译贡献③。日本马克思主义传播对中国知识分子马克思主义思想理论接受产生的影响,在此亦可窥见。1938年,上海言行出版社发行郭沫若翻译的《德意志意识形态》,标注原名为"德意志观念体系论",其内容涵盖《关于费尔巴哈的提纲》《〈德意志意识形态〉序言及第一章》《费尔巴哈·唯物主义观点与唯心主义观点的对立》三个部分。值得注意的是,郭沫若的译本把《关于费尔巴哈的提纲》也收录其中,但在《提纲》的汉译方面,郭沫若也未能拔得头筹,在他之前也有"崔颢题诗在上头"④。

---

① 王旭东:《〈德意志意识形态〉郭沫若译本考》,辽宁人民出版社2019年版。
② 周隆宾编:《社会历史观大辞典》,山东人民出版社1993年版,第594页。
③ 同上。
④ 同上书,第568页。

《德意志意识形态》初版(1938年)就在正文前附上了《译者牟言》①,它在后面的多个重印本中都保留了下来。在《译者牟言》中,郭沫若开门见山地交代汉译本以梁赞诺夫编纂的马克思、恩格斯文库第一册德文本为底本编译而成。② 郭译本的1947年群益社版增加了其他版本都没有的《序》,在这篇简短的《序》里,译者指出这个版本是他在20年前即1927年完成的,他将译好的手稿交给神州国光社的王礼锡先生,但由于战乱未能付梓;抗战期间,神州国光社将其印出,但郭沫若在"大后方",一直未能见到这一版。③ 但是依据郭沫若回忆整理的《郭沫若年谱》,情况却有不同,"本年(1931年——笔者注)译《德意志意识形态》([德]马克思、恩格斯著)讫,并作《译者牟言》"④。另外,1934年推出的《沫若自选集》在正文前附有《序》,其中列有从1914年负笈东瀛留学以来的著述年表,记载1931年译《德意志观念体系》(未发表)。⑤《马克思恩格斯全集》第一版第三卷的编者也曾指出:"《德意志意识形态》中的《费尔巴哈》部分,在我国曾有郭沫若同志的译文,1938年由上海言行出版社出版,书名为《德意志意识形态》。"⑥有学者从德文、日文和中文语料出发,较为深入地探究了郭沫若翻译的时

---

① 在1938年言行社、1949年群益社、1950年群益社版本的目录说明中,《译者牟言》被错误地排印为《编者牟言》。
② 郭沫若:《译者牟言》,载[德]马克思、恩格斯:《德意志意识形态》,郭沫若译,群益出版社1947年版,第1页。
③ 郭沫若:《序》,载[德]马克思、恩格斯:《德意志意识形态》,郭沫若译,群益出版社1947年版,第1页。
④ 龚继明、方仁念:《郭沫若年谱(上)》,天津人民出版社1987年版,第267页。
⑤ 郭沫若:《序》,载《沫若自选集》,乐华图书公司1934年版,第6页。
⑥ [德]马克思、恩格斯著,中共中央马克思恩格斯列宁斯大林著作编译局编译:《马克思恩格斯全集·第三卷》,人民出版社1960年版,第741页。

间以及参考底本问题①。该学者认为,Proletariat("无产阶级")一词的翻译参考了梍田和森湖翻译的两个日文版本,郭沫若的译本中有一半注释参考了《我等丛书》版的译注,并以Nation("国家")这一关键词以及一个颇有代表性的例句为例,考察了《我等丛书》对郭沫若翻译的影响,得出了两个令人信服的结论:其一,郭沫若翻译该书的时间事实上应该是在流亡日本的1931年,但由于郭沫若记忆上的失误,导致上海群益社版本的《序》和《郭沫若年谱》中关于翻译时期的记述互相矛盾②;其二,郭沫若在翻译时依据的主要底本是1930年5月出版的《我等丛书》日文译本,仅在必要时参考了梁赞诺夫的德文版本③。从这个角度来看,郭沫若译成的中国首部《德意志意识形态》汉译本,可以视为迫切想要在东亚地区传播马克思、恩格斯学说的中日知识分子通力合作的成果和结晶④。

郭沫若翻译《德意志意识形态》依据的底本问题,折射出1919年五四运动以后中国对马克思主义和社会主义理论的接受状况。一方面,随着马克思主义思想在中国传播的广泛和深入进行,国人越来越意识到取道东洋、借助日文转译西学论著的缺陷,直接从西欧和苏俄翻译引进的相关著作也在不断增多,甚至出现过度推崇和夸大西洋文字版本的情况,以至于一些分明是译自日文的马列主义翻译作品,也要借"直译欧文"之名来提高影响力;另一方面,译自日文的马克思主义思想著述并没有减少,因为大部分译者还

---

① 盛福刚:《〈德意志意识形态〉的中日首译本探析》,《马克思主义哲学研究》2016年第2期。
② 同上书,第152页。
③ 同上书,第155页。
④ 同上。

是对日语最为熟悉,而且日语转借中文汉字的"同文"之便在较大程度上减少了理解和翻译困难。因此,在民国学人的印象中,译自欧洲和苏俄的马列主义论著较为深奥晦涩,译自日文的论著则更容易理解和掌握。在众多日本社会主义学者中,河上肇的作品被认为是译介入门读物的最佳选择。

郭沫若译本的一大特色是译研合一的翻译范式,其译本呈现出介于学术文本与非学术文本之间的面貌。尽管郭沫若并非最早涉足《德意志意识形态》汉译的学人,但是据相关学者考证,郭沫若是国内最早对《德意志意识形态》开展文献学研究的专家[1]。在译者弁言中,郭沫若引述了编者梁赞诺夫的《编者导言》,其中特别交代了编者在整理和印刷文稿方面的6项规则[2],并声称自己的译本也是大体遵循这些规则的[3]。郭沫若致力于翻译和研究的融通,体现出较强的传播致用观;同时也彰显出鲜明的历史性和时代性,反映出中国马克思主义传播初期特定的文献学理论语境。郭沫若译研合一的翻译范式也符合当时抗日战争时期国内译介马克思主义理论文献的基本旨归和取向,即理论学说甫一经由译介走入国门,就被马上付诸各项具体实践之中,以便彰显发挥它们改造世界的重要威力[4]。

郭沫若译本的研究价值主要体现为注释形式的解读式翻译。在他的笔下,注释不仅仅是一般意义上的信息扩充或者扫清理解

---

[1] 邱少明:《郭沫若摘译〈德意志意识形态〉论》,《郭沫若学刊》2013年第1期,第51页。
[2] 郭沫若:《译者弁言》,载[德]马克思、恩格斯:《德意志意识形态》,郭沫若译,群益出版社1947年版,第3页。
[3] 同上书,第4页。
[4] 邱少明:《郭沫若摘译〈德意志意识形态〉论》,《郭沫若学刊》2013年第1期,第54页。

第六章　郭沫若的马克思主义和美术考古著作翻译

障碍的手段,他对译文重难点词汇、引文和相关背景知识做出的介绍,可以视为一种文献学研究的学术手段。通过相关注释,郭沫若传达了他对马克思主义理论的理解和体悟,同时指明了文献研究中的新成果。颇值一提的是注释中的注释,试看以下德语原文:

… Wenn also Millionen von Proletariern sich in ihren Lebensverhältnissen keineswegs befriedigt fühlen wenn ihr »Sein« ihrem［…］［Im Manuskript befindet sich hier eine Lücke.］①

针对这句话的译文"所以假如有几百万的无产者在他们的生活关系中全然感觉不着满足,假如他们的存在对于他们的……"郭沫若加了一个很长的注解,兹照录如下:

原稿在此处无下文。这最后的一节(自"由以上的论述"以下)是写在原稿二八页之右半面,由马克思之手笔标题著"费尔巴哈"。其左半面是标题著"鲍弈尔"(今译"鲍威尔")的文件。这面和在上边已经揭出的部分,都是叉掉了的。这在原稿上也同样的没有下文。其文云:"在此无法避免的穿折之后我们再走向圣布鲁诺和他的世界史的斗争上来。布鲁诺提出几项重要的文句要求费尔巴哈要铭记之后,他注视到费尔巴哈与'唯一人者'间之斗争。使他对于这项斗争感觉着趣味的,第一层是那项庄严的三度的微笑。""批评家是势如

---

① Karl Marx/Friedrich Engels, *Die deutsche Ideologie* (= Karl Marx – Friedrich Engels – Werke, Bd. 3), Berlin/DDR: Dietz, 1969, S. 1313.

破竹地,必胜地,常胜地,走着自己的道路。别人讥谤他:他微微一笑。旧世界要起来组织十字军来反对他:他微微一笑。"批评家走着他的道路,或是他的种种道路,那并不稀奇,——"但是"吾道非汝等之道,吾之思想非汝等之思想也,吾道乃神学之道,吾至,不至走入旁门,批评家如是说。批评家圣布鲁诺——这自然是确定着的——走他的道路,但是他的走法不像别人一样,他走的一种批评的道路,他带着"微笑"来干着这项本事。他在他的脸上微笑出多多的皱纹,就如像地图上表示着的东西印度一样。少小姐会撇他的耳光,他要微笑着接受,以为是大大的恩尚,——就如沙士比戏曲中马尔沃略所说的一样。圣布鲁诺要和他的两位敌人抗战,他连一指也没动,他知道得一种更秒的方法调制他们。他让他们去——分裂而逞强——自行去争斗。他把费尔巴哈,把这位"人",向"唯一人者"第一二四页对立着,"唯一人者"向费尔巴哈对立着;他知道他们彼此是十分的相恨不过就如像……(原稿至此中断)。①

在以上所引的一长段注释中,郭沫若又进行了二度注释。在"以为是大大的恩尚,——就如沙士比戏曲中马尔沃略所说的一样"之处,他解释说这个典故出自莎士比亚喜剧《十二夜》(今译《第十二夜》),出自剧中人物——管家马伏里奥(Malvolio,郭译为

---

① [德]马克思、恩格斯:《德意志意识形态》,郭沫若译,群益出版社1947年版,第88—90页。

第六章 郭沫若的马克思主义和美术考古著作翻译

"马尔沃略")。① 另外,郭沫若也指出"大大的恩尚"在梁赞诺夫版中的德语表达为 Eine große Kunst,而英文文本作 A Great favour,因此 Kunst 应是 Gunst 之误。②

此外,郭沫若翻译的《德意志意识形态》又并非一个严格意义上的、纯粹的学术文本。必须承认的是,他的翻译初衷是适应当时的革命形势,给中国读者提供一个可阅读的文本,而不是供学术研究之用。按照郭沫若在《序言》中的交代,他在翻译过程中对原文做了一些改动:其一,"无关宏旨的废字、废句以及脚注,则多半略去了"③,因为文中插入修改的文句对于阅读者来说极为不便,标识马克思和恩格斯的笔迹"亦觉不厌其烦";其二,郭沫若认为,这种校勘学研究如果不针对原始手稿本身是没有意义的,而对于原文的判读尚有存疑之处,因此希望原稿能够以影印件的形式刊出;其三,梁赞诺夫的《编者导言》中附有"原始手稿与文本的编辑工作",郭沫若认为这一部分内容"对于读中文译书的读者无甚必要"④,因此略去未译。可见,严格文献学意义上的信息在郭沫若译本中已经开始丢失⑤。郭沫若采用的最大限度地还原原始手稿的编排方法并没有产生多大的社会影响,这在很大程度上跟当时中国马克思主义理论研究处于初始阶段有关:当时的相关研究有着较高的系统化和体系化的诉求,于是往往造成让研究者更加关

---

① [德]马克思、恩格斯:《德意志意识形态》,郭沫若译,群益出版社1947年版,第90页。
② 同上。
③ 郭沫若:《译者牟言》,载[德]马克思、恩格斯:《德意志意识形态》,郭沫若译,群益出版社1947年版,第4页。
④ 同上。
⑤ 姜海波:《〈德意志意识形态〉中文版编译史述要》,《马克思主义与现实》2011年第5期,第12页。

注一元化解读模式的结果。①

（二）郭沫若的翻译与其唯物史观的紧密关联

《德意志意识形态》是学界公认的唯物史观形成的标志性著作，它的贡献在于首次系统阐述了唯物史观的基本原理和主要内容。唯物史观是关于人类社会发展普遍规律的科学，与剩余价值理论并称为马克思的两大发现。根据该书的论述，唯物史观是在具体的人类历史活动中形成的，而且随着时代更迭和实践活动不间断地发展变化。在著作中，马克思、恩格斯阐述了唯物史观的前提和出发点、唯物史观的基本问题、人类社会发展的动力和人类社会的发展方向。郭沫若对这部著作的翻译，跟之前翻译的日本马克思主义学者河上肇的《社会组织与社会革命》有着紧密联系，对贯穿于郭沫若后来整个生命岁月的唯物史观的形成产生了极大影响。

1. 郭译《德意志意识形态》与河上肇《社会组织与社会革命》之间的关系

"西潮却自东瀛来"，与很多来自欧美的思潮在中国的传播类似，马克思主义在国内的传播也是首先取道日本，而传播主体很大一部分都是留日学人。当时在日本有不少社会主义者都曾从事唯物史观的介绍，但以河上肇功绩最大②。而河上肇的研究最为日本所关注的部分，正是他的马克思主义经济学以及唯物史观的研

---

① 王旭东：《〈德意志意识形态〉郭沫若译本考》，辽宁人民出版社2019年版，第33页。
② 冯天瑜：《唯物史观在中国的早期传播及其遭遇》，《中国社会科学》2008年第1期，第52页。

第六章　郭沫若的马克思主义和美术考古著作翻译

究。正因如此,郭沫若就曾强调河上肇其人其作在中国初期马克思主义传播过程中的"媒介"①作用。单就唯物史观而论,河上肇就有专论《唯物史观研究》(京都弘文堂书房1924年版)问世。同年,《国立北京大学社会科学季刊》第2卷第3期就刊登了高一涵撰写的相关书评,另外还有诸多翻译或评述河上肇唯物史观论述的文章发表在当时国内的报刊上面②,其中也不乏批判之声③。1924年,郭沫若将河上肇宣传马克思主义经济学的《社会组织与社会革命》译介到中国大地。其实,在译书的3年前,即1921年5月底或6月初,郭沫若原在冈山的同学、河上肇的弟子、被周围同学称为"中国马克思"的京都大学经济系学生李闪亭,就已经给他推荐过河上肇自1919年起编辑出版的《社会问题研究》杂志,而且郭沫若还饶有兴趣地向李闪亭请教马克思主义原理的相关问题,其中就涉及"唯物史观的公式"④。

学界公认的是,《社会组织与社会革命》的翻译标志着郭沫若从个人主义者和泛神论者转变为马克思主义者,用郭沫若自己的话来说,就是"从文艺运动的阵营里转进革命运动的战线"⑤。在

---

① 郭沫若:《序》,载[日]河上肇:《社会组织与社会革命》,郭沫若译,商务印书馆1951年版,第1页。
② 参见[日]河上肇:《唯物史观的要领》,粟剑超译,《北新》1930年第7期;[日]河上肇:《评论:俄罗斯革命和唯物史观》,C. T. 薛译,《民国日报·觉悟》1922年第19期;[日]河上肇:《见于资本论的唯物史观》,苏中译,《建设》1920年第6期;[日]河上肇:《译述:见于"共产党宣言"中底唯物史观》,存统译,《民国日报·觉悟》1921年第15—20期。
③ 参见原野:《评河上肇对于唯物史观公式的歪曲》,《云南旅平学会季刊》1935年第2期。
④ 郭沫若:《郭沫若全集·文学编·第十二卷》,人民文学出版社1992年版,第108页。
⑤ 郭沫若:《序》,载[日]河上肇:《社会组织与社会革命》,郭沫若译,商务印书馆1951年版,第1页。

致创造社同仁成仿吾的书信中,他写道:"这书的译出在我的生命中形成了一个转换期"①"我现在成了个彻底的马克思主义的信徒了。"②在其他地方,郭沫若也对当年思想状况的转折写了如下回忆文字,"在一九二四年,我中止了前期创造社的纯文艺活动,开始转入了对于辩证唯物论的深入的认识,在这儿使我的思想生出了一个转机","不仅在思想上生出了一个转机,就在生活上也生出了一个转机"。③ 有鉴于此,有学者将《社会组织与社会革命》称为郭沫若进入马克思主义之门的一把当之无愧的"金钥匙"④。除了思想和生活上的转机,《社会组织与社会革命》一书的翻译也是郭沫若创作和翻译历程中的一个重要转折点:其翻译和创作的指导思想逐渐从强调文艺为艺术的"无目的性"转变为突出文艺为人生的"功利性",从"主情主义"浪漫主题作品的翻译转移到现实主义作品、马克思主义著作和科学文艺著作的翻译上来。

由此可见,郭沫若对辩证唯物主义的认识在翻译《社会组织与社会革命》之时就已经初见端倪。在1950年商务印书馆再版的《社会组织与社会革命》的《序言》中,郭沫若更加明确地指出了翻译该书对他的巨大影响:"我自己的转向马克思主义和固定下来,这部书的译出是起了很大的作用的。……翻译了的结果,确切地

---

① 郭沫若:《郭沫若全集·文学编·第十六卷》,人民文学出版社1989年版,第10页。
② 同上书,第8页。
③ 郭沫若:《郭沫若全集·文学编·第十八卷》,人民文学出版社1992年版,第5页。
④ 朱受群:《郭沫若与河上肇及其〈社会组织与社会革命〉》,《江西师范学院学报》1980年第2期,第57页。

第六章　郭沫若的马克思主义和美术考古著作翻译

使我从文艺运动的阵营里转进到革命运动的战线里来了。我自己,可以说是以这书作为垫脚石,而迈进了一步。"[1]这里所说的"垫脚石"作用生动形象,肯定了该书的启发性,因为郭沫若正是以翻译该书为起点,开启了对马克思主义经典著作的研读和翻译之旅,这里面也包括后来翻译的《德意志意识形态》。如前所说,这部著作是马克思生平两大重要创见之一——辩证唯物主义思想的集大成者,而郭沫若对这一思想的涉猎和钻研无疑也受到了河上肇的启发。河上肇也认为对唯物辩证法无论怎么强调也不过分,并对此提出过如下论断:"要是想真正理解马克思主义的经济学,说什么都必须先理解它的哲学基础——唯物辩证法;如果不学唯物辩证法,那就一辈子也不用想真正理解《资本论》这部巨著。"[2]尽管河上肇的著作启发了郭沫若对马克思主义,尤其是唯物史观的探究,但郭沫若对河上肇的思想并非全盘接受,其中也融入了自己的理解和批判,尤其是对他的唯物史观。[3] 特别值得重视的是,郭沫若对《社会组织与社会革命》的接受采取的是一分为二的态度,既有吸纳借鉴,又有批判指摘,这本身就闪耀着朴素的唯物辩证法的光芒。从1950年译本《序言》的字里行间,可以明显看出郭沫若对该书的批评。他认为全书偏重学究式的论证,没有触及马克思主义的根本问题,只是停留在纸上谈兵的层面,具体表现在以下两个层面:一是对马克思主义思想的核心部分——辩证

---

[1] 郭沫若:《序》,载[日]河上肇:《社会组织与社会革命》,商务印书馆1951年版,第1页。
[2] [日]河上肇:《河上肇自传》(上卷),储元熹译,商务印书馆1963年版,第122页。
[3] 刘庆霖:《"求道"与"传道":民国时期国人对河上肇著述的讨论》,《河南大学学报(社会科学版)》2014年第5期,第74页。

唯物主义根本没有涉及;二是对马克思主义改造世界的实践观也是差不多采取回避的态度。①

2. 郭译《德意志意识形态》与当时社会背景之间的关联

郭沫若翻译《德意志意识形态》,对唯物主义历史观的宣传和马克思主义史学的建立起到了很大的推动作用。《德意志意识形态》中的核心观点是唯物史观,顾名思义本属历史科学,它的一大特色是将社会经济考察引入历史研究,或曰从历史学的角度来探究社会经济,进而构建二者之间的密切关联。以郭沫若为代表的一批左翼历史学者更为自觉地尝试运用经济分析和社会结构分析来考察中国社会,尤其是运用生产力决定生产关系、经济基础决定上层建筑的观点探究中国古代史,突破传统史学专注王朝盛衰更迭的政治史框架,整合政治、经济、社会乃至文化史研究,形成以"社会形态"为研究对象的新的贯通性史学范式。②郭沫若还采纳王国维倡导的"二重证据法",以考古发掘的甲骨卜辞和青铜铭文与固有古文献互证参校,考证辨伪。在1929年9月20日写的《中国古代社会研究》一书的《自序》中,郭沫若提出:"世界文化史的关于中国方面的记载,正还是一片白纸。Engels的'家庭私产国家的起源'上没有一句说到中国社会的范围……在这时中国人是应该自己起来,写满这半部世界文化史上的白纸。"③郭沫若在那个时候已经较早地关注"亚细亚生产方式"的学术讨论,并且与苏联

---

① 郭沫若:《序》,载[日]河上肇:《社会组织与社会革命》,商务印书馆1951年版,第2页。
② 冯天瑜:《唯物史观在中国的早期传播及其遭遇》,《中国社会科学》2008年第1期,第56页。
③ 郭沫若:《序》,载《中国古代社会研究》,新新书店1930年版,第5页。

第六章 郭沫若的马克思主义和美术考古著作翻译

和日本一部分学者提出"原始社会说"的意见,即亚细亚生产方式就是原始社会,并且以《德意志意识形态》中的"宗长式"附会《政治经济学批判·序言》中的"亚细亚生产方式"。

郭沫若对《德意志意识形态》的摘译,跟当时文艺界关于文学新现实主义(即革命现实主义)的论证密切相关。20世纪二三十年代可以被称为现代文学新现实主义的初创时期,其特征是彻底地、毫不妥协地反帝反封建,而且深受马克思主义思想的影响。1924—1926年可谓新文化运动的分界点,这一分化跟马克思主义在中国的传播和国内外时局的变化息息相关,也是时代文化选择深化的表现:如果说此前的选择是"革命"的第一层选择,即新与旧、传统与现代的选择,那么此后的选择就是"革命"的深层选择,即阶级的选择。[①] 1924—1926年,文艺界大规模宣扬革命文学,旨在构建革命与文学之间紧密联系的讨论发展得如日中天,郭沫若本人在1926年也写了《革命与文学》《文艺家的觉悟》等切合时代中心话语的文章。因此,高利克把这一时期的文学批评称为"无产阶级文学批评",认为其中出现了大量的辩证唯物主义方法论的问题[②]。值得注意的是,中国和日本文艺界在文学创作和批评中使用"辩证唯物主义方法"恰好风行于1929年,而前一年苏联也曾这样使用。[③] 此处可以窥见,一方面,作为两个重要来源和渠道,日本和苏联对中国国内辩证唯物主义的传播可谓"功莫大焉";另一

[①] 席扬、吴文华:《20世纪中国文学思潮史论》,时代文艺出版社2001年版,第54页。
[②] [斯洛伐克]高利克:《中国现代文学批评发生史》,陈圣生等译,社会科学文献出版社1997年版,第49页。
[③] 同上。

方面，就具体年份来看，"辩证唯物主义方法"这一打上了马克思主义烙印的概念在中国的风行，正好跟郭沫若翻译《社会组织与社会革命》和《德意志意识形态》的年代平行，其内在关联殊当重视。事实上，在文学上应用这种方法的呼声，在1929年之前就可听闻得到。1927年，化名为"麦克昂"的郭沫若在《创造月刊》第1卷第8期上发表《英雄树》一文，宣称个人主义至上的资产阶级文学家的"王宫""象牙塔""铜床柱"行将倒塌，要求他们"不要乱吹你们的破喇叭，暂时当一个留声机器"[1]。在次年发表的《留声机器的回音——文艺青年应取的态度的考察》中，郭沫若重申和捍卫了"留声机器"的说法，并进一步阐述说"留声机器就是辩证法的唯物论"[2]，再次呼吁出身小资产阶级的文学家"不要乱吹你们的破喇叭，暂时当一个留声机器"，即克服所属阶级的意识形态劣根性，追随辩证法的唯物论[3]。1930年3月中国左翼作家联盟成立，随之国际左翼文艺思潮对中国文坛的影响不断加大，这也强化了国内文艺界的"左转"，以"阶级叙事"为中心的革命文学思潮代表人物，如蒋光慈、太阳社和后期创造社成员等，甚至把唯物辩证法的创作方法视为唯一的正统[4]。

郭沫若的《德意志意识形态》移译，催生了其马克思主义人民大众文艺观的形成。郭沫若的文艺观，大致可划分为三个时期的三种形态：五四时期以个人为中心的"自我表现"文艺观，20世纪

---

[1] 郭沫若：《郭沫若全集·文学编·第十六卷》，人民文学出版社1989年版，第46页。
[2] 同上书，第65页。
[3] 同上书，第78页。
[4] 席扬、吴文华：《20世纪中国文学思潮史论》，时代文艺出版社2001年版，第59页。

第六章 郭沫若的马克思主义和美术考古著作翻译

20年代后期的"革命文学"文艺观,以及抗日战争至解放战争时期的人民本位文艺观。① 比之含有机械唯物论因子的革命文艺观,人民文艺观建立在历史唯物论和辩证唯物论的基础之上,而且发展得更为成熟和完备。郭沫若的人民文艺观发端于儒家思想中朴素的"民本思想"政治传统,以后又经过了马克思历史唯物主义的加工和发展,同时打上了辩证法的深刻烙印。郭沫若人民文艺观的诞生,跟他对《社会组织与社会革命》和《德意志意识形态》这两部历史唯物主义和辩证唯物主义经典著作的翻译不无关系。他的人民本位文艺观在写于1945年4月的《人民的文艺》一文中体现得淋漓尽致:

> 今天是人民的世纪,我们所需要的文艺也当然是人民的文艺。文艺从它滥觞的一天起本来就是人民的,无论那(哪)一个民族的古代文艺,不管是史诗、传说、神话,都是人民大众的东西,它们是被集体创作、集体享受、集体保有。……人民的文艺是以人民为本位的文艺,是人民所喜闻乐见的文艺,因而它必须是大众化的,现实主义的,民族的,同时又是国际主义的文艺。②

在次年6月的《走向人民文艺》中,郭沫若再次重申以人民为本位的文艺创作原则,并把它确立为真善美与假恶丑之间的

---

① 秦川:《论郭沫若的人民本位文艺观》,《郭沫若学刊》1994年第1期。
② 郭沫若:《郭沫若全集·文学编·第十九卷》,人民文学出版社1992年版,第542页。

分水岭。① 1947年3月3日,《文汇报》副刊《新文艺》刊登了作为发刊词的《人民至上主义的文艺》,郭沫若又一次强调人民至上主义的文艺是至高无上的水准,提出今天的"纯文艺"是纯人民意识的文艺,②并言称办报的"理想是尽可能做成一部人民的打字机"③。

二、郭沫若译《美术考古一世纪》

作为球形天才的郭沫若,其学术活动涉及多个学科领域,包括各种体裁形式的文学创作、历史学、书法、东西方哲学思想,以及古文字、考古学和青铜器研究等。值得注意的是,郭沫若身上生动体现了文学家和科学家的融合,以及翻译家、作家和学者"三位一体"式的交叠。就郭沫若的翻译作品门类而言,除了文学作品,还有为数不少的思想著作,尤其是马克思主义著作,以及部分科普类学术专著。就最后一点来说,一个非常典型的案例即是《美术考古一世纪》的翻译,它跟郭沫若的中国古代史研究之间存在着不可分割的紧密联系。这部社会科学题材作品的译著,跟马克思主义经典作品《经济学方法论》《政治经济学批判》《德意志意识形态》《艺术作品之真实性》以及日本学者林谦三原著的《隋唐燕乐调研究》一样,都完成于郭沫若翻译活动的成熟时期——第二个十年,即日本流亡期间(1928—1938),体现了郭沫若翻译作品的题材已

---

① 郭沫若:《郭沫若全集·文学编·第二十卷》,人民文学出版社1992年版,第89页。
② 同上书,第255页。
③ 同上书,第258页。

经发生了从谈艺求美到经世致用的转向,即"由前期注重文学性、艺术性和审美性转为更加注重社会性、现实性和实用性"[1]。从历时的角度出发,纵观郭沫若"三位一体"式的翻译、创作和学术研究生涯,可以发现一个非同寻常的现象,那就是翻译行为和活动助推了郭沫若从驾驭各种文学体裁的作家向"球形"学者的成功转型[2]:这一方面表现为其翻译活动和学术研究交替出现的同步性[3],另一方面体现为翻译为其学术研究提供了研究视域和方法等学理上的支撑[4],后者从《美术考古一世纪》翻译对郭沫若的历史学和考古学贡献的影响可以清楚窥见。

(一)"美术考古学"的术语翻译

据阿道夫·米海里司(Adolf Michaelis,1835—1910)原著1908年的《序言》可知,该书的主要内容来源于作者1904—1905年的演讲稿。书中虽然也展现了一些新的观点,但更多地停留在对于已有工作的综述上。与其将这部书看作一部专著,倒不如看作一种略带普及和入门色彩的教材,面向的是学生群体,以及业余爱好者。对此,并未亲身参与发掘经历的米海里司交代:

> 我不曾亲自发掘过,但对于过去五十年间别的学者的发掘事业,我是时常怀着兴趣追迹着的,也往往有直接得到知识

---

[1] 张勇:《20世纪30年代郭沫若的另一解读——以郭沫若流亡日本十年翻译活动为例》,《郭沫若研究》2017年第1辑,第138页。
[2] 同上。
[3] 同上书,第139页。
[4] 同上书,第142页。

的机会。这使我自信对于本书的编纂多少有点资格。"禾黍割了,应该有束禾的人来做他谦卑的任务。"

本书的读者自然不会是考古学的专家,而本书对于专门学者也不能有何等新的贡献,它的对象只是想学习考古学的学生,特别是对于古代美术有兴趣与爱好的一般的读书界。①

首先要考察的是"美术考古学"这个源于西方的概念进入中国学术话语体系的路径。1929 年,郭沫若在《美术考古学发现史》(乐群书社 1929 年版)这部译著中最早使用。原书 1906 年初版的书名是《19 世纪的考古发现》(*Die archäologischen Entdeckungen des neunzehnten Jahrhunderts*),1908 年改版时作者将书名改为"美术考古发现之一世纪"(*Ein Jahrhundert kunstarchäologischer Entdeckungen*)。但郭沫若依托的翻译底本并非德国学者米海里司的德语原本,而是日本著名考古学家滨田耕作(1881—1938)的日语转译本②。根据滨田耕作《译者序》所言,日译本依据的底本同样不是德语原本,而是其英译本,但他也曾根据德文本做了修订。③ 米海里司此书的英文译名是《考古发现一世纪》(*A Century of Archaeological Discoveries*),可见日文版书名中的"美术考古学"一词显然来自德文而非英文。郭沫若 1929 年的译本《美术考古学发现史》沿用了日译本书名中的《美术考古学发现史》,1931

---

① 米海里司:《原序》,载[德]米海里司:《美术考古一世纪》,郭沫若译,群益出版社 1948 年版,第 2 页。
② 郭沫若:《译者前言》,载[德]米海里司:《美术考古一世纪》,郭沫若译,群益出版社 1948 年版,第 3—4 页。
③ 转引自郑岩:《论"美术考古学"一词的由来》,《美术研究》2010 年第 1 期,第 16 页。

年由湖风书局再版时仍然沿用了这一书名。在1948年的群益社再版中,郭沫若在增补进来《译者前言》里写道:"这个书名与原作者之意相抵牾,而且也是有漏洞的,因为原书对19世纪以前的论述非常简略,而19世纪以后的部分也仅仅涉及本世纪的开头几年,这样冠之以'史'的名号似乎并不妥当。"①因此,从这一版本开始,郭沫若就将书名更换为更符合作者原意的《美术考古一世纪》,而且该《译者前言》都得以保留,包括后来的1954年新文艺版和1998年的上海书店版。

就该书的译名来说,还有"美术考古"一词值得关注。郭沫若的译著题名经历了从《美术考古学发现史》到《美术考古一世纪》的变化,但不变的是"美术考古"这一名称。就题眼来说,原著的德语标题经历了从archäologisch("考古的")到kunstarchäologisch("艺术考古的",名词形式为Kunstarchäologie)的变迁;郭沫若翻译依托的底本是其日文转译本,后者虽然基于英译本转译而出,但日译本标题的关键词"美术考古学"暗示译者依托德语原本(1908年版)进行了校订,因为英译本的标题中没有出现"艺术"(art)等相关字眼,而且英文中并不存在Kunstarchäologie的对应词,也没有art archaeology的说法②。这里就有一个很明显的译名问题浮出水面:德语里的Kunst分明是"艺术"之意,粗略说来,这个大概念下面涵盖文学、绘画、音乐、舞蹈、雕塑、戏剧、建筑和电影八大类别;为何郭沫若要把它翻译成仅仅囊括绘画、雕塑、设计和建筑四

---

① 郭沫若:《译者前言》,载[德]米海里司:《美术考古一世纪》,郭沫若译,群益出版社1948年版,第3—4页。
② 郑岩:《论"美术考古学"一词的由来》,《美术研究》2010年第1期,第18页。

大门类的"美术"这一较小概念？当然，此处也应当从历时的角度考虑到当时语言发展和变迁的因素，毕竟现代汉语正在经历从文言到白话的巨大转型，而从西方语言移译过来的翻译语言又无可避免地打上了那个时期的烙印。在此，只能假设的是，也许"美术"就是民国初期学界对"艺术"的替代指称？此处还有另一个例证：同样对德语著述汉译做出了较大贡献的王光祈，在所著《西洋音乐与诗歌》的《卷首片语》中，就把西方音乐粗略区分为"诗歌音乐"（Liedkomposition）与"跳舞音乐"（Tanzmusik），把前面一种又大致分为"美术诗歌"（Kunstlied，今译"艺术歌曲"）与"民间歌谣"（Volkslied）。① 可见，将 Kunst 译为"美术"者，民国时期不独郭沫若一人。

（二）著作翻译与历史考古研究之间的紧密关联

有关郭沫若翻译《美术考古学发现史》的动机，他在翻译前言里以近乎诚恳的态度交代得非常清楚：

> 一九二九年我陷在日本的时候，为了要弄清楚中国社会的史的发展，我开始了古代社会的研究，除了要把先秦的典籍作为资料之外，不能不涉历到殷墟卜辞和殷周两代的青铜器铭刻。就这样我就感觉了有关考古学上的智识的必要。因此我便选择了这部书来阅读。但我最初得到手的并不是这部书的原文，而是日本滨田耕作博士的译本。我对于原作及原作

---

① 王光祈：《卷首语》，载《西洋音乐与诗歌》，中华书局 1924 年版，第 1 页。

第六章　郭沫若的马克思主义和美术考古著作翻译

者本来是毫无准备智识的,因为我信赖滨田博士,他是日本考古学界的权威,他所翻译的书一定是有价值的,这就是使我选择了这本书的动机。①

这一选择跟郭沫若当时正着手进行的考古学研究有着极大的关系:1934年初版的《两周金文辞大系图录》参考了9部海外著述,其中就有两部为滨田耕作所编——《泉屋清赏》和《泉屋清赏别集》②,可见对滨田博士的信赖和激赏并非毫无来由。

根据相关学者研究,郭沫若的中国古代史研究受到德国学者米海里司和本土学者王国维的双重影响③。就王氏影响而言,主要体现在对文献和文物"二重证据法"的借鉴;但值得注意的是,郭沫若也在借鉴的基础上进行了补充和推进,即"增加民族学材料,把二重证据推进到三重证据"④。史实表明,郭沫若译《美术考古学发现史》和研究中国古代社会大体同期⑤:他的一系列相关文章《〈周易〉时代的社会生活》《〈诗〉〈书〉时代的社会变革与其思想上之反映》《中国社会之历史的发展阶段》《卜辞中的古代社会》《周代彝铭中的社会史观》都是在1928年8月到次年11月撰写完成的,而《美术考古学发现史》最初是在1929年出版。至于米海里

---

① 郭沫若:《译者前言》,载[德]米海里司:《美术考古一世纪》,郭沫若译,群益出版社1948年版,第1页。
② 李红薇:《郭沫若整理周代有铭铜器之理念与方法——以〈两周金文辞大系图录〉为中心》,《殷都学刊》2023年第1期,第65页。
③ 李勇:《王国维和米海里司共同影响郭沫若的中国古史研究》,《云南大学学报(社会科学版)》2019年第3期,第69—74页。
④ 同上书,第70页。
⑤ 同上书,第73页。

司及其原著对郭沫若考古和历史研究的具体影响,郭沫若曾经在《译者前言》明确指出:"我的关于殷墟卜辞和青铜器铭文的研究,主要是这部书把方法告诉了我,因而我的关于古代社会的研究,如果多少有些成绩的话,也多是本书赐给我的。"①就从中受到的最大裨益而论,郭沫若主要指出了三点:一是原作者的历史发展观和历时性的研究方法;二是求真务实的科学观察态度;三是从细节着眼的同时又兼顾全局的考证范式。反映在米海里司的主张上,则具体表现为:第一,文物不能只考察形制,还要注意其铭文中的内容,即形式与内容要结合起来,所谓"形式与内容是不可分,而是同一物。只有这两者相互的关系是决定美术作品的价值,而为研究的真的对象的"②。第二,认识和整理文物不仅要注意局部,而且要贯通全体,即"要有一个精神贯通全体,而向全体努力"③,而且在此还特别用中德文对照的形式援引席勒的一句振聋发聩的至理名言,"始终向'全体'努力罢,即使你自身不能称为'全体',你要努力着成为'全体'的有用之一员"④。第三,要把文献和文物结合起来进行考察。在这方面米海里司首肯和推崇沃妥·央(Otto Jahn)"把文献学的方法移入于考古学的解释"⑤这一美术史研究方法,因为"只有立在确切不易的文书证据上的学说,确立着不动的基础"⑥。

---

① 郭沫若:《译者前言》,载[德]米海里司:《美术考古一世纪》,郭沫若译,群益出版社1948年版,第2页。
② [德] A.Michaelis:《美术考古学发现史》,郭沫若译,乐群书店1929年版,第462页。
③ 同上书,第460—461页。
④ 同上书,第460页。
⑤ 同上书,第404页。
⑥ [德] A.Michaelis:《美术考古学发现史》,郭沫若译,乐群书店1929年版,第459页。

第六章 郭沫若的马克思主义和美术考古著作翻译

在甲骨片整理领域,郭沫若一反过去仅仅注重形式的传统和分类法,而主要按内容分类,这是米海里司文物形制与铭文内容两相结合之主张的践行。① 至于古文辞研究,他也强调要把图像花纹和器铭文字结合起来考察,这一点同样受到以上观点的深刻影响。对于1935年诞生的《两周金文辞大系图录》和《两周金文辞大系考释》,郭沫若评价说:"图系考察到一部分器物的图象,以便由花纹形式以推定年代。《录》系原器铭辞的拓本或古刻本。《考释》亦较初版详審,初版今已作废。《图录》及《考释》不久即将重印,在今天看来,依然不失为一部比较良好方便的工具书。想研究周代金文的人是不能离开它的,想研究中国古代的人同样是不能离开它的。"②形式与内容有机结合的观点,在郭沫若的青铜器研究中也有体现。在1930年所作的《殷周青铜器铭文研究》的《序》中,郭沫若写道:"余治殷周古文,其目的本在研究中国之古代社会……然此等于年有征之器物,余以为其图象与铭文当专辑于一书,以为考定古器之标准。盖由原物之器制与花纹,由铭文之体例与字迹,可作为测定未知年者之尺度也。……仅此一例,可知器制与花纹于鉴定之事甚关重要……"③。郭沫若主张将图像与铭文结合起来置于一书之中,将它们一起确定为古代器物的考定标准,并把器具的形制与花纹、铭文的体例与字迹视为文物年岁鉴定的尺度,这些都生动地再现了米海里司提倡的形式结合内容的美术

---

① 李勇:《王国维和米海里司共同影响郭沫若的中国古史研究》,《云南大学学报(社会科学版)》2019年第3期,第73页。
② 郭沫若:《重印牟言》,载《金文丛考》,人民出版社1954年版,第2页。
③ 郭沫若:《序》,载《殷周青铜器铭文研究》,人民出版社1954年版,第1—2页。

考古观。在青铜器整理方面,郭沫若开创青铜器分期说,认为文体、字体、器制和花纹是分期的依据,这再一次证明了形式结合内容的观点对他学术研究的影响。另外,他还将青铜器发生、发展和衰亡的历史进程与其所在时代联系起来,这体现了贯通全体的全局观和整体意识。[①] 他在1952年改编再版的《金文丛考》的《重印弁言》中写道:"……我在继续研究金文的途中,便把重点集中到东西二周,把传世相当重要的金文辞,依时代与国别赋予以一定的条贯。"[②]

1926年,郭沫若依托日本美术史家板垣鹰穗的《西洋美术史》这一蓝本,改写成《西洋美术史提要》[③]。全书简述了自滥觞时代到近代的美术发展历史,包括绘画、雕刻和建筑等。该书列为王云五主编、上海商务印书馆发行的"百科小丛书"系列。结合创作年代和郭沫若此前的翻译和创作兴趣来看,此书的产生似乎有点不着边际,甚至给人"凭空出世"的错觉。但考虑到之后1929年《美术考古学发现史》这本译著的出现,就会发现《西洋美术史提要》是郭沫若从美术角度研究历史的前期成果,跟其后的古文字和青铜器的研究有一定的关联。此外还应注意的是,郭沫若对考古学的兴趣并非瞬时从天而降,而是经过了多年的铺垫和积累。自

[①] 李勇:《王国维和米海里司共同影响郭沫若的中国古史研究》,《云南大学学报(社会科学版)》2019年第3期,第73页。
[②] 郭沫若:《重印弁言》,载《金文丛考》,人民出版社1954年版,第2页。
[③] 值得注意的是,本书还包含序言和书后(札记),但无论是著作本身还是其中的序跋,都没有收入现有的《郭沫若全集》(参见廖久明:《未收入〈郭沫若全集〉的历史、考古作品目录》,《郭沫若学刊》2006年第3期,第37页)。另外值得一提的是,同一时期鲁迅也翻译出版了板垣鹰穗的《近代美术史潮论》,两位留日文化巨匠几乎同时翻译了同一位日本学者的美术史系列著作,大概并非纯属偶然。

第六章 郭沫若的马克思主义和美术考古著作翻译

1918年留学九州帝国大学开始,郭沫若就显露出对考古学的浓厚兴趣,凡是有关殷墟出土文物和甲骨文的图文,他都会认真阅读,而且这一兴趣很有可能跟当时同样热爱考古、被称为"九州考古之父"的医学教授中山平次郎有关。[①] 郭沫若在《创造十年》中曾提及福冈的两件最有价值的古代文物,一件是博多西海岸的"元寇防垒",另一件是在志贺岛上发现的古籍《魏志倭人传》中有所记载的金印,实际上它们都是中山平次郎通过业余考古发现并命名的。[②]

从另一角度来说,翻译工作对郭沫若包括卜辞和青铜器在内的中国古代历史和社会研究的影响也不宜过于夸大,理当辩证地看待这一主要是方法论而非本体论上的影响。一个明显的证据是,正如郭沫若在《译者前言》中所言,在翻译该书之前,国外学者对于云冈、龙门、敦煌的考察已经大规模地展开,但郭沫若并未因为这本书的翻译就投身到中国古代美术的研究之中,可见米海里司书中"美术"这个关键词并未引起郭沫若足够的重视[③]。在以傅斯年、王国维和郭沫若等为代表的"史料建设派"眼中,包括青铜器等出土物品的价值呈现为"史料",而非"艺术";[④]正因如此,郭沫若在《两周金文辞大系》中对青铜器所做的研究主要是在史学的层面上和框架中展开的,而不能划归为考察中国石窟艺术的西方学者所进行的美术意义上的艺术风格研究。[⑤] 换言之,郭沫若感兴趣的并非该书所论述的对象本体,而是其研究方法和范式等相关层面。另外,

---

① 武继平:《郭沫若留日十年(1914—1924)》,重庆出版社2001年版,第95页。
② 同上书,第83页。
③ 郑岩:《论"美术考古学"一词的由来》,《美术研究》2010年第1期,第19页。
④ 同上书,第21页。
⑤ 同上书,第19页。

正如上文所述，影响的另一个源头来自王国维的既有研究，尤其是其"二重证据法"。此外还有必要把郭沫若的相关学术研究置于五四以后中国史学界发生的思想大变革的背景中考察，同时不能忽视的还有他因为翻译和学习马克思主义著作带来的思想转变。

如前所述，"美术考古"一词最早经由郭沫若的翻译进入汉语世界。在郭沫若翻译《美术考古学发现史》之后，20世纪40年代末50年代初，以朱孔阳（1892—1986）为代表的一批学者在上海发起筹建美术考古学社，并成立美术考古学资料组，编辑、整理当时调查、出土的考古资料，这可视为美术考古学旗帜下开展的具体学术实践。同时，该社还成立了出版组，并发行学术刊物《物质文化研究资料》。但有学者认为，目前尚无法确定该社的名称与郭沫若的译著有无关系①。目前，学者们或将"美术考古学"看作一门分支学科，或将它看作一门交叉学科，甚至有人呼吁将"美术考古学"建成一门独立学科乃至"一级学科"。这样，"美术考古学"就有了两种读法，一曰"美术—考古学"，一曰"美术考古—学"。② 但不管如何解读，现今推出的跟"美术考古学"相关的文献书目抑或研究成果，一般都会提及郭沫若翻译的这本书。

---

① 郑岩：《论"美术考古学"一词的由来》，《美术研究》2010年第1期，第24页。
② 同上。

第七章　德语世界的郭沫若

作为中国现代文学的代表人物,郭沫若与现代文学存在窥一斑而知全豹的紧密联系。随着郭沫若研究的不断推进,不少研究者也开始把眼光投向海外世界,关注国际视域下的郭沫若其人其作及其与中国现代文学的关系。郭沫若的另一个重要身份就是译著等身的翻译家,而且提出了"风韵译"等翻译美学建构理论,精通德语的他也翻译了不少德语文学著作,这也对其文学创作产生了不可忽视的影响。值得注意的是,郭沫若与德语文学和文化之间的关系并非单轨,而是双向的,早从20世纪50年代开始,德语世界就有学者致力于郭沫若的研究。本章试图梳理郭沫若其人其作在德语世界的传播轨迹,勾勒和刻画德语区的郭沫若形象。

在此,首先有必要厘清"德语世界"这一概念:这里包括所有用德语书写的语言文化空间。之所以不用"德国"这个区域概念,主要是因为作为汉学重镇的德语区不仅包括德国,同属德语世界的奥地利和瑞士德语区的汉学成就也不容忽视,在后两个国家或区域也产生了一批造诣颇深的汉学家。另外,行政区甚至国界的划分不能阻挡语言传播的力量:某位汉学家出生在奥地利或瑞士,但他的主要学术生涯都在德国展开,这样一来就无法准确将其国别归类;同样地,一部中文德译作品可能同时在德语区属于不同国家的多个城市发行,这样也无需按国别区分对待。[①] 同时,作为曾是可与英语比肩的国际学术语言的德语,时至今日虽然早已丧失了这一地位,但在人文科学领域仍然占有一席之地,尤其是东中欧的人文科学学者仍有用德语发表研究成果的习惯和传统。因此,德语世界可以扩大到同为汉学重镇的捷克、斯洛伐克等国家。

当然,时下越来越多非英语国家的人文科学学者,尤其是其母语人数较少者,倾向于用现代学术界通用的语言,即英语发表研究成果,个中缘由自是不言而喻。而母语人数不少的德语国家人文学者面临语言抉择的问题,甚至陷入两难境地:是使用国际通用的学术语言英语,还是选择本国语言德语?如果使用英语,其研究成果可以在国际更大范围内得到传播,但对本国精神文化生活的影响就较为有限;倘若选择德语,其研究成果能在德语区产生较大影响,但无法得到国际社会的广泛关注。值得注意的是,谈及来自异域的作家作品在一个国家的接受,不仅指学术界对其人其作的学术交流和探讨,同时更意味着该作家或者作品在一定程度上融入该国的地缘文化生活,这直接关系到他国作家作品在此国接受和影响的广度、深度乃至质量。[②] 因此,德语国家汉学界用英语撰写的相关郭沫若译介和研究成果,就不在本文探讨之列。在全球化的今天,学术研究的国际化并不意味着出版语言一刀切的"英语化",探索德语区和德语学人眼中的郭沫若及其作品,正是本章目的所在。

[①] 詹春花:《中国古代文学德译纲要与书目》,中国文史出版社2011年版,第80页。
[②] 张芸:《鲁迅在德语区》,《鲁迅研究月刊》2007年第1期,第77页。

第七章　德语世界的郭沫若

一、郭沫若作品的德译

就郭沫若的创作体裁而言,他以诗歌成名,兼及小说,后来又因为抗战六剧而确立了剧作家重要地位。总体而言,这三大体裁的郭沫若代表作都被译成了德语,但其翻译状况呈现出极不均衡的态势,而且与郭沫若各类作品的实际地位和名声并不完全相称:如果说作为诗哲之国的德国对郭沫若诗歌的较多关注大体符合郭沫若的诗人之名,那么郭沫若同样出彩的戏剧仅有一部被译成德语的现状,就无法反映其卓越剧作家的盛名;至于郭沫若相对来说不那么显赫的小说艺术,却出乎意料地在德语区汉学界受到青睐。

（一）郭沫若诗歌的德译

郭沫若首先是个诗人,他初入文坛即是凭借他那些极富浪漫主义色彩和充盈着泛神论思想的"自我表现"的诗歌。德国汉学家顾彬(Wolfgang Kubin)翻译并主编了第一部中国现代诗歌翻译选集,其中即收录了郭沫若的《序诗》《天狗》《浴海》《我是个偶像崇拜者》《沙上的脚印》《火葬场》《新生》《海舟中望日出》等 8 首诗歌[①],形式上采取汉德对照的方式。1985 年,为配合在西柏林举行的第三次"地平线"世界文化节活动,联邦德国大型文艺杂志《时序》第 2 期开设中国文学专栏,其中收入德国汉学家谢飞(Ingo

---

[①] Wolfgang Kubin (Übers.), *Nachrichten von der Hauptstadt der Sonne. Moderne chinesische Lyrik 1919 – 1984*, Frankfurt:Suhrkamp,1985, S. 33 – 42.

Schäfer)翻译的《天狗》和《笔立山头展望》①,外加顾彬翻译的《凤凰涅槃》中的《凤歌》《凰歌》和《光海》。② 除此之外,还选入了一首没有标注译者的《满江红·领袖颂》③,这首诗切合着整本刊物对当时中国文学的认识旨趣和审美偏好——刊物封面上赫然印刷着"牛鬼蛇神"四个大字。

德语世界的第二部中国现代诗歌翻译选集收录了几十位诗人的作品,其中就有郭沫若的。在译诗之前,编者先对郭沫若的生平及其作品做了介绍,接下来又专门花篇幅对郭沫若诗作做出了评价。文章认为,尽管郭沫若的后期诗作因其人格和思想的分裂而显得质量平平,无法与前期诗歌相提并论,但总而言之"他的诗艺是真正中国的"④,同时提到了同时代诗人闻一多和艾青对其诗歌的赞赏。把郭沫若的"诗艺"评价为"颇具中国风",自是不错,但似乎也忽视了外国诗人比如泰戈尔、惠特曼、歌德、海涅等对他诗风的重要影响。接着文章又说海外评论家对郭沫若诗作的褒奖却保守得多,列举了美国旧金山州立大学许芥煜、柳无忌、夏志清等人的评价。另外值得一提的是,文章还罗列了几本郭沫若的诗集和散文著作及其他研究性论著,比如《中国古代社会研究》《甲骨文辞研究》《卜辞研究》等,可让感兴趣的读者全方位地了解郭沫

---

① Ingo Schäfer (Übers.), „Guo Moruo: Zwei Gedichte", *die horen*, vol.30, no.2 (1985), S. 41–43.
② Wolfgang Kubin (Übers.), „Guo Moruo: Drei Gedichte", *die horen*, vol.30, no.2 (1985), S. 55–58.
③ Anonym (Übers.), „Guo Moruo: Preislied auf den Führer der Revolution", *die horen*, vol.30, no.2 (1985), S. 161.
④ Eugen Feifel, *Moderne chinesische Poesie. Von 1919 bis 1982. Ein Überblick*, Hildesheim et al.: Olms, 1988, S. 26.

若的著述情况。接下来,共翻译出郭沫若诗歌 8 首,分别为《死的诱惑》《天狗》《司健康的女神》《我是个偶像崇拜者》《诗的宣言》《演奏会上》《新生》《打倒四人帮》,其中《司健康的女神》《演奏会上》和《新生》为汉德对照版。

值得注意的是这首《演奏会上》,陈子善考证出这是中国新文学首次提及德国作曲家瓦格纳(Richard Wagner)。[①] 这首同样收录于《女神》诗集的小诗没有引起国内学界的研究兴趣,但德语区的第二部中国新诗选译本却收录了它,其原因恐怕是其咏叹对象跟德语区的文化名人存在直接关联。如果考证一下这首诗的来龙去脉,还可以发现郭沫若接受西方音乐文化的日本关联:1919 年 11 月 15 日,同为创造社元老、久居日本的陶晶孙约郭沫若观看九州帝国大学交响乐团的公演,初次接受西洋音乐的郭沫若受到灵感上的触发,遂创作了《演奏会上》一诗,发表在 1920 年 1 月 8 日的《时事新报·学灯》上。[②] 此外,顾彬主编的德国汉学期刊《袖珍汉学》2004 年第 1 期也发表了谢飞翻译的四首郭沫若诗歌,分别为《澡室狂吟》《死的诱惑》《霁月(一)(二)》《三潭印月(一)(二)》。[③]

(二) 郭沫若其他体裁作品的德译

郭沫若首先是个诗人,是中国新诗的开路先锋和传声筒式的重要代表,出于这个原因,德语世界翻译的郭沫若作品大部分都是

[①] 陈子善:《新文学巨匠笔下的瓦格纳》,《北京青年报》2014 年 9 月 14 日第 A15 版。
[②] [日] 宫下正兴:《以日本大正时代为背景的郭沫若文学论考》,山东大学博士论文,2006 年,第 136—137 页。
[③] Ingo Schäfer (übers.), „Mein Gewand wiegt ein wenig schwerer. Vier Gedichte von Guo Moruo", *minima sinica*, vol.16, no.1 (2004), S. 138–141.

诗歌。然而，其他体裁的作品也引起了德语区译者的注意。英籍奥地利裔汉学家卡尔默（Joseph Kalmer）在中国现代文学外译（德语和英语）方面做出过杰出贡献，早在20世纪50年代初就用德语译出了郭沫若的小说《月光下》，发表在《意义与形式》这一文学期刊上。[1] 1973年出版的《最近几十年的中国小说家》选译了老舍等多位名家较有代表性的短篇小说，其中收录了郭沫若的《双簧》[2]，但整本小说集并非直接由汉语译出，而是转译自英语。

到了20世纪80年代，谢飞翻译出郭沫若"自传四部曲"中的《少年时代》，分为《童年》和《少年》两卷出版，不仅在德国引起较大反响，而且这一消息也传到了中国。1987年，《郭沫若研究》第三辑随即刊载了这一翻译书讯。这两卷德文译著于1981年和1985年先后由法兰克福岛屿出版社出版[3]，内容包括《我的童年》《反正前后》《黑猫》《初出夔门》，这是联邦德国迄今第一部较大的郭沫若著作德译本。此外，谢飞还翻译了郭沫若的《我的学生时代》，同样刊载于上文提到的德意志联邦共和国文艺杂志《时序》1985年第2期。[4] 1990年，德国著名的口袋书出版社（Deutscher Taschenbuch Verlag）推出译作合集《中国小说》（*Chinesische Erzählungen*），里面收录了郭沫若《初出夔门》的第五个部分《乐园

---

[1] Joseph Kalmer (Übers.), „Zeitgenössische chinesische Prosa. Im Mondlicht", *Sinn und Form*, vol.2, no.6 (1950), S. 47-53.
[2] Rita Hoevel (Übers.), „Doppeltes Spiel", William J. F. Jenner (Hrsg.) *Chinesische Erzähler der letzten Jahrzehnte*, Köln: Hegner, 1973, S. 88-94.
[3] Ingo Schäfer (Übers.). Kindheit. Autobiographie. Erster Band. Frankfurt a.M.: Insel, 1981; Ingo Schäfer (Übers.). Jugend. Autobiographie. Zweiter Band. Frankfurt a.M.: Insel, 1985.
[4] Ingo Schäfer (Übers.), „Guo Moruo: Schulzeit", *die horen*, vol.30, no.2 (1985), S. 44-53.

外的苹果》,其译文即谢飞所译《少年时代》的再版。2009年,德国汉学家大春(Alexander Saechtig)翻译并出版了一本《二十世纪中国小说佳作选——从郭沫若到张洁》,其中收录了郭沫若具有意识流风格的短篇小说《残春》。①

此外,郭沫若的历史题材小说成为德国翻译家的首选。施密特(Erich Schmitt)翻译过历史小说《柱下史入关》(又名《函谷关》)②,原小说郭沫若以《史记》中老子出关的故事为蓝本和原型,借助历史榜样反思自己生活中的现实问题:老子在沙漠中布道失败与老子自己的反思是小说中极为精彩的情节,反映郭沫若对自己凤泊鸾漂的羁旅人生的思考,同时给那些找不到人生出路的知识分子以精神鼓舞。对该篇小说的翻译切合着德语国家汉学界以及社会民众对老子学说的热衷,在一定程度上折射出当时流行于整个欧洲的"道家热"。《孟夫子出妻》③和《漆园史游梁》④也被译成了德文,尤其是《漆园史游梁》一文充满着对道家思想的批判性论证,这种批判意识与德国文化中的怀疑精神和审视意识如出一辙。带有时空穿越之感的《马克思进文庙》同样被译成德语,收录

---

① Alexander Saechtig (Übers.), „Die letzten Frühlingstage", Alexander Saechtig (Hrsg.) *Meisterwerke chinesischer Erzählkunst des 20. Jahrhunderts. Von Guo Moruo bis Zhang Jie*, Jena: Weimarer-Schiller-Presse, S. 22 – 40.
② Erich Schmitt (Übers.), „Der Han-Gu-Paß", Andreas Donath (Hrsg.) *China erzählt. Acht Erzählungen*, Frankfurt a. M.: Fischer, 1964, S. 21 – 28.
③ Wolfgang Kessler (Übers.), „Meister Meng lässt sich scheiden", Volker Klöpsch/Roderich Ptak (Hrsg.) *Hoffnung auf Frühling. Moderne chinesische Erzählungen. Erster Band, 1919-1949*, Frankfurt a. M.: Suhrkamp, 1980, S. 56 – 64.
④ Volker Klöpsch (Übers.), „Zhuangzi wandert nach Liang", Volker Klöpsch/Roderich Ptak (Hrsg.) *Hoffnung auf Frühling. Moderne chinesische Erzählungen. Erster Band, 1919-1949*, S. 65 – 75.

在有关孔子思想大辩论和世界宗教思想文化的选本之中。[①]

另外,《三叶集》中郭沫若写给两位友人的某些书信也被谢飞译成了德语。《袖珍汉学》2007 年第 2 期刊有郭沫若致成仿吾的两封书信(1924 年 4 月 18 日和 1924 年 8 月 9 日)以及致宗白华的一封信(1924 年 1 月 8 日,其后还附有宗白华致郭沫若的两封尺牍的德译文,以及宗白华致田汉的一封信的译文)。就国外的郭沫若作品翻译而言,翻译成各国语言文字最多的作品无疑是戏剧《屈原》。该剧本也有德译本,1980 年由梅德(Markus Mäder)翻译、外文出版社发行[②]。迄今,《屈原》也是唯一被译成德语的郭沫若戏剧作品。

二、德语世界对郭沫若其人其作的评介和研究

除了对郭沫若作品的翻译,郭沫若其人其作也进入了德语区汉学界的研究视野。尽管迄今德语区还尚未出现类似英美国家那样的郭沫若研究专论,但与之相关的研究也不在少数。这主要体现为中国现代文学史系列著作对郭沫若的关照,尤其一些研究对郭沫若翻译家身份的莫大关注,以及其他旁涉研究。就研究参与

[①] 1976 年,德国岛屿出版社推出了一本儒家文化论战的文集汇编,其中就收录了郭沫若《马克思进文庙》的译文,标题被译为《马克思与孔子的对话》。参见 Anonym (Übers.), „Ein Gespräch zwischen Marx und Konfuzius", Joachim Schickel (Hrsg.) *Konfuzius. Materialien zu einer Jahrhundert-Debatte*, Frankfurt a. M.: Insel, 1976, S. 108 – 122。另参见 Anonym (Übers.), „Ein Gespräch zwischen Marx und Konfuzius", Hubertus Halbfas (Hrsg.) Das Welthaus: Texte der Menschheit, Ostfildern: Patmos, 2017, S. 171 – 174。
[②] Marcus Mäder (Übers.), *Qu Yuan. Ein Schauspiel in fünf Akten*, Beijing: Verlag für fremdsprachige Literatur, 1980.

主体而言,除了德语区汉学家的贡献,中国学人的相关德语著述也是一个不可忽视的组成部分。

(一) 德语区文学史书系中的郭沫若

迄今为止,德语世界出版过多本系统性的中国文学史,其中有几本涵盖中国现代文学史,里面均提及郭沫若。这当然从一方面证明了郭沫若其人其作在现代文学史上的重要意义和地位,但另一方面也表明德语世界对郭沫若的译介和考察通常都是置于中国现代文学史这个宏大视域中进行的。施寒微(Helwig Schmidt-Glintzer)的《中国文学史》、艾默力(Reinhard Emmerich)的《中国文学史》和顾彬的《二十世纪中国文学史》皆是此类书系的代表之作。顾彬之作更是专辟一个章节《自我救赎的文学:郭沫若(1892—1978)和〈女神〉》来集中探究郭沫若及其第一部新诗集《女神》,在其后的章节《文学和自怜的激情:郁达夫(1896—1945)》中,也比照"偏爱电光"的郭沫若来阐述"偏爱自然的黑暗"的郁达夫,并声称二者分别在对"电光"和"黑暗"的强调中"实现了一个范式转换"。[1] 尤其是顾彬还出版过一本《中国现代文学》,其中收录了欧美各国汉学家对现代中国作家的论述,其中大部分论文都用英语撰写,但无一例外都译成了德语。这里面颇值一提的是李欧梵的《郭沫若:诗人身份的英雄》,该文直接以郭沫若为论述对象,分为"郭沫若:反叛的少年""泛神主义""诗人身份的英雄""皈依马克思主义"几个部分。

---

[1] [德] 顾彬:《二十世纪中国文学史》,范劲等译,华东师范大学出版社2008年版,第52页。

比之日语和英语世界的郭沫若研究,德语世界明显滞后,这具体表现为以下几个方面:其一,对郭沫若研究较为关注的德语国家汉学家并不多见;其二,就有限的研究而言,也存在20世纪90年代以前较热、其后就逐渐遇冷的境况。在为数不多的从事郭沫若研究的德语世界的汉学家群体中,除了谢飞,另一个不得不提的名字就是顾彬。除了翻译郭沫若的诗歌作品,他在多篇论文中提及郭沫若的翻译与中国文学现代性之间的紧密联系。对于郭沫若的自传,顾彬作了如是评价:"由于他极具现代性的传记,郭沫若大概是第一个创造现代性的中国人。"[1]又说他的传记"语言美丽,思想深邃,富于幽默","在整个20世纪的中国甚至德国,恐怕没有第二本传记能与之媲美"。[2] 对于《天狗》和《女神》两部作品,顾彬也给予了较高评价。在他看来,"《天狗》是现代性最重要的文本",其中出现了38个"我是"——这是郭沫若给中国创造发明的一个新的自我。[3] 根据高利克(Marián Gálik)的考证,这里的"我是"可能源于《圣经·旧约》[4],尽管这些"自我"可以说完全是空穴来风。顾彬甚至这样来阐释《天狗》一诗,认为从此诗可以窥见中国同欧洲的德国、法国的现代性一模一样,是一个以分裂为主流的现代性:现代性和传统没有什么关系,应该超越所有的传统。[5] 对于郭沫若的第一部新诗集《女神》,顾彬更是用夸赞乃至溢美的言辞高

---

[1] [德]顾彬:《郭沫若与翻译的现代性》,《中国图书评论》2008年第1期,第116页。
[2] 同上书,第118页。
[3] 同上。
[4] [斯洛伐克]高利克:《中西文学关系的里程碑(1898—1979)》,伍晓明、张文定等译,北京大学出版社2008年版,第42页。
[5] [德]顾彬:《郭沫若与翻译的现代性》,《中国图书评论》2008年第1期,第118页。

度褒奖,认为它"完全能够代表20世纪所有的中国文学,还能够代表20世纪所有德国和欧洲的文学,具有世界性"①。

顾彬也首肯了郭沫若对中国翻译文学史和世界文学的巨大贡献,凸显了郭沫若翻译家的身份和地位。在他看来,郭沫若跟其他五四时期的中国作家一样,都是通过翻译来寻找自己的语言和话语,②这就凸显了中国早期启蒙知识分子著译并举的双重身份,彰显了那个时期翻译与创作之间一衣带水、相得益彰的紧密互动联系,而这两者对中国语言的现代性建设,比如从古雅文言到浅近文言再到白话文的过程也产生了重大影响。顾彬认为:"郭沫若不一定是最好的歌德翻译家,却是歌德翻译的先驱者","如果没有郭沫若的歌德翻译,中国的现代文学可能走的是另外一条道路,因为五四运动以后,不少作品都受到郭沫若翻译的影响。"③另外,顾彬还提及了郭沫若的思想及其人生经历的研究意义和价值,认为"从某一个角度来看,郭沫若是思想家",并把郭沫若定义为"跟跟派"④,亦即紧跟时代步伐、顺应社会潮流、应政治局势而动的一类人。针对今天国内外学界对郭沫若或多或少并非公正的批评,顾彬如是评价:"郭沫若是一个非常矛盾的人,我们今天可以对他进行批评或者批判,但也可能是非常不公平的。郭沫若不但能代表中国的20世纪,还能代表德国和欧洲的20世纪,因为他的知识和经验跟欧洲的知识分子一模一样。"⑤当然,论文中也不乏一分为二的辩证观

---

① [德]顾彬:《郭沫若与翻译的现代性》,《中国图书评论》2008年第1期,第118页。
② 同上书,第119页。
③ 同上书,第118页。
④ 同上书,第117页。
⑤ 同上。

点：在顾彬看来，研究郭沫若其人其作都应该采取一种客观而公允的态度，既不能盲目崇拜，也不能全盘否定，甚至主张在研究时采取一种所谓"世界主义"，"因为只有从世界历史来看郭沫若，才能明白他为什么是如此重要的作家、翻译家和举足轻重的人物"。①

除此之外，较有代表性的研究论文还出自德国汉学家谢飞的笔下。他曾将郭沫若的《笔立山头展望》与美国诗人桑德伯格（Carl Sandburg）的《芝加哥》一诗做了比较研究②，其中涉及郭沫若诗歌中一个鲜少有人探究的主题——城市诗或者说诗中的城市意象，这也是那个时代中国新诗很少关注的一个主题，因为当时中国尚未发生大的社会变革，其现代化进程方才刚刚起步。谢飞还写过一篇探究郭沫若、田汉、宗白华三人通信集《三叶集》的论文，突出了真诚情感与文学创作之间的关系③；此外还有一篇论文从比较文学的影响论出发，探究了歌德对郭沫若《女神》创作的影响。④

（二）德语区对翻译家郭沫若的关注

德语国家汉学界的郭沫若研究呈现出一个较为鲜明的特征，

---

① ［德］顾彬：《郭沫若与翻译的现代性》，《中国图书评论》2008 年第 1 期，第 116—117 页。
② Ingo Schäfer, „Rhythmen der Städte: Guo Moruos Gedicht, Ausblick vom Fudetateyama' im Vergleich mit Carl Sandburgs , Chicago '", Kolb Raimund/Martina Siebert (Hrsg.) *Über Himmel und Erde: Festschrift für Erling von Mende*, Wiesbaden: Harrassowitz, 2006, S. 345–364.
③ Ingo Schäfer, „Das dichterische Schaffen und die Veredelung der Gefühle: Über Guo Moruos Beitrag zur literarischen Korrespondenz *Sanyeji* ", Diem Werner/Falaturi Abdoldjavad (Hrsg.) *XXIV. Deutscher Orientalistentag: Ausgewählte Vorträge*. Stuttgart: Steiner, 1990, S. 516–526.
④ Ingo Schäfer, „Über das Interesse eines chinesischen Dichterhelden an einem deutschen Dichterfürsten – Anmerkungen zur Bedeutung Goethes für Guo Moruos Zyklus ‚Göttinnen'", *Zeitschrift für Kulturaustausch*, vol.36 no.3 (1986), S. 382–386.

第七章　德语世界的郭沫若

那就是对作为翻译家的郭沫若的关注,以及对郭沫若翻译的作品,尤其是德语译作比如《维特》《茵梦湖》《浮士德》等的探究。个中原因不言而喻:郭沫若称得上是中国直接从德语移译德语文学著作的先行者和领路人之一,其德语译著影响深远,甚至波及德语国家汉学界。诸多德语研究论文从比较文学和翻译学角度出发,探究郭沫若对德国作家作品的译介问题,并且扩展到当时中国现代文坛对这些翻译作品的接受,以及作品产生的广泛和深入影响。这里既有欧洲汉学家的学术贡献,也有中国德语学人的研究功劳。

　　早在 1958 年,捷克汉学家米列娜(Milena Doleželová-Velingerová)就在捷克汉学门户期刊《东方档案》上发表了一篇长达 70 页的论文,在梳理郭沫若德语文学翻译贡献的同时,以内容上的恰当传递、语言上的准确表达和形式上的美感呈现为三重标准,集中探究了郭译歌德经典名著《维特》的成就。论文认为:郭沫若的这部译著在绝大多数情况下忠实地再现了歌德原著的风貌,少数不确定之处则要归结于欧洲文化与中国文化之间的巨大差异。[1] 就翻译所用语言来说,郭沫若使用的是当时正处于塑形过程中的白话文,考虑到当时发展得如火如荼的废除文言文、引入白话文的语言变革运动,可以说郭沫若的译作丰富了当时的中国白话文学[2],因为郭沫若本人就是一个语言和文字感觉精妙的艺术家和诗人,至于他语言上偶尔出现的谬误,则要归结为当

---

[1] Milena Velingerová, „Kuo Mo-jos Übersetzungen von Goethes Werken", *Archiv Orientální*, vol.26 (1958), S. 486.
[2] Ibid, S. 487.

时他还只是初涉译坛、经验不足；①他保留了原文的精妙之处，并以一种中式或汉化的风格来移译，因此，中国读者从其译文获得的印象，跟德国读者从歌德原文那里获得的并无二致。② 总之，在米列娜看来，郭译《维特》可以进入中国翻译文学最成功的范例之列。③

在奥地利汉学家安柏丽（Barbara Ascher）1985年的论文《维特在中国之接受的多个维度：20世纪头几个十年》中，她不可规避地提及了郭沫若久负盛名的《维特》译本。④ 在1986年的论文《〈维特〉和〈茵梦湖〉在中国》中，她深入探讨了郭译《维特》和《茵梦湖》两部在当时好评如潮的名著，指出这两部作品在中国既被文学专业人士青睐，又在大众中间广为流传，这在德语文学名著中实在是为数寥寥，而这两部作品在中国的接受和传播都离不开郭沫若这个名字，可谓"功莫大焉"。⑤ 安柏丽1994年在维也纳大学完成的博士论文进一步研究了《维特》在20世纪二三十年代的中国的接受和影响状况。⑥ 当然，吸引学界最多关注目光的还是郭沫若翻译的《浮士德》，本身即是诗人兼剧作家的郭沫若是歌德这部旷世诗剧完整汉译的先行者。正因如此，只要谈及《浮士德》在中国的译介、接受和

---

① Milena Velingerová, „Kuo Mo-jos Übersetzungen von Goethes Werken", *Archiv Orientální*, vol.26（1958）, S. 487.
② Ibid, S. 488.
③ Ibid.
④ Barbara Ascher, „Aspekte der Werther–Rezeption in China", *Günther Debon/Adrian Hsia（Hrsg.）Goethe und China – China und Goethe*, Frankfurt a.M. et al.: Lang, 1985, S. 139–140.
⑤ Babara Ascher, „Werther und Immensee in China", *Zeitschrift für Kulturaustausch*, vol.36, no.3（1986）, S. 368–372.
⑥ Barbara Ascher, *Der chinesische Werther. Beispiel von Rezeption und Wirkung eines Werkes der deutschsprachigen Literatur in China der 20er und 30er Jahre des 20. Jahrhunderts.* Dissertation der Universität Wien, 1994.

影响,郭沫若绝对是一个绕不开的、掷地有声的名字。就相关研究者群体而言,既有中国的德语文学翻译家,譬如后来重译《浮士德》译者的董问樵和杨武能;也有国外的研究者,包括一些用德语发表研究成果的非德语国家人士,如斯洛伐克汉学家高利克、加拿大籍华裔汉学家夏瑞春等。以上研究论文较为集中地收录在两部国际会议论文合集中,分别为《歌德与中国——中国与歌德》[1]和《〈浮士德〉在东亚的接受》[2]。西方汉学家用德语撰写的郭沫若翻译研究论文已经引起了国内学界的注意,比如杨武能就曾提及高利克和安柏丽的相关研究,[3]此处中德郭沫若研究的双向交流关系可见一斑。《国际日耳曼学年鉴》近年来一直致力于推出中德文学关系的研究专栏,2015年第2期上发表了顾牧的文章《作为自我映射的异域体验:维特在中国》[4],文中多次提及郭沫若的这部开山译作。2018年,该学者在德国朗恩出版社推出同名专著[5],更详细地展示了歌德名作《维特》在中国的际遇,其中就包括郭沫若译本产生的巨大影响。

国际歌德研究的门户刊物《歌德年鉴》上也有不少涉及郭译《浮士德》的论文,自身亦为《浮士德》重要汉译者的董问樵[6]和杨

---

[1] Günther Debon/Adrian Hsia (Hrsg.) *Goethe und China – China und Goethe*. Frankfurt a.M. et al.: Lang, 1985.
[2] Adrian Hsia (Hrsg.) Zur Rezeption von Goethes 〈Faust〉 in Ostasien. Frankfurt am Main et al.: Lang, 2013.
[3] 杨武能:《筚路蓝缕 功不可没——郭沫若与德国文学在中国的译介和接受》,《郭沫若学刊》2000年第1期。
[4] Mu Gu, „Fremderfahrung als Selbstreflexion: Werther in China", *Jahrbuch fur internationale Germanistik*, vol.49, no.2 (2017), S. 43–60.
[5] Mu Gu, *Fremderfahrung als Selbstreflexion: Goethes »Die Leiden des jungen Werther« in China (1922–2016)*, Frankfurt a. M. et al.: Lang, 2018.
[6] Wenqiao Dong, „Goethe und der Kulturaustausch zwischen dem chinesischen und dem deutschen Volk", *Goethe-Jahrbuch*, vol.106 (1989), S. 314–326.

武能[1]在《歌德年鉴》上发表的论文都不可规避地提及郭译《浮士德》。以上研究论文大多首肯了郭沫若的《浮士德》翻译贡献,对其翻译水平和成就虽有批评之声,但大多认为身为诗人的郭沫若能出神入化地运用白话文来翻译,译文中融入了诗的元素。值得注意的是,郭沫若在翻译此书时曾借鉴森鸥外的日语译本,因此也有论文对两人的译本展开比评性研究。[2] 除了歌德,谈及其他德国作家比如尼采、席勒等在中国接受和影响史的德语论文也经常提及郭沫若,因为尼采的《查拉图斯特拉如是说》和席勒的《华伦斯坦》也是郭沫若德语文学翻译名著的代表作,其影响力虽不及《浮士德》和《维特》,但也占有一席之地。较有代表性的论著多半是中国学人在德国用德语撰写的博士论文,比如殷克琪[3]和虞龙发[4]都曾撰写有关尼采在中国的接受和影响研究的论文,里面都提及了郭沫若翻译的《查拉图斯屈拉钞》。

(三)德语学界对郭沫若的其他研究

德语世界对郭沫若的个人经历也有不小兴趣。继谢飞翻译出郭沫若的自传体三部曲,1986 年 3 月 21 日的《时代报》发表了巴

---

[1] Wuneng Yang, „Goethe in China. Das Goethe-Jahr 1932 und die neuerliche Goethe-Verehrung", *Goethe-Jahrbuch*, vol.115(1998), S. 199 – 210; Wuneng Yang, „Die chinesische Tradition des literarischen Übersetzens und mein Weg als Goethe-Übersetzer", *Goethe-Jahrbuch*, vol.117(2000), S. 234 – 241.
[2] Nora Bartels, „Goethes Faust bei Mori Rintarō und Guo Moruo. Vorstudien zum Verständnis ihrer Übersetzungen", *Japonica Humboldtiana*, vol.15(2012), S. 77 – 150.
[3] 参见中译本:殷克琪:《尼采与中国现代文学》,洪天富译,南京大学出版社 2000 年版。
[4] Longfa Yu, *Begegnungen mit Nietzsche. Ein Beitrag zu Nietzsche-Rezeptionstendenzen im chinesischen Leben und Denken von 1919 bis heute*, Dissertation der Bergischen Universität-Gesamthochschule Wuppertal, 2000.

克(Egbert Baqué)的文章,题为《一个旧中国的年轻人:水电报——作家郭沫若和他的自传》[1],介绍了郭沫若的生平经历,尤其是人生的几个重要转折时期,也提及了谢飞翻译的三部郭沫若自传。文中可见一些较为客观公正的评价,比如"郭沫若是个御用文人?也可以这样说。然而,随着他1978年过世,本世纪文学运动的领路人之一也离去了"[2],以及"他应该是想成为一个诗人领袖。还有呢?他精通中国历史,他的考古学建议大受欢迎。他还写了诸多重要的文学史论文,作为翻译家其贡献也不容置疑。在文学大争论的时代,他也起到了推波助澜的作用"[3]。郭沫若的历史小说系列一直颇受德语区汉学界的关注,除了翻译,另有专门探究《漆园史游梁》的研究论文问世。[4] 此外还有对郭沫若文学理论的研究,1991年斯基巴(Dirk Skiba)的硕士论文探究了郭沫若1925年出版的有关文学和艺术理论文集中的"重生"主题。[5]

郭沫若于新中国成立后创作的、备受争议的作品《李白与杜甫》也引起了德国汉学家的注意:莫芝宜佳在专著《〈管锥编〉与杜甫新解》中采用独特新颖的视角重新解读了《管锥编》,为了佐证其独到观点,她选择杜甫诗歌作为个案展开分析。其中一个实例就是《早秋苦热堆案相仍》一诗,她在比较朱瀚、王嗣奭、仇兆

---

[1] Egbert Baqué, Wassertelegramme. Der chinesische Schriftsteller Guo Moruo und seine Autobiographie, *DIE ZEIT*, März 1986, Nr. 13–21.
[2] Ibid.
[3] Ibid.
[4] Elena Kassoukhina, *Der Prosaschriftsteller Guo Moruo und seine Erzählung „Zhuangzi wandert nach Liang"*, München/Ravensburg: GRIN, 2015.
[5] Dirk Skiba, *Das Motiv Wiedergeburt in Guo Moruos 1925 erschienenen gesammelten Aufsätzen zur Literatur und Kunst*, Unveröffentlichte Magisterarbeit der Freien Universität Berlin, 1991.

鳌、胡适、郭沫若等的看法后,认为郭沫若的见解——"其实杜甫不是政治家,只是一个诗人而已"倒能提供最中肯的评价。①

三、国际"郭沫若学"的构建——以德语世界为例

出于域外汉学对中国文学"厚古薄今"的翻译和研究传统等原因,中国现代文学在域外的译介往往都要在中文作品产生多年以后才能进行,类似日本国内两者近乎同步发生的现象,即郭沫若作品问世后的短短几年内就能被译成日语,实在是非常少见。正因如此,包括郭沫若作品在内的中国现代文学,其译介很多都是发生在新中国成立之后。这样一来,译介国与新中国的外交关系就在很大程度上决定了中国现代文学在该国的翻译状况。新中国成立后,中国新文学在国外的翻译,无疑跟当时刚成立的新中国的政治和文化意图有着紧密关联,也就是急于同社会主义阵营国家建立友好关系,以便联合起来对抗当时冷战和铁幕时代背景下虎视眈眈的西方资本主义国家。

整个 20 世纪 50 年代是中国和社会主义阵营国家交流最密切的时期,而郭沫若的作品最早直到新中国成立后才进入德国(民主德国)的翻译和研究视野,也就不难理解。究其原因,民主德国当时同属社会主义国家,是当时新中国开展对外文化交往的重要对话伙伴。另外,郭沫若长袖善舞,以新中国文化名人和代言人的名义频繁出访各国,尤其是在 1953 年以中国和平理事身份参加世界和平理事会,也在一定程度上推动了其作品在包括民主德国在内

---

① 参见中译本:[德]莫芝宜佳:《〈管锥编〉与杜甫新解》,马树德译,河北教育出版社 1998 年版,第 241 页。

的域外的翻译和研究。一个明显的例证是：1953 年，民主德国就出版过一本题为《世界和平运动向纪念梵高①、哥白尼和屈原致敬》的小册子，收录了郭沫若对屈原的德语简介，②不过没有注明译者姓名。为了更好地展现作为世界文化名人的屈原的风采，这篇简介中还插入了《九歌·东君》的德语译文，译者为阿恩特（Erich Arendt）。在前一年，当时的民主德国民主化革新文化联盟（德国作家协会的前身）还在该组织出版的一本小册子里收录了郭沫若《为建设新中国的人民文艺而奋斗》的德译文。③ 另外，这篇文章还收入次年出版的一本中国叙事文学作品选集④。

新中国成立后的郭沫若跟抗战时期一样，积极投身政治，以政务院副总理的身份代表新中国为国际事务奔走。他跟各国汉学家之间的学术和文化联系，同样也在一定程度上助推了该国汉学界对其作品的接受和传播。这方面较为知名的史实有郭沫若与捷克研究者何德理（Zdeněk Hrdličková, 1918—1999）、何德佳（Věna Hrdličková, 1924—2016）夫妇之间的交往。就德语世界而言，郭沫若与前东德女汉学家西格斯（Anna Seghers, 1900—1983）的交往

---

① 不过奇怪的是，同在 1953 年被世界和平理事会推选为世界文化名人的并没有梵高，而是法国作家拉伯雷。
② Kuo Mo Jo, „Tschu Yuan: Dichter und Staatsmann", Weltfriedensrat der DDR (Hrsg.) *Die Weltfriedensbewegung ehrt das Andenken von Vincent van Gogh (1853 – 1891), Nikolaus Kopernikus (1473 – 1543), Tschu Yuan (340 – 278 v. u. Z.)*, Berlin: Weltfriedensrat der DDR, 1953, S. 52 – 60.
③ Kuo Mo-Jo, „Der Kampf um die Entstehung einer Literatur des neuen China", Deutscher Schriftstellerverband (Hrsg.) *Fragen des sozialistischen Realismus in der Kunst*, Berlin: Deutscher Schriftstellerverband, 1952.
④ Kuo Mo-Jo, „Der Kampf um die Entstehung einer Literatur des neuen China", Horst Görsch (Hrsg.) *China erzählt. Ein Einblick in die chinesische Literatur*, Berlin: Volk und Wissen, 1953.

值得关注,而且后者同为世界和平运动的代表人物。早在1949年4月,第一届世界保卫和平大会在巴黎隆重召开,郭沫若和西格斯都到会参加。① 从1950年起,郭沫若担任世界和平理事会的副主席,1950年11月第二届世界和平大会在华沙召开,会议的一个中心议题是朝鲜战争,出席会议的西格斯可能跟中国代表团及成员郭沫若再次打过照面。② 众所周知的是,20世纪50年代,中国抗美援朝并由此声援苏联,这就在很大程度上促进了中苏友好关系。1951年,西格斯及其民主德国代表团访问北京,郭沫若曾亲自去机场迎接,并在代表团停留中国期间多次作陪。③ 西格斯在她的旅游札记中写道:"一大早就乘车去北京。郭微笑着翻译李霁野的信给我听。"④这里的郭应该就是郭沫若。1952年12月12日—20日,世界人民和平大会在维也纳音乐厅召开,郭沫若和西格斯都是发言者。⑤ 另外,郭沫若还曾担任国际列宁和平奖评奖委员会的副主席,而西格斯则是这个评委会的成员,⑥而且两人都曾获得这一奖项。1954年6月13日至7月12日,郭沫若率领的中国代表团赴瑞典斯德哥尔摩出席缓和局势国际会议,⑦西格斯也出席会议,并于6月21日在文化组发言。⑧

---

① 罗海燕:《聂鲁达传》,现代出版社2017年版,第165页。
② Weijia Li, *Anna Seghers' China-Begegnung in ihrem Leben und ihren Werken*, Dissertation of the Ohio State University, 2009, S. 284.
③ Ibid.
④ 转引自 Ibid, S. 285。
⑤ 叶华:《我们一见钟情:我与萧三》,祝彦等译,中国青年出版社2011年版,第161页。
⑥ [智利]聂鲁达:《我坦言我曾历尽沧桑》,林光译,南海出版公司2015年版,第261页。
⑦ 楚图南著,中共文山市委党史研究室编:《楚图南日记·出访篇》,群言出版社2014年版,第1—2页。
⑧ 同上,第7页。

第七章　德语世界的郭沫若

总体来看，比之英语和日语世界，德语世界的郭沫若译介和研究状况可以说是反应平平。就译介来说，郭沫若的绝大部分作品都还未被译成德语；对郭沫若的研究则集中于一小部分学者，其中关注力度最大、用力最勤而成果最多的当属顾彬和谢飞二人。这与英语世界的郭沫若译介和研究状况无法相提并论，与日语世界的情形相比，更是无法望其项背。当然，这里也有诸多客观因素不容忽视，比如语言区划范围与受众大小、郭沫若的生活轨迹以及文化传承等因素都发挥着重要作用。

但是，与德语区的鲁迅译介和研究相对火热的情形相比，郭沫若的相关状况同样显得滞后和遇冷。迄今，鲁迅作品的德文选译本在德国已经推出两个系列，国内外文出版社也曾发行过一套；而郭沫若作品的德语翻译，除了两部自传作品外，仅有零星分散、不成体系的译作问世，诸多作品尤其是学术类作品无人问津。就研究而言，德语区甚至召开过专门的鲁迅研究国际学术会议，出版过相关的论文集，甚至不止一位中国学者在德国用德语撰写鲁迅研究的博士论文；而德语区的郭沫若研究则无法达到这样的高度、深度和广度，这似乎也符合长期以来国内学界"以鲁视郭"的研究态势。但是，比之近年来国内郭沫若研究的再度复兴，德语区的郭沫若研究似乎并未走出寒流，其相对来说较为蓬勃的发展态势仍要回溯至20世纪80年代，相比之下，其后尤其是21世纪以来的相关研究则乏善可陈、成果寥寥。

然而，如果考虑到郭沫若的留日经历及其对日本资源的借鉴，而当时的日本在明治维新以来又在很大程度上效仿德国，以及郭沫若大量而且不失水准的德语文学翻译及其对德国文化的推崇，探究德语世界的郭沫若及其与德国文化场域的双向互动关系可以说是题中应有之义。当时的日本之所以在军事、政治和司法体制等方面大力学习德国，根本原因也在于当时欧洲的崛起以及日本当局在政治、军事、司法和教育等领域"脱亚入欧"的策略。晚清民国时期中国仁人志士中涌现的向日本学习的留日热潮，归根结底也是向德国学习。由此观之，郭沫若与德国文化之间存在不可分割的紧密联系。尽管郭沫若研究在德语区相对来说并不火热，但其发展态势对当下国内的郭沫若研究态势仍有一定的启示意义。鉴于国内郭沫若研究对其海外研究的辐射作用和影响，如果国内研究能打开新局面并走出"以鲁视郭"的偏狭，那么势必会对海外郭沫若研究产生积极效应，从而推动全球范围内的郭沫若研究，助力构建全方位、多维度和广视角的世界"郭沫若学"。

余 论

正如翻译研究"文化学派"的代表人物所指出的:"翻译研究现在已意味着与翻译有任何关系的任何东西。"①因此,本书或许可以视作郭沫若翻译研究"大杂烩"式的"拼盘"。换言之,举凡跟郭沫若德语著作翻译相关的人或事、观念或行为、理论或实践、现象或经历、影响或效应,都可以在本书中找到形影。正因如此,本书中可以窥见多种译学研究路径和方法:既包括传统的语言学意义上的形式主义方法,比如重审同时代学者针对郭沫若译作的翻译批评,或者对郭沫若译文与其他学者的译文展开比评分析,这时自然就会产生原文和译文之间的功能对等问题;同时,本书也格外关注翻译研究的"文化转向"和"社会转向",因此对郭沫若翻译的宏观文化语境和社会关系网络等的探究就成为题中应有之义。归根结底,其目的无外乎是聚焦郭沫若的德语著作翻译,网罗围绕这一中心主题的林林总总,"熔一炉而炼之"。就具体研究对象的分类而言,则综合考量郭沫若与德国作家或文学流派的因缘,以及他对某类作品体裁的格外关注;当然,这也就带来了不可避免的问

---

① André Lefevere & Susan Bassnett, "Introduction: Where are we in Translation Studies?", *Constructing Cultures: Essays on Literary Translation*, London: Multiligual Matters, 1998, p.1.

题,即分类之间可能产生的交叠重合。另外,对郭沫若德语著述翻译的研究主要集中在文学领域,但也旁涉他的哲学社会科学著作,如此考虑一方面是力图再现"球形天才"郭沫若在多个学术领域全方位出击、纵横捭阖的真实面貌;另一方面也是为了凸显郭沫若接受马克思主义洗礼后发生的思想转变,而这一点同样折射在他的翻译和学术道路的转向之上。拙作虽然以原文语种为选择标准,着重考察郭沫若德语著述的翻译情况,但正如全书所展示的那样,其德语著作翻译也绝非是一个画地为牢、自我隔绝的"闭合体";相反,很多时候都跟郭沫若同样熟练掌握的另外两门外语——日语和英语,以及相关国家的文化和社会大背景有着不可分割的联系,因此这一研究对象或许可以成为一个不断掘发的"开放体"。个中原因不言自明:郭沫若两度10年流亡日本,而当时的日本又奉行"脱亚入欧",以及向西方,尤其是向德国学习的国家方针战略,所以在很大程度上,郭沫若移译的德语著作可以看作是借助日本这个中转站接受的"另一种西学"[①],即被日本吸纳消化过的"西学",或者准确来说是另一种德国文化。当然,作为一种跨语际实践,有时候甚至跨越多门语言,郭沫若的德语著作翻译也要置于他的中国文化研究中来考察,其翻译不是"为翻译而翻译",最终都要落脚为一个颇具致用性的旨归,即沟通和促进中西文化对话,并借此为中国文化的发展寻找新路径。

至于专列一章论及郭沫若其人其作在德语世界的接受与传播,无外乎是为了彰显中外文化交流的双向问题。正如"西学东

[①] 叶隽:《另一种西学:中国现代留德学人及其对德国文化的接受》,北京大学出版社2005年版。

渐"与"中学西传"如影随形所证实的一样,中外文化交流在很大程度上都是一条"双向道",而非"单行路"。作为脚踏中西文化的文学巨匠,郭沫若在自己的创作中吸收和化用了他国文学和文化的符码、意象和景观;作为一种有意无意的"反向交流",郭沫若的著述也在相应国家或语言区域得到接受和传播,由此构建了一种"你来我往、互相成全"的文学和文化交流关系,这在日语、德语、意大利语、阿拉伯语等语言区体现得尤其明显。在郭沫若逝世多年以后的今天,得益于中国的宏观政治、经济和文化战略,这种双边交流得到进一步传承乃至发扬光大,一个显著的例子就是近年来"郭沫若中国海外研究中心"在埃及落户,以及相关活动蓬勃开展。出于这样或那样的原因,比如德语区汉学界"厚古薄今"的古典语文学翻译和研究传统,郭沫若后期作品稍显浓厚的意识形态问题,以及国内学界对郭沫若两极评价的影响等,应该承认的是,德语世界的郭沫若翻译和研究相对滞后,但既有的翻译和研究成果仍然值得重视,而且理应视为国际"郭沫若学"的组成部分。迄今,域外郭沫若研究在英语、日语、韩语、德语、法语、俄语、意大利语、阿拉伯语等较大语言区域都取得了一定进展,从中不难窥见,郭沫若在域外的影响力在某种程度上超出了国内学界预料[①]。

在拙著行将结束之际,有必要在回顾以往的郭沫若翻译研究的基础之上,展望一下相关课题的研究态势。一方面,可以欣喜地看到国内外学界已经取得了较为丰硕的成果;另一方面,仍然存在以下有待推进或者可以更趋完善之处。就郭沫若翻译与创作之间

---

① 魏建:《近十年来走向世界的郭沫若研究》,《山东师范大学学报(人文社会科学版)》2018年第4期,第1页。

的双向互动关系而论,对这一二维空间的相关研究可以进一步拓展到翻译、创作和研究的三维立体空间,这三者之间水乳交融,可谓"你中有我,我中有你"。自郭沫若走上翻译之路开始,这个"三位一体"的学术体系理念可以说贯穿了他的一生。在研究郭沫若的翻译家身份时,也不能忽视其作为文论家和创作者的成就,尤其是他对诗歌、短篇小说、散文、寓言、自传、历史剧等各类文学体裁圆熟的驾驭,因为在很多情况下,他在创作时都会"如盐溶水,不着痕迹"地化用自己阅读和翻译外国文学作品的所得,并依此构筑自己的文学和美学理论体系。郭沫若也曾坦言自己"为创作而读书"的经验之谈,而这种不是出于兴趣、纯粹为了给创作提供参考的"功利性阅读"[1]也越来越引起学界的注意。从郭沫若诸多译作的序跋来看,他在大量阅读包括作品原文在内的多种古今中外文献之后,才提炼和融通成自己的翻译心得体会乃至经验教训。这一过程也许可以较为形象地比喻为春蚕吐丝:饱食桑叶后的春蚕,在经过辛劳而漫长的体内消化和酝酿之后,方才吐纳出缕缕新丝。因为郭沫若对英、日、德三种语言的纯熟掌握,在翻译时有时候还要参看其他语种的译本(也包括已有的其他汉译本),这种多个翻译版本互相参看的翻译策略,势必会对他的翻译过程和成品产生影响。郭沫若采取拿来主义,博采众长、为己所用,而且紧跟政治形势、社会变局和文化症候,随时调整和修正自己的文字和观点。他立足大量的翻译实践,形成了自己独特的翻译思想理念和策略范式,垦拓出一条建立在深厚扎实的研究基础之上的"创作

---

[1] 钱伟:《文学・历史・政治——从王国维到郭沫若》,法律出版社2012年版,第115页。

型"翻译之路,并且让其为自己的学术研究服务,这在郭沫若第二个留日十年期间表现得尤为突出。对郭沫若翻译、创作和研究"三位一体"的进一步探究,尤其需要多个领域的学者通力合作,除了中国语言文学和外国语言文学,理应还包括历史学、考古学、甲骨文学、马克思主义哲学、社会学、艺术学等其他学科学者的加盟,从而更好地掘发这个"三位一体"中更深层次的机理和关联。

在讨论郭沫若的翻译作品时,应该时刻注意的是,这个著译并举的"双栖"文学景观的代表人物在翻译的同时,也在中国现代文学创作的舞台上发出了最为强劲的声音。因此,郭沫若的翻译不应该仅仅视为单纯的跨语际实践活动,因其译、作、研"三位一体"的独特性,有必要把它纳入更宏大的中外文学关系的视域中考察。此外,作为一种跨语际、跨文化活动和实践,郭沫若的翻译在很大程度上折射出与中外文学之间的因缘和关系问题,涵盖接受、影响、形变、转生、衍化、创造等诸多层面。同时应该注意的是,因为郭沫若精通三门外语,而且还借用这些中介语转译了其他国族文学,或者在翻译时参看了其他语种的译本,故而这一文学关系绝非双边那么简单,理应视为多边。就包括英国、爱尔兰、德国、俄国文学在内的西方文学翻译来说,因为郭沫若是在留日期间习得的德语,同时巩固和强化了英语学习,而当时的日本正处于"言必称西方"的大正时代,"西潮恰自东瀛来"的独特文化背景和症候,就让郭沫若的西方文学翻译从一开始就打上了资源自日本中转的别样特征,所谓"身在东瀛,心系西方,思接欧陆"。从这个角度而言,郭沫若及其他留日作家译群对欧美文学资源的接受,可以说跟负笈欧美学人对留学目的国的资源镜鉴有着异曲同工之妙,但也不可避免地存在些微差别。正因如此,在郭沫若文论或创作里经常出现外文词句,而且日、英、德三门外语交替混用的情形并不少见。有学者在探究郭沫若创作密集期的自叙小说之后指出,郭在自己的小说世界里刻意营造了一种"拟欧造境"[①],通过想象西方来构建一种特殊的现代性。正如拙著中有所涉猎的一样,郭沫若对歌德、海涅、尼采等德国著名作家的接受,无一不跟这些作家及其思潮在当时日本的风靡紧密相连。举例来说,森鸥外等人的《浮士德》译本和《维特》译本,登张竹风和高山樗牛等人对尼采的介绍,都在很大程度上影响了郭沫若的相应汉译,从而构建出日、德、英、中这一复杂的四边文学关系,并因此成为比较文学和世界文学研究领域里颇为典型的案例。有鉴如此,郭沫若翻译研究及其引发的中外文学关系就不单单涉及译入语和译出语所属的两国文化,而是呈现更加多元、丰富和立体的面貌,有待掌握相应语种的学者进一步合作探究。这不光关系到原作各个语种的译本,还牵涉对相应语种一手学术文献的阅读和征引问题。

除了德语著作翻译实践以及翻译给他的创作带来的影响,郭沫若还撰写过《论中德文化书》等专门探讨德国文化的文章,他的美学观、文艺观以及相关文论里面,也无不闪烁着跟德国文化息息相关的真知灼见,这在拙著的某些地方已经有所论述。另外还应注意的是,郭沫若下笔成"德",这在其他诸多方面也可以找到映射。郭沫若在日本饱受过德国文化学养和精神的浸润和洗礼,其

---

① 吴耀宗:《论郭沫若小说爆发期的拟欧造境》,《东岳论丛》2009年第12期。

影响不仅在他笔下的文字里有所反映,甚至可以说深深地植入其骨髓之中,成为他人格精神有机体的组成部分。郭沫若在第二次流亡日本期间曾将马克思、恩格斯名著《神圣家族》节译为《艺术之真实性》(后改名《艺术之真实》),最初在东京的质文出版社付梓,而该社之前原名"杂文出版社",且发行期刊《杂文月刊》。后来该社和杂志都更名为"质文",其原因跟郭沫若对德国文化的接受也不无关系。这里的"质文"即得名于郭沫若在冈山六高期间作为教材阅读过的歌德自传《文与质》(*Dichtung und Wahrheit*,通译《诗与真》或《创作与真实》),而郭沫若曾在1938年译出全书,惜乎译稿被大火焚毁而无法出版。以上相关史实在《郭沫若全集·文学编》里都有提及和反映,但相关注释却不甚到位。可见,早年编纂出版的《郭沫若全集·文学编》不仅存在"全集不全"[①]的问题,有些注释也有待进一步打磨和精细化,特别是跟德国文化相关的注释。如果对比多个版本的《鲁迅全集》,尤其是《鲁迅日记》在编选过程中对注释的精益求精,甚至每一版推出后学界还会继续撰文进行补遗和匡谬,那么本着"正本清源"的精神,在新版的《郭沫若全集》中对注释进一步精细化,恐怕也并非完全多余之举。就像郭沫若的翻译不是"为翻译而翻译"一样,对他翻译的研究也绝非"为研究而研究"。从这个意义上说,对郭沫若翻译的研究除了学理上的意义和价值以外,还具有一定的实用价值;或者说,可以通过反哺学术来获得一定的"元学术"价值。

---

① 蔡震:《郭沫若著译作品版本研究》,东方出版社2015年版,第34页。

最后,如果立足翻译研究的文化和社会转向,把本研究进一步扩充和延展的话,则可以开拓出其他颇有意义的后续研究。正如本书某些地方已经论述过的,郭沫若的翻译事业,尤其是其德语著作翻译,有必要置于创造社这个作家群落的社会关系网络之中进行。跟创造社元老和健将郭沫若一样,这个文学社群的其他人员,也大多是著译并举的早期启蒙知识分子,而且大多具有留日经历,还有不少成员都是四川籍贯,其地缘联系不可小觑。因为留学当时"言必称德国"的日本这个学缘背景,创造社的不少成员也跟德语文学之间有着不可分割的因缘:如果说郁达夫的德语文学情结已经得到国内外学界一定程度的关注,那么同为创造社主力军的田汉、成仿吾、陶晶孙等人与德语文学之间的关联,就还缺乏较为系统的探讨;至于段可情、周全平、叶灵凤、张资平、邓均吾、白采等创造社伙计与德语文学和文化之间的关系问题,学界目前仅仅停留在旁涉的层面,值得进一步钩沉发覆。创造社作家群落推出了各种以"创造"之名发行的刊物,上面也发表了不少德语文学翻译和评介的文章,同样值得爬剔梳理。

若把研究视线聚焦于上文提到的四川(或曰蜀地)乡缘这一主题,着眼于构建这一地域文化与翻译之间的联系,就会不无惊奇地发现,从这片山高水长的热土,走出了如此庞大的翻译家群体。举例来说,除了创造社的郭沫若、敬隐渔、段可情、邓均吾、白采等人,还有少年中国学会的王光祈、文学研究会的赵伯颜、战国策派的陈铨、浅草和沉钟社的林如稷和陈炜谟,以及刘盛亚和胡兰畦等跟德语文学有着密切联系的翻译家和作家,至于巴金、李劼人、贺麟、何其芳、罗念生等,其翻译家之大名更是掷地有声。值得关注和思考的是，巴蜀地区的这一翻译传统延绵不绝，一直横亘至今，当代卓有建树的翻译家中也不乏巴蜀学人，比如杨武能、辜正坤、文楚安、黄新渠、曹明伦等皆是译坛代表人物。如果对比盛产翻译家的其他地区，比如福建、江浙和广东等地，可以发现那些地域无一不是经济富庶发达，较早设立通商口岸，与外国交往联系也一直蓬勃开展，缘何地处内陆山地、早年经济民生相对凋敝、对外文化交流也相对闭塞的四川也能成为翻译大省，这一问题就值得追溯和探究。曾经发展得轰轰烈烈的四川保路运动和留法勤工俭学运动，也许可以提供些许政治、社会和文化线索，而此处又牵扯出留学教育史的相关研究。如果再把聚焦范围收缩到中德文学关系层面，专注于探究以上川籍翻译家跟德语文学之间的因缘际会，也能惊奇地发现，跟德语文学相关者亦不在少数：郭沫若、段可情、王光祈、赵伯颜、陈铨、刘盛亚、胡兰畦、贺麟、杨武能等，俱都在德语文学翻译领域卓有建树，而巴金、何其芳、邓均吾、白采等人也都曾经涉猎德语文学。若是初步考量一下以上从事德语文学翻译的川人的教育经历和背景，可以大致分为四类：一是留日学人（郭沫若、白采），二是留德学人（王光祈、赵伯颜、陈铨、刘盛亚、胡兰畦、杨武能），三是留学多国者（段可情曾留学日本、德国和苏联，贺麟曾留学美国和德国，巴金曾留学日本和法国），四是几无出国经历的学人，甚至外语都靠自学（何其芳）。如果用学者叶隽先生开创的"侨易学"视角审视以上四个类别，则可把前三个类别视为"因侨（包括多重之侨）致易"的典型案例，而最后一类则可归为"不侨而易"的类别，但总体来说，都算得上是中德文学关系研究的代表案例。

一言以蔽之，郭沫若翻译研究确乎是一个"开放体"，相信在郭沫若这一人物在褪去两极评价而得以"祛魅"之后,会有更多知人论世而非盖棺定论的研究成果涌现出来,包括对其翻译家身份、翻译行为和翻译业绩的研究。最后要说的是,不管是有待继续拓宽、扩展、延伸和深入的郭沫若翻译研究,还是笔者拟在今后继续研究的创造社作家群落与德语文学关系的构建问题,抑或是同在考虑之中的川籍翻译家群像研究,都可以借鉴本书开头有所涉猎的布尔迪厄"场域"概念,依循建立在文学社会学基础之上、由荷兰汉学家贺麦晓等学者开创的"现代中国文学场"的理念和思路,进一步揭示中国现代文学借助翻译这一中介而前行的发展历程。

参考文献

阿英:《阿英全集·第 2 卷》,安徽教育出版社 2003 年版。

[英]蔼理士:《性心理学》,潘光旦译注,生活·读书·新知三联书店 1987 年版。

巴金:《永远向他学习——悼念郭沫若同志》,载生活·读书·新知三联书店香港分店编辑部编:《怀念郭沫若诗文集》,生活·读书·新知三联书店香港分店 1978 年版。

[俄]别林斯基:《别林斯基选集》(第二卷),满涛译,上海译文出版社 1979 年版。

卜庆华:《为了失去的爱情歌唱——论郭沫若的诗集〈瓶〉》,《大理师专学报(哲学社会科学版)》1988 年第 1 期。

蔡元培:《蔡元培全集·第六卷》,中华书局 1988 年版。

蔡震:《一个关于女性的神话——论郭沫若的女性观及其对创作的影响》,《郭沫若学刊》1997 年第 3 期。

蔡震:《理想主义,英雄主义抒写的人生——关于郭沫若的浪漫精神》,《郭沫若学刊》2001 年第 1 期。

蔡震:《郭沫若著译作品版本研究》,东方出版社 2015 年版。

蔡震:《文化越境的行旅:郭沫若在日本二十年》,文化艺术出版社 2005 年版。

[日]仓田贞美:《六高时代的郭沫若先生》,田家农译,《郭沫若研究》1988 年第 5 辑。

曹雪松:《少年维特之烦恼剧本》,泰东书局 1928 年版。

昌切：《弃德而就英法——近百年前浪漫主义中国行》，《文艺争鸣》2018年第9期。

陈柏旭：《马克思出文庙：郭沫若研究与日本资本主义论争》，《现代中文学刊》2019年第1期。

陈布雷：《与柳亚子书》，载王学庄、杨天石编：《南社：第11集》，中国人民大学出版社1995年版。

陈德文：《关于日本自然主义文学》，载［日］田山花袋：《棉被》，黄凤英等译，江苏人民出版社1987年版。

陈独秀：《现代欧洲文艺史谭》，《新青年》1915年第1卷第3号。

陈独秀：《文学革命论》，《新青年》1917年第2卷第6号。

陈建功等编：《中国现代翻译文学初版本图典（下）》，百花洲文艺出版社2015年版。

陈思清：《郭沫若与〈浮士德〉》，《郭沫若研究》1987年第3辑。

陈瘦竹：《陈瘦竹戏剧论集（上、中、下册）》，江苏教育出版社1999年版。

陈永志：《郭沫若译介外国文学的若干特色》，《郭沫若学刊》1988年第2期。

陈永志：《郭沫若的自然诗与古代山水诗》，《郭沫若学刊》1991年第1期。

陈永志：《闲读偶记：海的歌吟——郭沫若与海涅》，《郭沫若学刊》1997年第3期。

陈永志：《人的发展：〈浮士德〉和〈女神〉》，《郭沫若学刊》2005年第1期。

陈永志：《〈女神〉校释》，华东师范大学出版社2008年版。

陈子善：《郁达夫的德文诗》，《新文学史料》1981年第4期。

陈子善：《新文学巨匠笔下的瓦格纳》，《北京青年报》2014年9月14日。

成仿吾：《论译诗》，《创造周报》1923年9月9日第18号。

成仿吾：《成仿吾文集》，山东大学出版社1985年版。

澄塘：《冈山第六高等学校介绍》，《郭沫若学刊》1987年第2期。

楚图南著、中共文山市委党史研究室编：《楚图南日记·出访篇》，群言出版社2014年版。

丁新华：《郭沫若与翻译论战》，《中南大学学报（社会科学版）》2012年第4期。

丁新华：《郭沫若与翻译研究》，上海交通大学出版社2014年版。

[德]齐歇尔脱·杜舒特：《海涅评传》，高中甫译，作家出版社1957年版。

范劲：《论席勒对郭沫若历史剧的影响》，《吉首大学学报（社会科学版）》1997年第3期。

范劲：《德语文学符码和现代中国作家的自我问题》，华东师范大学出版社2008年版。

方开：《读书副刊：浮士德（新书介绍）：哥德原著，周学普译》，《华年》1935年第49期。

丰子恺：《绘画与文学》，河南教育出版社2009年版。

冯天瑜：《唯物史观在中国的早期传播及其遭遇》，《中国社会科学》2008年第1期。

[瑞士]冯铁：《"尼来"——1925—1926年间尼采格言汉译引起的争论》，火源译，载[瑞士]冯铁：《在拿波里的胡同里——中国现代文学论集》，火源、史建国等译，南京大学出版社2011年版。

冯晓春：《〈少年维特之烦恼〉在现代中国的另一种接受维度——以谢冰莹的创作和交游为中心》，载张帆编：《德语经典文学在中国》，商务印书馆2019年版。

冯至：《论歌德》，上海文艺出版社1986年版。

冯至著、张恬编：《冯至全集·第五卷：文坛边缘随笔》，河北教育出版社1999年版。

冯至：《相濡与相忘——忆郁达夫》，载冯至著、桑农编：《书海遇合》，湖南大学出版社2017年版。

傅勇林等编：《郭沫若翻译研究》，四川文艺出版社2009年版。

傅正乾：《郭沫若与中外作家比较论》，陕西师范大学出版社1990年版。

[斯洛伐克]高利克：《中国现代文学批评发生史》，陈圣生等译，社会科学文献出版社1997年版。

[斯洛伐克]高利克：《中西文学关系的里程碑》，伍晓明、张文定等译，北京大学出版社2008年版。

[斯洛伐克]高利克：《歌德〈浮士德〉在郭沫若写作与翻译中的接受与复兴

（1919—1922）》,《汉语言文学研究》2012年第3期。

［斯洛伐克］高利克:《歌德〈浮士德〉中的哥特式房间和日本箱崎的一间陋室——关于郭沫若在1919年10月10日翻译的一些看法》,《世界汉学》2011年第8卷。

［德］歌德:《鬼王》,陈铨译,《学衡》1926年第57期。

［德］歌德:《Faust钞译》,郭沫若译,《时事新报·学灯》1919年10月10日。

［德］歌德:《箜篌引》,冯至译,《文艺周刊》1924年1月16日。

［德］歌德:《琴师》,冯至译,载［德］歌德:《浪游者夜歌:歌德诗歌精粹》,冯至等译,人民文学出版社2008年版。

［德］歌德:《少年维特之烦恼》,郭沫若译,创造社出版部1928年版。

［德］歌德:《浮士德》,郭沫若译,创造社出版部1928年版。

［德］歌德等:《德国诗选》,郭沫若、成仿吾译,创造社出版部1928年版。

［德］歌德:《迷娘》,郭沫若译,《洪水》1925年10月16日。

［德］歌德:《赫曼与窦绿苔》,郭沫若译,文林出版社1942年版。

［德］歌德:《给迷娘》,郭沫若译,载王亚平等编:《春草集》,文林出版社1947年版。

［德］歌德等:《沫若译诗集》,郭沫若译,新文艺出版社1953年版。

［德］歌德:《浮士德（第一部）》,郭沫若译,人民文学出版社1978年版。

［德］歌德:《浮士德（第二部）》,郭沫若译,人民文学出版社1978年版。

［德］歌德:《威廉·麦斯特的漫游时代》（《歌德文集·第三卷》）,关惠文译,人民文学出版社1999年版。

［德］歌德:《浮士德》,潘子立译,天津人民出版社2014年版。

［德］歌德:《歌德诗选》,钱春绮译,上海译文出版社1982年版。

［德］歌德:《青年维特的痛苦》,卫茂平、胡一帆译,载［德］歌德:《歌德全集·第8卷·青年维特的痛苦、亲和力、小散文、叙事诗》,卫茂平编,上海外语教育出版社2019年版。

［德］歌德:《迷娘》,余文炳译、郭沫若校,现代书局1934年版。

［德］歌德:《浮士德·附〈浮士德〉本子答问》,张荫麟译,载［美］陈润成、李欣荣编:《张荫麟全集·上卷》,清华大学出版社2013年版。

［德］歌德：《歌德谈话录》，朱光潜译，人民文学出版社2000年版。

龚继明、方仁念：《郭沫若年谱（上）》，天津人民出版社1987年版。

［日］宫下正兴：《以日本大正时代为背景的郭沫若文学考论》，山东大学博士学位论文，2006年。

谷丰：《郁达夫新诗一首》，《中州学刊》1983年第1期。

谷裕：《隐匿的神学——启蒙前后的德语文学》，华东师范大学出版社2011年版。

［德］顾彬：《二十世纪中国文学史》，范劲等译，华东师范大学出版社2008年版。

［德］顾彬：《郭沫若与翻译的现代性》，《中国图书评论》2008年第1期。

顾国柱：《论郭沫若对弗洛伊德学说的借鉴》，《上海财经大学学报》2001年第3期。

郭成美：《回族学者金祖同》，《回族研究》2008年第2期。

郭鼎堂：《译者序》，载［德］霍普特曼：《异端》，郭鼎堂译，商务印书馆1947年版。

郭金荣：《辨析郭沫若与梁俊青之间的翻译论战》，《东方翻译》2015年第5期。

郭沫若：《郭沫若全集·文学编·第一卷》，人民文学出版社1982年版。

郭沫若：《郭沫若全集·文学编·第二卷》，人民文学出版社1982年版。

郭沫若：《郭沫若全集·文学编·第十一卷》，人民文学出版社1992年版。

郭沫若：《郭沫若全集·文学编·第十二卷》，人民文学出版社1992年版。

郭沫若：《郭沫若全集·文学编·第十五卷》，人民文学出版社1990年版。

郭沫若：《郭沫若全集·文学编·第十六卷》，人民文学出版社1989年版。

郭沫若：《郭沫若全集·文学编·第十八卷》，人民文学出版社1992年版。

郭沫若：《郭沫若全集·文学编·第十九卷》，人民文学出版社1992年版。

郭沫若：《郭沫若全集·文学编·第二十卷》，人民文学出版社1992年版。

郭沫若：《郭沫若全集·历史编·第三卷》，人民出版社1984年版。

郭沫若：《郭沫若全集·历史编·第四卷》，人民出版社1982年版。

郭沫若：《〈歌德诗中所表现的思想〉附白》，载［日］Shokama：《歌德诗中所表现的思想》,郭沫若译,《少年中国》1920年第9期。

郭沫若:《女神之再生》,《民铎杂志》1921年第2卷第5期。

郭沫若:《批判〈意门湖〉译本及其他》,《创造季刊》1922年第2期。

郭沫若:《译者识》,载[德]尼采:《查拉图司屈拉钞之狮子吼》,郭沫若译,《创造周报》1923年第1期。

郭沫若:《创世工程之第七日》,《创造周报》1923年第1期。

郭沫若:《后序》,载[德]歌德:《少年维特之烦恼》,郭沫若译,创造社出版部1928年版。

郭沫若:《沫若诗集》,创造社出版部1928年版。

郭沫若:《序》,载郭沫若:《中国古代社会研究》,新新书店1930年版。

郭沫若:《自然底追怀》,《时事新报·星期学灯》1934年3月4日。

郭沫若:《序》,载郭沫若:《沫若自选集》,乐华图书公司1934年版。

郭沫若:《译者牟言》,载[德]马克思、恩格斯:《德意志意识形态》,郭沫若译,言行出版社1938年版。

郭沫若:《赫曼与窦绿苔·校记》,《大上海》1943年第1期。

郭沫若:《重印感言》,载[德]歌德:《少年维特之烦恼》,郭沫若译,群益出版社1947年版。

郭沫若:《序》,载[德]马克思、恩格斯:《德意志意识形态》,郭沫若译,群益出版社1947年版。

郭沫若:《译者牟言》,载[德]马克思、恩格斯:《德意志意识形态》,郭沫若译,群益出版社1947年版。

郭沫若《译者前言》,载[德]米海里司:《美术考古一世纪》,郭沫若译,群益出版社1948年版。

郭沫若:《序》,载[日]河上肇:《社会组织与社会革命》,郭沫若译,商务印书馆1951年版。

郭沫若:《序》,载郭沫若:《殷周青铜器铭文研究》,人民出版社1954年版。

郭沫若:《重印牟言》,载郭沫若:《金文丛考》,人民出版社1954年版。

郭沫若:《译完了"华伦斯坦"之后》,载[德]席勒:《华伦斯坦》,郭沫若译,人民文学出版社1955年版。

郭沫若:《改版书后》,载[德]席勒:《华伦斯坦》,郭沫若译,人民文学出版社1955年版。

郭沫若:《译者书后》,载[德]歌德:《赫曼与窦绿苔》,郭沫若译,人民文学出版社1959年版。

郭沫若:《第一部译后记》,载[德]歌德:《浮士德(第二部)》,郭沫若译,人民文学出版社1978年版。

郭沫若:《浮士德简论》,载[德]歌德:《浮士德(第一部)》,郭沫若译,人民文学出版社1978年版。

郭沫若:《〈浮士德〉第二部译后记》,载[德]歌德:《浮士德(第二部)》,郭沫若译,人民文学出版社1978年版。

郭沫若:《〈女神〉及佚诗(初版本)》,人民文学出版社2008年版。

郭沫若著、黄淳浩编:《郭沫若书信集》,中国社会科学出版社1992年版。

郭沫若著、彭放编:《谈诗的创作》,黑龙江人民出版社1982年版。

郭沫若、蒲风:《郭沫若诗作谈》,《现世界》1936年第1期。

郭沫若著、张澄寰编:《郭沫若论创作》,上海文艺出版社1983年版。

郭沫若、周全平:《〈少年维特之烦恼〉增订本后序》,《洪水》1926年第20期。

[英]哈代、[德]霍布门:《还乡·珊拿的邪教徒》,王实味等译,岳麓书社1994年版。

[德]海涅:《倾向》,任钧译,《文学丛报》1936年第1期。

[德]海涅:《海涅全集·第一卷》,胡其鼎译,河北教育出版社2003年版。

[德]海涅:《海涅全集·第三卷》,潘子立译,河北教育出版社2003年版。

[德]海涅:《海涅选集·诗歌卷》,张玉书编选,人民文学出版社1985年版。

韩蕊:《现代书信体小说创作繁盛成因初探》,《辽宁大学学报》2008年第5期。

韩蕊:《现代书信体小说出版书目钩沉》,《华夏文化论坛》2010年。

何俊:《创造社作家段可情与德语文学翻译》,《郭沫若学刊》2015年第4期。

[荷]贺麦晓:《二十年代中国"文学场"》,《学人》1998年第13辑。

何其芳:《独语》,《每周文艺》1934年第14期。

何其芳:《怎样研究文学》,载欧阳山等编:《文艺阅读与写作》,学习生活社1943年版。

349

［日］河上肇:《见于资本论的唯物史观》,苏中译,《建设》1920年第6期。

［日］河上肇:《译述:见于"共产党宣言"中底唯物史观》,存统译,《民国日报·觉悟》1921年第15—20期。

［日］河上肇:《评论:俄罗斯革命和唯物史观》,C. T. 薛译,《民国日报·觉悟》1922年第19期。

［日］河上肇:《唯物史观的要领》,粟剑超译,《北新》1930年第7期。

［日］河上肇:《河上肇自传》(上卷),储元熹译,商务印书馆1963年版。

胡鸿延:《〈沫若译诗集〉拾遗》,《贵州教育学院学报》1985年第1期。

扈明丽:《海涅诗歌中死亡意象分析及文化蕴含》,《华中农业大学学报(社会科学版)》2010年第5期。

胡适:《胡适文存(一)》,亚东图书馆1924年版。

华少庠、甘玲:《郭译〈浮士德〉中中国古典诗体的运用》,《郭沫若学刊》2010年第1期。

黄大军:《郭沫若的文化选择——生态视域下的人格反思》,《鄱阳湖学刊》2013年第6期。

黄侯兴:《浪漫诗人的情爱写真——郭沫若的女性世界》,河南人民出版社2003年版。

黄怀军:《中国现代作家与尼采》,湖南师范大学出版社2009年版。

黄欣周:《怀屈原——并论东方浮士德精神》,《青年生活》1947年第18期。

［德］霍普特曼:《索阿那的异教徒》,蔡佳辰译,载杨武能编:《德语国家中篇小说选(下)》,人民文学出版社1984年版。

［德］霍普特曼:《霍普特曼小说选》,蔡佳辰译,外国文学出版社1985年版。

［德］霍普特曼:《索阿那的异教徒》《山区牧人的故事》,陈琳、肖椒译,载［德］霍普特曼:《中短篇小说选:狂欢节》,占川江等译,内蒙古文化出版社2002年版。

［德］霍普特曼:《索阿纳的异教徒》,陈恕林译,载［德］霍普特曼:《群鼠》,章国锋等译,漓江出版社2001年版。

［德］霍普特曼:《索阿那的异端者》,戴任灵译,载白嗣宏编:《牧羊神》,安徽文艺出版社1992年版。

[德]霍普特曼：《异端》,郭鼎堂译,商务印书馆1947年版。

吉少甫编：《郭沫若与群益出版社》,百家出版社2005年版。

贾植芳：《〈中国现代文学总书目〉序》,《书城杂志》1994年第1期。

简明：《乐观的哲学——从〈浮士德〉谈歌德的哲学思想》,《读书》1984年第3期。

姜德明：《新文学版本》,江苏古籍出版社2003年版。

姜海波：《〈德意志意识形态〉中文版编译史述要》,《马克思主义与现实》2011年第5期。

姜涛：《"选本"之中的读者眼光——以〈新诗年选〉(1919年)为考察对象》,《江汉大学学报》(人文科学版)2005年第3期。

姜铮：《对叙事长诗的期待——谈郭沫若译〈赫曼与窦绿苔〉》,《郭沫若研究学会会刊》1985年第5卷。

君培：《H先生》,《沈钟》1926年第9期。

孔令翠：《郭沫若的翻译与日本之关系》,《郭沫若学刊》2010年第1期。

雷敏：《论浮士德的精神》,《江西社会科学》2003年第7期。

雷锐：《从〈战声集〉看郭沫若新诗审美要求的变化》,《广西师范大学学报(哲学社会科学版)》1989年第3期。

李斌：《郭沫若思想中的尼采资源新探》,《中国现代文学研究丛刊》2016年第4期。

李红：《郭沫若主持的家族出版社》,《档案春秋》2013年第4期。

李红薇：《郭沫若整理周代有铭铜器之理念与方法——以〈两周金文辞大系图录〉为中心》,《殷都学刊》2023年第1期。

李勇：《王国维和米海里司共同影响郭沫若的中国古史研究》,《云南大学学报(社会科学版)》2019年第3期。

李兆忠：《徐志摩与郭沫若的一次碰撞》,《广东社会科学》2009年第5期。

李智勇：《海涅作品在中国的传播和影响》,《湘潭大学学报(社会科学版)》1990年第3期。

梁俊青：《评郭沫若译的〈少年维特之烦恼〉》,《文学》1924年5月12日第121期。

李浩：《鲁迅译稿〈查拉图斯特拉如是说·序言〉》，《上海鲁迅研究》2015年第1期。

李智勇：《海涅作品在中国的传播和影响》，《湘潭大学学报（社会科学版）》1990年第3期。

廖久明：《未收入〈郭沫若全集〉的历史、考古作品目录》，《郭沫若学刊》2006年第3期。

林林：《叙事诗的写作问题》，《文艺生活》1948年第6期。

林语堂：《林语堂自传》，群言出版社2010年版。

刘半农：《骂瞎了眼的文学史家》，《语丝》1926年1月25日第63期。

刘丹、熊辉：《20世纪中国文学翻译标准理论的演进》，《中华文化论坛》2008年第3期。

刘奎：《"忏悔"意识与郭沫若的身份认同》，《海南师范大学学报（社会科学版）》2012年第8期。

刘敏：《海涅诗歌与浪漫主义民歌风格》，《国外文学》2005年第2期。

刘庆霖：《"求道"与"传道"：民国时期国人对河上肇著述的讨论》，《河南大学学报（社会科学版）》2014年第5期。

柳无忌：《西洋文学的研究》，大东书局1946年版。

陆耀东：《关于〈女神〉自我抒情的主体形象的几个问题》，《求索》1993年第3期。

陆耀东：《四十年代长篇叙事诗初探》，《文学评论》1995年第6期。

鲁迅：《鲁迅全集·第一卷》，人民文学出版社2005年版。

吕世生：《人文社会学科研究的"翻译转向"》，《中国社会科学院研究生院学报》2013年第5期。

吕世生：《社会学的"翻译转向"及其对人文社会科学的意义》，《国外社会科学》2013年第5期。

罗海燕：《聂鲁达传》，现代出版社2017年版。

罗执廷：《民国社会场域中的新文学选本活动》，山东文艺出版社2015年版。

马晖：《民族悲剧意识与个体艺术表现：中国现代重要作家悲剧创作研究》，民族出版社2006年版。

马家骏:《海涅早期诗歌的浪漫主义》,《内蒙古大学学报(哲学社会科学版)》1986年第4期。

[德]马克思、恩格斯:《德意志意识形态》,郭沫若译,群益出版社1947年版。

[德]马克思、恩格斯:《马克思恩格斯全集·第三卷》,中共中央马克思恩格斯列宁斯大林著作编译局编译,人民出版社1960年版。

马征:《试论西方现代派对郭沫若早期文艺思想及创作的影响》,《郭沫若研究学会会刊》1985年第5期。

[澳]波妮·麦杜戈尔、晨雨:《郭沫若与西方文学理论》,载《郭沫若史学研讨会论文集》1986年。

茅盾:《需要一个中心》,载林淙选编:《现阶段的文学论战》,光明书店1936年版。

茅盾:《叙事诗的前途》,《文学》1937年第2期。

[德]A.Michaelis:《美术考古学发现史》,郭沫若译,乐群书店1929年版。

[德]米海里司:《原序》,郭沫若译,载[德]米海里司:《美术考古一世纪》,郭沫若译,群益出版社1948年版。

闵抗生:《郭沫若与尼采》,《淮阴师范学院学报(哲学社会科学版)》1995年第1期。

[日]名和悦子:《郭沫若在冈山》,《郭沫若学刊》2007年第1期。

莫小红:《历史内需与文化过滤——试析郭沫若的席勒接受》,《中国文学研究》2015年第1期。

[德]莫芝宜佳:《〈管锥编〉与杜甫新解》,马树德译,河北教育出版社1998年版。

木心:《文学回忆录(下)》,广西师范大学出版社2013年版。

[德]尼采:《查拉图司屈拉钞》,郭沫若译,创造社出版部1928年版。

聂国心:《酒神精神与郭沫若早期诗论》,载陈晓春、王海涛编:《郭沫若研究文献汇要·卷五·思想文化卷(下)》,上海书店出版社2012年版。

[智利]巴勃罗·聂鲁达:《我坦言我曾历尽沧桑》,林光译,南海出版公司2015年版。

潘建伟:《中与西的神遇:简论中国现代的旧体诗》,《浙江学刊》2015年第

1期。

彭放：《郭沫若的笔名和别名》，《社会科学战线》1979年第4期。

彭冠龙：《郭沫若海洋体验与〈女神〉中"海的精神"》，《郭沫若学刊》2014年第1期。

彭建华：《论〈浮士德〉第一部及郭沫若的翻译》，《吉林艺术学院学报》2014年第3期。

彭建华：《论郭沫若的〈赫曼与窦绿苔〉汉译》，《盐城师范学院学报（人文社会科学版）》2017年第3期。

彭建华：《经典化视野下郭译〈德国诗选〉分析》，《长沙理工大学学报（社会科学版）》2017年第4期。

彭建华：《郭沫若对海涅的翻译与接受》，《盐城师范学院学报（人文社会科学版）》2018年第6期。

彭萍、卢青亮：《当代西方翻译研究的"文化转向"和"社会转向"综述》，《江西师范大学学报（哲学社会科学版）》2016年第3期。

彭燕郊：《纸墨飘香》，岳麓书社2005年版。

［德］毗哈：《海纳与革命》，鲁迅译，《现代》1933年第1期。

［捷克］普实克：《抒情与史诗——现代中国文学论集》，郭建玲译，上海三联书店2010年版。

钱潮口述、盛巽昌记录整理：《回忆沫若早年在日本的学习生活》，《中国现代文艺资料丛刊》1979年第4期。

钱乘旦：《寻找现代化的楷模——论明治维新的失误》，《开放时代》2000年第3期。

钱春绮：《〈赫尔曼和多罗泰〉译后记》，载［德］歌德：《歌德叙事诗集》，钱春绮译，人民文学出版社1983年版。

钱伟：《文学·历史·政治——从王国维到郭沫若》，法律出版社2012年版。

钱小柏：《郑振铎与〈世界文库〉》，载宋应离等编：《20世纪中国著名编辑出版家研究资料汇辑·第4辑》，河南大学出版社2005年版。

秦川：《论郭沫若的人民本位文艺观》，《郭沫若学刊》1994年第1期。

邱少明：《郭沫若摘译〈德意志意识形态〉述论》，《郭沫若学刊》2013年第1期。

瞿秋白：《〈鲁迅杂感选集〉·序言》，载瞿秋白：《瞿秋白文集·第2卷》，中国人民大学出版社1953年版。

任钧：《新诗话》，两间书屋1948年版。

邵华：《郭沫若笔名"郭鼎堂"始用于何时？》，《图书馆杂志》1983年第4期。

沈光明：《〈女神〉与郭沫若的太阳崇拜》，《文艺研究》1997年第2期。

盛福刚：《〈德意志意识形态〉的中日首译本探析》，《马克思主义哲学研究》2016年第2期。

盛仰文：《钱潮郭沫若携手译〈茵梦湖〉》，《世纪》2004年第4期。

[日] 实藤惠秀：《中国人留学日本史》，谭汝谦、林启彦译，生活·读书·新知三联书店1983年版。

[德] 施托姆：《茵梦湖》，郭沫若、钱君胥译，创造社出版部1929年版。

石晓岩：《自然主义概念进入中国的文化逻辑》，《海南大学学报（人文社会科学版）》2017年第4期。

石燕京：《不一样的"海洋咏叹调"——郭沫若和海涅笔下的海洋意象之比较》，《郭沫若学刊》2010年第2期。

施蛰存：《我来"商榷"》，《书城杂志》1995年第4期。

施志元：《汉译外国作品与中国文学——不敢苟同谢天振先生高见》，《书城杂志》1995年第4期。

史忠义：《郭沫若与西方浪漫主义的渊源》，载郭沫若故居、中国郭沫若研究会编：《郭沫若百年诞辰纪念文集》，社会科学文献出版社1994年版。

[日] Shokama：《歌德诗中所表现的思想》，郭沫若译，《少年中国》1920年第9期。

宋彬玉：《郭沫若和成仿吾》，载杨胜宽等编：《郭沫若研究文献汇要·卷三·交往卷》，上海书店出版社2012年版。

孙艺风：《文化翻译》，北京大学出版社2016年版。

孙瑜：《〈浮士德〉汉译者主体性及主体间性研究》，上海译文出版社2014年版。

谭福民：《郭沫若翻译研究》，上海交通大学出版社2014年版。

唐弢：《晦庵书话》，生活·读书·新知三联书店2007年版。

W. M. Thackeray:《译诗:少年维特之烦恼》,吴宓译,《人间世》1934年第15期。

田汉:《田汉全集·第16卷》,花山文艺出版社2000年版。

田汉:《席勒,民主与民族自由的战士》,《戏剧报》1959年第22期。

汪宝荣:《资本与行动者网路的运作:〈红高粱〉英译本生产及传播之社会学探析》,《编译论丛》2014年第2期。

汪宝荣:《西方社会翻译学核心研究领域:述评及启示》,《解放军外国语学院学报》2018年第6期。

王光祈:《卷首语》,载王光祈:《西洋音乐与诗歌》,中华书局1924年版。

王洪涛:《"社会翻译学"研究:考辨与反思》,《中国翻译》2016年第4期。

王锦厚:《郭沫若与〈西厢记〉》,《现代中文学刊》2012年第5期。

王宁:《翻译的文化建构和文化研究的翻译学转向》,《中国翻译》2005年第6期。

王璞:《从"奥伏赫变"到"莱茵的葡萄"——"顿挫"中的革命与修辞》,《现代中文学刊》2012年第5期。

王璞:《抒情与翻译之间的"呼语"——重读早期郭沫若》,《新诗评论》2014年第4期。

王璞:《一本书的"自叙传"与问题延伸:回应两份评论》,《现代中文学刊》2019年第1期。

王实味:《译者序》,载[德]霍布门:《珊拿的邪教徒》,王实味译,中华书局1930年版。

王树荣:《汉译外国作品是"中国文学"吗?——试与贾植芳、施蛰存先生商榷》,《书城杂志》1995年第2期。

王晓馨:《海涅诗歌在中国新文学时期的传播与影响》,载朱永生编:《弦歌集:外国语言文学论丛》,复旦大学出版社1998年版。

王旭东:《〈德意志意识形态〉郭沫若译本考》,辽宁人民出版社2019年版。

王友贵:《翻译西方与东方:中国六位翻译家》,四川人民出版社2004年版。

王岳:《席勒〈手套〉与郭沫若〈暴虎辞〉之比较研究》,《齐鲁学刊》1986年第5期。

魏建:《近十年来走向世界的郭沫若研究》,《山东师范大学学报(人文社会科学版)》2018年第4期。

卫茂平:《〈茵梦湖〉在中国的译介和浪漫主义的胜利》,《中国比较文学》2002年第2期。

卫茂平:《歌德〈维特〉民国时期汉译考——兼论其书名汉译同浪漫主义的关系》,《四川外语学院学报》2004年第2期。

卫茂平:《〈浮士德〉汉译及解读考索——兼论其副标题"一部悲剧"的阙如》,《中国比较文学》2019年第3期。

卫茂平:《青年维特的痛苦——1774年稿和1787年稿平行对照版本评注》,载[德]歌德:《歌德全集·第8卷·青年维特的痛苦、亲和力、小散文、叙事诗》,卫茂平编,上海外语教育出版社2019年版。

卫文珂:《乐观的悲剧——从〈浮士德〉是否悲剧谈起》,《读书》1983年第8期。

闻一多:《莪默伽亚谟之绝句》,《创造季刊》1923年5月1日第2卷第1期。

吴定宇:《抉择与扬弃——郭沫若与中外文化》,中山大学出版社2004年版。

武继平:《郭沫若留日十年(1914—1924)》,重庆出版社2001年版。

吴建广:《论德意志文学中的自然主义》,《同济大学学报(社会科学版)》2007年第6期。

吴宓著、吴学昭整理注释:《吴宓日记续编·第3册(1957—1958年)》,生活·读书·新知三联书店2006年版。

伍世昭:《郭沫若早期诗学与创作实践》,《文学评论》2003年第2期。

伍世昭:《郭沫若早期心灵诗学》,上海文艺出版社2003年版。

吴术驰、李超:《文化转向后翻译概念的嬗变研究》,四川大学出版社2018年版。

吴耀宗:《论郭沫若小说爆发期的拟欧造境》,《东岳论丛》2009年第12期。

[德]席勒:《华伦斯太》,郭沫若译,生活书店1936年版。

[德]席勒:《华伦斯坦》,郭沫若译,人民文学出版社1955年版。

[德]席勒:《瓦伦斯丹(上)》,胡仁源译,商务印书馆1933年版。

[德]席勒:《威廉·退尔》,张威廉译,上海文艺出版社1955年版。

席扬、吴文华:《20世纪中国文学思潮史论》,时代文艺出版社2001年版。

咸立强:《寻找流浪的归宿者创造社研究》,东方出版中心 2006 年版。
咸立强:《译坛异军——创造社翻译研究》,人民出版社 2010 年版。
萧斌如、邵华编:《郭沫若著译书目》(增订本),上海文艺出版社 1989 年版。
肖太云、兰友珍:《吴宓日记中的郭沫若形象》,《文艺争鸣》2016 年第 7 期。
谢天振:《翻译文学当然是中国文学的组成部分——与王树荣先生商榷》,《书城杂志》1995 年第 4 期。
邢莉君、彭建华:《论郭沫若的歌德作品翻译》,《盐城师范学院学报(人文社会科学版)》2014 年第 3 期。
徐乃翔编:《中国现代文学词典·第 1 卷·小说卷》,广西人民出版社 1989 年版。
徐志摩、郑振铎:《征译诗启》,《小说月报》1924 年第 15 卷第 3 期。
徐志摩:《一个译诗问题》,载韩石山编:《徐志摩散文全编·上册》,天津人民出版社 2006 年版。
徐志摩:《葛德的四行诗还是没有译好》,载韩石山编:《徐志摩散文全编·下册》,天津人民出版社 2006 年版。
徐志摩:《零碎·三》,载韩石山编:《徐志摩散文全编·上册》,天津人民出版社 2006 年版。
薛冰:《版本杂谈》,山东画报出版社 2009 年版。
阎焕东编:《郭沫若自叙〈我的著作生活的回顾〉汇释》,山西人民出版社 1986 年版。
晏亮、陈炽:《由〈新诗集〉和〈分类白话诗选〉看早期新诗翻译与创作》,《海南师范大学学报(社会科学版)》2015 年第 9 期。
杨白平:《译者导言》,载[德]露易丝·米尔巴赫:《歌德与席勒》,杨白平译,越新书局 1942 年版。
杨丙辰:《释滔穆的几首抒情诗》,《莽原》1927 年第 8 期。
杨经建:《美丽总是愁人的——论 20 世纪中国文学的忧郁气质》,《暨南学报(哲学社会科学版)》2010 年第 1 期。
杨蔚君:《翻译的文化回归》,中国书籍出版社 2012 年版。
杨武能:《序》,载杨武能编选:《德语国家中篇小说选(上)》,人民文学出版社 1984 年版。

杨武能:《施笃姆的诗意小说及其在中国之影响》,《外国文学研究》1986 年第 4 期。

杨武能:《筚路蓝缕　功不可没——郭沫若与德国文学在中国的译介和接受》,《郭沫若学刊》2000 年第 1 期。

杨武能:《才华横溢的诗人,坚贞不屈的战士》,载海涅:《乘着歌声的翅膀——海涅诗选》,杨武能译,广西师范大学出版社 2003 年版。

杨武能、莫光华:《歌德与中国》,四川人民出版社 2017 年版。

叶华:《我们一见钟情:我与萧三》,祝彦等译,中国青年出版社 2011 年版。

叶隽:《另一种西学:中国现代留德学人及其对德国文化的接受》,北京大学出版社 2005 年版。

叶隽:《歌德〈少年维特之烦恼〉爱情悲剧后的青春迷惘与制度因素》,《同济大学学报(社会科学版)》2009 年第 4 期。

叶隽:《在理论维度与历史语境之间——读〈现代市民史诗——十九世纪德语小说研究〉》,《中国图书评论》2009 年第 10 期。

叶隽:《退尔镜像的中国变形及其所反映的文化转移》,《南京师范大学文学院学报》2011 年第 2 期。

叶隽:《德国精神的向度变型——以尼采、歌德、席勒的现代中国接受为中心》,中央编译出版社 2015 年版。

叶灵凤著,姜德明、小思编:《叶灵凤书话》,北京出版社 1998 年版。

仪平策:《中国审美文化民族性的现代人类学研究》,中国社会科学出版社 2012 年版。

殷克琪:《尼采与中国现代文学》,洪天富译,南京大学出版社 2000 年版。

余凤高:《"心理分析"与中国现代小说》,中国社会科学出版社 1987 年版。

郁达夫:《歌德以后的德国文学举目》,《现代文学评论》1931 年第 3 期。

郁达夫:《郁达夫全集·第一卷》,花城出版社 1982 年版。

郁达夫:《郁达夫全集·第九卷》,花城出版社 1982 年版。

[法]雨果:《雨果文集·莎士比亚论》,柳鸣九译,译林出版社 2013 年版。

喻锋平:《国内外翻译研究转向及范式转换综述》,《外语与外语教学》2012

年第2期。

［法-瑞士］宇乐文：《郭沫若20年代〈分类白话诗选〉里的歌德译诗》，《郭沫若研究》2017年第1辑。

袁克秀：《浅析歌德的组诗〈中德四季晨昏杂咏〉》，《北京第二外国语学院学报》2012年第12期。

原野：《评河上肇对于唯物史观公式的歪曲》，《云南旅平学会季刊》1935年第2期。

曾庆元：《悲剧论》，华岳文艺出版社1987年版。

詹春花：《中国古代文学德译纲要与书目》，中国文史出版社2011年版。

张放：《论郭沫若早期诗歌海洋特色书写中的文化地景关系》，《现代中国文化与文学》2017年第1期。

张辉：《尼采的面具——〈查拉图斯特拉如是说〉书名试解》，《读书》2015年第2期。

章俊弟：《歌德、席勒与郭沫若的历史剧》，《青海师范大学学报（哲学社会科学版）》1991年第3期。

张宽：《三种〈浮士德〉译本》，《读书》1983年第7期。

张汨、［奥］米凯拉·沃尔夫：《翻译研究中的"社会学转向"——米凯拉·沃尔夫教授访谈及启示》，《东方翻译》2017年第6期。

张牛：《试论郭沫若前期文艺思想与尼采》，《郭沫若学刊》1993年第1期。

张威廉编：《德语文学词典》，上海辞书出版社1991年版。

张泽贤：《中国现代文学翻译版本闻见录（1905—1933）》，上海远东出版社2008年版。

张荫麟：《评郭沫若译〈浮士德〉上部》，载［美］陈润成、李欣荣编：《张荫麟全集·中卷》，清华大学出版社2013年版。

张勇：《〈郭沫若全集补编·翻译编〉编辑札记——以译文版本为中心》，《山东师范大学学报（人文社会科学版）》2015年第3期。

张勇：《20世纪30年代郭沫若的另一解读——以郭沫若流亡日本十年翻译活动为例》，《郭沫若研究》2017年第1辑。

张勇：《郭沫若所译"维特"形象在中国的传播与接受》，《中国翻译》2019年第 3 期。

张玉书：《海涅》，载吴富恒等编：《外国著名文学家评传 2》，山东教育出版社 1990 年版。

张芸：《鲁迅在德语区》，《鲁迅研究月刊》2007 年第 1 期。

［澳］张钊贻：《鲁迅：中国"温和"的尼采》，北京大学出版社 2011 年版。

张钊贻：《序引》，载张钊贻编：《尼采与华文文学论文集》，新加坡八方文化创作室 2013 年版。

张资平：《浪漫主义》，《晨报副刊》1928 年第 1240—1248 号。

赵红平：《试论施托姆小说的主要创作特色》，《国外文学》1984 年第 1 期。

赵希杰：《郭沫若新诗创作中的诗经元素》，《现代中国文化与文学》2019 年第 4 期。

郑伯奇：《郑伯奇忆邓均吾》，载邓颖编选：《邓均吾研究资料》，重庆出版社 2010 年版。

郑岩：《论"美术考古学"一词的由来》，《美术研究》2010 年第 1 期。

郑振铎：《世界文库发刊缘起》，载郑振铎编：《世界文库》，生活书店 1935 年版。

周海波：《前期创造社与五四青春人格创造》，《中国现代文学研究丛刊》1992 年第 1 期。

周海林：《创造社与日本文学——关于早期成员的研究》，周海屏、胡小波译，上海社会科学院出版社 2016 年版。

周隆宾编：《社会历史观大辞典》，山东人民出版社 1993 年版。

周学普：《译者序》，载［德］歌德：《赫尔曼与陀罗特亚》，周学普译，商务印书馆 1937 年版。

周扬：《悲痛的怀念》，《人民日报》1978 年 6 月 18 日。

周扬：《周扬文集·第一卷》，人民文学出版社 1984 年版。

朱多锦：《发现"中国现代叙事诗"》，《诗探索》1999 年第 4 期。

朱家骅：《关于一个译诗问题的批判》，载韩石山编：《徐志摩散文全编·上册》，天津人民出版社 2006 年版。

朱受群：《郭沫若与河上肇及其〈社会组织与社会革命〉》，《江西师范学院学报》1980年第2期。

朱自清：《〈中国新文学大系〉诗集导言》，载朱自清：《朱自清序跋集》，古吴轩出版社2018年版。

邹振环：《影响中国近代社会的一百种译作》，中国对外翻译出版公司1994年版。

Anonym (übers.). „Guo Moruo: Preislied auf den Führer der Revolution", *die horen*, vol.30, no.2 (1985), S. 161.

Anonym (Übers.). „Ein Gespräch zwischen Marx und Konfuzius", Joachim Schickel (Hrsg.) *Konfuzius. Materialien zu einer Jahrhundert-Debatte*, Frankfurt a. M.: Insel, 1976, S. 108–122.

Anonym (Übers.). „Ein Gespräch zwischen Marx und Konfuzius", Hubertus Halbfas (Hrsg.) *Das Welthaus: Texte der Menschheit*, Ostfildern: Patmos, 2017, S. 171–174.

Ascher, Barbara. „Aspekte der Werther-Rezeption in China (Die ersten Jahrzehnte des 20. Jahrhunderts), Günther Debon/Adrian Hsia (Hrsg.) *Goethe und China – China und Goethe*, Frankfurt a.M. et al.: Lang, 1985, S. 139–153.

Ascher, Babara. „Werther und Immensee in China", *Zeitschrift für Kulturaustausch*, vol.36, no.3 (1986), S. 368–372.

Ascher, Barbara. *Der chinesische Werther. Beispiel von Rezeption und Wirkung eines Werkes der deutschsprachigen Literatur in China der 20er und 30er Jahre des 20. Jahrhunderts*. Dissertation der Universität Wein, 1994.

Bachmann-Medick, Doris. *Cultural Turns. Neuorientierungen in den Kulturwissenschaften*, 5. Aufl, Reinbek: Rowohlt, 2014.

Bartels, Nora. "Goethes *Faust* bei Mori Rintarō und Guo Moruo. Vorstudien zum Verständnis ihrer Übersetzungen", *Japonica Humboldtiana*, vol. 15 (2012), S. 77–150.

Bassnett, Susan. "The translation turn in cultural studies", Susan Bassnett & André Lefevere (eds.) *Constructing cutures. Essays on literary translation*, Clevedon: Multilinguial Matters, 1998, pp.123–140.

Buden, Boris & Nowotny, Stefan. „Cultural Translation: An Introduction to the Problem, and Responses", *Translation Studies*, vol. 2, no. 2 (2009), pp.196 - 219.

Casagrande, Joseph B. "The Ends of Translation", *International Journal of American Linguistics*, vol.20, no.4 (1954), pp.335 - 340.

Chen, Kuan-Hsing. "Cultural studies and the politics of internationalization: an interview with Stuart Hall", David Morley & Kuan-Hsing Chen (eds.) *Stuart Hall: Critical dialogues in cultural studies*, London: Routledge, 1996, pp.393 - 409.

Chen, Xiaoming. *From the May Fourth Movement to Communist Revolution: Guo Moruo and the Chinese Path to Communism*, New York: State University of New York Press, 2008.

Croce, Benedetto. *Goethe*. London: Methuen, 1923.

Day, Robert Adams. *Told in Letters: Epistolary Fiction before Richardson*. Ann Arbor: University of Michigan Press, 1966.

Debon, Günther/Hsia, Adrian (Hrsg.). *Goethe und China – China und Goethe*. Frankfurt a. M. et al.: Lang, 1985.

Dong, Wenqiao. „Goethe und der Kulturaustausch zwischen dem chinesischen und dem deutschen Volk", *Goethe-Jahrbuch*, vol.106 (1989), S. 314 - 326.

Dryden, John. "The Three Types of Translation", Douglas Robinson (ed.) *Western Translation Theory: From Herodotus to Nietzsche*, London & New York: Routledge, 2014, pp.172 - 174.

Gérard, Genette. *Paratexts! Thresholds of Interpretation*, Cambridge: Cambridge University Press, 1997.

Goethe, Johann Wolfgang von. *Sämtliche Gedichte*. Frankfurt a. M. et al.: Insel, 2014.

Goethe, Johann Wolfgang von. *Faust* (= Friedmar Apel et al. (Hrsg.) *Johann Wolfgang Goethe: Sämtliche Werke. Briefe, Tagebücher und Gespräche in 40 Bänden*, Berlin: Deutscher Klassiker Verlag, Band 7/1), Shanghai:

Shanghai Foreign Language Education Press, 2016.

Goethe, Johann Wolfgang von. *Die Leiden des jungen Werthers. Die Wahlverwandschaften. Epen/Novelle/Kleine Prosa* (= von Friedmar Apel et al. (Hrsg.) *Johann Wolfgang von Goethe: Sämtliche Werke. Briefe, Tagebücher und Gespräche in 40 Bänden*, Berlin: Deutscher Klassiker Verlag, Bd. 8), Shanghai: Shanghai Foreign Language Education Press, 2016.

Goethe, Johann Wolfgang von. *Wilhelm Meisters Wanderjahre.* (= von Friedmar Apel et al. (Hrsg.) *Johann Wolfgang Goethe: Sämtliche Werke. Briefe, Tagebücher und Gespräche in 40 Bänden*, Berlin: Deutscher Klassiker Verlag, Bd. 10), Shanghai: Shanghai Foreign Language Education Press, 2016.

Goethe, Johann Wolfgang von. *Goethe mit Schiller I* (= von Friedmar Apel et al. (Hrsg.) *Johann Wolfgang von Goethe: Sämtliche Werke. Briefe, Tagebücher und Gespräche in 40 Bänden*, Berlin: Deutscher Klassiker Verlag, Bd. 31), Shanghai: Shanghai Foreign Language Education Press, 2016.

Gu, Mu. „Fremderfahrung als Selbstreflexion: Werther in China", *Jahrbuch für internationale Germanistik*, vol.49, no.2 (2017), S. 43 – 60.

Gu, Mu. *Fremderfahrung als Selbstreflexion: Goethes »Die Leiden des jungen Werther«in China (1922 – 2016)*, Frankfurt a. M. et al.: Lang, 2018.

Hauptmann, Gerhard. *Der Ketzer von Soana*, Berlin: Fischer, 1918.

Hoevel, Rita (übers.). „Doppeltes Spiel", William J. F. Jenner (Hrsg.) *Chinesische Erzähler der letzten Jahrzehnte*, Köln: Hegner, 1973, S. 88 – 94.

Hsia, Adrian. „Zum Verständnis eines chinesischen Werther-Dramas", Günther Debon/Adrian Hsia (Hrsg.). *Goethe und China – China und Goethe*. Frankfurt a. M. et al.: Lang, 1985, S. 183 – 194.

Hsia, Adrian (Hrsg.) Zur Rezeption von Goethes ⟨Faust⟩ in Qstasien. Frankfurt a. M. et al.: Lang, 1993.

Kalmer, Joseph (übers.). „Zeitgenössische chinesische Prosa. Im Mondlicht", *Sinn und Form*, vol.2, no.6 (1950), S. 47 – 53.

Kaminski, Johannes Daniel. "Punctuation, Exclamation and Tears: The Sorrows of Young Werther in Japanese and Chinese Translation (1889 – 1922)", *Comparative Critical Studies*, vol.14, no.1 (2017), pp.29 – 48.

Kessler, Wolfgang (übers.). „Meister Meng lässt sich scheiden", Volker Klöpsch/Roderich Ptak (Hrsg.) *Hoffnung auf Frühling. Moderne chinesische Erzählungen, erster Band (1919 – 1949)*, Frankfurt a. M.: Suhrkamp, 1980, S. 56 – 64.

Klöpsch, Volker (übers.). „Zhuangzi wandert nach Liang", Volker Klöpsch/ Roderich Ptak (Hrsg.) *Hoffnung auf Frühling. Moderne chinesische Erzählungen, erster Band (1919 – 1949)*, Frankfurt a. M.: Suhrkamp, 1980, S. 65 – 75.

Kubin, Wolfgang (übers.). *Nachrichten von der Hauptstadt der Sonne. Moderne chinesische Lyrik 1919 – 1984*, Frankfurt a. M.: Suhrkamp, 1985.

Kubin, Wolfgang (übers.). „Guo Moruo: Drei Gedichte", *die horen*, vol.30, no.2 (1985), S. 55 – 58.

Kuo, Mo-Jo. „Der Kampf um die Entstehung einer Literatur des neuen China", Deutscher Schriftstellerverband (Hrsg.) *Fragen des sozialistischen Realismus in der Kunst*, Berlin: Deutscher Schriftstellerverband, 1952.

Kuo, Mo-Jo. „Der Kampf um die Entstehung einer Literatur des neuen China", Horst Görsch (Hrsg.) *China erzählt. Ein Einblick in die chinesische Literatur*, Berlin: Volk und Wissen, 1953.

Kuo, Mo Jo. „Tschu Yuan: Dichter und Staatsmann", Weltfriedensrat der DDR (Hrsg.) *Die Weltfriedensbewegung ehrt das Andenken von Vincent van Gogh (1853 – 1891), Nikolaus Kopernikus (1473 – 1543), Tschu Yuan (340 – 278 v. u. Z.)*, Berlin: Weltfriedensrat der DDR, 1953, S. 52 – 60.

Lefevere, André. *Translation/History/Culture – a Source Book*, London: Routledge, 2003.

Levenson, Joseph R. *Revolution and Cosmopolitanism: The Western Stage and the Chinese Stage*. Berkeley: University of California Press, 1971.

Li, Weijia. *Anna Seghers' China-Begegnung in ihrem Leben und ihren Werken*,

Dissertation of the Ohio State University, 2009.

Mäder, Marcus (übers.). *Qu Yuan. Ein Schauspiel in fünf Akten*, Beijing: Verlag für fremdsprachige Literatur, 1980.

Marx, Karl/Engels, Friedrich. *Die deutsche Ideologie* (= Karl Marx - Friedrich Engels - Werke, Bd. 3), Berlin/DDR: Dietz, 1969.

McClain, William H. "The Case of Hauptmann's Fallen Priest", *The German Quarterly*, vol.30, no.3 (1957), pp.167 - 183.

Merkle, Denise. "Translation constraints and the 'sociological turn' in literary translation studies", Anthony Pym, Miriam Shlesinger & Daniel Simeoni (eds.), *Beyond Descriptive Translation Studies*, Amsterdam/Philadelphia: John Benjamins, 2008, pp.175 - 186.

Muroi, Carl/Watanabe, Toshihiko. "Nur Ärzte › essen‹ mittags", *Deutsches Ärzteblatt*, vol.100, no.46 (2002), S. 3031 - 3032.

Nietzsche, Friedrich. *Also Sprach Zarathustra I-IV* (= Giorgio Colli/Mazzino Montinari (Hrsg.): Friedrich Nietzsche: Sämtliche Werke, Band 4), München: Deutscher Taschenbuch Verlag, 1999.

Pekar, Thomas. "Von der Modernisierungs- zur Interkulturalitätswissenschaft: Stationen der geschichtlichen Entwicklung der Germanistik in Japan", *KulturPoetik*, vol.11, no.1 (2011), S. 61 - 75.

Robertson, John G. *A History of German Literature*, Edinburgh/London: William Blackwood & sons, 1902.

Roy, David Tod. *Kuo Mo-jo. The Early Years*. Cambridge/Mass: Harvard University Press, 1971.

Saechtig, Alexander (übers.). „Die letzten Frühlingstage", Alexander Saechtig (Hrsg.) *Meisterwerke chinesischer Erzählkunst des 20. Jahrhunderts. Von Guo Moruo bis Zhang Jie*, Jena: Weimarer-Schiller-Presse, S. 22 - 40.

Schäfer, Ingo (übers.). „Guo Moruo: Zwei Gedichte", *die horen*, vol.30, no.2 (1985), S. 41 - 43.

Schäfer, Ingo (übers.). „Guo Moruo: Schulzeit", *die horen*, vol.30, no.2

(1985), S. 44-53.

Schäfer, Ingo. „Über das Interesse eines chinesischen Dichterhelden an einem deutschen Dichterfürsten – Anmerkungen zur Bedeutung Goethes für Guo Moruos Zyklus ,Göttinnen'", *Zeitschrift für Kulturaustausch*, vol.36 no.3 (1986), S. 382-386.

Schäfer, Ingo. „Das dichterische Schaffen und die Veredelung der Gefühle: über Guo Moruos Beitrag zur literarischen Korrespondenz Sanyeji", Diem Werner/ Falaturi Abdoldjavad (Hrsg.) *XXIV. Deutscher Orientalistentag: Ausgewählte Vorträge*. Stuttgart: Steiner, 1990, S. 516-526.

Schäfer, Ingo (übers.). „Mein Gewand wiegt ein wenig schwerer. Vier Gedichte von Guo Moruo", *minima sinica*, vol.16, no.1 (2004), S. 138-141.

Schäfer, Ingo. „Rhythmen der Städte: Guo Moruos Gedicht Ausblick vom Fudetateyama' im Vergleich mit Carl Sandburgs ,Chicago'", Kolb Raimund/ Martina Siebert (Hrsg.) *Über Himmel und Erde: Festschrift für Erling von Mende*, Wiesbaden: Harrassowitz, 2006, S. 345-364.

Schiller, Friedrich. *Wallenstein's Camp*, Theodore Wirgman (trans.), London: D. Nutt, 1871.

Schiller, Friedrich. *Schiller's Poems and Plays*, Lord Francis Leveson Gower et al. (trans.), London et al.: George Routledge & Sons, 1889.

Schiller, Friedrich. *The Piccolomini, The Death of Wallenstein, Wallenstein's Camp*, Samuel Taylor Coleridge & James Churchill (trans.), Boston: Francis A. Niccolls, 1902.

Schiller, Friedrich. *Wallenstein*, München: Goldmann, 1972.

Schlösser, Hermann. *Flüchtlingshilfe in Hexametern*. http://www.wienerzeitung. at/themen _ channel/literatur/buecher _ aktuell/864676 _ Fluechtlingshilfe-in-Hexametern.html，访问日期：2018 年 2 月 19 日。

Schmitt, Erich (über.). „Der Han-Gu-Paß", Andreas Donath (Hrsg.) *China erzählt. Acht Erzählungen*, Frankfurt a. M.: Fischer, 1964, S. 21-28.

Snell-Hornby, Mary. *The Turns of Translation Studies: New Paradigms or*

Shifting Viewpoints, Amsterdam/Philadelphia: John Benjamins Publishing Company, 2006.

Storm, Theodor. *Immensee und andere frühe Erzählungen*, North Charleston: CreatSpace Independent Publishing Platform, 2013.

Tanaka, Koichi. "Deutschunterricht in Japan", *Die Unterrichtspraxis*, vol.5, no.2 (1972), S. 41-50.

Toury, Gideon. *Descriptive Translation Studies - and Beyond* (Revised edition), Amsterdam: John Benjamins, 2012.

Tytler, Alexander Fraser. *Essay on the Principles of Translation*, London: Dent; New York: Dutton, 1907.

Velingerová, Milena. „Kuo Mo-jos Übersetzungen von Goethes Werken", *Archiv Orientální*, vol.26, no.3 (1958), S. 427-497.

Wang, Guang Ki. „Über die chinesische Poetik", *Sinica* vol.6, no.5 (1930), S. 245-260.

Wang, Pu. *The Translatability of Revolution: Guo Moruo and Twentieth-Century Chinese Cultrue*. Cambridge et al.: Harvard University Press, 2018.

Yang, Wuneng. „Goethe in China. Das Goethe-Jahr 1932 und die neuerliche Goethe-Verehrung", *Goethe-Jahrbuch*, vol.115 (1998), S. 199-210.

Yang, Wuneng. „Die chinesische Tradition des literarischen Übersetzens und mein Weg als Goethe-Übersetzer", *Goethe-Jahrbuch*, vol. 117 (2000), S.234-241.

Yip, Terry Siu-han. "Texts and Contexts: Goethe's Works in Chinese Translation prior to 1985", *Asian and African Studies* vol.6, no.2 (1997), pp.197-216.

Yu, Longfa. *Begegnungen mit Nietzsche. Ein Beitrag zu Nietzsche-Rezeptionstendenzen im chinesischen Leben und Denken von 1919 bis heute*, Dissertation der Bergischen Universität-Gesamthochschule Wuppertal, 2000.

Yusa, Michiko. "Philosophy and Inflation. Miki Kiyoshi in Weimar Germany, 1922-1924", *Monumenta Nipponica*, vol.53, no.1 (1998), pp.45-71.

后 记

敲下这一章节的标题时,心中的感觉可以说是异常复杂、五味杂陈:既有因项目出于各种原因拖延5年之久而终将画上句号的如释重负,也有夙兴夜寐笔耕不辍的无形辛劳终于可以化为有形产品的敝帚自珍,甚至还夹杂着些许眼看一段"累并快乐着"的时光就要谢幕而产生的丝丝留别,当然也不乏作为学术作品背后的责任者即将面对学界审视和评判而产生的些微不安。从2015年7月教育部项目立项,到现在终于能够提交书稿,倏忽间5年多一晃而过,而项目的结题几乎时时刻刻萦系心头。至于书稿的每一个字浸润了多少心血,也许真的非创作者本人不能体会其万一。

在德国攻读博士期间,我的研究方向是社会语言学领域的语言政策与规划。我完成的博士论文,无论是从内容、理念,还是从思路、方法上来说,都与面前的这部书稿相去甚远。归国走上工作岗位以后,一方面是自己潜在的研究兴趣使然,另一方面也有项目申报和论文发表等实际操作层面上不能免俗的考虑,我毅然决然地另起炉灶,重新开辟了一块"自留地",走上了中德文学关系研究的学术道路。可以毫不夸张地说,完成这本小书,无异于我回炉再造地重读了一个博士学位,各种艰难困苦自不待言。

虽是德语语言文学本科出身,硕博期间也一直在跟这门语言打交道，但小时候培养起来的阅读兴趣和爱好，让我对中国文学更加"心有戚戚"。本科母校珞珈山顶上的民国建筑群，以及对当年在此地执教研习的文化学人的怀想，让我对中国文学的热爱之情越发"浓得化不开"。曾无数次遥想那个年代：闻一多、陈西滢、朱光潜、苏雪林、袁昌英、凌叔华等一帧帧大师影像，成群结队地从民国竖排的文字里走出来，犹如天边闪耀的群星，璀璨夺目、光芒万丈。他们是中国现代文学的贡献者和见证人，而他们所处的"无问西东"的时代，可以说是对茨威格《人类群星闪耀时》的极佳中国式诠注。说起珞珈山上的建筑群，自然不得不提"十八栋"，其中就有郭沫若这位当之无愧的"球形天才"的故居。后来武汉大学西迁，目的地正是郭老的故里乐山——它还有个更古雅的名字，叫作"嘉州"。

我的硕士生涯在同济大学度过，"十里洋场"也是一幅中国现代文学的活画卷。那里，有溧阳路和多伦路上的郭沫若旧居，有鲁迅公园以及鲁迅纪念馆，还有位于柳林小区里的创造社出版部旧址，而它曾经发行过郭沫若《少年维特之烦恼》等德语译作。至于负笈留德四载，可算是我人生中最美好的锦瑟华年，对这个"诗哲之国"有了更加切身的体会和认识。虽然迄今还没有去过郭老居留过 20 载的东瀛，但明治维新以后的日本，很长一段时间都是"言必称德国"；而郭沫若与德国文化之间的紧密关联，正是经由日本这个中转站而得以演绎和呈现。从德国回来后，我择成都定居，也时常造访并不遥远的郭老故里乐山，流连于大渡河和青衣江。这两条河流，一曰沫水，一名若水，正是郭老名字的由来。人生一路走来，可以说多个重要驿站都跟郭老的生平履历之间有着不解之缘,各种因缘虽难说是命中注定,却也始终"在场"。从这个意义上说,成功申请到郭沫若德语著作翻译的研究项目,并能克服重重困难完成书稿,也算是对这份剪不断的因缘之线的一个交代吧。时至今日,一度遭遇寒流的郭沫若研究大有走出寂寥困境、重又升温之势,才疏学浅如我,不敢有别的奢望,只愿通过拙作,能为知人论世而非盖棺定论的"郭沫若学"贡献自己的一份微薄之力。

写到这里,自然还要对那些给予我大力支持的人奉上一份诚挚谢意。承蒙同济大学叶隽教授不弃,乐于将拙作收入他主编的"中德文化丛书",无疑让这本小书有了更强烈的使命感和归属感。近年来,叶隽先生孜孜以求地构建侨易学,在他的专著《变创与渐常:侨易学的观念》中,郭沫若"因侨致易"的中外文化交流经历也曾作为一个重要案例出现。在本书写作的最后阶段,新冠疫情来势汹汹,一时寰宇同渡难关,尽管各国的政治交往和商贾贸易等不免因此受到阻隔,但文化之间的交流、互动、对话与协同从未停止,而且因为席卷而来的"去全球化"浪潮显得更为重要。上海社会科学院出版社熊艳编辑对同德语学科相关的图书选题倾注了极大热情,为本书出版付出了诸多心力,在此谨致谢忱。昔日的学生张雨晨在德国为我提供了文献查找上的无私帮助,特此感谢。年迈的母亲几乎承担了所有家务,让我可以心无旁骛地专注于本书的写作,这份"谁言寸草心,报得三春晖"的母爱,是我无论如何都难以回报的。

学术书写苦乐交织、忧喜参半,那些搜索枯肠、下笔困难的时段,幸有豆瓣网站(www.douban.com)聊解烦闷。在这个流量至上、资本为王的时代,豆瓣网络社区还聚集着一群同声相应、同气相求的可爱友邻,提醒我们并不是只有金钱才能带来快乐。正如一位友邻在广播动态中所发布的,他在某个苦寒的漫漫冬夜忽然想起萧红这位才华横溢的薄命女作家,却只能跟友邻们有所互动,因为周围的大多数人可能会觉得他谈论萧红不可理喻,甚至怀疑他有毛病。有时候,看到友邻们发的广播动态,会觉得有人还记得苏曼殊、记得朱湘、记得陶晶孙等人,这样的提及本身就已经非常美好。

在大家集体自嘲为"打工人"的今天,我似乎也可以戏谑地自称为"学术打工人"。当然,更有情怀的称呼来自韦伯,他说的是"以学术为志业"(Wissenschaft als Beruf),我很欣赏宝岛译者李中文先生的译法,是"志业"而非"职业":一个"志"字,多了"志向""志气""志趣"等深一层意义,而不单单是一份养家糊口的"工作"或"差使"(类似席勒鄙薄的"只关心饭碗的学者",Brotgelehrte)。最后,用宗璞先生的那句充满信念和希冀的话语来为本书收尾,也送给自己以及同样愿意"以学术为志业"的后学:"我想,在读书做学问的道路上,总会有更年轻的人跟上的。"

何　俊

2021 年 3 月 4 日于成都

2023 年 12 月 8 日改定于出差途中

图书在版编目(CIP)数据

郭沫若的德语著作翻译与德语世界的郭沫若 / 何俊著. —上海：上海社会科学院出版社，2024
（中德文化丛书）
ISBN 978-7-5520-4277-1

Ⅰ.①郭⋯ Ⅱ.①何⋯ Ⅲ.①郭沫若（1892-1978）—德语—翻译—研究 Ⅳ.①H335.9

中国国家版本馆 CIP 数据核字（2023）第 232584 号

郭沫若的德语著作翻译与德语世界的郭沫若

著　　者：何　俊
责任编辑：熊　艳
封面设计：夏艺堂
技术编辑：裘幼华
出版发行：上海社会科学院出版社
　　　　　上海顺昌路 622 号　邮编 200025
　　　　　电话总机 021-63315947　销售热线 021-53063735
　　　　　http://cbs.sass.org.cn　E-mail:sassp@sassp.cn
排　　版：南京展望文化发展有限公司
印　　刷：上海盛通时代印刷有限公司
开　　本：890 毫米×1240 毫米　1/32
印　　张：12.5
字　　数：280 千
版　　次：2024 年 3 月第 1 版　2024 年 3 月第 1 次印刷

ISBN 978-7-5520-4277-1/H·076　　　　定价：88.00 元

版权所有　翻印必究